PREMIERE PRO CS5.5

TECHNIQUE BOOK

프리미어 프로
CS5.5 테크닉북

김상준 지음

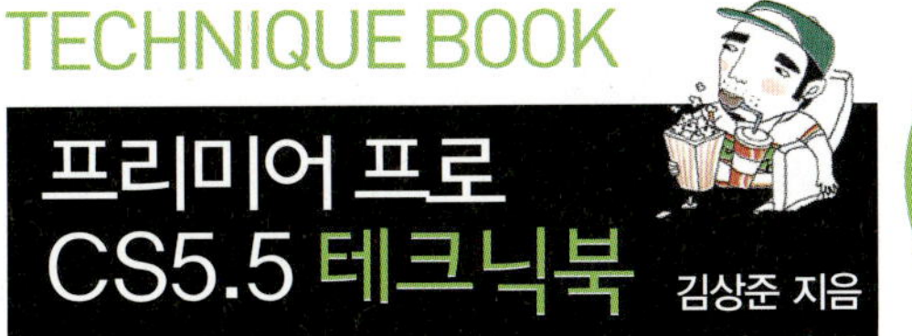

BM 성안당

프리미어 프로 CS5.5

테크닉북

기본+활용

2012년 4월 16일 1판 1쇄 인쇄
2012년 4월 20일 1판 1쇄 발행

지은이 | 김상준
펴낸이 | 이종춘
펴낸곳 | BM 성안당

주 소 | 경기도 파주시 문발로 112
전 화 | 031-955-0511
팩 스 | 031-955-0510
등 록 | 1973. 2. 1. 제13-12호
홈페이지 | www.cyber.co.kr

ISBN | 978-89-315-5180-8
정가 | 23,000원

이 책을 만든 사람들
책임 | 최동진
진행 | 앤미디어
디자인 | 앤미디어
마케팅 | 변재업, 정창현, 차정욱
홍보 | 최고운
제작 | 구본철

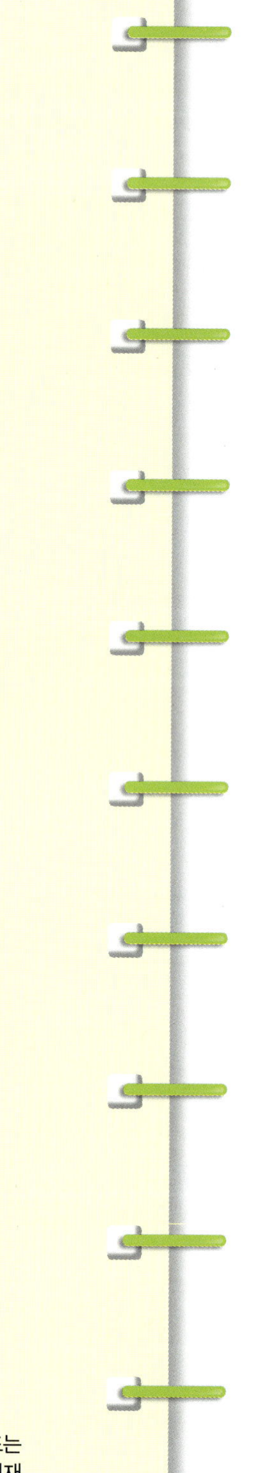

본서는 프리미어를 학습하면서 초중급자들이 기본적으로 알아야 할 필수 기능들을 모두 담았으며, 그 기능들을 실전에서 활용할 수 있도록 단계적으로 고안된 예제들이 사용되었고 정확한 학습을 위해 부록 DVD와 함께 프로젝트 파일을 제공하고 있습니다. 교재 형식이지만 예제를 함께 만들어나가면서 자연스럽게 기능을 익힐 수 있도록 단계별 과정과 함께 묶은 내용들이므로 오히려 효율적인 학습을 가져다 줄 것입니다.

이번 책은 오랫동안 고정 독자들이 평소에 요청하고 원했던 포맷으로 집필 방향을 맞추었기 때문에, 프리미어의 꼭 필요한 기능들을 예제와 함께 따라하면서 학습하려는 독자들에게는 맞춤 도서가 될 것입니다. 실전에서 사용하지 않는 관념적인 기능과 어려운 개념들은 과감히 생략하였고, 가장 많이 사용해야 할 핵심적인 기능들만을 가지고 작품 제작에 도움이 될 부분들만 할애하였습니다.

편집의 묘미를 느끼게 해주는 부분은 굳이 복잡하고 어려운 코스의 길을 답습하는 것보다 평소에 자주 사용하는 기능들만으로 응용력을 기르는 훈련이라는 점을 되짚어 주는 서적이 될 것입니다. 그동안 모든 기능들을 빠짐없이 설명해야만 했던 바이블에서 핵심적인 학습 분량들만을 안배하여 특별히 구성한 내용들로 집필되었습니다.

특히, 타이틀과 결합된 예제들은 초중급자들에게는 필수적인 영역이며 실전에서 많이 활용할 수 있는 구성물로 챕터마다 유형을 구분하여 단계적으로 포함시켰으므로 습작 수준에 머무르지 않고 다양한 결과물을 제작할 수 있으리라 생각합니다. 프리미어를 방대하고 어려운 프로그램으로만 알고 있는 사용자들에게는 친근한 경험을 가져다 줄 것으로 생각하며 또한 두꺼운 서적을 부담스러워 하는 사용자들에게는 반가운 지침서가 될 것입니다.

본서의 내용을 토대로 짧은 학습 시간을 투자하여 영상 편집의 마당을 활짝 열 수 있기를 바라며, 좋은 작품들로 돌려주시기를 기원합니다. 해마다 지속되는 집필 작업에 항상 함께 뒷받침 해주시는 어머님께 감사드리며, 사랑하는 아내와 성우, 나경에게 고마움을 표합니다.

출간을 위해 많은 것을 배려해 주신 성안당 최옥현 본부장과 앤미디어 담당자분들에게 고마움을 전합니다. 그리고 무엇보다 14년 동안 꾸준히 성원을 보내주시는 고정 독자 분들께 진심으로 감사드립니다.

저자 김상준

이 책은 작업 과정을 쉽고 빠르게 따라할 수 있도록 크게 4개의 파트와 17개의 챕터로 구성되어 있습니다. 또한 따라하기 과정에서 독자가 쉽게 따라하고 실무 노하우를 배울 수 있도록 다양한 구성 요소를 제공합니다.

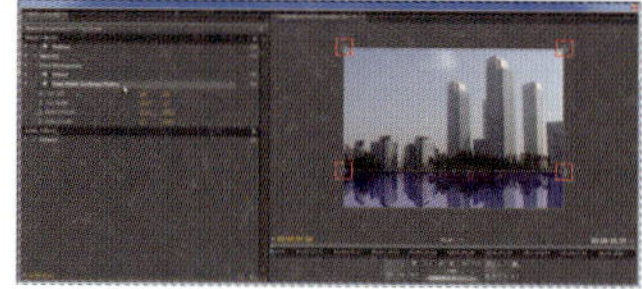

① **Chapter 제목** : 파트에 속한 챕터를 구분하여 해당 챕터에서 학습할 내용을 소개합니다.

② **Chapter 설명** : 해당 챕터에서 학습할 내용을 요약해서 설명합니다.

③ **미리 보기** : 예제 미리 보기를 통해 만들게 될 결과물을 한 눈에 보여주며, 간단하게 제작 방법을 소개합니다.

④ **Section 제목** : 제작 과정에 따라 예제를 나눠 따라하기를 구분했습니다. 배운 기능을 이해하고 활용하는 능력을 키워줍니다.

⑤ **과정 제목** : 제작 단계에 따라 과정의 제목을 구분했습니다.

⑥ **TIP** : 본문 내용 중에서 꼭 필요한 추가 설명이나 노하우를 설명합니다.

⑦ **NOTE** : 프리미어 프로에서 제공하는 대화상자의 옵션이나 설정 값 등을 설명합니다.

2. J컷을 이용한 분할 편집 ⑤

이제 분할 편집에 대한 이해의 폭을 더욱 넓혀보기로 하겠습니다. J컷을 이해하면 L컷도 같은 개념으로 쉽게 이해할 수 있습니다.

① 부록 DVD의 Lesson06 폴더에서 'Lesson06-2.prproj'를 불러온 다음 프로젝트 패널의 모든 클립을 선택하여 소스 모니터에 엽니다. 소스 클립 선택 메뉴에서 Clip28.avi 클립을 선택하고 타임룰러의 현재 시간 표시자를 00:00:05:20의 위치에서 아웃 점을 설정하면 클립의 인 아웃 영역이 일반적인 회색 바로 나타납니다. 시퀀스의 편집 기준선을 시퀀스 시작부에 두고 소스 모니터 조절기의 삽입 버튼을 클릭하여 아웃 점 설정이 완료된 Clip28.avi 클립을 타임라인 패널의 Video 1 트랙에 배치합니다.

② 소스 모니터의 소스 클립 선택 메뉴에서 Clip42.avi 클립을 선택하고 현재 시간 표시자를 00:00:03:28에 위치시킨 다음 [컨텍스트 메뉴] → Mark Split → Video In을 클릭하여 비디오 트랙의 아웃 점을 설정합니다.

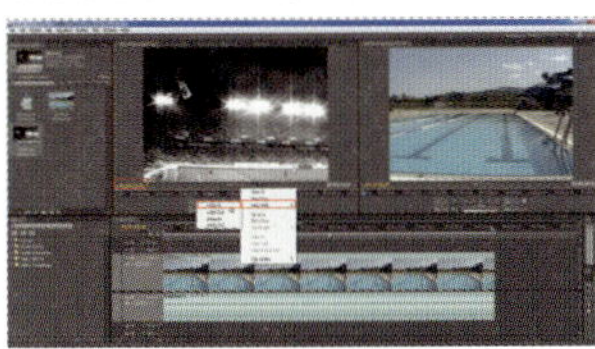

③ 비디오 트랙의 인 점이 독립적으로 분리된 상태로 J컷이 설정되었습니다. 오디오 트랙의 인 점을 설정할 순서입니다. 이번에는 현재 시간 표시자를 00:00:00:15의 위치에 두고 소스 모니터의 미리보기 영역 안에서 커서를 가져간 다음 [컨텍스트 메뉴] → Mark Split → Audio In을 클릭합니다.

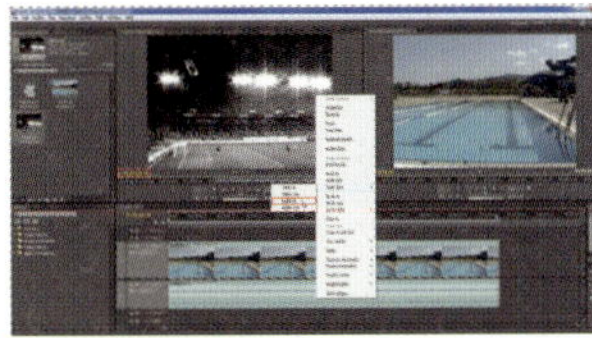

⑥ 소스 모니터의 타임룰러 상에서 컨텍스트 메뉴는 독립적인 마커 메뉴로만 존재하는데, 소스 모니터의 미리보기 영역 안에서 컨텍스트 메뉴를 호출해도 Mark Split 메뉴를 포함한 마커 메뉴가 함께 나타납니다.

④ 비디오와 오디오의 인 점이 시점 분리된 J컷이 생성되었습니다. 시퀀스의 편집 기준선을 Clip28.avi 클립의 아웃 점에 위치시키고 삽입 버튼을 클릭하여 삽입 편집 모드로 J컷을 Clip28.avi 클립 뒤에 배치합니다.

3. 분할 편집과 On-Off Scene

영화나 드라마에서는 분할 편집이 기본적으로 사용되고 있습니다. 감명 깊게 감상했던 영화나 드라마의 장면들을 회상해 보면서 보면 동일 시간을 기준으로 한 장면에 다음에 이어질 장면의 오디오가 먼저 삽입되어 나오는 장면들을 더듬어 보면 이해하기가 쉬울 것입니다.

영상이 다른 장면으로 전환되었을 때 현재 진행 중인 대사나 효과음은 끊이지 않고 계속 출력되는 부분을 가리키기도 하고, 어떤 액션에서 오디오만을 선별적으로 처리하고 그 액션에 대한 상대 배우의 장면만을 담아내는 것을 지칭합니다.

일반적으로 편집에 사용되는 무비 클립은 기본 값으로 오디오 대비 비디오 트랙이 결합된 상태로 동기화되어 있습니다. 그러나 아날로그 환경의 전통적인 분할 편집은 현장에서 타임코드를 이용하여 동기화되어 있는 영상과 음향을 각기 다른 시점으로 분류하여 사용하는 방법을 취해 왔습니다. 이때, 분리된 영상과 음향 신호를 결합하는 작업을 분할 편집이라고 하게 되었는데, 여기서 비롯된 Off Scene이라는 용어는 장면에 나타나지 않는 오디오만을 가리키는 것입니다.

일례로, 촬영 현장에서 두 대의 카메라로 촬영하고 있을 때, 스위처를 이용하여 영상과 음향을 선별적으로 취합하는 기법이 이러한 편집에 해당됩니다. 즉 같은 시간대에 하나의 카메라에서는 화면만을 채택하고(On Scene), 또 다른 카메라에서는 오디오만을 채택하는 기법을 말합니다. 영상은 다른 카메라로부터 출력되고 음향만 선택되는 Scene을 Off Scene이라고 하게 된 것입니다.

영상 분할에 있어서 분할 편집은 영상의 흐름을 좌우하는 중요한 요소로 활용되고 있으므로 충분히 훈련해 두어야 할 부분입니다.

Premiere Pro CS5.5는 국부적인 시각 효과를 위해 존재하는 도구가 아니라, 영화를 완성하기 위한 전체적인 구도와 기획에 의해 편집을 진행하는 종합 편집 도구이므로 편집의 흐름을 위한 기능에 역점을 두고 작업해야 하기 때문입니다.

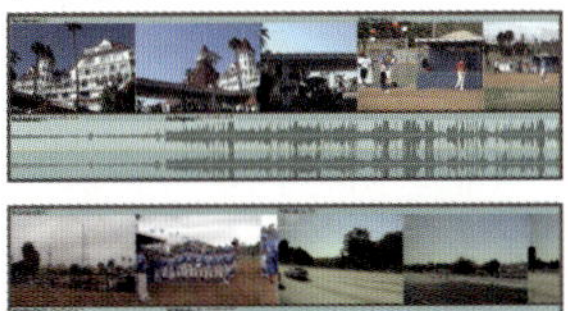

⑦ NOTE | Sequence Marker 메뉴

Sequence Marker 메뉴는 시퀀스에 마커를 할당할 때 사용하는 명령어 모음으로 [Marker 메뉴]와 타임라인 패널의 타임룰러에 나타나는 컨텍스트 메뉴에서 사용할 수 있습니다.

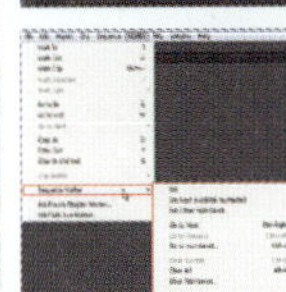

- **Set** : 편집 기준선이 있는 위치에 시퀀스 비숫자 마커를 생성합니다.
- **Set Next Available Numbered** : 편집 기준선이 있는 위치에 시퀀스 숫자 마커를 번호순으로 자동 생성합니다.
- **Set Other Numbered** : [Set Numbered Marker] 대화상자에서 숫자 마커를 설정합니다.
- **Go to Next** : 다음 시퀀스 마커로 이동합니다.
- **Go to Previous** : 이전 시퀀스 마커로 이동합니다.
- **Go to Numbered** : [Go to Numbered Marker] 대화상자에서 원하는 숫자 마커로 이동합니다.
- **Clear Current** : 현재 시퀀스 마커를 제거합니다.
- **Clear All** : 모든 시퀀스 마커를 제거합니다.
- **Clear Numbered** : [Clear Numbered Marker] 대화상자에서 원하는 숫자 마커를 제거합니다.
- **Edit** : [Marker] 대화상자가 나타나며 현재 마커의 정보를 수정합니다.

Premiere Pro CS5.5

 머리말 **03** · 이 책을 보는 방법 **04** · 부록 DVD 소개 **09**

PART 04

영상 제작 기법 & 활용 마스터하기

Premiere Pro **CS5.5**

→ 동영상 파일 · 예제 파일 · 완성 파일

부록 DVD

이 책의 모든 예제 학습은 표준 DV(DV–NTSC Standard 48kHz) 프리셋(Preset)을 사용합니다.

학습을 위한 부록 DVD의 클립은 DV 표준 클립으로 구성되어 있습니다. 전송 속도의 차이로 인해 미리보기 도중 예제 클립의 재생이 끊기거나 원활한 예제 학습이 이루어지지 않을 수 있으므로 부록 DVD는 학습을 시작하기 전에 반드시 전체 파일을 하드디스크에 폴더째 복사하여 보관하는 것이 좋습니다.

• Lesson 01 ~ Lesson 17 폴더
원본 소스 파일과 예제 및 완성 파일을 제공하고 있습니다.

프로젝트(PRPROJ)를 불러올 때, 일부 클립의 경로를 묻는 과정이 나타날 수 있는데, 이때에는 부록 DVD를 복사해 놓은 하드디스크의 경로를 찾아 같은 이름의 클립을 선택하고 〈Select〉를 누르면 정상적으로 프로젝트가 열립니다.

시험버전 설치

프리미어 프로 CS5.5 설치 파일

본서를 따라하기 위한 프리미어 프로 CS5.5 설치 프로그램은 한국 어도비 홈페이지에서 소프트웨어 시험버전을 제공하고 있으며, 제품의 모든 기능을 제공하므로 충분히 테스트해 볼 수 있습니다. 프리미어 프로 CS5.5 정품이 없는 사용자는 시험버전을 다운로드 받아 사용해 보세요.

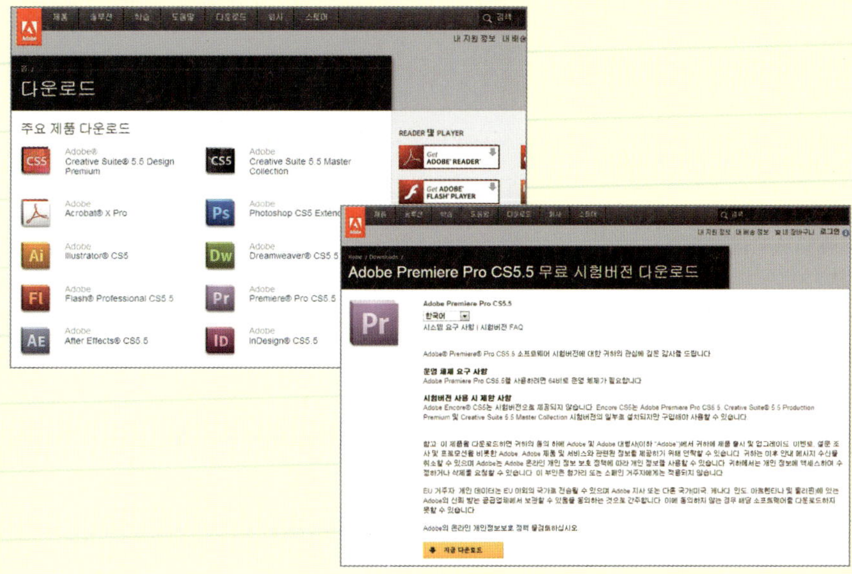

▲ 한국 어도비 사이트(http://www.adobe.com/kr)

Premiere Pro CS5.5
기본기 학습하기

Premiere Pro CS5.5의 기본 사용법을 정리하고 컷 편집과 트랜지션을 응용하는 방법부터 모션 프리셋과 PIP(Picture In Picture) 제작, 그리고 마커(Marker)와 자동 배치 기능의 활용을 익힙니다. 이펙트와 타이틀을 결합한 Pulse 기반 Titling 기법에 이르기까지 단계적인 레벨 업을 통해 예제와 함께 훈련을 하는 과정입니다.

PART 01

PART 02

PART 03

PART 04

Premiere Pro CS5.5의
기본 사용법과 작업 공간 설정 및
패널 단위의 설정 방법에 대해
학습합니다.

예제 파일 Lesson01.prproj
완성 파일 Lesson01-Q.prproj

CHAPTER 01

패널과 작업 공간 설정 및
Premiere Pro CS5.5의 기본 사용법

Premiere Pro CS5.5의 기본 사용법을 위주로 살펴보는 과정입니다.

프로젝트를 열고 소스 모니터와 프로그램 모니터를 활용하는 방식을 익히고, 패널 단위의 작업 공간에 대한 개념과 타임라인 패널을 최적화시켜서 사용하는 과정을 배우는 단계로서, Premiere Pro CS5.5를 처음 접하는 사용자들에게 보다 체계적인 방법으로 빠르게 Premiere Pro CS5.5의 작업 화면을 이해할 수 있도록 구성된 예제를 통해 순서대로 학습합니다.

Premiere Pro CS5.5의 프로젝트를 구성하고 여는 방법을 익히는 과정입니다.

1. Premiere Pro CS5.5 초기 화면

초기 화면은 New Project를 선택했을 때에만 나타납니다.

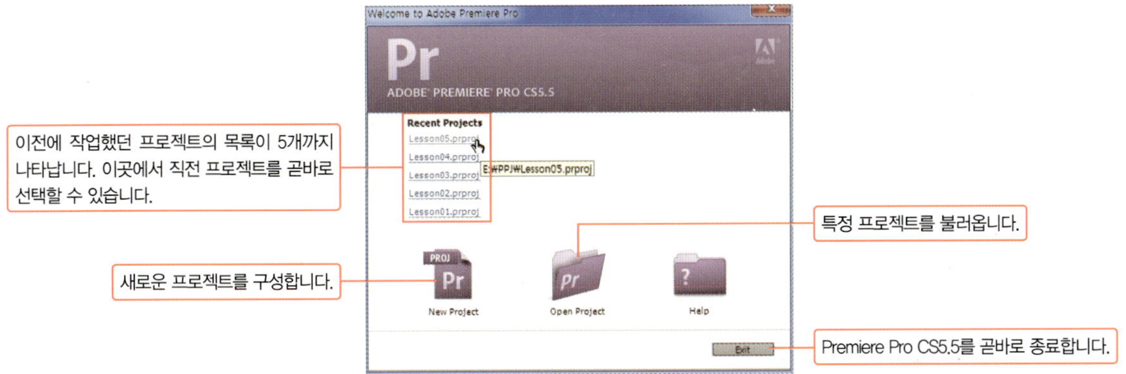

이전에 작업했던 프로젝트의 목록이 5개까지 나타납니다. 이곳에서 직전 프로젝트를 곧바로 선택할 수 있습니다.

특정 프로젝트를 불러옵니다.

새로운 프로젝트를 구성합니다.

Premiere Pro CS5.5를 곧바로 종료합니다.

2. 새 프로젝트 구성하기

Open Project를 선택하고 〔New Project〕 대화상자에서 프로젝트 이름을 입력합니다. 〔New Sequence〕 대화상자에서 프리셋(Preset)을 선택하고 〈OK〉 버튼을 누르면 프리미어의 작업 화면이 비어 있는 상태로 열립니다.

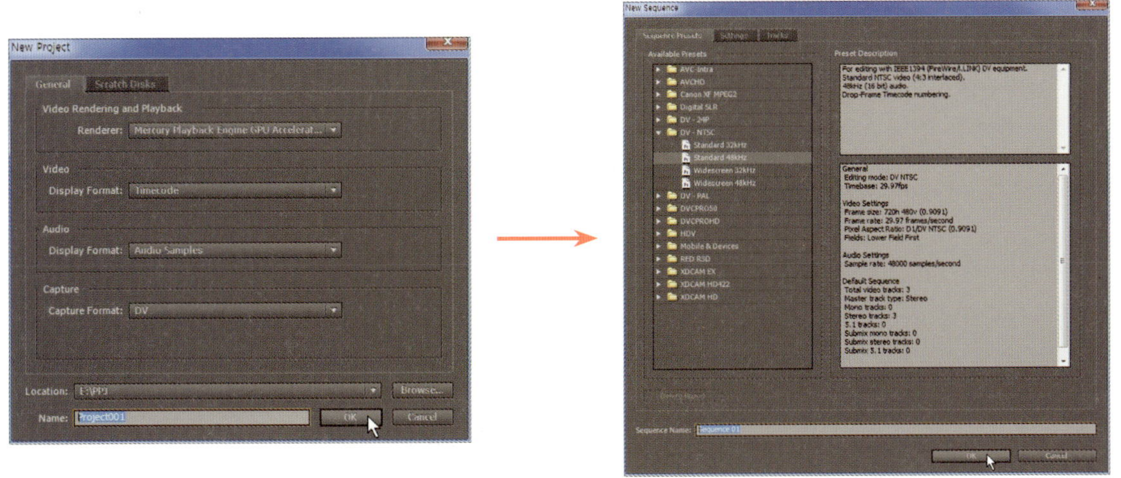

작업에 필요한 클립들을 프로젝트 패널에 임포트하는 것을 시작으로 프로젝트가 구성됩니다.

한 번 저장된 프로젝트는 Premiere Pro CS5.5 초기 화면에서 Open Project를 선택하면 프로젝트의 모든 정보가 보존된 상태로 작업 화면이 열립니다.

❶ Windows의 시작 메뉴에서 Premiere Pro CS5.5를 실행합니다.

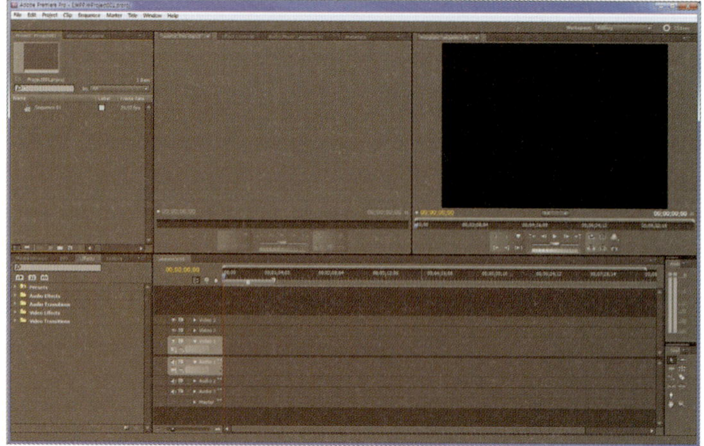

❷ Premiere Pro CS5.5의 초기 화면이 나타나면
〔Open Project〕를 선택합니다.

부록 DVD의 Lesson01 폴더에서 'Lesson01.prproj'
를 선택하고 〈열기〉 버튼을 누릅니다.

하드디스크에 부록 DVD를 복사했을 경우에는 해당 경로를
찾아서 Lesson01.prproj를 선택해 주면 됩니다.

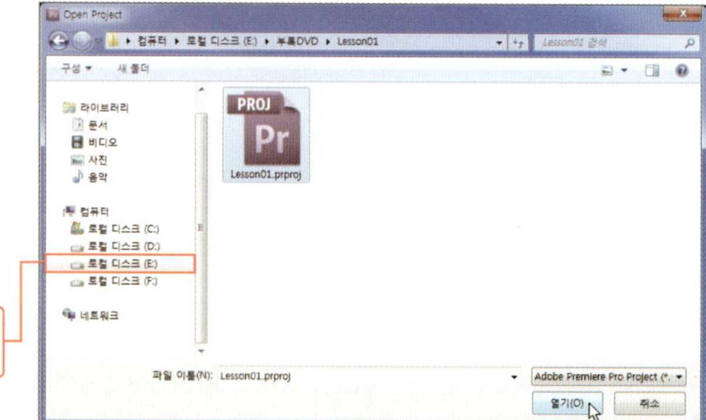

확장자 .prproj는 Premiere Pro Project의 약어로 Premiere Pro와 파일 형식이 연결되어 있으므로 더블클릭하면 곧바로 프리미어가 실행되면서
작업 화면에 프로젝트가 열립니다.
　새로운 프로젝트를 구성할 때에는 〔New Project〕를 선택하고 사전 설정 옵션인 프리셋(Preset)과 프로젝트 이름을 입력해 주어야 합니다. 부록 DVD의
모든 프로젝트는 표준 DV 프리셋으로 설정된 시퀀스가 포함되어 있습니다.

❸ Lesson01.prproj가
열리면서 Premiere Pro
CS5.5의 작업 화면이 곧
바로 나타납니다.

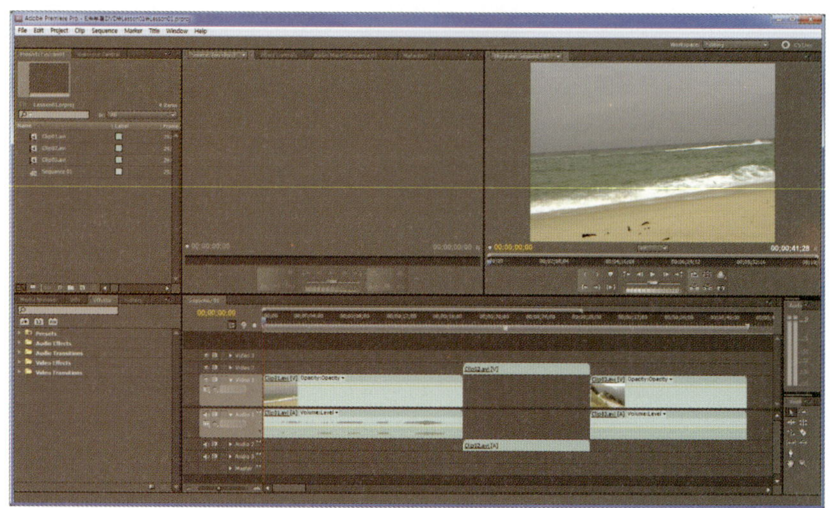

프로젝트 패널과 소스 모니터의 기본 활용법을 알아봅니다.

프로젝트 패널은 클립을 불러온 뒤 관리하는 기본 패널이며, 소스 모니터에서 클립을 열고 확인할 수 있습니다. 프로젝트 패널은 소스 모니터와 연관되어 있고, 타임라인 패널은 프로그램 모니터와 연관되어 있습니다.

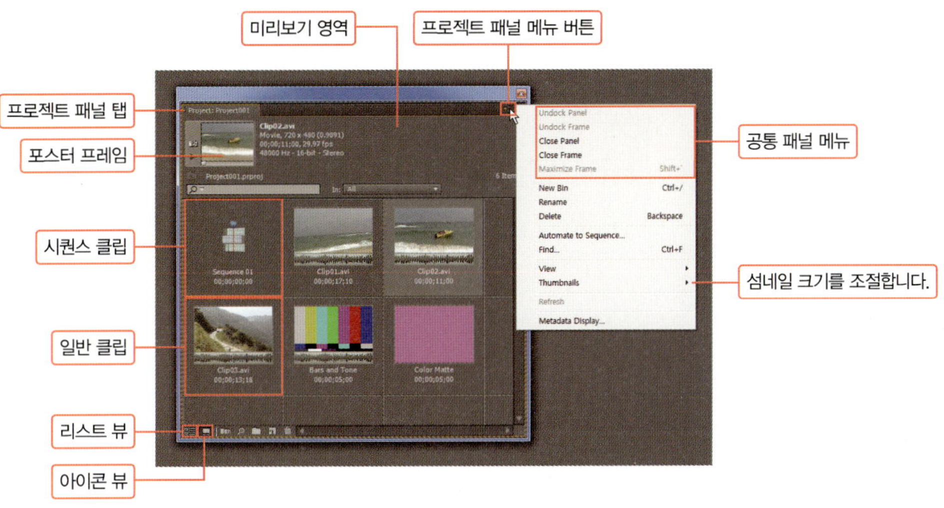

- **List View** : 프로젝트 패널의 클립을 목록으로 보여줍니다.
- **Icon View** : 프로젝트 패널의 클립을 섬네일로 보여줍니다.

소스 모니터는 메인 모니터 패널로 프로젝트 패널에서 불러들인 클립을 출력하며, 타임라인 패널에 배치하기 이전에 화면 탐색과 인 점, 아웃 점을 설정하는 곳입니다. 소스 모니터 화면에는 복수의 클립들을 함께 열 수 있으며 좌측 상단의 소스 클립 선택 메뉴에서 특정 클립을 선택하면 해당 프레임이 미리보기 영역에 나타납니다.

❶ 〔프로젝트 패널 메뉴〕→ Thumbnails → Large를 선택합니다. 프로젝트 패널의 섬네일 크기가 확대되어 나타나면 Clip02.avi 클립을 더블클릭합니다. Clip02.avi 클립이 소스 모니터에 열립니다.

프로젝트 패널에 임포트되어 있는 파일을 프리미어에서는 클립이라는 용어로 표현합니다.

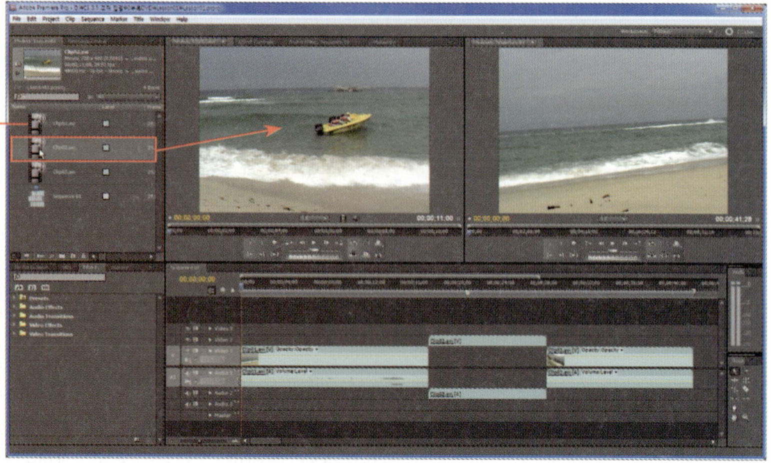

❷ 소스 모니터 조절기의 확대/축소 버튼을 클릭하고 팝업 메뉴에서 100%를 선택합니다.

❸ 화면이 100%로 확대되고, 소스 모니터 하단의 조절기 위에 있는 타임룰러에서 현재 시간 표시자를 오른쪽으로 이동하여 클릭합니다. 소스 클립의 해당 시간에 위치하고 있는 프레임이 소스 모니터에 출력됩니다.

소스 모니터는 이렇게 원하는 프레임을 찾아 인 점과 아웃 점을 설정하여 타임라인 패널의 트랙에 배치할 때 사용합니다.

타임라인 패널은 복수의 시퀀스 단위로 구성되며, 타임라인 패널에서 변경된 내용은 편집 기준선을 통해 프로그램 모니터 화면으로 출력됩니다.

1. 스크러빙 기능

타임라인 패널과 프로그램 모니터는 서로 연동되어 있으며, 작업 도중 편집 기준선을 통해 프로그램 모니터에서 프레임을 확인합니다. 이때, 특정 시간 위치에서 편집 기준선을 좌우로 드래그하면 여러 프레임들을 렌더링이 완료된 상태로 신속하게 확인할 수 있습니다.

타임라인 패널 상단의 타임룰러에 커서를 가져간 뒤 1회 클릭하면 편집 기준선이 가리키는 위치로 한 번에 이동되고 타임룰러 위에서 마우스를 좌우로 드래그하면 편집 기준선 마커가 자석처럼 따라다니면서 프로그램 모니터에 프레임을 연속으로 출력해 줍니다.

이렇게 마우스를 이용하여 좌우로 드래그하는 기능을 스크러빙이라고 하며, 프레임 단위로 프로그램 모니터에서 즉시 확인할 수 있으므로 간이 미리보기 기능이라고도 합니다.

❶ 타임라인 패널 상단의 타임룰러에서 편집 기준선 마커를 원하는 곳에 클릭하면 프로그램 모니터에 해당 프레임 화면이 나타납니다.

❷ 타임라인 패널 좌측에 있는 트랙 헤더 영역의 경계에 커서를 가져가면 수평 크기 조절 아이콘이 나타납니다. 수평 크기 조절 아이콘을 오른쪽으로 드래그하면 트랙 헤더 영역의 가로 크기가 늘어납니다.

❸ Video 1 트랙의 상단 경계에 커서를 가져가면 높이 조절 아이콘이 나타납니다. 위로 드래그하여 트랙의 높이를 변경합니다. 같은 요령으로 Audio 1 트랙의 하단 경계에서 높이 조절 아이콘을 아래로 드래그하여 트랙의 높이를 확장합니다.

 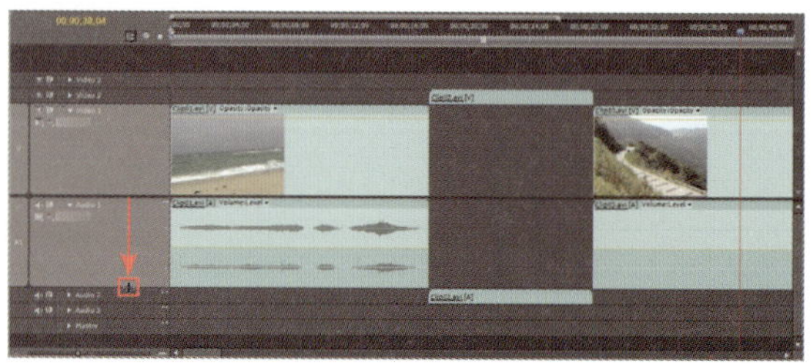

④ Video 2 트랙의 트랙 확장 버튼을 클릭하여 트랙을 확장하고 같은 요령으로 트랙 높이를 조절합니다.

 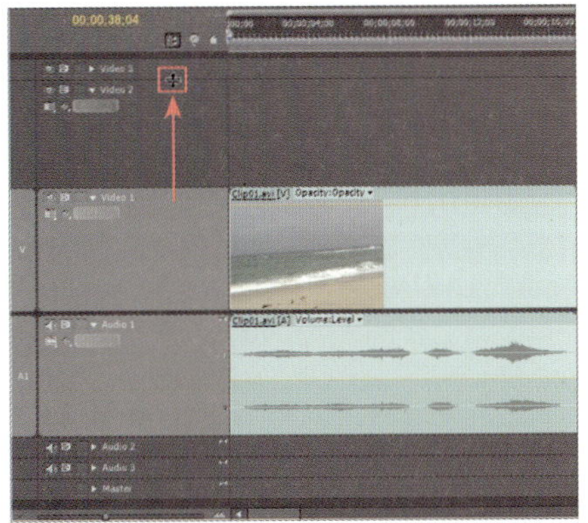

⑤ 트랙 헤더 영역의 비디오 트랙 표시 형태 설정 버튼을 클릭합니다.

⑥ 팝업 메뉴에서 Show Head Only(기본값)를 Show Frames로 변경하면 Video 1 트랙의 클립 표시 형태가 섬네일 이미지로 모든 프레임이 표시되어 나타납니다.

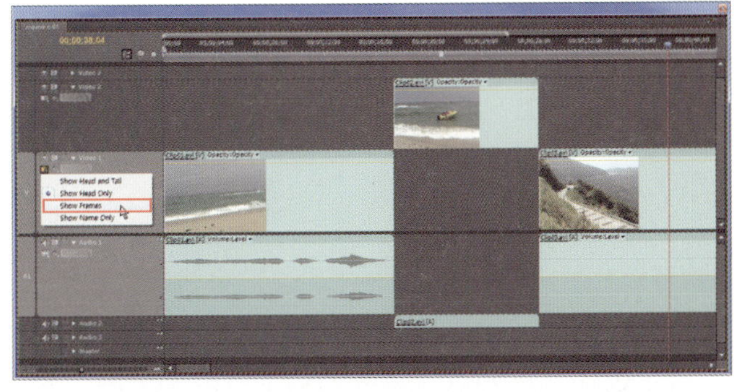

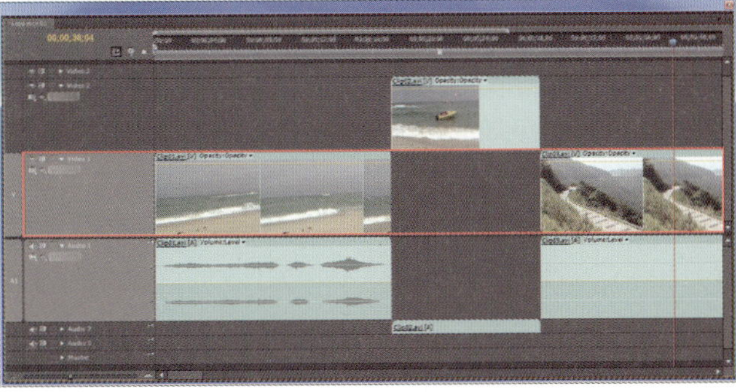

Premiere Pro CS5.5의 패널 단위의 작업 형태를 익히는 순서입니다.

1. 패널의 우선 순위

프리미어의 모든 작업은 패널 단위로 이루어집니다. 같은 프레임 안에 여러 개의 패널을 그룹으로 포함하고 있거나, 독립적인 패널로 분리하여 사용할 수도 있습니다. 그룹 안의 패널 우선 순위는 패널 탭의 위치에 따라 결정되고 패널 탭을 드래그하여 변경할 수 있습니다. 그룹 안에서 특정 탭을 클릭하면 패널 테두리가 주황색으로 강조되면서 선택된 상태를 표시해 줍니다. 패널 탭 좌측의 점선 영역을 클릭하고 앞으로 드래그하면 그룹 안에서 탭의 위치가 이동됩니다.

2. 패널의 크기 조절

Premiere Pro CS5.5의 작업 화면은 모든 패널이 여백 없이 이어지는 도킹 방식으로 구성되어 있으므로 패널의 크기를 상하, 좌우로 자유롭게 변경할 수 있습니다. 패널과 패널이 맞닿은 부분에 커서를 가져가면 수평, 수직 크기 조절 아이콘으로 변경됩니다. 크기 조절 아이콘을 상하, 좌우로 드래그하여 원하는 패널의 크기를 조절합니다. 또한, 패널 모서리에 커서를 가져가면 양방향 크기 조절 아이콘으로 변경되므로 한 번에 대각선 방향으로 패널 크기를 조절할 수도 있습니다.

❶ 타임라인 패널 메뉴를 열고 Maximize Frame을 선택합니다.

❷ 타임라인 패널이 작업 화면에 최대화되어 나타납니다. 원상 복귀하려면 〔타임라인 패널 메뉴〕→ Restore Frame Size를 클릭합니다.

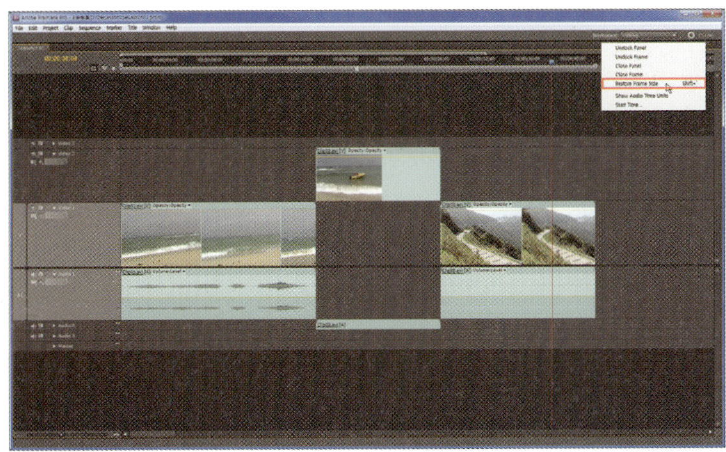

❸ 프로젝트 패널의 우측 가장자리에 커서를 가져가면 크기 조절 아이콘이 나타납니다. 우측으로 드래그하면 프로젝트 패널의 수평 크기가 늘어납니다.

❹ 이번에는 타임라인 패널 상단 가장자리에 커서를 가져간 다음 크기 조절 아이콘을 위로 드래그합니다. 타임라인 패널의 수직 크기가 늘어납니다. 같은 방법으로 모든 패널들은 작업화면 안에서 크기를 자유롭게 조절하여 사용자 취향에 맞게 활용할 수 있게 구성되어 있습니다.

❺ 미리보기를 큰 화면으로 재생할 때에는 프로그램 모니터의 여백에 1회 클릭하면 프로그램 모니터의 테두리가 주황색으로 활성화되어 표시되는데, 이때 단축키 ~를 누르면 프로그램 모니터 화면이 최대화 되므로 용이하게 활용할 수 있습니다.

~는 패널 메뉴의 Maximize Frame, Restore Frame Size 명령과 동일합니다. 원하는 패널을 활성화하고 ~를 누르면 해당 패널만 작업 화면에 최대화되어 나타납니다.

Premiere Pro CS5.5의 작업 공간을 설정하는 방법입니다.

1. 기본적으로 제공되는 5가지의 작업 공간 모드

Premiere Pro CS5.5는 기본적으로 5가지(Editing, Color Correction, Audio, Effects, Metalogging)의 작업 공간을 제공하고 있으며, 여기에 사용자 정의 작업 공간을 추가하여 사용할 수 있습니다.

▲ Editing 모드

▲ Color Correction 모드

▲ Audio 모드

▲ Effects 모드

2. 작업 공간 옵션 익히기

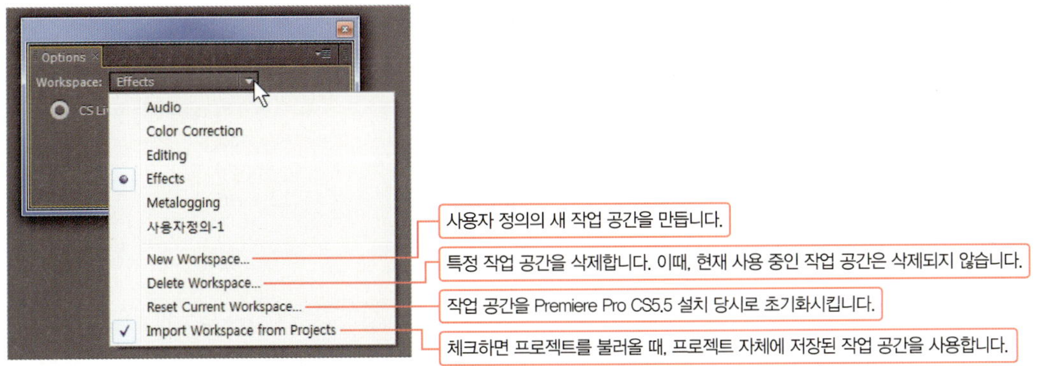

사용자 정의의 새 작업 공간을 만듭니다.

특정 작업 공간을 삭제합니다. 이때, 현재 사용 중인 작업 공간은 삭제되지 않습니다.

작업 공간을 Premiere Pro CS5.5 설치 당시로 초기화시킵니다.

체크하면 프로젝트를 불러올 때, 프로젝트 자체에 저장된 작업 공간을 사용합니다.

❶ 메인 메뉴 우측 하단에 있는 옵션 패널에서 Workspace 메뉴를 열고 작업 공간 목록에서 Audio 모드를 선택합니다.

❷ 작업 공간이 Audio 모드로 한 번에 변경되어 나타납니다. 다시 Workspace 메뉴를 열고 이번에는 Color Correction 모드를 선택합니다.

❸ 작업 공간이 색상 보정 모드로 한 번에 변경되어 나타납니다. 좌측의 이펙트 패널에서 Video Effects와 Transition 빈의 확장 버튼을 누르면 계층 구조 형태의 세부 아이템이 나타납니다.

❹ 중앙의 프로젝트 패널 옆에 위치하고 있는 소스 모니터 패널 탭을 클릭하고 좌측의 이펙트 패널 영역 안으로 드래그하면 반투명의 드롭 영역이 나타납니다.

❺ 마우스 버튼을 놓으면 소스 모니터 패널이 이펙트 패널의 위치에 그룹화되어 이동됩니다. 이번에는 [Window] → Workspace → New Workspace를 선택합니다.

[Window] → Workspace 메뉴는 옵션 패널의 Workspace 메뉴와 같습니다.

❻ 〔New Workspace〕 대화상자에서 새롭게 만들 작업 공간의 이름을 '사용자정의-1'로 입력하고 〈OK〉 버튼을 누릅니다.

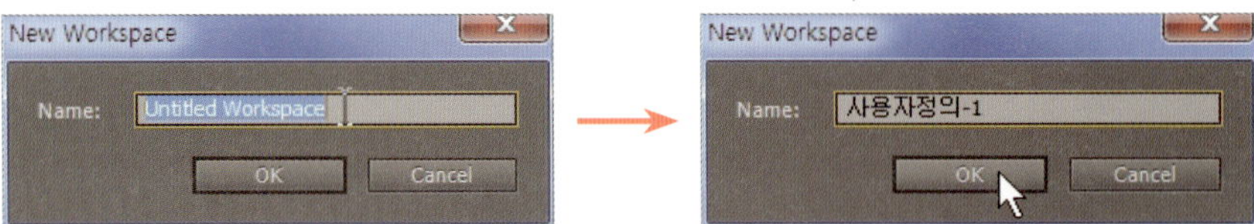

❼ 현재 작업 화면이 그대로 사용자 정의의 작업 공간으로 작업 공간 목록에 새롭게 등록됩니다.
옵션 패널의 Workspace 메뉴를 열면 작업 공간 목록에 5가지의 기본 작업 공간 모드 아래에 '사용자정의-1'이 추가되어 있는 것을 확인할 수 있습니다.

❽ 옵션 패널의 Workspace 메뉴에서 작업 공간을 기본 값인 Editing 모드로 변경합니다.

❾ Premiere Pro CS5.5의 기본 작업 공간인 Editing 모드로 환원되었지만, 작업 화면의 패널 배열 상태는 그대로 유지되는 것을 확인할 수 있습니다. 옵션 패널의 〔Workspace 메뉴〕→ Reset Current Workspace를 선택합니다.

❿ 〔Reset Workspace〕 대화상자가 나타나면서 확인 메시지가 나타납니다. 〈Yes〉 버튼을 누릅니다.

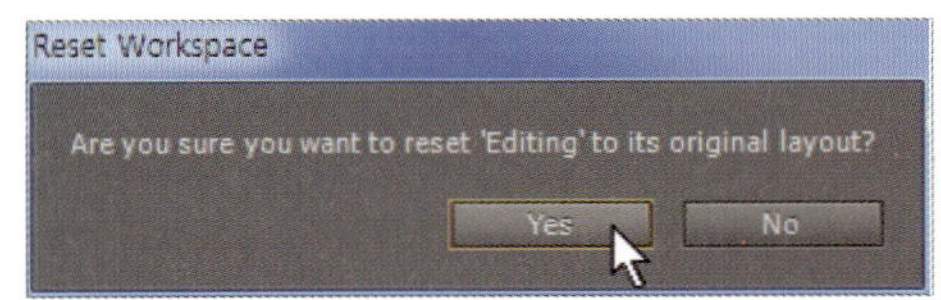

⓫ Editing 모드가 Premiere Pro CS5.5의 초기 값으로 원상 복귀되어 나타납니다.

> **TIP** 〔Workspace 메뉴〕→ Reset Current Workspace 명령을 실행하면 작업 공간이 Premiere Pro CS5.5의 초기 값으로 환원되지만, 프로젝트 패널의 섬네일 크기와 타임라인 패널의 트랙 표시 형태는 그대로 보존됩니다. 패널 배열만 초기화된다는 점에 유의할 필요가 있습니다.

컷 편집의 기초를 학습하고,
기본 트랜지션을 적용하고
교체하는 방법과 트랜지션 옵션
설정을 통해 사용자 정의로 장면
전환의 다양한 기법을 창출하는
과정을 학습합니다.

장면 전환은 편집의 기본 요소로
익혀야 하는 과정이기도 하지만,
실전 작품 제작에 있어서는
트랜지션의 사용은 절제되어야
할 항목으로 꼭 필요한 부분에만
도입해야 부작용이 발생하지
않습니다.

예제 파일 Lesson02.prproj
완성 파일 Lesson02-Q.prproj

CHAPTER 02

트랜지션의 기본 활용

Premiere Pro CS5.5의 트랜지션 아이템을 이용한 장면 전환과 페이드 인/아웃 처리 기법에 대해 학습하는
단계입니다. 다중 시퀀스인 Sequence 01과 Sequence 02를 가지고 컷 편집의 기본인 인 점과 아웃 점 설정
과정에서부터 비디오와 오디오의 기본 트랜지션 적용 방법을 익히고 트랜지션 설정 옵션과 단면 트랜지션
인 Dip to Black, Dip to White 아이템을 가지고 간단히 페이드 인/아웃을 처리하는 기법에 대해 배웁니다.

트랜지션 적용을 위한 클립의 인, 아웃 점 설정 방법을 익힙니다.

프로젝트 패널로부터 마스터 클립을 직접 타임라인 패널의 트랙에 배치했을 때, 클립의 시작 점과 끝 점을 살펴보면 비디오와 오디오 트랙 모두 상단 모서리에 작은 삼각형 표시가 나타나는데, 이것은 클립의 인, 아웃 점이 설정되어 있지 않고 원본 클립 전체가 트랙에 배치되었다는 것을 알려주고 있는 마스터 클립의 표시입니다.

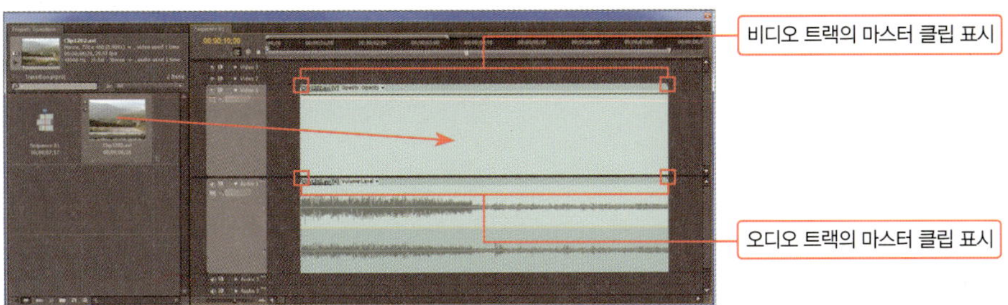

인 아웃 영역이 설정되지 않은 마스터 클립이 트랙에 직접 배치되었을 때에는 편집 요소에 제한을 받거나 일반 클립과의 구분이 필요하므로 Premiere Pro CS5.5에서는 마스터 클립을 표시해 주고 있습니다.

> **TIP** 마스터 클립은 인 점과 아웃 점이 설정되지 않은 최초의 원본 클립을 가리키며, 편집 점은 타임라인 패널의 트랙에서 연속된 클립과 클립이 맞닿은 경계 프레임을 의미합니다.

1. 마스터 클립만으로 연결된 클립에 트랜지션을 적용했을 때

마스터 클립을 직접 트랙에 배치하면 여분의 핸들이 존재하지 않으므로 컷 편집이나 여러 가지 작업 면에서 비효율적이며 특히 트랜지션을 적용할 수 있는 영역이 없으므로 사전에 마스터 클립으로부터 인 아웃 영역을 설정한 다음 참조 클립을 배치하는 것이 일반적인 작업 순서입니다. 두 개의 마스터 클립을 맞닿게 배치해 놓은 상태에서 동일하게 트랜지션 아이템을 드래그하여 적용시키면 미디어에 여분의 핸들이 존재하지 않는다는 에러 메시지가 출력됩니다. 이 경우 트랜지션 영역은 빗금으로 표시되어 일반 트랜지션 영역과 구분됩니다.

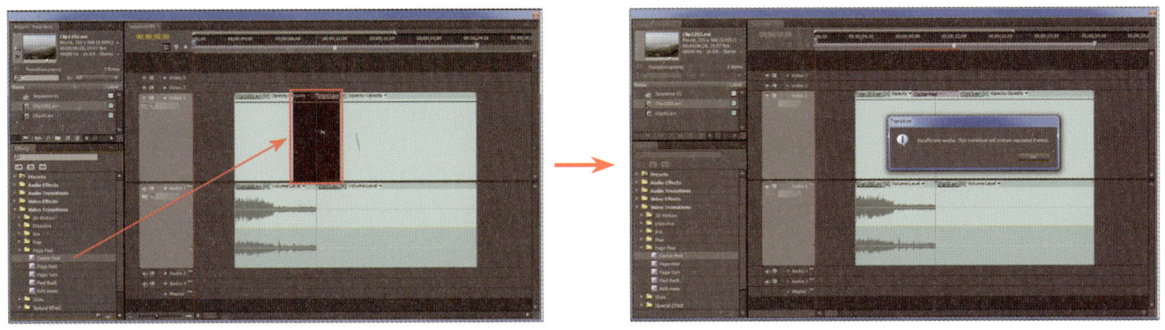

이때는 마스터 클립의 인 아웃 영역을 설정해 주어야 합니다.

2. 인 점, 아웃 점 설정하기

트랜지션만을 위한 인, 아웃 점의 변경 방법은 약식으로 타임라인 패널 내에서 트림 인, 아웃 아이콘을 이용
하면 신속하게 변경이 가능합니다.

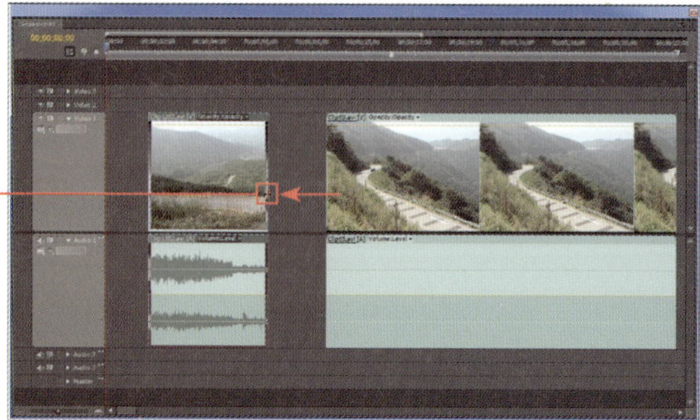

트림 아웃 아이콘을 왼쪽으로 드래그하여 첫 번째 클립의 아웃 점을 설정합니다.

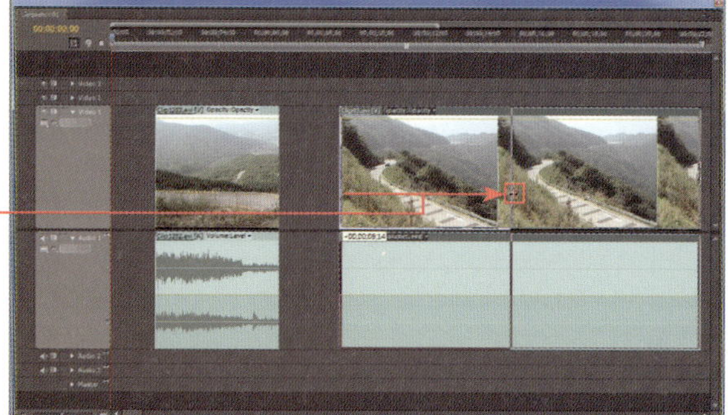

트림 인 아이콘을 오른쪽으로 드래그하여 두 번째 클립의 인 점을 설정합니다.

보다 정확한 인 점과 아웃 점의 설정은 소스 모니터
에서 이루어집니다.

인 점과 아웃 점 외곽에 있는 여분의 영역을 핸들이
라고 하는데, 장면 전환은 여분의 핸들 영역을 가지
고 처리한다는 뜻입니다.

❶ 부록 DVD의 Lesson02 폴더에서 'Lesson02.prproj'를 선택하고 더블클릭하거나, Premiere Pro CS5.5 가 실행된 상태에서는 (File) → Open Project를 실행하고 'Lesson02.prproj'를 선택한 다음 〈열기〉 버튼을 누릅니다.

프로젝트가 열리면 프로젝트 패널에 임포 트되어 있는 Clip04.avi, Clip05.avi 클립 을 차례대로 소스 모니터로 드래그하여 소 스 모니터에 엽니다.

❷ 소스 모니터에 열린 Clip05.avi 클립의 현재 시간 표시자를 정확히 00;00;01;00의 위치에 고정시키고 조절기에서 인 점 설정 버튼을 클릭하면 인 점이 설정되고 타임룰 러에 인 아웃 영역이 블루 톤의 반투명 바 로 표시됩니다.

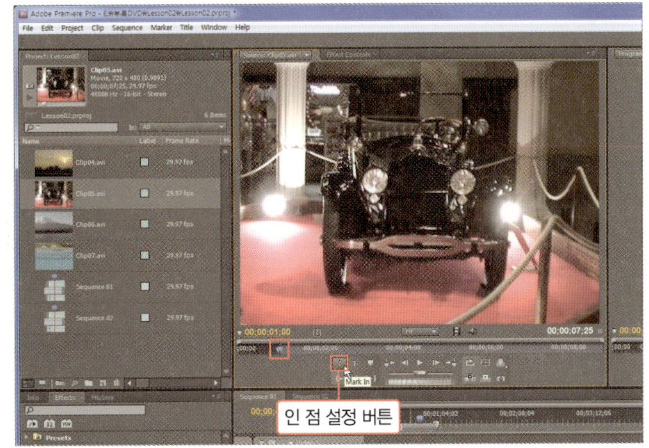

❸ 이번에는 현재 시간 표시자를 00;00; 07;00의 위치에 고정시키고 조절기에서 아 웃 점 설정 버튼을 클릭하면 아웃 점이 생 성되면서 인 아웃 영역이 완성됩니다.

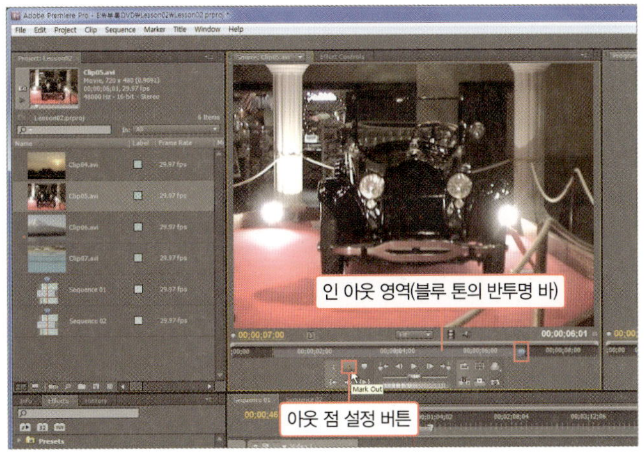

❹ 소스 모니터 좌측 상단의 소스 클립 선
택 메뉴를 열고 클립 목록에서 Clip04.avi
클립을 선택합니다.

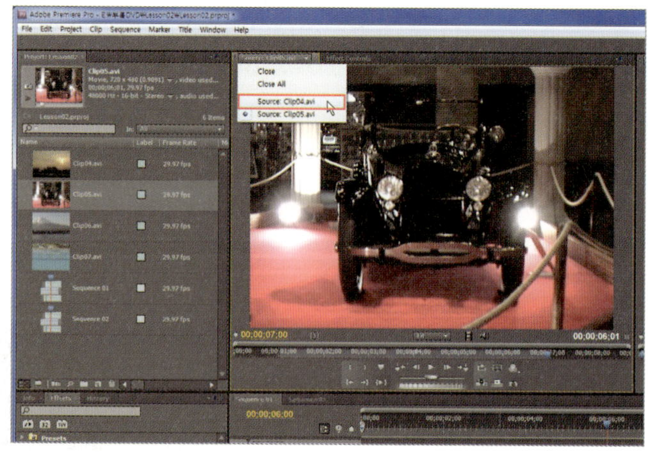

❺ 소스 모니터의 화면이 Clip04.avi 클립으로 변경되면, 조절기 좌측의 현재 타임코드를 확인하면서 같은
요령으로 인 점(00;00;02;25)과 아웃 점(00;00;12;25)을 설정하여 인 아웃 영역을 만듭니다.

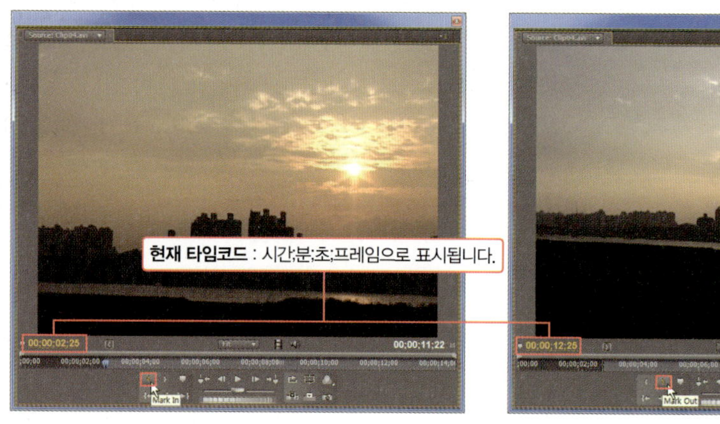

❻ 소스 모니터의 화면을 Clip04.avi 클립으로 변경하고 타임라인 패널의 편집 기준선을 시퀀스 시작부
(00;00;00;00)에 위치시킨 다음, 소스 모니터 조절기의 삽입 버튼을 클릭하면 Clip04.avi 클립이 기본 트
랙인 Video 1 트랙에 정확히 배치됩니다.

❼ 같은 요령으로 소스 모니터의 화면을 Clip05.avi 클립으로 변경하고 조절기의 삽입 버튼을 누르면 정확히 Clip04.avi 클립 바로 뒤에 Clip05.avi 클립이 연속 배치됩니다.

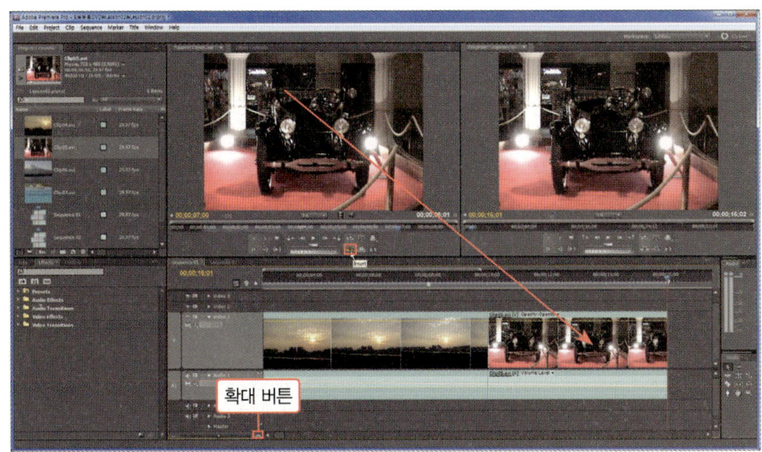

TIP 타임라인 패널의 트랙에 표시되는 클립이 짧게 보일 때에는 타임라인 패널 하단의 확대 버튼을 눌러 클립의 표시를 확대해 주면 됩니다. 간략히 단축키 \\를 누르면 현재 타임라인 패널에 꽉 찬 길이로 클립의 표시가 자동 확대됩니다. 단, 표시만 확대되었을 뿐, 클립의 실제 지속시간이 늘어나는 것은 아닙니다.

❽ 인 아웃 영역을 설정한 클립의 배치가 완료되었습니다. 작업 도중 타임라인 패널에서 인, 아웃 점을 신속하게 변경하려면 트림 인, 아웃 아이콘을 사용하면 됩니다. Video 1 트랙의 Clip05.avi 클립의 아웃 점에 커서를 가져가면 트림 아웃 아이콘으로 변경됩니다. 오른쪽으로 드래그하면 아웃 점이 빠르게 뒤로 이동하고 클립의 길이는 늘어납니다.

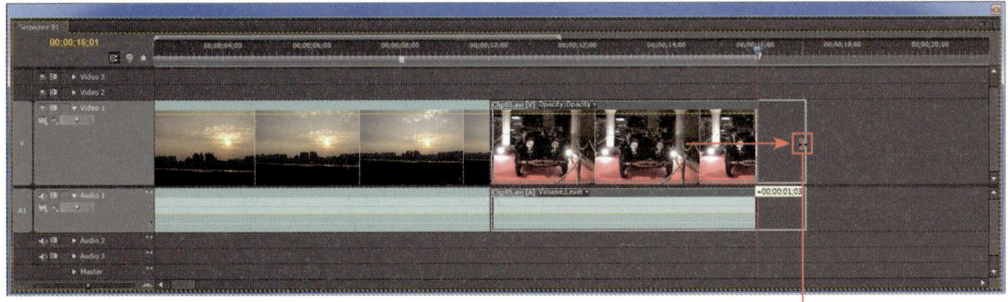

트림 아웃 아이콘은 한시적으로 클립의 아웃 점에 커서를 가져갈 때에만 나타납니다. 아웃 점을 변경하면 도구 팁이 하단에 나타나면서 변경된 길이만큼 타임코드로 안내해 줍니다.

❾ 트랙에서 변경된 Clip05.avi 클립을 더블클릭하면 소스 모니터에 출력되는데, 아웃 점이 변경되어 있는 것을 확인할 수 있습니다.

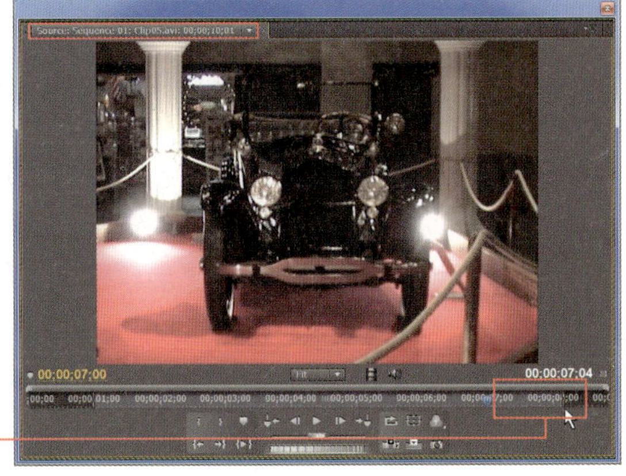

TIP 타임라인 패널의 트랙에서 직접 해당 클립의 인, 아웃 점을 빠르게 변경할 수 있지만 프로젝트 패널의 마스터 클립에 보존되는 인 아웃 영역의 정보는 소스 모니터에서 설정한 인 점과 아웃 점에 의해 저장된다는 점에서 정확하게 인 아웃 영역을 수정할 때에는 소스 모니터에서 처리해 주어야 합니다.

기본 트랜지션을 적용하는 방법을 익힙니다.

작업 공간이 Editing 모드로 설정되어 있을 때, 장면 전환 효과를 위한 트랜지션 아이템(Transition Item)은 보조 패널들과 함께 자리 잡고 있는 Effects 패널에 포함되어 있습니다.

Effects 패널은 Premiere Pro CS5.5에서 사용되는 모든 이펙트 아이템들을 모아 놓은 작업 패널입니다. 트랜지션 아이템은 Video Transitions와 Audio Transitions 빈에 포함되어 있고, 빈 확장 버튼을 클릭하면 계층 구조로 분류되어 있습니다.

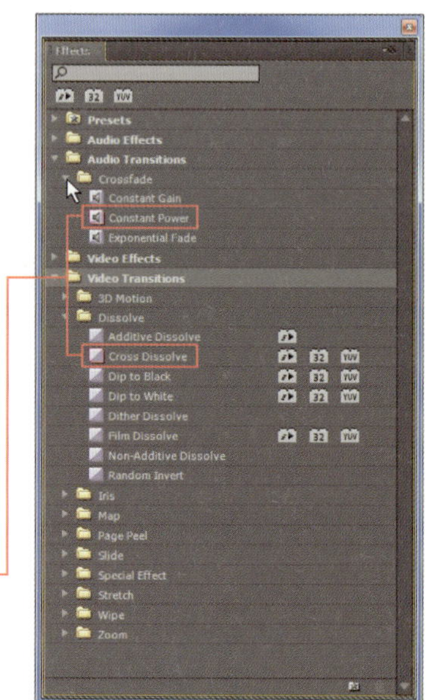

모션과 이펙트를 위한 이펙트 프리셋 아이템이 있고, 오디오 이펙트 아이템과 오디오 트랜지션 아이템, 비디오 이펙트들이 유형별로 포함되어 있고, 하단에 비디오 트랜지션 아이템들이 존재하는데, 비디오와 오디오 기본 트랜지션 아이템은 빨간색 테두리의 아이콘으로 표시합니다. 기본 트랜지션 아이템은 단축키와 자동 편집을 위해 사용됩니다.

1. 트랜지션 아이템을 적용하는 방법

Effects 패널로부터 비디오 트랜지션 아이템을 선택하고 타임라인 패널의 트랙에 배치되어 있는 클립과 클립의 경계에 드래그하여 던져 넣으면 간단히 적용됩니다.

동일한 요령으로 오디오 트랜지션 아이템을 두 클립의 경계에 드래그하면 되는데, 하단의 오디오 트랙으로 던져 넣으면 됩니다.

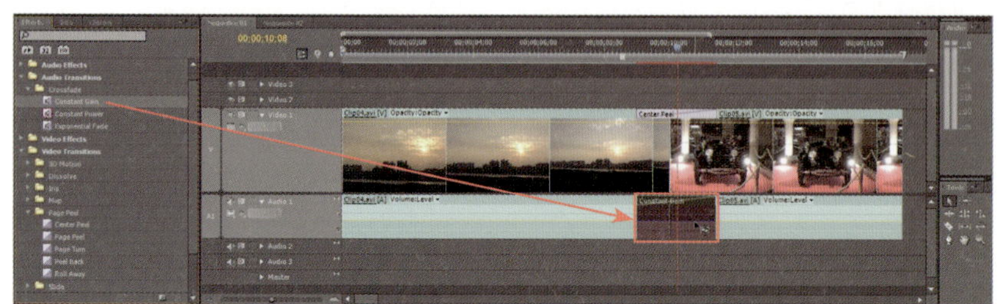

❶ 기본 트랜지션 아이템은 이펙트 패널 안에 해당 아이콘이 빨간 색 테두리로 구분되어 있어서 구별하기가 용이한데, 일반 아이템과 달리 단축키만으로 손쉽게 적용이 가능합니다.

편집 기준선을 클립과 클립의 경계 부근에 위치시키고, 단축키 Ctrl + D 를 누릅니다.

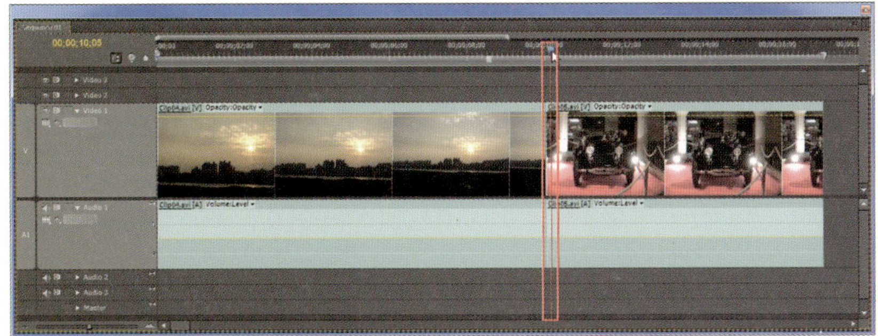

❷ 기본 트랜지션 아이템인 Cross Dissolve 아이템이 편집 점에 자동으로 배치가 되는 것을 확인할 수 있습니다.

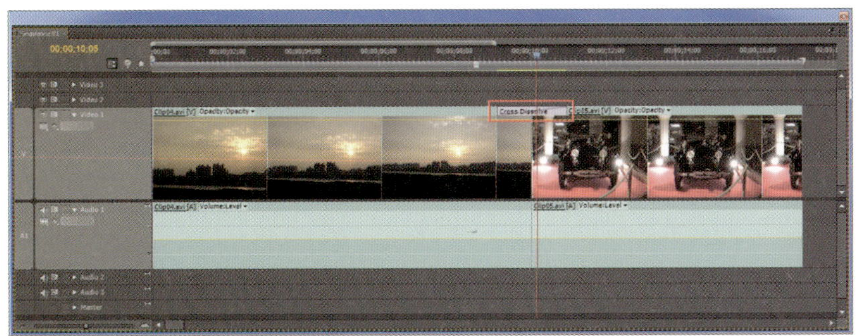

❸ 이번에는 단축키 Ctrl + Shift + D 를 누릅니다. 오디오 트랙을 확인해 보면 Constant Power 아이템이 자동 배치가 되는 것을 확인할 수 있습니다. 이렇게 단축키만으로 클립의 경계에 자동으로 지정되어 배치되는 아이템을 기본 트랜지션 아이템이라고 합니다.

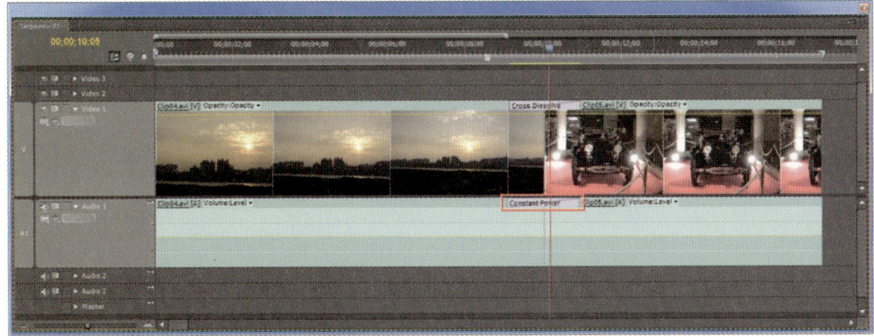

트랜지션을 교체하고 세부 옵션을 설정하는 트랜지션 세팅에 대해 학습할 순서입니다.

1. 트랜지션 옵션 설정

트랜지션 옵션은 시퀀스의 트랙에서 트랜지션 영역을 클릭하면 이펙트 조절 패널에 독립적으로 나타납니다.

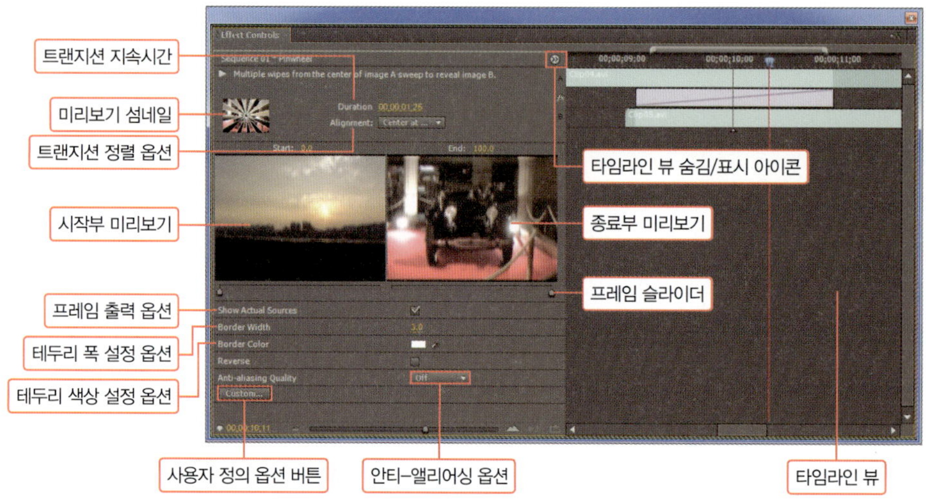

이펙트 조절 패널의 트랜지션 설정 옵션에서 미리보기 영역 하단에 나타나는 세부 옵션의 개수와 내용은 아이템의 유형에 따라 각각 다르게 나타납니다. 최적화된 세부 옵션과 사용자 정의 옵션 버튼을 이용하면 창의적인 장면 전환을 연출할 수 있습니다.

2. 미리보기 슬라이더를 동시에 변경하는 방법

트랜지션을 응용할 때 시작부 미리보기와 종료부 미리보기의 프레임 슬라이더를 동시에 같은 값으로 설정하는 방법입니다. 단축키 **Shift** 를 누른 상태에서 시작부 또는 종료부 미리보기 하단의 슬라이더 영역에서 원하는 지점을 1회 클릭하면 양쪽 슬라이더가 동시에 같은 위치로 한 번에 이동됩니다. 양쪽에 동일한 전환 효과를 적용시켜 트랜지션을 이펙트로 응용할 때 사용하는 기능입니다.

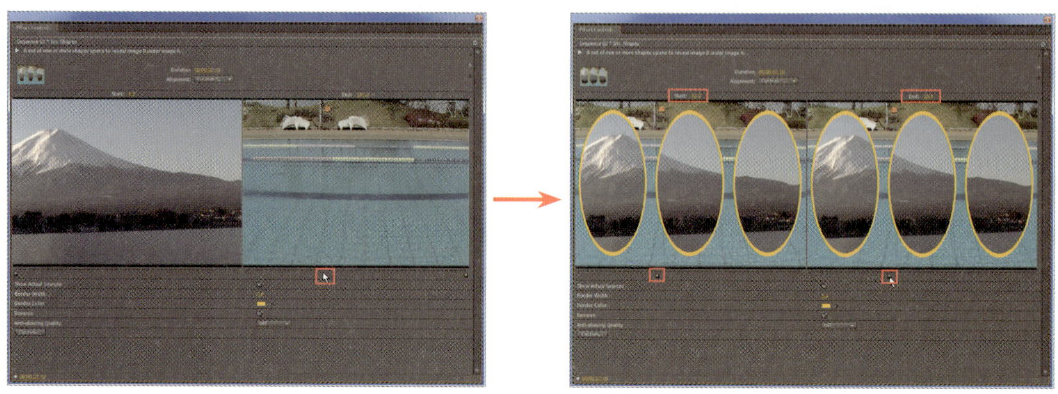

❶ 트랙에 이미 적용되어 있는 트랜지션 아이템을 교체하는 방법은 간단합니다.
이펙트 패널에서 Video Transitions\Wipe 빈의 Pinwheel 아이템을 선택하고 타임라인 패널의 Video 1 트랙에 기본 트랜지션 아이템이 적용되어 있는 영역으로 드래그하여 넣습니다.

❷ Video 1 트랙의 트랜지션 영역이 Pinwheel 아이템으로 신속하게 교체되어 나타납니다. 동시에 프로그램 모니터에는 현재 편집 기준선이 위치하고 있는 프레임의 트랜지션이 Pinwheel 전환으로 적용된 화면으로 바뀌어 나타납니다. 그룹으로 묶여져 있는 소스 모니터 패널 옆의 이펙트 조절 패널 탭을 선택한 다음, Video 1 트랙의 트랜지션 영역을 클릭하면 트랜지션 설정 옵션이 이펙트 조절 패널에 출력됩니다. 트랜지션 아이템의 모든 옵션 설정은 이곳에서 이루어집니다.

❸ 트랜지션 설정 옵션의 Show Actual Sources 옵션을 체크하면 시작부와 종료부의 미리보기 화면이 실제 프레임으로 변경되어 나타납니다.

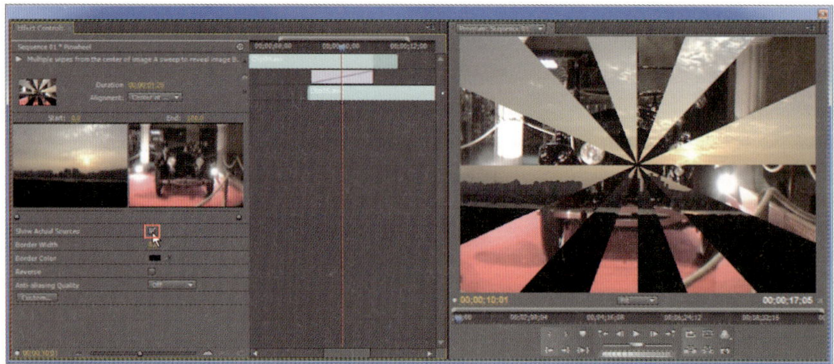

❹ Border Color 옵션의 테두리 색상 설정 버튼을 클릭하면 〔Color Picker〕 대화상자가 나타납니다. 〔Color Picker〕 대화상자에서 White 톤으로 테두리의 색상을 설정하고 〈OK〉 버튼을 누릅니다.

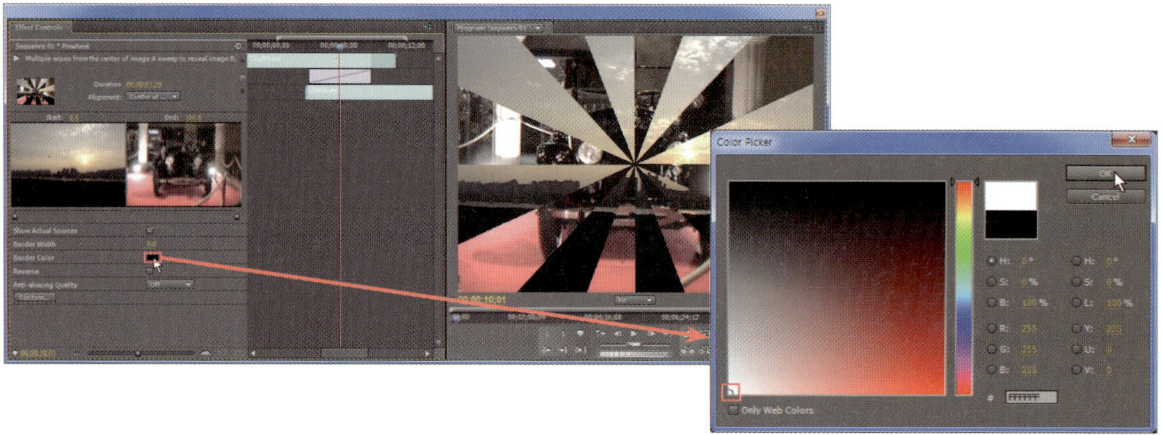

❺ Border Width 옵션의 숫자 값에 커서를 가져가면 손가락 아이콘으로 변경됩니다. 오른쪽으로 드래그하면 값이 늘어나고 테두리 폭을 3.0으로 변경합니다. 동시에 프로그램 모니터 화면에 White 톤의 테두리 폭이 3.0으로 적용된 결과 화면이 나타납니다.

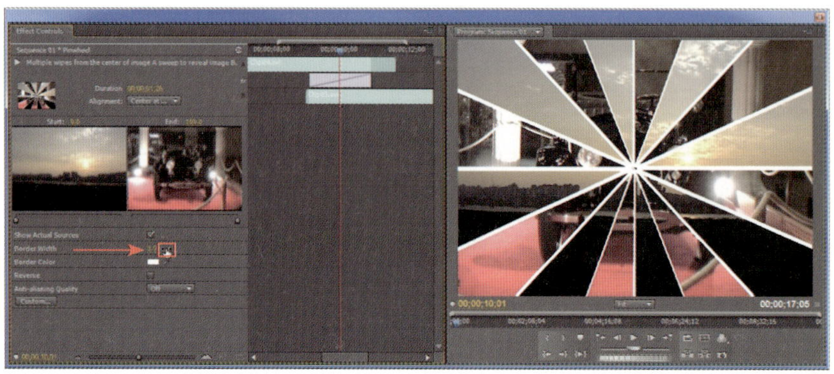

❻ 이번에는 사용자 정의 옵션으로 추가되어 있는 Custom 버튼을 클릭하고 〔Pinwheel Settings〕 대화상자
에서 Number of Wedges 값을 '12'로 변경하고 〈OK〉 버튼을 누릅니다.

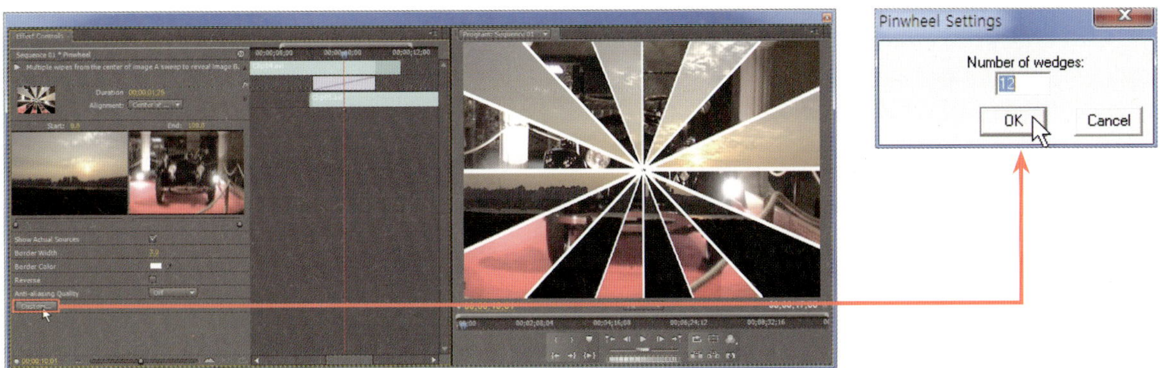

❼ 시작부 미리보기 하단의 프레임 슬라이더를 오른쪽으로 드래그하면 실제 적용될 장면 전환이 시작부 미
리보기 화면의 진행과 함께 동시에 프로그램 모니터에 출력됩니다. V자 형태의 쐐기 모양이 보다 조밀하게
변경되었습니다.

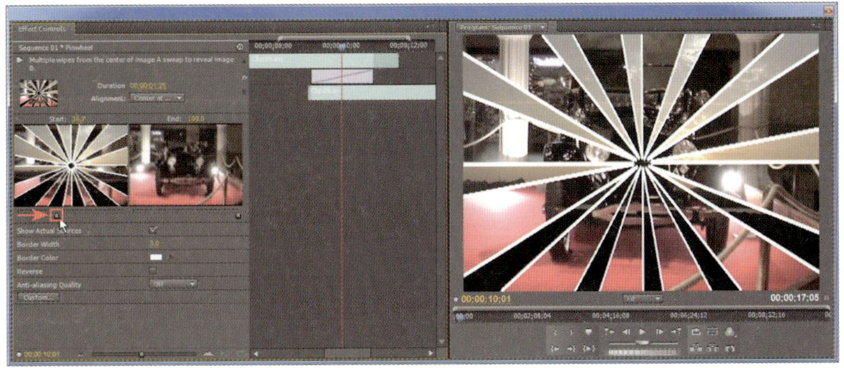

> **TIP** 미리보기 하단의 프레임 슬라이더는 확인 후 필히 원상복귀 시켜야만 처음부터 전이 화면이 정상적으로 진행되므로 주의해야 합니다.

❽ 트랜지션 지속시간 타임코드에 커서를 가져가면 손가락 아이콘으로 변경됩니다. 왼쪽으로 드래그하여
현재 트랜지션 영역의 지속시간을 00;00;00;20으로 줄입니다.

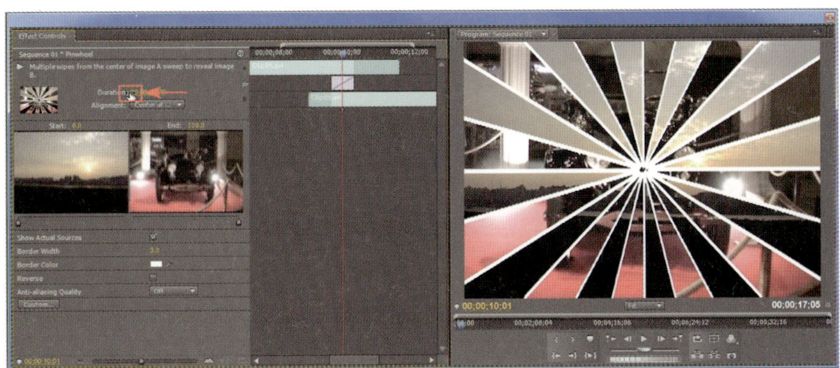

⑨ 동시에 타임라인 패널의 트랜지션 영역을 확인하면 지속시간이 축소되는 것을 확인할 수 있습니다. 타임라인 패널에서 곧바로 지속시간을 조절하려면 트랜지션 영역의 가장자리에 커서를 가져가면 나타나는 트림 인/아웃 아이콘을 사용하면 더욱 빠르게 조절할 수 있습니다. 이번에는 트림 아웃 아이콘을 오른쪽으로 드래그하여 지속시간을 늘입니다.

⑩ 트랜지션 영역의 지속시간이 다시 늘어났습니다. 트랜지션 아이템을 제거하는 방법은 트랜지션 영역을 선택하고 간단히 Delete를 누르면 즉시 제거됩니다. 다른 방법으로 트랜지션 영역을 선택하고 〔컨텍스트 메뉴〕 → Clear를 선택해도 동일하게 제거됩니다.

TIP 트랜지션 영역을 제거해도 기존 클립의 인, 아웃 점 정보와 편집 내역에는 영향을 미치지 않습니다. 트랜지션 영역의 제거는 비디오 트랙과 오디오 트랙이 분리되어 이루어집니다.

트랜지션 아이템만으로 간단히 페이드 인과 페이드 아웃으로 처리하는 기법을 알아보겠습니다.

1. 단면 트랜지션과 양면 트랜지션의 용도

양면 트랜지션은 두 클립의 편집 점에서 교차하는 영역에 배분되는 형태를 의미하고, 단면 트랜지션은 단일 클립의 시작부 또는 종료부에만 적용하는 아이템의 형태를 가리킵니다.

단면과 양면 트랜지션은 클립의 배치 여부에 따라 다르게 적용할 수 있고, 이러한 구분은 트랜지션 영역에 나타나는 아이콘의 형태로 구분할 수 있습니다.

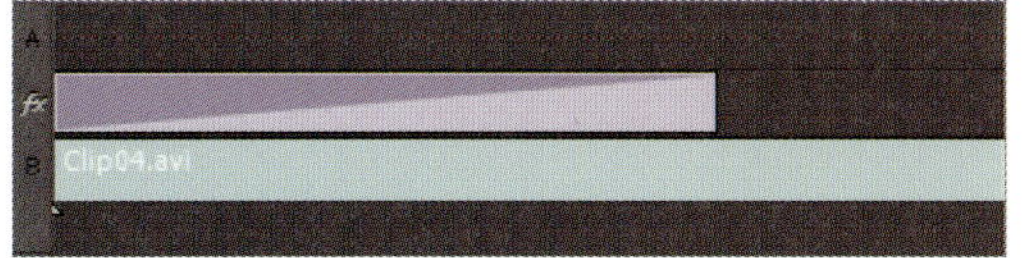

▲ 단면 트랜지션 시작부

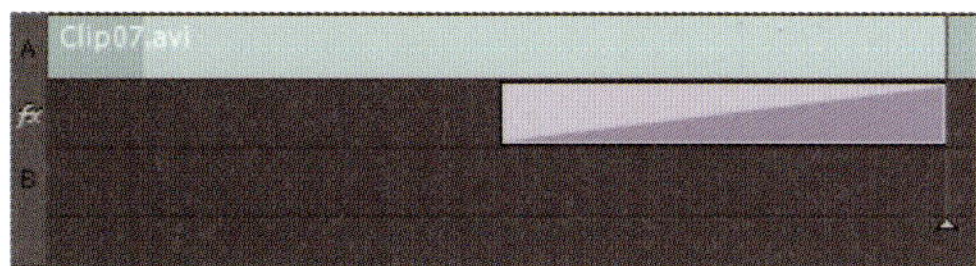

▲ 단면 트랜지션 종료부

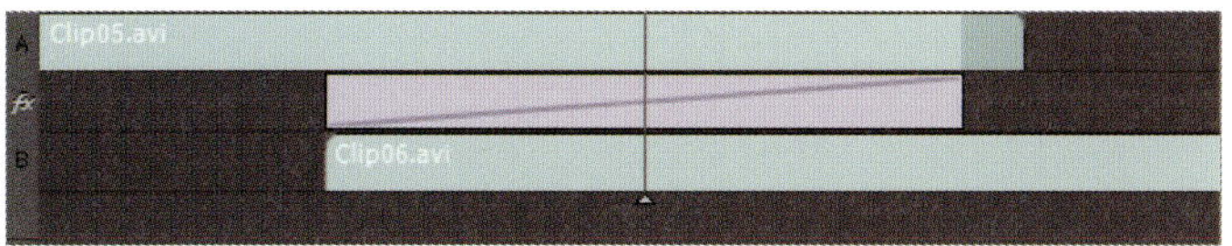

▲ 편집 점에 배분되는 양면 트랜지션

> **TIP** 화면이 서서히 밝아지면서 시작되고, 서서히 어두워지면서 끝나는 페이드 인/아웃 기법은 편집의 가장 기본적인 표현 방식입니다. 페이드 인 아웃 기법은 Premiere Pro CS5.5에서는 투명도 조절 원리로 표현을 하는데 키프레임과 페이드 조절선을 이용하는 방법이 원칙이지만 Dissolve 계열의 트랜지션 아이템과 Dip to Black, Dip to White 트랜지션 아이템을 이용하면 보다 신속하게 표현할 수 있습니다.

2. Dip to Black, Dip to White 아이템

즉 단면 트랜지션 아이템인 Dip to Black, Dip to White 아이템은 오버랩 영역의 불투명 상태를 상대적으로 유지시켜 주므로 Black Screen과 White Screen으로부터의 페이드 인 아웃 처리를 효율적으로 처리할 수 있다는 점이 특징입니다.

Premiere Pro CS5.5는 비어 있는 하위 트랙을 Black Screen으로 처리하지만 이것은 불투명하게 처리하는 것은 아니기 때문에 Dip to Black, Dip to White 아이템을 이용하면 해결할 수 있습니다. 하위 트랙의 투명도와 관계없이 Black과 White 기반으로 불투명하게 처리해 주므로 일반적인 장면 전환 효과가 아닌 페이드 인과 페이드 아웃을 동시에 처리할 때 사용하는 전용 아이템입니다.

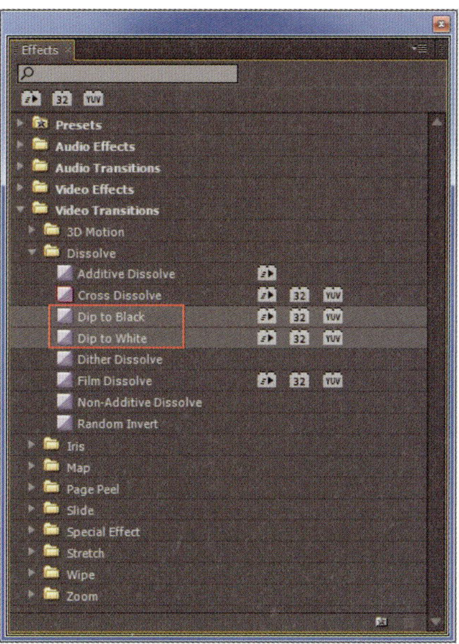

3. Dip to Black, Dip to White 아이템을 이용한 페이드 인/아웃 효과

Premiere Pro CS5.5의 시퀀스는 하위 트랙이 비어 있을 경우 불투명도 상태로 처리하지만, 하위 트랙에 클립이 배치되어 있는 상황에서 비디오 기본 트랜지션 아이템인 Cross Dissolve 아이템을 이용하면 페이드 인아웃 기법으로 처리할 때 하위 트랙의 투명도가 적용되어 화면에 나타나게 되므로 이럴 때에는 적절하지 않습니다. 이러한 용도로 사용하는 아이템이 바로 단면 트랜지션 아이템인 Dip to Black, Dip to White 아이템입니다. 세부 옵션이 필요 없고 단순히 두 클립의 편집 점이나, 시작부와 종료부에만 드래그하면 즉시 적용되기 때문에 실전에서도 많이 활용되는 기법에 해당됩니다.

예제 학습에서 구현하는 페이드 인 아웃 기법은 시퀀스의 시작부와 종료부에 Dip to Black 아이템을 적용해 주고, 시퀀스 중간의 모든 편집 점에는 Dip to White 아이템을 반복 적용하여 White 기반으로 처리해 주는 과정입니다.

Black 상태의 어두운 화면에서 서서히 밝아지는 페이드 인으로 시작하여 각 편집 점마다 White 기반의 페이드 아웃과 페이드 인이 밝게 처리되고 시퀀스의 종료부는 다시 Black 색상 기반으로 페이드 아웃 처리되어 어두워지면서 마무리되는 기법입니다.

❶ 타임라인 패널의 Sequence 02 탭을 클릭하여 작업 시퀀스를 Sequence 02로 바꿉니다.

❷ 이펙트 패널 우측 상단의 [이펙트 패널 메뉴] → Set Default Transition Duration을 선택합니다.

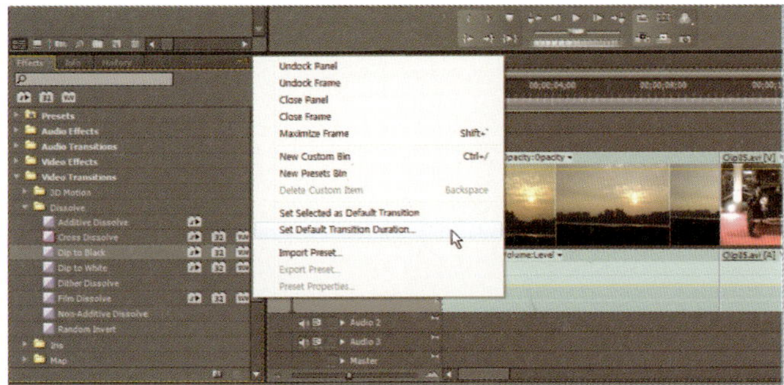

❸ 환경 설정 메뉴인 [Preferences] 대화 상자가 나타납니다.
General 옵션에서 Video Transition Default Duration 값을 90프레임으로 변경한 다음 〈OK〉 버튼을 누릅니다.

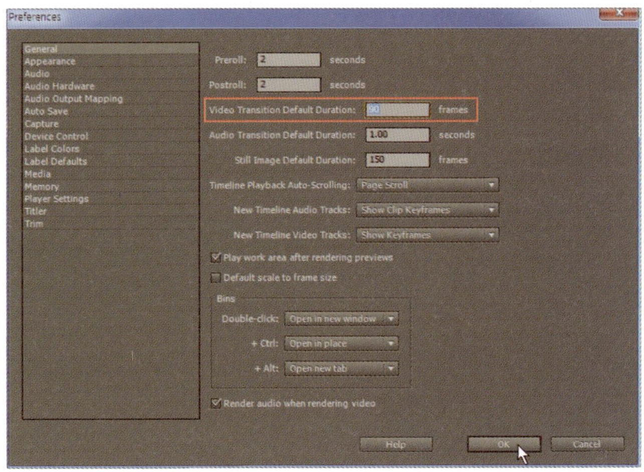

❹ 이펙트 패널의 Video Transitions\Dissolve 빈에서 Dip to White 아이템을 선택하고 Clip04.avi 클립
과 Clip05.avi 클립의 경계에 1차 적용하고 Clip05.avi 클립과 Clip06.avi 클립 사이의 편집 점에 2차로 드
래그하여 반복 적용합니다.

❺ 스크러빙 기능으로 좌우를 드래그하여 두 편집 점의 적용 상태를 프로그램 모니터에서 확인합니다.
White 기반의 페이드 인 아웃 효과가 2번째 편집 점과 3번째 편집 점에 교차적으로 나타나는 것을 확인할 수
있습니다.

❻ 이번에는 이펙트 패널의 Video Transitions\Dissolve 빈에서 Dip to Black 아이템을 선택하고 첫 번째 클립인 Clip04.avi 시작부와 4번째 클립인 Clip07.avi 클립의 종료부에 각기 드래그하여 반복적으로 적용합니다.

❼ 스크러빙 기능으로 좌우를 드래그하여 시퀀스 시작부와 종료부의 적용 상태를 프로그램 모니터에서 확인합니다. Black 기반의 페이드 인과 페이드 아웃 효과가 각각 적용되어 나타납니다.

❽ 편집 기준선을 시퀀스 시작부에 두고 [Space Bar]를 눌러 미리보기로 확인합니다. 완성 프로젝트는 Lesson02 −Q.prproj입니다. 시작부와 종료부는 Black 계열의 페이드 인/아웃으로, 중간의 편집 점들은 White 기반의 페이드 아웃과 페이드 인으로 처리하는 페이드 인/아웃 기법을 간단히 단면 트랜지션 2개만으로 완성한 예제입니다.

트랜지션을 활용한 타이틀 효과

모션 프리셋을 이용한 PIP 제작

예제 파일 Lesson03-1.prproj ~ Lesson03-3.prproj
완성 파일 Lesson03-1-Q.prproj ~ Lesson03-3-Q.prproj

CHAPTER 03

트랜지션의 응용과 PIP, 페이드 인/아웃 처리 기법

자막의 동적인 등장과 퇴장에 많이 활용되는 것이 바로 트랜지션 아이템입니다. 트랜지션을 실전에서 사용하는 자막기의 역할로 활용하는 방식을 익히고, 색상 매트를 이용한 페이드 인/아웃 처리에 대해 학습하면서, 최종적으로 Premiere Pro CS5.5에 포함되어 있는 모션 프리셋을 가지고 사용자 정의로 수정하여 완성도 높은 PIP(Picture In Picture) 유형을 제작하는 방법을 익힙니다.

트랜지션 아이템을 활용하지 않고 이번에는 별도의 트랙에 색상 매트를 만들어 페이드 인/아웃으로 처리하는 과정에 대해 알아봅니다.

1. 색상 매트 생성하기

색상 매트는 프리미어 안에서만 사용하고 프로젝트 정보에만 저장되는 내부 클립이므로 별도의 파일로 저장되지는 않습니다. 색상 매트를 생성하려면 (File) → New → Color Matte를 선택하거나, 프로젝트 패널 하단의 새 아이템 버튼을 클릭하면 나타나는 (확장 메뉴) → Color Matte를 선택합니다.

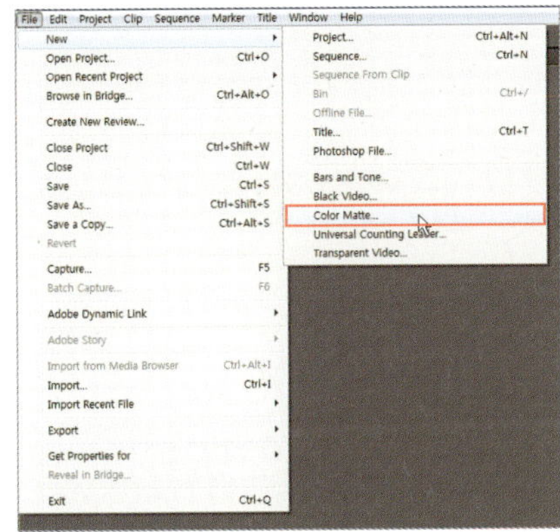
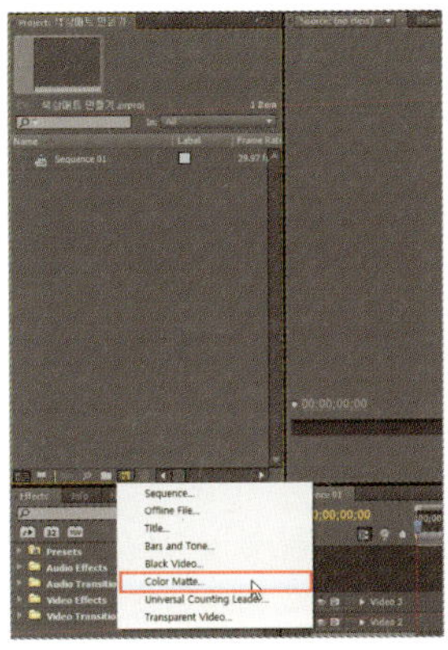

> **TIP** 색상 매트를 이용한 페이드 인 아웃 처리는 하위 트랙의 투명도를 그대로 반영하기 때문에 가능한 기법으로 Cross Dissolve 아이템이 하위 트랙과 수직으로 합성되는 투명도를 이해할 수 있는 단계입니다.

현재 시퀀스와 동일한 세팅으로 (New Color Matte) 대화상자가 나타나면 〈OK〉 버튼을 누르고 (Color Picker) 대화상자에서 원하는 색상을 설정합니다.

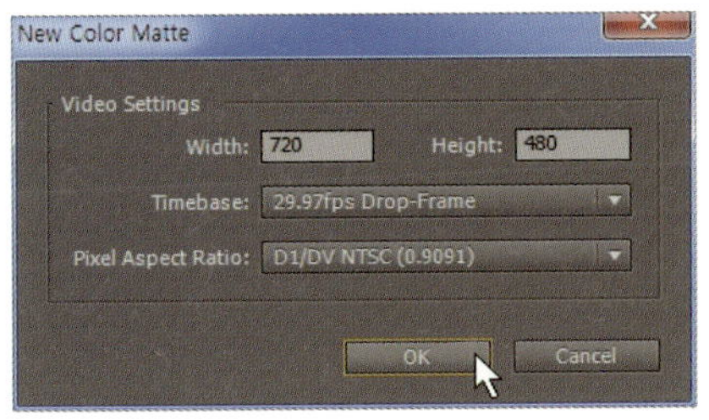
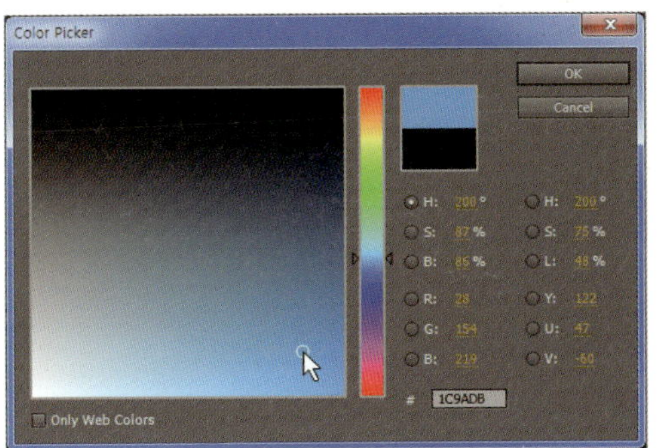

(Choose Name) 대화상자에서 색상 매트의 이름을 수정할 수 있습니다.

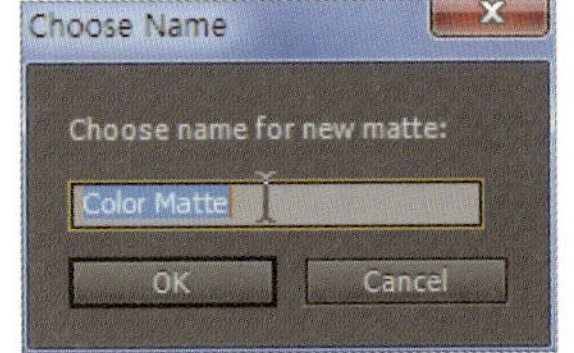
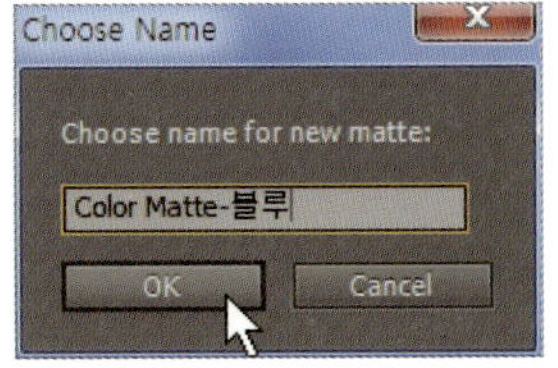

수정된 이름과 함께 만들어진 색상 매트 클립은 프로
젝트 패널에 자동 임포트된 상태로 추가됩니다.

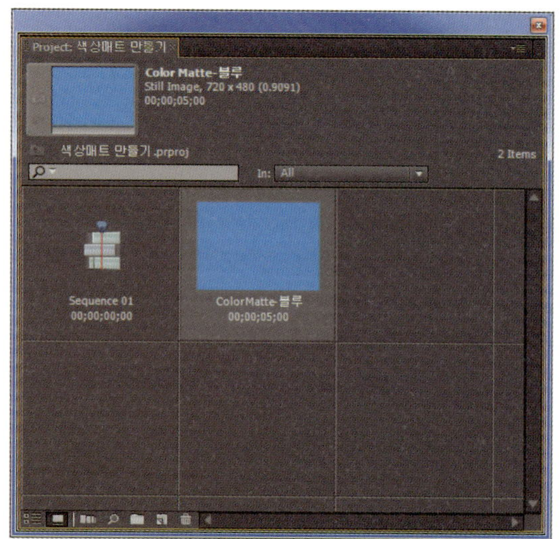

❶ 부록 DVD의 Lesson03 폴더에서 'Lesson03-1.prproj'를 불러옵니다. 프로젝트 패널에 임포트되어 있는
클립들 중에서 색상 매트인 Color Matte-1 클립을 선택하고 마우스 오른쪽 버튼을 눌러 〔컨텍스트 메뉴〕 →
Duplicate를 실행합니다.

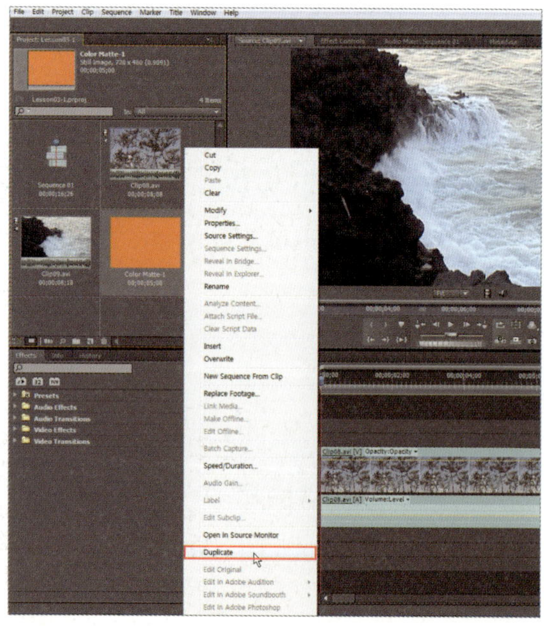

❷ 프로젝트 패널에 동일한 색상 매트가 복제되어 나타납니다. Color Matte-1 Copy 클립의 이름을 클릭하면 문자 입력 대기 상태로 전환됩니다. 색상 매트 클립의 이름을 Color Matte-2로 변경합니다.

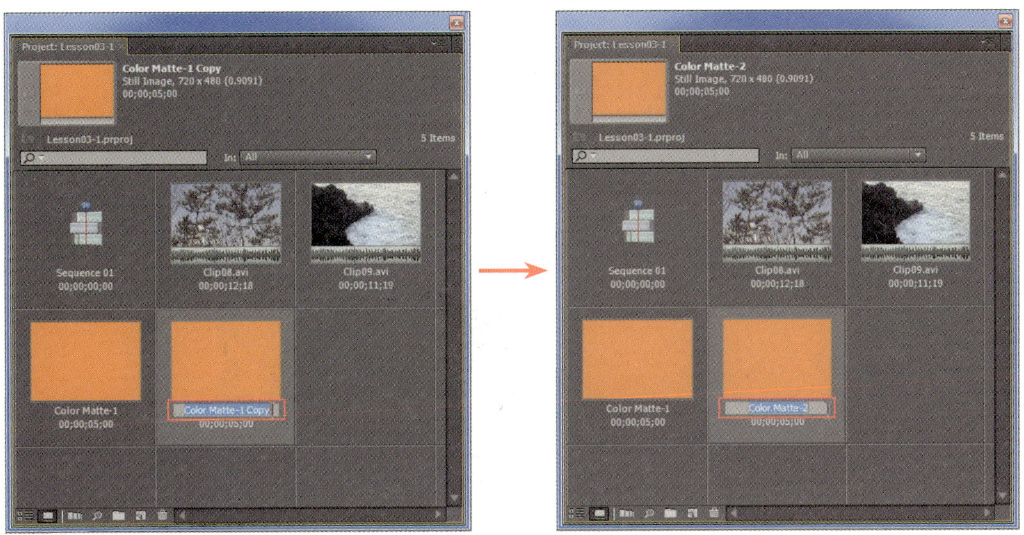

❸ Color Matte-2 클립을 더블클릭하면 〔Color Picker〕 대화상자가 나타납니다. 〔Color Picker〕 대화상자에서 새로운 매트로 사용할 색상을 Green 톤으로 설정하고 〈OK〉 버튼을 누릅니다.

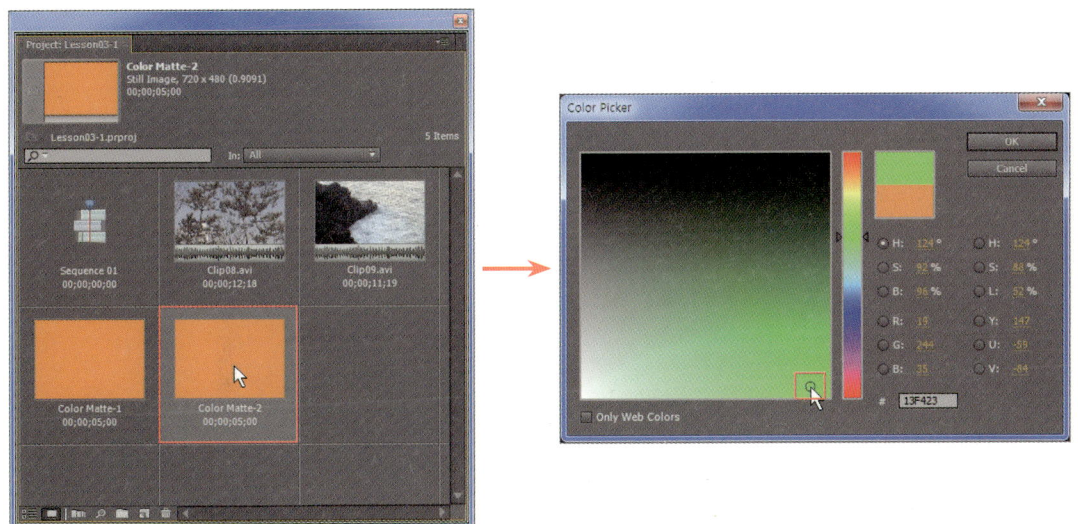

❹ 시퀀스의 Video 2 트랙을 확장하고 트랙 높이를 Video 1 트랙과 같은 값으로 조절해 준 다음, Ctrl+A 를 누르면 시퀀스 안의 모든 클립이 선택 상태로 전환됩니다. 함께 선택된 클립을 상위 트랙으로 드래그하여 Video 2 트랙으로 모두 이동시킵니다.

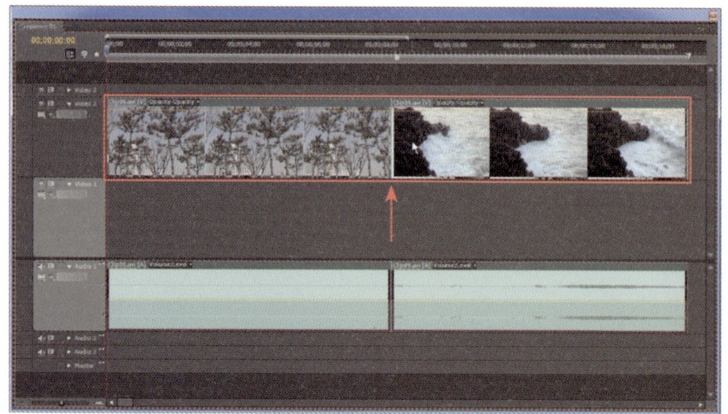

❺ 색상 매트를 배치할 순서입니다. 프로젝트 패널의 Color Matte-1 클립을 Video 1 트랙의 시작부에 드래 그하여 배치하고, Color Matte-2 클립을 상위 트랙의 Clip09.avi 클립 아웃 점에서 끝나도록 정확히 맞추 어 배치합니다.

❻ 대상 트랙을 변경할 단계입니다.

Premiere Pro CS5.5는 트랙 헤더 영역에 반전 상태로 구분되는 대상 트랙을 자유롭게 지정할 수 있습니다. Video 1 트랙의 트랙 표시 부분을 1회 클릭하면 반전 상태가 해제됩니다. 반전 상태가 해제되면 곧 대상 트랙 설정 상태가 해제되었다는 뜻입니다.

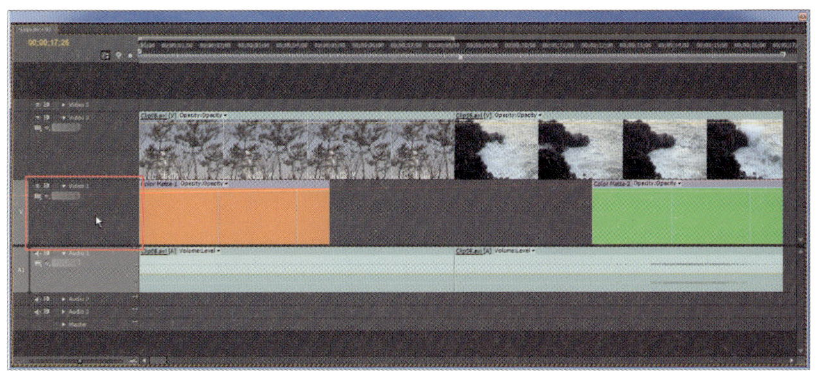

❼ Video 2 트랙의 트랙 표시 부분을 1회 클릭하면 반전 상태로 전환되어 새로운 대상 트랙으로 설정됩니다. Video 1 트랙의 대상 트랙은 해제되고 새롭게 Video 2 트랙이 대상 트랙으로 설정되었습니다.

❽ 편집 기준선을 시퀀스 시작부에 위치시키고 비디오 기본 트랜지션 적용 단축키인 Ctrl + D 를 누르면 대상 트랙으로 지정한 Video 2 트랙의 시작부에만 비디오 기본 트랜지션인 Cross Dissolve 아이템이 적용되어 나타납니다.

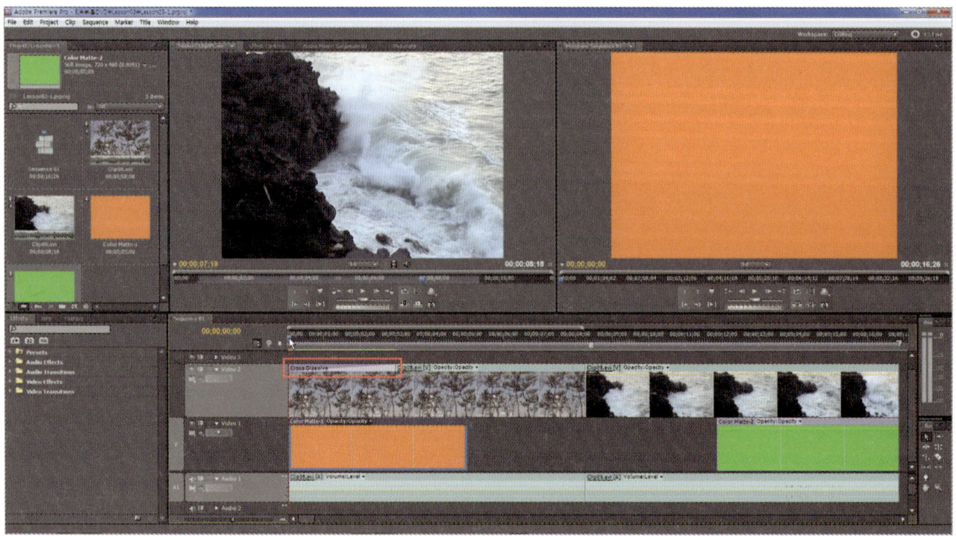

❾ 이번에는 편집 기준선을 Video 2 트랙의 Clip09.avi 클립의 아웃 점 근처에 위치시키고 Ctrl + D 를 누릅니다. 시퀀스의 시작부와 종료부에 모두 비디오 기본 트랜지션인 Cross Dissolve 아이템이 적용되었습니다.

❿ **Enter**를 누르거나, 편집 기준선을 시퀀스 시작부에 두고 **Space Bar**를 누르면 재생이 시작됩니다.
최종 미리보기로 결과를 확인합니다.

Dip to Black, Dip to White 아이템과 달리 색상 매트를 이용한 페이드 인/아웃 처리는 하위 트랙의 매트 색상이 투영되어 색다른 효과를 연출합니다. 즉 시퀀스 시작부는 하위 트랙의 주황색 톤이 투명도 처리되어 페이드 인 처리되고, 시퀀스 종료부는 하위 트랙의 녹색 톤이 투명도 처리되어 페이드 아웃 되는 기법입니다.

대상 트랙을 상위 트랙에 지정하여 비디오 기본 트랜지션 아이템만 시퀀스의 시작부와 종료부에 적용하면 간단하게 구현할 수 있습니다.

원칙적으로 페이드 인/아웃의 처리는 프리미어의 기본 기능만으로도 제작이 가능한데, 클립에 키프레임을 할당하여 페이드 조절선을 대칭적으로 내리거나 올려주면 페이드 인/아웃과 동일한 합성 화면을 얻을 수 있습니다. 그러나 간단하게 색상 매트를 이용하여 여러 가지 창의적인 구현이 가능하다는 점에서 익혀 두어야 할 부분입니다.

이 방식을 응용하면 각 편집 점에 비디오 기본 트랜지션 아이템과 색상 매트를 이용하여 색조를 이용한 크로스 페이드 기법으로도 완성할 수 있습니다. 기본 예제 학습을 바탕으로 보다 다양한 아이디어를 구사하여 습작을 충분히 만들어 보기 바랍니다.

트랜지션을 자막기로 활용하는 방법을 알아봅니다.

트랜지션을 이용한 타이틀 효과는 타이틀의 도입부와 종료부에 트랜지션 아이템을 적용하여 타이틀 애니메이션을 구현할 때 유용하게 사용할 수 있습니다.

프리미어 초기 버전부터 포함되어 있는 트랜지션 아이템들은 일반 시퀀스에 장면 전환 효과로 사용하기보다는 타이틀의 애니메이션 효과를 위해 활용하면 모션(Motion)을 만들어 연출하는 타이틀 효과보다 실전에서 빠른 시간 안에 훌륭한 자막 기법을 완성할 수 있는 이점을 가지고 있습니다.

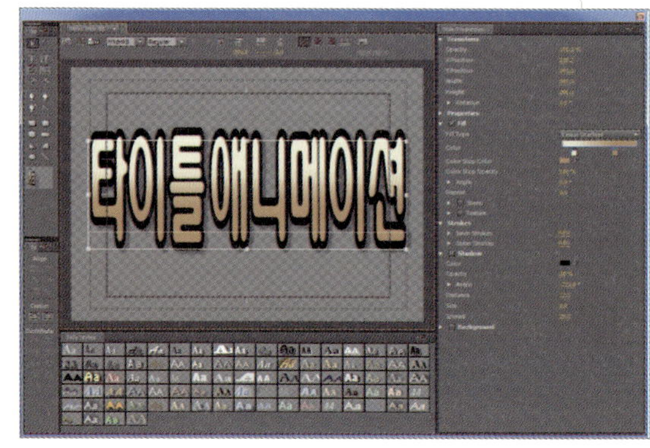

1. 타이틀 효과를 위한 트랜지션 옵션

방향 설정 옵션과 역방향 옵션만 설정해 주면 누구나 손쉽게 고가의 자막기와 유사한 효과를 연출할 수 있습니다.

타이틀의 방향을 상하, 좌우로 바꿀 수 있습니다. 아이템에 따라 8방향과 4방향 등으로 최적화되어 구성됩니다.

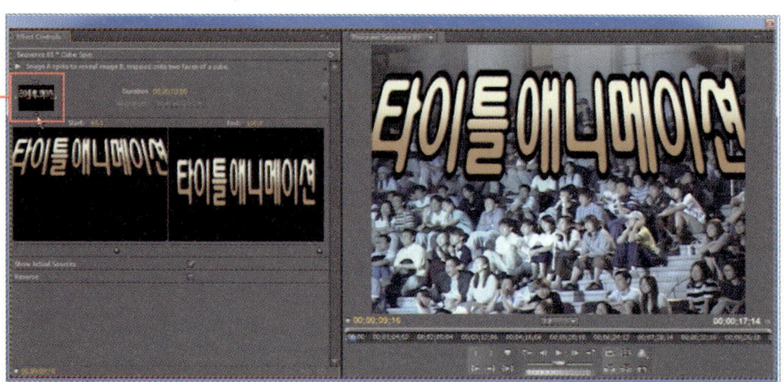

Reverse 옵션을 체크하여 역방향으로 바꿀 수 있습니다.

❶ 부록 DVD의 Lesson03 폴더에서 'Lesson03-2.prproj'를 불러옵니다.

❷ 프로젝트 패널에서 5개의 타이틀 클립들을 그림과 같이 Video 2 트랙에 지속시간을 약 10초씩 할당하여 각 클립마다 약간의 간격을 두고 배치해 나갑니다.

❸ 이펙트 패널에서 Video Transitions\Page Peel 빈의 Roll Away 아이템을 Title 01 클립의 도입부에 적용하고, 트랜지션 영역을 클릭하여 이펙트 조절 패널에 트랜지션 옵션을 불러옵니다.

❹ 트랜지션 옵션에서 Show Actual Source 옵션을 체크하고 시작부 미리보기 하단의 슬라이더를 오른쪽으로 드래그하여 미리 설정될 트랜지션의 움직임을 관찰합니다. 도입부는 기본 값으로 설정합니다.

❺ 이번에는 Title 01 클립의 종료부에 동일한 Roll Away 아이템을 적용하고 트랜지션 옵션에서 미리보기 섬네일 우측의 방향 설정 옵션을 오른쪽으로 변경하고, Reverse 옵션을 체크합니다.

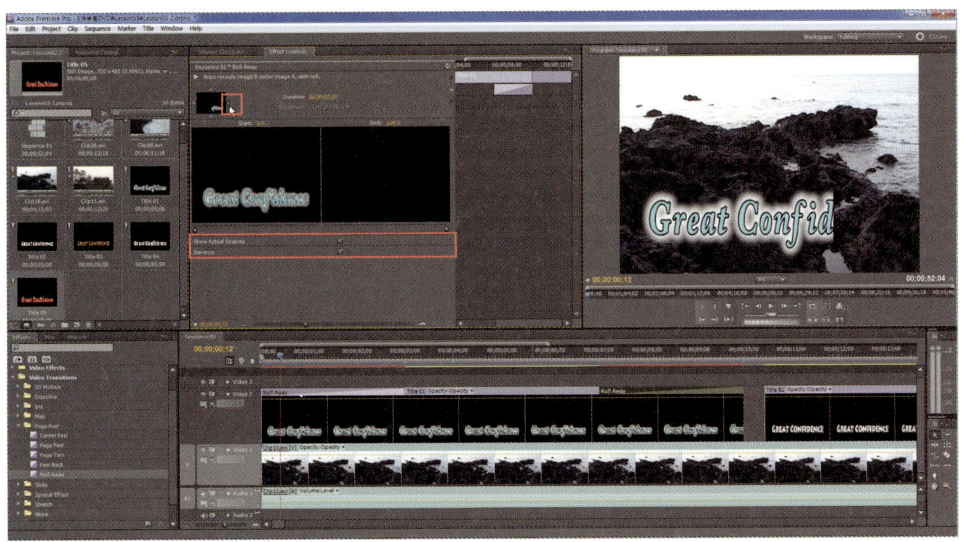

❻ 스크러빙 또는 미리보기로 확인합니다.

도입부와 종료부의 방향 설정만 달리해 주고 종료부에는 다시 역방향 설정인 Reverse 옵션을 체크해 주면 대칭적으로 등장과 퇴장이 이루어지는 타이틀 애니메이션이 마무리됩니다.

❼ 같은 요령으로 이번에는 이펙트 패널에서 Video Transitions\Slide 빈의 Sliding Bands 아이템을 Title 02 클립의 도입부와 종료부에 반복 적용하고, 트랜지션 옵션은 기본 값으로 처리합니다.

❽ 미리보기로 확인합니다.

❾ 이번에는 도입부와 종료부에 각기 다른 아이템을 적용하여 변화를 주는 단계입니다. Title 03 클립의 도입부에는 Slide 빈의 Split 아이템을 기본 값으로 적용하고, 종료부에는 Stretch 빈의 Cross Stretch 아이템을 배치한 다음 방향 설정 옵션을 아래쪽으로 변경해 줍니다.

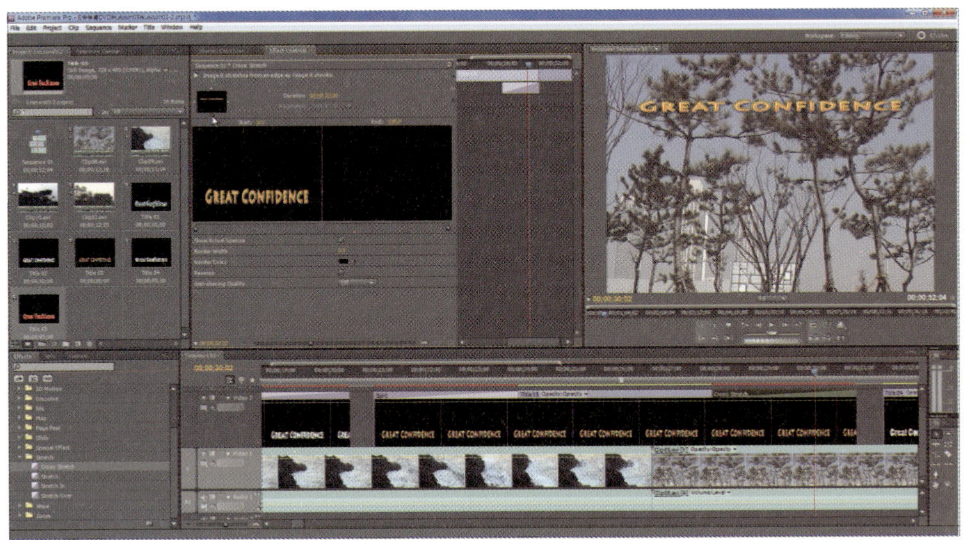

❿ 미리보기로 확인합니다.

> **TIP** 타이틀 애니메이션 효과로 사용하는 트랜지션 아이템은 트랜지션 옵션에서 Border Width 옵션을 부여하면 타이틀 전체 영역에 테두리 효과가 가미되어 부작용이 발생하므로 테두리 설정은 하지 않는 것이 바람직합니다.

⓫ Title 04 클립의 도입부에는 Wipe 빈의 Paint Splatter 아이템을 기본 값으로 적용하고, 종료부에는 Wipe 빈의 Venetian Blinds 아이템을 적용한 다음, 트랜지션 옵션에서 사용자 정의 옵션인 〈Custom〉 버튼을 클릭하고 〔Venetian Blinds Settings〕 대화상자에서 Number of bands 값을 20으로 설정한 다음 〈OK〉 버튼을 누릅니다.

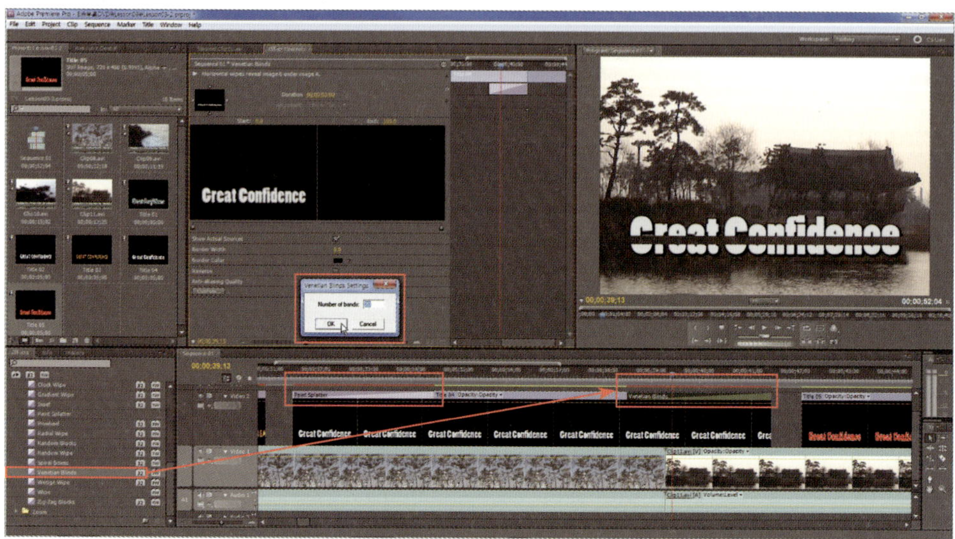

⓬ 미리보기로 확인하면 타이틀의 도입부와 종료부에 각기 다른 효과가 적용되어 단조로움을 피할 수 있습니다.

⑬ Title 05 클립의 도입부에는 Zoom 빈의 Zoom 아이템을 기본 값으로 적용하고 종료부에는 Zoom 빈의 Zoom Trails 아이템을 적용합니다. Zoom Trails 아이템의 트랜지션 옵션에서 시작부 미리보기 화면에 작은 원으로 표시되어 나타나는 중심점 핸들을 우측 상단으로 이동시킵니다.

⑭ 미리보기로 확인합니다.

트랜지션 아이템에 따라 중심점 기능을 제공하는 아이템과 그렇지 않은 아이템으로 구분되어 있습니다. 중심점 핸들을 사용자 정의로 상황에 맞게 변경하면 같은 트랜지션 아이템도 전혀 다른 효과로 나타나므로 보다 다양한 형태의 연출이 가능합니다.

PIP 제작에 사용하는 모션 프리셋을 알아봅니다.

Premiere Pro CS5.5는 이펙트 패널에 다양한 이펙트 프리셋을 포함하고 있습니다. 그중에서도 Motion 이펙트 프리셋은 이펙트 키프레임이 포함되어 움직임을 창출할 수 있게 구성되어 있습니다.

특히, 수많은 PIP 유형의 모션 프리셋을 활용하면 동적인 PIP 구현도 가능합니다.

그러나 PIP의 세련미를 위해서는 매끄러운 테두리의 처리가 필수적입니다.

이번 예제에서는 모션 프리셋을 가지고 색상 매트와 함께 PIP의 테두리를 처리하는 방법과 모션 속성을 복사하여 사용자 정의로 수정하는 과정을 통해 완성도 높은 PIP를 제작하는 기법에 대해 학습합니다.

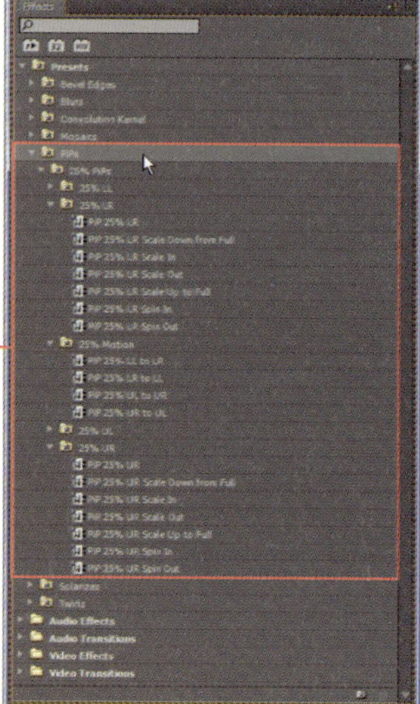

PIP 모션 프리셋

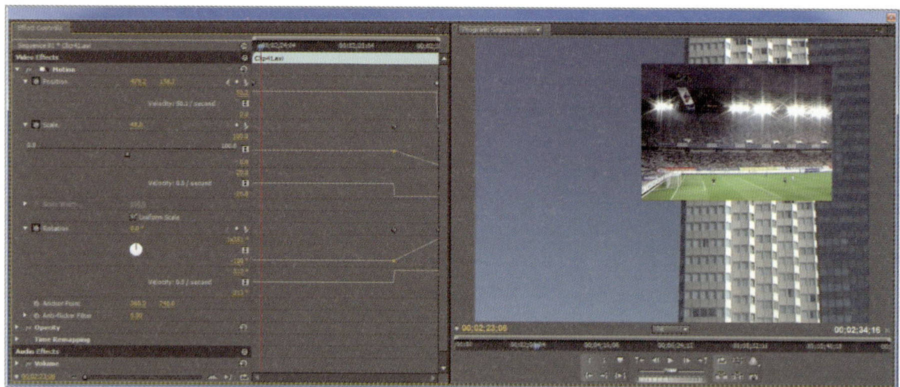

 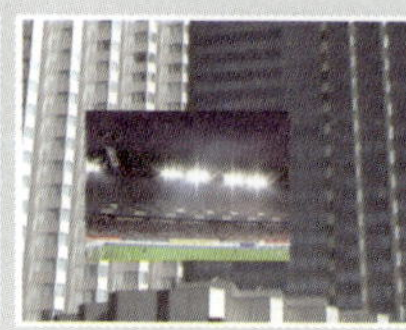   

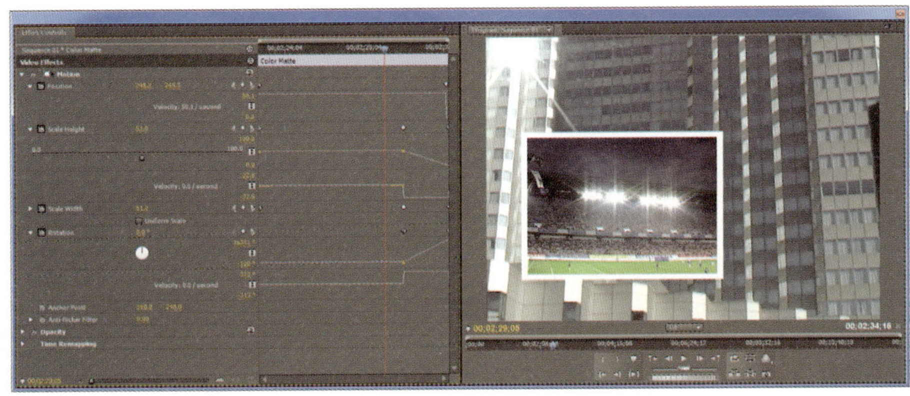

❶ 부록 DVD의 Lesson03 폴더에서 'Lesson03-3.prproj'를 불러옵니다. 그림과 같이 Video 1 트랙과 Video 3 트랙에 클립이 배치되어 있는 상태에서 이펙트 패널의 Presets\PiPs\25% PiPs\25% LR 빈의 PiP 25% LR 프리셋 아이템을 선택하고 Video 3 트랙의 Clip02.avi 클립으로 드래그하여 모션 프리셋을 적용합니다.

❷ 타임라인 패널을 스크러빙으로 확인하면 화면 우측 하단에 약 25% 크기로 축소된 모션이 한 번에 적용되어 있는 것을 확인할 수 있습니다. 기본적인 PIP 화면이 만들어졌습니다.

❸ 제대로 된 PIP로 수정하기 위해 Video 3 트랙의 Clip02.avi 클립을 선택하고 이펙트 조절 패널의 Motion 이펙트의 모든 속성을 확장합니다. Scale 속성을 25%에서 40%으로 수정 입력하고 Position 속성의 X, Y 좌표는 (525.0, 340.0)으로 변경합니다. 초기 값보다 화면 우측 모서리에 균형을 이룬 형태의 보다 큰 PIP가 완성되었습니다.

❹ 프로젝트 패널에 임포트되어 있는 White 색상 매트 클립을 비어 있는 Video 2 트랙에 배치하되, 상위 트랙의 Clip02.avi 클립과 수직으로 동일한 지속시간을 갖도록 트림 아웃 아이콘으로 늘여줍니다. 프로그램 모니터의 화면은 배경이 Video 2 트랙의 색상 매트로 채워집니다.

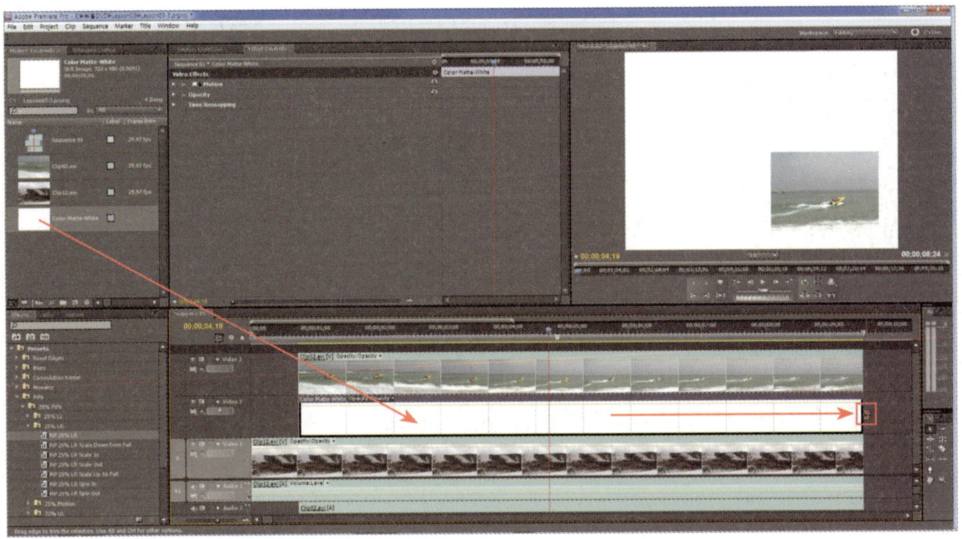

❺ 트랙 단위로 모션(Motion) 속성을 통째로 복사하여 붙이기 하는 과정입니다.
최상위 트랙인 Video 3 트랙의 Clip02.avi 클립을 선택 상태로 놓고, 이펙트 조절 패널의 Motion 이펙트를 클릭한 다음, 마우스 오른쪽 버튼을 눌러 [컨텍스트 메뉴] → Copy를 실행하여 Video 3 트랙의 모션을 복사합니다.

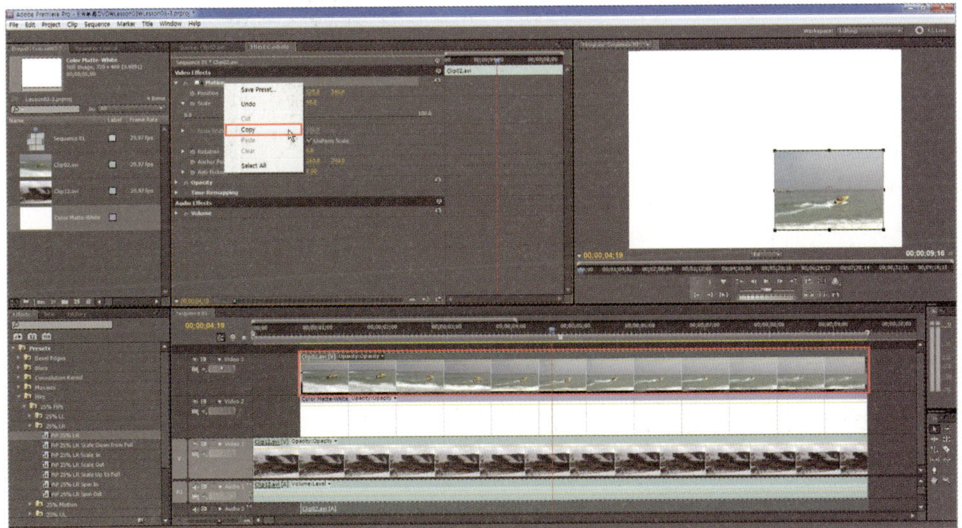

❻ 이번에는 색상 매트인 Video 2 트랙의 Color Matte-White 클립을 선택하고 이펙트 조절 패널의 여백에 커서를 가져간 다음 〔컨텍스트 메뉴〕→ Paste를 실행하여 붙이기 합니다.

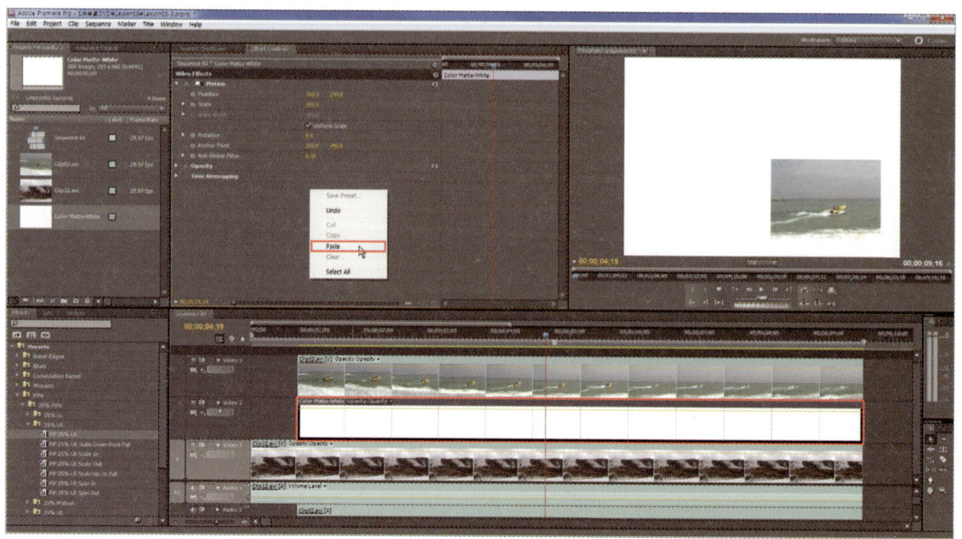

❼ 프로그램 모니터를 확인하면 White 색상 매트 배경이 사라진 것을 확인할 수 있습니다. 이것은 상위 트랙의 모션 속성이 그대로 하위 트랙에 붙이기 되었으므로 가려진 상태임을 나타냅니다. Motion 이펙트의 Scale 속성을 모두 확장합니다.

❽ Scale 속성 하단의 Uniform Scale 속성을 체크 해제시키면 Scale Width 속성이 활성화되고, 비율에 관계없이 클립의 가로와 세로 크기를 자유롭게 조절할 수 있는 상태로 변경됩니다. Uniform Scale 속성을 체크 해제함과 동시에 프로그램 모니터의 화면은 White 색상 매트의 가로 크기가 늘어난 상태로 출력됩니다.

❾ 프로그램 모니터를 확인하면서 Scale Width 속성 값을 43.0으로 축소시키면 PIP 클립의 수직 테두리가 생성됩니다.

❿ 이번에는 Scale Height 속성을 44.0으로 변경합니다. 정확한 테두리의 배율 확인을 위해 프로그램 모니터의 화면 확대/축소 메뉴를 열고 화면 배율을 100% 설정한 다음, 스크롤바를 이용하여 우측 모서리에 가로와 세로의 테두리가 비례한 형태로 적합하게 적용되었는지 확인합니다.

PIP의 테두리를 매끄럽게 생성하려면, 가로:세로 픽셀의 크기를 현재 시퀀스의 종횡비에 비례하는 값으로 정확히 조절해 주어야 합니다. 예제는 DV - NTSC 표준 프리셋을 사용하고 있으므로 1:1 비율의 스퀘어 픽셀보다 가로의 길이가 세로보다 약간 길게 나타나는 1:0.9의 픽셀 종횡비를 가지고 있기 때문입니다. 테두리의 픽셀 종횡비를 균형 있게 설정해 주지 않으면 PIP 화면의 테두리는 완성도가 떨어지는 현상이 발생합니다.

⑪ PIP의 테두리가 완성되었으므로 세부적인 마무리 단계만 남아 있습니다. 트랙 헤더 영역에서 Video 1 트랙의 대상 트랙을 해제시키고 Video 2, Video 3 트랙의 트랙 표시부를 각각 클릭하여 Video 2, Video 3 트랙을 복수의 대상 트랙으로 설정합니다. 편집 기준선을 Video 2 트랙의 Clip02.avi 클립의 인 점 근처에 위치시킵니다.

⑫ 단축키 Ctrl + D를 누르면 비디오 기본 트랜지션인 Cross Dissolve 아이템이 Video 1 트랙을 제외하고 Video 2, Video 3 트랙의 도입부에 동시 적용됩니다.

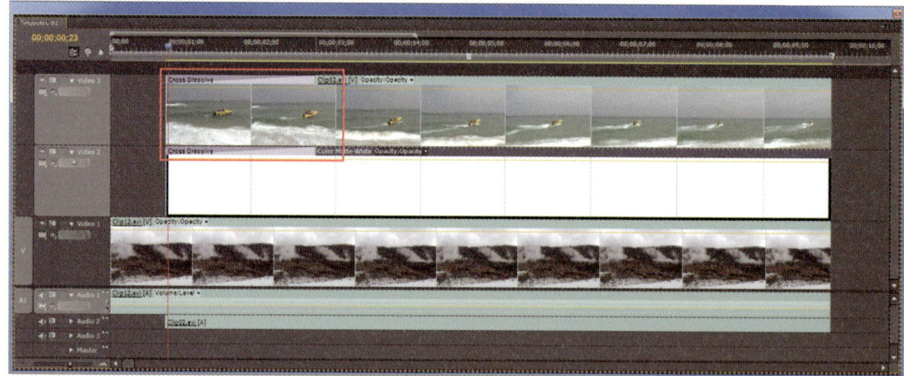

⓭ 이번에는 이펙트 패널에서 Video Transitions\Slide\Push 아이템을 선택하고 Video 2, Video 3 트랙의 클립 종료부에 각각 드래그하여 적용시킵니다.

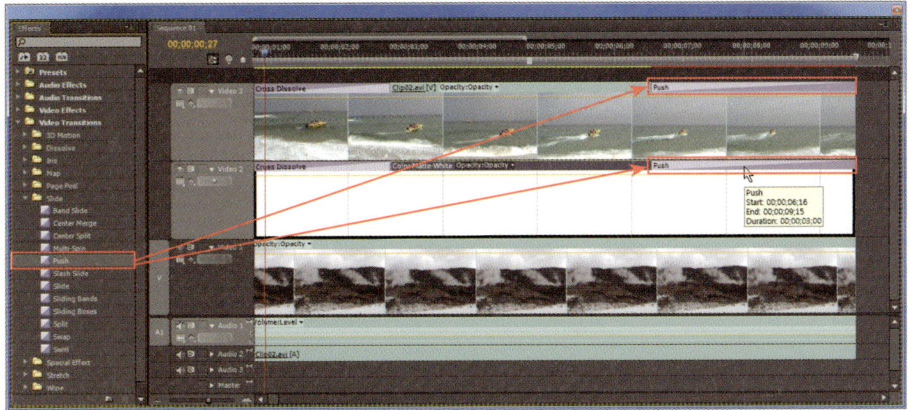

> **TIP** Video 2, Video 3 트랙의 비디오 기본 트랜지션과 Push 아이템의 지속시간은 2초를 넘기지 않도록 각기 조절해 줍니다.

⓮ **Enter**를 눌러 지금까지의 과정을 미리보기로 확인합니다. 배경 화면이 시작되고 페이드 인으로 화면 우측 하단에 PIP 클립이 나타나면서 재생되고 Push 아이템에 의해 종료부에서 오른쪽으로 밀면서 사라지는 PIP 예제가 완성되었습니다.

⑮ 완성된 PIP 화면 테두리의 색상을 변경하는 방법은 간단합니다. 테두리는 색상 매트를 사용했으므로 언제든지 원하는 색상으로 변경할 수 있습니다.

Video 2 트랙의 Color Matte-White 클립을 더블클릭하면 곧바로 [Color Picker] 대화상자가 나타납니다. [Color Picker] 대화상자에서 색상을 재설정하고 〈OK〉 버튼을 누릅니다.

트랙에 배치되어 있는 색상 매트를 더블클릭하면 곧바로 [Color Picker] 대화상자가 나타납니다.

⑯ 시퀀스의 Video 2 트랙에 배치되어 있는 색상 매트 클립의 색상이 한 번에 변경되어 나타납니다. PIP 화면의 테두리 색상도 동시에 오렌지 톤으로 변경됩니다. 이때, 프로젝트 패널에 있는 색상 매트 클립의 마스터 클립도 동시에 같은 색상으로 변경됩니다. 스크러빙으로 테두리의 색상을 확인합니다.

특별한 경우가 아니면 트랙에 이미 배치되어 있는 색상 매트 클립의 색상을 변경하는 방법은 권장하지 않습니다. 마스터 클립 자체의 색상을 동시에 변경하기 때문에 다른 곳에 배치되어 있는 부분도 동일 색상으로 일괄 변경되는 부작용이 발생할 수 있기 때문입니다. 이때에는 매트를 새롭게 생성하거나, 프로젝트 패널의 기존 색상 매트를 Duplicate 명령으로 복제하여 색상을 변경한 다음 트랙에 재배치하면 됩니다.

⓱ 완성된 예제를 최종 미리보기로 확인합니다.

이펙트 패널의 PiPs 모션 프리셋은 PIP의 화면 테두리가 포함되어 있지 않으므로, 같은 방식으로 다양한 모션 프리셋에 테두리를 적용할 수 있습니다. 또한 여기에 추가하여 색상 매트 클립에 이펙트를 부여하면 보다 입체적인 테두리로 완성시킬 수 있는 방법도 있습니다.

자동 배치 옵션인 Automate to Sequence 기능을 컷 편집과 마커를 이용한
뮤직 비디오 제작에 활용하는 2가지 방식을 세부 예제와 함께 학습합니다.

컷 편집과 자동 배치 기능

마커와 자동 배치 기능

예제 파일 Lesson04-1.prproj ~ Lesson04-2.prproj
완성 파일 Lesson04-1-Q.prproj ~ Lesson04-2-Q.prproj

CHAPTER 04

컷 편집과 마커(Marker)를 활용한 자동 배치 기능

Premiere Pro CS5.5의 자동 편집 기능인 Automate to Sequence 기능을 익힌 다음, 시퀀스 비숫자 마커를 활용한 자동 뮤직 비디오 예제와 컷 편집에 자동 배치 기능을 도입하는 방법, 그리고 서브 클립을 이용하는 보완 방법에 이르기까지 직접 뮤직 비디오를 만들어 보면서 종합적으로 익힐 수 있도록 구성했습니다.

컷 편집을 위한 자동 배치 기능에 대해 학습합니다.

1. Automate to Sequence

시퀀스 작업의 빠른 편집과 컷 편집에 활용되는 자동 편집 기능은 개념과 원리만 이해하면 응용할 수 있는 분야가 적지 않습니다.

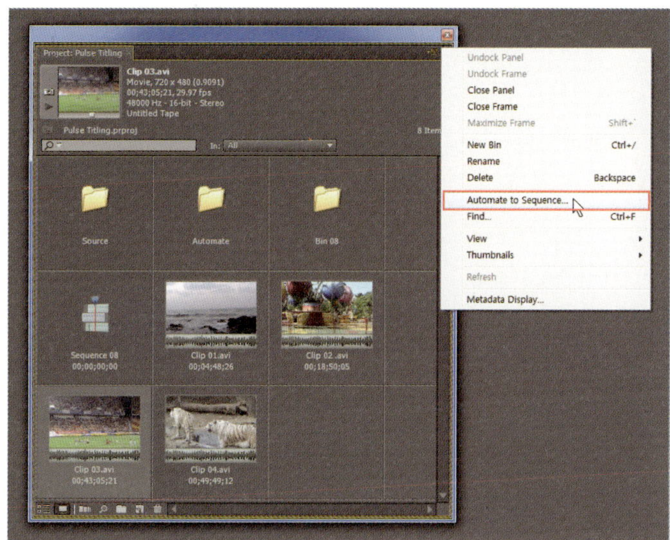

자동 편집 기능은 프로젝트 패널 하단의 기능 아이콘 중에서 자동 배치 기능의 〈Automate to Sequence〉 버튼을 통해 이루어지는데, 시퀀스 자동화 기능이라고도 하며, 프로젝트 패널의 클립 묶음을 시퀀스에 자동 배치하는 기능을 의미합니다.

프로젝트 패널의 표시 형태에 따라 컷 편집은 List View에서, 뮤직 비디오 작업은 Icon View에서 배치 작업을 진행하는데, 자동 배치 버튼은 하나 이상의 클립 또는 빈(Bin)이 선택되었을 때에만 사용할 수 있습니다.

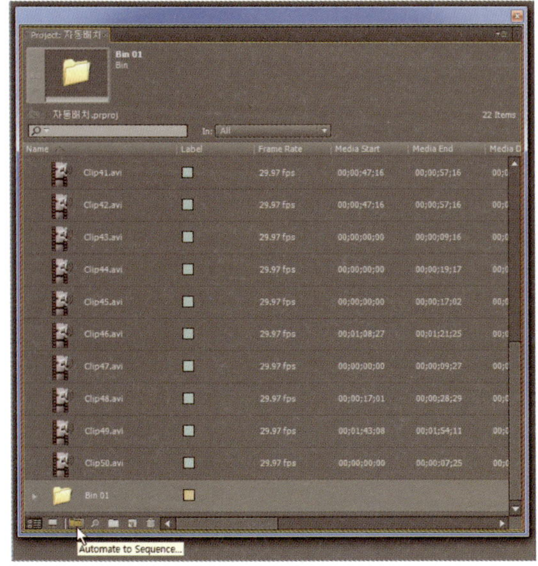

기능 아이콘의 자동 배치 버튼을 누르거나, [프로젝트 패널 메뉴] → Automate to Sequence 명령을 선택하면 자동 편집 기능의 [Automate To Sequence] 대화상자가 나타납니다.

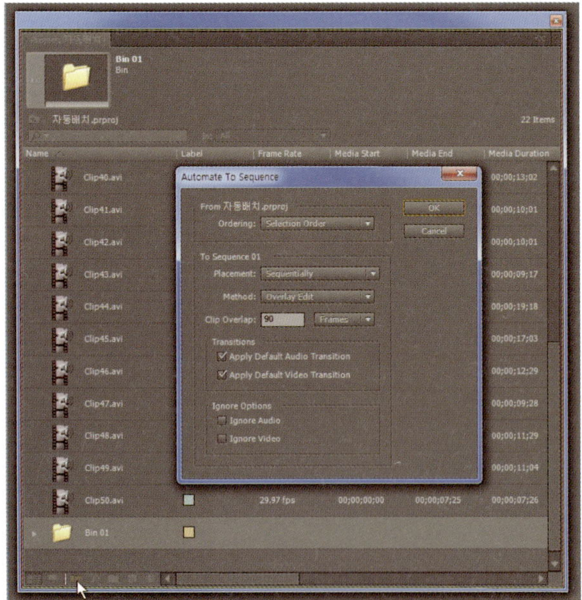

2. Storyboard 구성

Storyboard는 Shot을 구성하기 위해 Clip의 연결 순서에 따라 Story가 결정되는 원리를 이용합니다.

Premiere Pro CS5.5에서는 프로젝트 패널의 표시 형태를 Icon View로 놓고 클립의 위치를 드래그하면 손쉽게 구성할 수 있습니다.

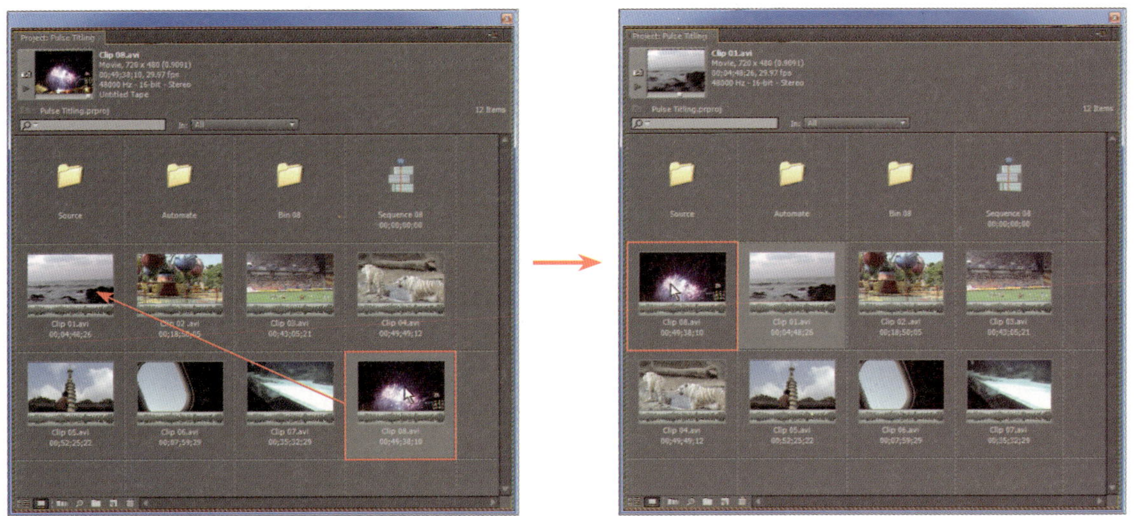

Storyboard를 이용하면 클립의 배치 상태를 미리 예측하고 검토할 수 있습니다.

프로젝트 패널에서 클립을 정렬하는 방식은 List View와 Icon View가 각기 다르게 적용되는데, List View는 칼럼을 기준으로 정렬하고, Icon View는 클립의 순서를 임의로 변경하여 정렬할 수 있습니다.

프로젝트 패널을 Icon View로 놓았을 때에는 클립의 배열 상태가 Storyboard로 구성됩니다. Icon View에서 클립의 순서가 Storyboard 역할을 하므로 시퀀스에 배치할 경우 Icon View의 앞에 있는 클립부터 순서대로 배치됩니다.

3. Automate To Sequence 배치 옵션(클립을 연속 배치할 때)

〔Automate To Sequence〕 대화상자는 Placement 옵션에 따라 시퀀스에 배치하는 방식이 달라지는데, Sequentially와 At Unnumbered Markers로 분류되어 있습니다. Sequentially 옵션은 컷 편집의 기초 단계인 빠른 러프 컷을 만들 때 사용하며, At Unnumbered Markers 옵션은 뮤직 비디오를 한 번의 과정으로 제작할 때 사용합니다. 이것을 일반적으로 자동 뮤직 비디오 만들기라고도 합니다.

Placement 옵션을 Sequentially로 설정하면 정렬 옵션에 따라 시퀀스의 현재 편집 기준선이 있는 위치부터 클립을 순서대로 연속 배치합니다.

- **Ordering–Selection Order** : 시퀀스에 배치할 클립의 순서를 결정합니다.
- **Sort Order** : 프로젝트 패널에서 list View의 칼럼 정렬 순서에 따릅니다.

- **Selection Order** : 사용자가 선택하고 조정한 클립 순서에 따라 시퀀스에 클립을 배치합니다.
- **Method–Overlay Edit** : 시퀀스의 편집 기준선부터 덮어쓰기 모드로 배치합니다.
- **Method–Insert Edit** : 시퀀스의 편집 기준선부터 삽입 편집 모드로 배치합니다.

- **Clip Overlap** : 클립이 교차하는 오버랩 영역을 프레임과 초 단위의 숫자로 지정합니다.

- **Transitions–Apply Default Audio Transition** : 오버랩 영역에 오디오 기본 트랜지션 아이템을 적용합니다.
- **Transitions–Apply Default Video Transition** : 오버랩 영역에 비디오 기본 트랜지션 아이템을 적용합니다.

- **Ignore Options–Ignore Audio** : 클립의 오디오 트랙을 제외시킵니다.
- **Ignore Options–Ignore Video** : 클립의 비디오 트랙을 제외하고 오디오 트랙만 배치합니다.

❶ 부록 DVD의 Lesson04 폴더에서 'Lesson04-1.prproj'
를 불러옵니다.

먼저, 타임라인 패널의 편집 기준선이 시퀀스 시작부에
정확히 고정되어 있는지 확인합니다. 편집 기준선이 시
퀀스 시작부(00;00;00;00)에 고정되어 있지 않을 때에
는 Home 을 눌러 제로 점에 위치시킵니다.

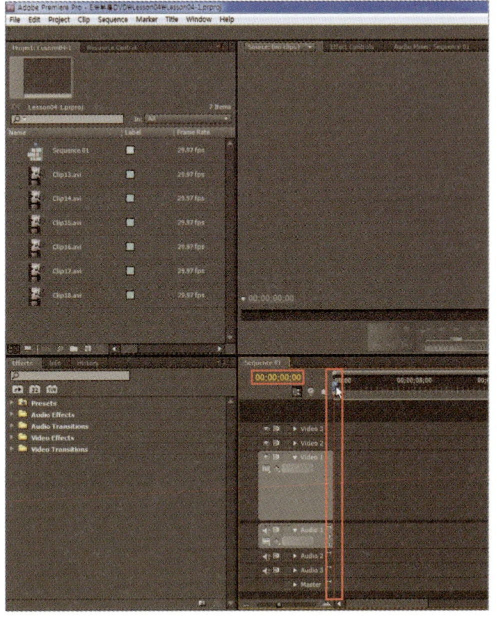

❷ Shift 를 이용하여 프로젝트 패널에 임포트되어 있는 클립들 중에서 시퀀스 클립을 제외한 6개 클립 모두
를 선택하고 〔프로젝트 패널 메뉴〕 → Automate to Sequence를 실행합니다.

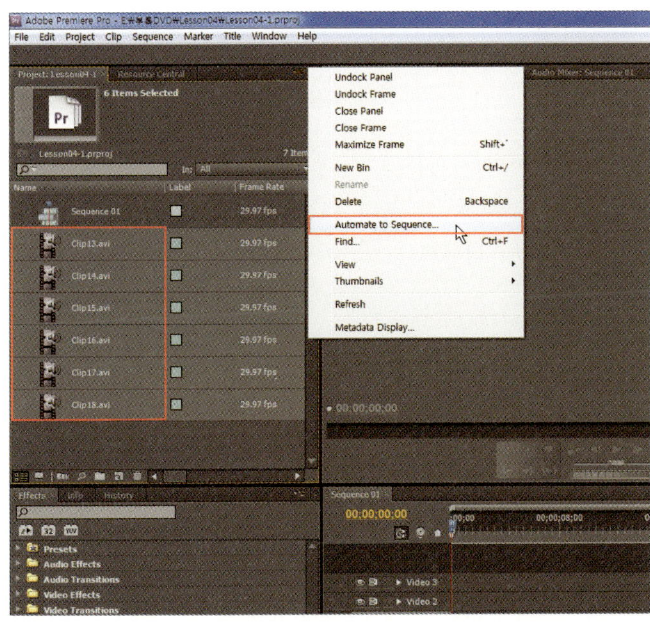

❸ 〔Automate To Sequence〕 대화상자가 나타나면 Placement 옵션이 Sequentially로 설정되어 있는지 확인하고 Clip Overlap 옵션만 90프레임으로 변경한 다음 〈OK〉 버튼을 누릅니다. 나머지 옵션들은 그대로 둡니다.

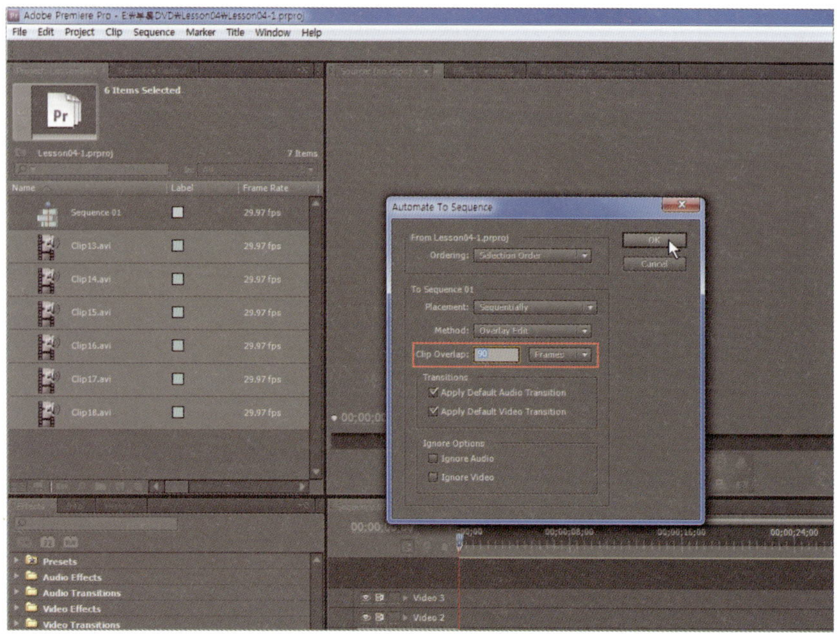

❹ 프로젝트 패널에 순서대로 정렬되어 있던 6개 클립이 클립 이름순으로 정확히 타임라인 패널의 시퀀스 시작부에서부터 차례대로 한 번에 배치됩니다. 동시에 클립과 클립 사이의 각 편집 점에는 비디오 기본 트랜지션이 90프레임의 지속시간으로 할당되어 적용되어 있는 것을 확인할 수 있습니다.

단축키 〔\〕를 누르거나, 시퀀스 좌측 하단의 확대 버튼을 반복하여 클릭하면 클립의 표시가 늘어납니다.

❺ 확대/축소 슬라이더 우측의 확대 버튼을 누르거나, 단축키 ➕를 눌러 시퀀스의 클립 표시를 확장한 다음, 각 편집 점의 비디오 트랜지션 영역을 클릭하여 이펙트 조절 패널의 트랜지션 옵션을 관찰하면 비디오 기본 트랜지션인 Cross Dissolve 아이템이 3초씩 적용되어 있는 것을 확인할 수 있습니다.

❻ 각 편집 점의 오디오 트랜지션 영역을 클릭하여 트랜지션 옵션을 확인합니다. 오디오 기본 트랜지션인 Constant Power 아이템이 동일하게 90프레임씩 일괄 배치되어 있는 것을 확인할 수 있습니다.

❼ 클립 오버랩 영역인 편집 점에만 트랜지션이 적용되고 첫 번째 클립의 시작부와 6번째 클립의 종료부에는 트랜지션이 적용되지 않았으므로 추가적으로 단면 트랜지션인 Dip to Black 아이템을 이용하여 페이드 인/아웃 처리로 마무리합니다.

❽ 미리보기로 확인합니다.

프로젝트 패널에서 선택한 총 6개의 클립들이 클립 이름순으로 비디오/오디오 기본 트랜지션 아이템이 적용되어 일괄 배치된 상태로 재생됩니다.

 자동 배치 기능의 보완책(서브 클립의 활용)

Automate To Sequence 기능을 이용한 컷 편집은 원칙적으로 빠른 편집을 위해 필요한 기능이지만, 소스 모니터를 거치지 않고 마스터 클립을 프로젝트 패널로부터 직접 배치하는 방식을 취하고 있어서 세부 편집에 대한 배려가 부족한 취약점을 가지고 있습니다.

이를 보완하기 위한 방법은 2가지 방식이 있습니다.

먼저 사전에 소스 모니터로부터 인, 아웃 점을 설정한 다음 자동 배치 기능을 다음 수순으로 사용하는 방법이 있고, 독립적으로 서브 클립을 만들어 마스터 클립과 구분한 상태의 빈(Bin)을 자체적으로 구성하는 방법도 있습니다(모든 소스 클립은 사전에 인, 아웃 점 설정 작업을 완료한 다음에 시퀀스 편집으로 들어가는 과정이 가장 바람직한 방법입니다).

• 인, 아웃 점 정보를 가지고 자동 배치를 시작하기

01 프로젝트 패널의 모든 클립을 선택하고 (컨텍스트 메뉴) → Open in Source Monitor를 실행합니다.

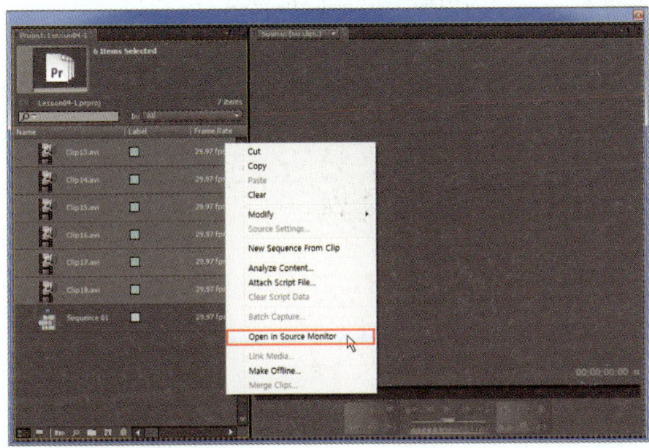

02 소스 모니터에 6개의 마스터 클립이 한 번에 포함되고 소스 모니터의 소스 클립 선택 메뉴를 열면 포함된 소스 클립의 목록이 나타납니다.

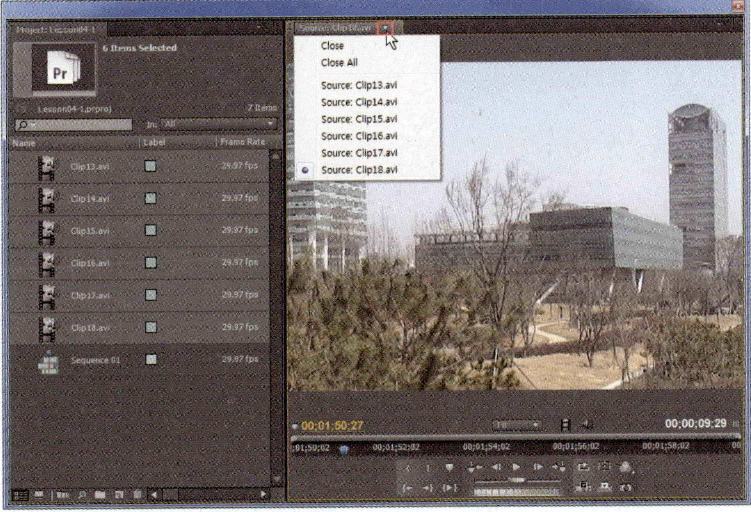

03 소스 모니터에서 인 점과 아웃 점을 설정하자마자 해당 마스터 클립의 지속시간 정보가 프로젝트 패널의 미리보기 영역에 갱신되어 나타납니다. 프로젝트 패널의 클립 정보에 나타나는 클립의 지속시간은 곧 인 점에서 아웃 점까지의 길이를 합산하여 나타내는 것임을 알 수 있습니다.

즉 마스터 클립은 소스 모니터에서 인 점과 아웃 점을 설정하면 그 정보가 그대로 프로젝트 패널에 반영되고 향후 파생되는 참조 클립들에게도 영향을 미칩니다.

04 소스 모니터의 클립들을 전환하여 일일이 인, 아웃 점을 설정한 다음 〔소스 클립 선택 메뉴〕→ Close All을 실행하여 소스 모니터에 열린 클립들을 한 번에 닫습니다.

05 프로젝트 패널의 특정 마스터 클립을 선택하고 미리보기 영역의 클립 정보를 확인하거나, 다시 더블클릭하면 소스 모니터에 열리는데, 조절기의 타임룰러에는 반투명 블루 바로 표시되는 인 아웃 영역이 보존되어 있는 것을 확인할 수 있습니다.

06 마스터 클립의 인, 아웃 점 정보는 소스 모니터에서 한 번만 설정해 주면 그대로 보존되므로 소스 모니터의 클립들을 모두 닫은 다음 배치 기능을 사용하면 보다 완벽한 컷 편집을 수행할 수 있습니다.

 소스 모니터에서 설정한 마스터 클립의 인 점과 아웃 점 정보는 소스 모니터의 클립을 모두 닫아도 프로젝트 패널에 보존됩니다. 인 아웃 영역을 갱신하기 이전에는 타임라인 패널의 트랙에 배치되어 파생되는 모든 참조 클립에 동일한 인 아웃 영역이 적용됩니다. 단, 타임라인 패널의 트랙에 배치되어 있는 참조 클립일 경우 인 아웃 영역을 트림 인, 아웃 아이콘으로 수정했을 때에는 마스터 클립에 영향을 미치지 않습니다.

• 서브 클립을 생성한 다음 자동 배치 시작하기

마스터 클립과 구별하기 위해 마스터 클립으로부터 직접 서브 클립을 독립적으로 만들어 사용하는 방법이 있습니다.

 장시간 촬영된 단일 소스를 가지고 편집에 임할 때에는 하나의 클립만으로 Automate To Sequence 기능을 활용할 수 없는 경우가 발생하는데, 이때 서브 클립을 활용하면 자동 배치 기능의 효율성을 실감할 수 있습니다. 하나의 소스 클립으로부터 인, 아웃 점만 끊어준 다음, 독립된 빈(Bin)에 여러 개의 서브 클립을 만들어 두면 컷 편집을 자동 편집으로 한 번에 마무리할 수 있는 장점이 있습니다.

01 프로젝트 패널 하단의 기능 아이콘 중에서 빈 만들기 버튼을 눌러 새로운 빈을 생성하고 Bin 01 빈을 더블클릭합니다.

02 별도의 Bin 01 패널이 분리된 상태로 나타납니다. 프로젝트 패널의 표시 형태가 List View로 되어 있을 때에는 [Alt]를 누른 상태에서 Bin 01을 선택하면 곧바로 계층 구조 형식으로 열립니다.

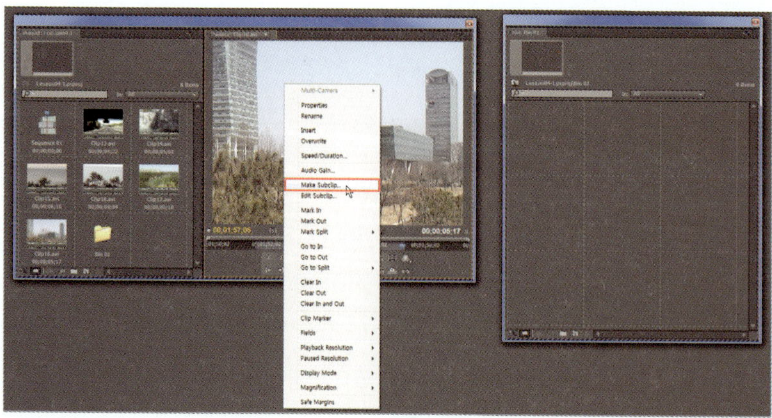

04 (Make Subclip) 대화상자가 생성될 서브 클립 이름의 일련번호와 함께 나타나면 〈OK〉 버튼을 누릅니다.

TIP
서브 클립의 이름은 일련번호순으로 생성되며, 마스터 클립으로부터 제한 없이 계속 만들어낼 수 있습니다.
서브 클립은 마스터 클립의 인 아웃 영역만 클립으로 생성되므로, 소스 모니터에서 인 점과 아웃 점을 설정해 주었을 때에만 Make Subclip 명령을 사용할 수 있고 서브 클립을 만들 수 있습니다. 서브 클립이 마스터 클립의 일부분으로 취급되는 이유가 여기에 있습니다. 따라서 파생된 참조 클립이나 Duplicate 명령으로 복제된 클립과는 차이가 있습니다. 즉, 마스터 클립의 인 점과 아웃 점이 서브 클립의 시작 점과 끝 점이 되고, 핸들 부분은 존재하지 않는 클립을 가리킵니다.

05 Bin 01 패널에 생성된 서브
클립이 포함되어 나타납니
다. 같은 방법으로 6개 클
립의 마스터 클립을 모두
서브 클립으로 만들어 줍니
다. 아이콘 뷰 상에서는 클
립 이름에 'Subclip001' 등
의 이름이 붙어 구별이 가
능합니다. List View 아이콘
을 클릭합니다.

06 빈 패널의 표시 형태가 리스트 뷰로 변경되면 서브 클립의 섬네일도 고유의 아이콘으로 구분되어 나타납니다. 독립적인 빈 패널도 프로젝트 패널과 동일한 기능이 포함되어 있으므로 하단의 기능 아이콘 중에서 자동 배치 버튼을 클릭하면 [Automate To Sequence] 대화상자가 나타나므로 자동 배치 기능을 동일하게 수행할 수 있습니다.

서브 클립은 여분의 핸들이 존재하지 않지만, 시퀀스에서 자동 배치 기능으로 연결된 각 편집 점의 이음새를 매끄럽게 처리할 수 있습니다.

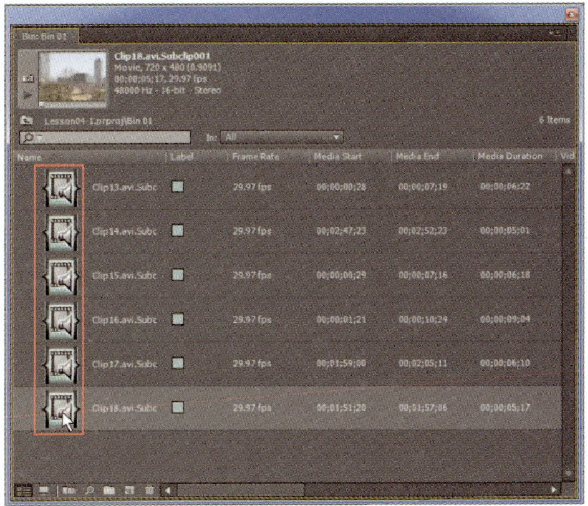

02 마커(Marker)와 자동 배치 기능

자동 배치 기능을 마커(Marker)와 함께 응용하는 방법을 학습합니다. 마커는 결과 영상에는 나타나지 않으며 편집자에게만 도움을 주는 표시라고 할 수 있습니다.

1. Automate To Sequence 배치 옵션(마커를 기준으로 배치할 때)

Placement 옵션을 At Unnumbered Markers로 설정하면 시퀀스 비숫자 마커가 있는 위치를 기준으로 클립을 배치해 나갑니다. Sequentially 옵션과 달리 [Automate to Sequence] 대화상자의 Clip Overlap, Transitions 옵션은 사용할 수 없습니다.

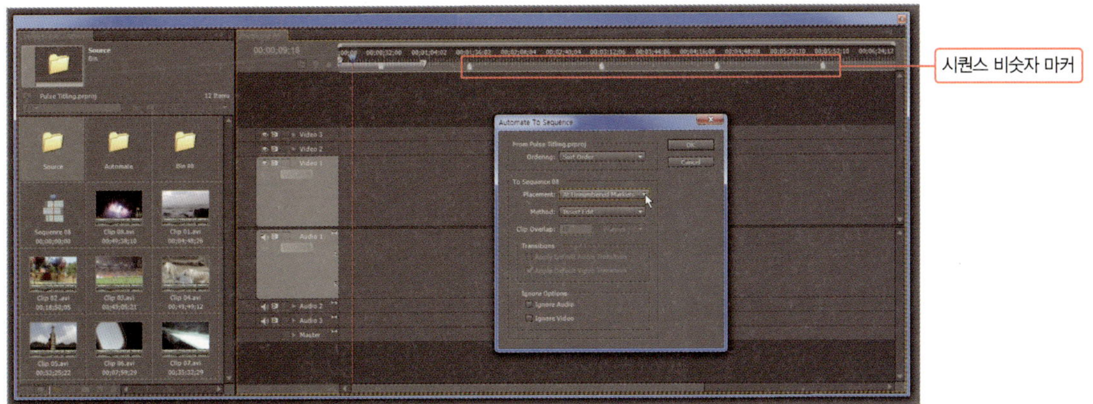

2. 시퀀스 비숫자 마커가 없을 때

시퀀스의 타임룰러 하단에 비숫자 마커가 설정되어 있지 않을 때에는 Placement : At Unnumbered Markers 옵션이 비활성화되어 사용할 수 없는 상태로 나타납니다. At Unnumbered Markers 옵션은 클립을 배치할 때 시퀀스 비숫자 마커가 있는 위치에 각 클립을 할당하는 옵션이므로 마커(Marker)가 존재하지 않으면 작동하지 않습니다.

클립을 시퀀스의 비숫자 마커를 기준으로 배치하기 위해서는 선행 작업으로 타임라인 패널의 타임룰러에 생성되는 시퀀스 비숫자 마커 설정 과정이 필요합니다.

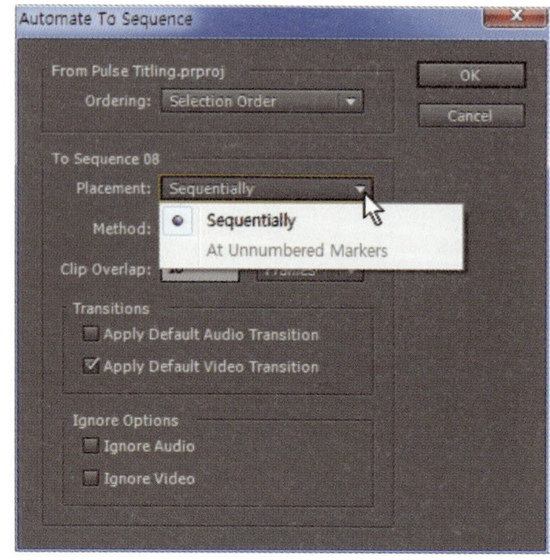

3. 시퀀스 비숫자 마커

시퀀스 비숫자 마커(Unnumbered Marker)는 타임라인 패널에서 시퀀스의 타임룰러 하단에 생성되는 숫자가 없는 마커를 가리키며, 편집 기준선을 원하는 위치에 놓고 시퀀스 비숫자 마커 설정 버튼을 누를 때마다 생성됩니다. 키패드의 애스터리스크(★)를 누르는 방법과 같습니다.

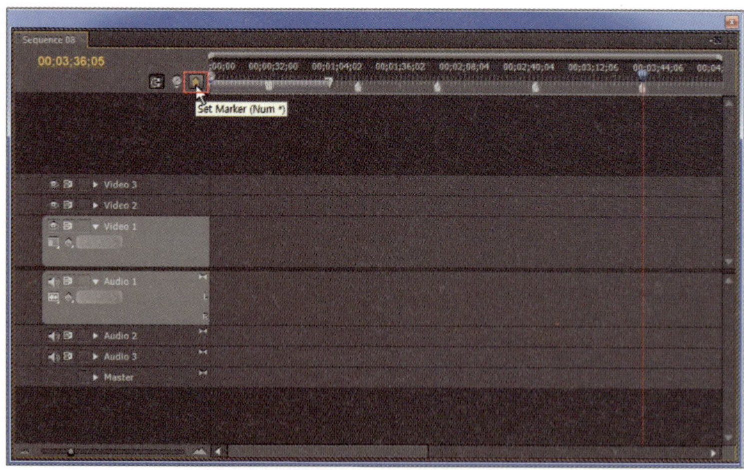

4. Universal Counting Leader

카운팅 리더는 편집에 자주 사용하지는 않지만 실전에서 가끔씩 필요할 때가 있습니다. Universal Counting Leader는 필름 시절의 동기화를 위해 사용해 왔지만 디지털 편집으로 들어서면서 최근에는 디자인 관점에서 창의적으로 삽입하는 경향도 보이고 있습니다. Premiere Pro CS5.5의 Universal Counting Leader 클립은 카운트 모형과 비프 음이 포함되는 내부 클립으로 생성할 수 있습니다.

프로젝트 패널 하단의 〔새 아이템의 확장 메뉴〕 → Universal Counting Leader를 실행하면 〔New Universal Counting Leader〕 대화상자가 나타납니다.

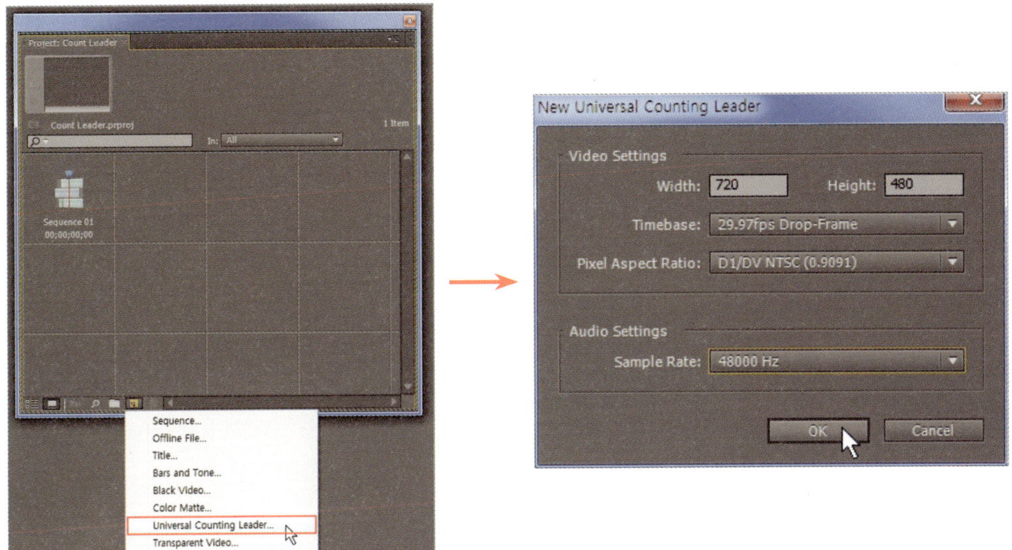

모든 내부 클립은 생성 단계 이전에 Video/Audio 설정을 위한 대화상자가 나타납니다. Premiere Pro CS5.5는 하나의 프로젝트에서 여러 개의 시퀀스 단위로 운영되기 때문에 가급적이면 현재 시퀀스의 프레임 크기와 종횡비에 맞추어 주는 것이 좋습니다. 대부분 〈OK〉 버튼을 누르면 현재 시퀀스에 적합한 형태로 생성됩니다.

〔Universal Counting Leader Setup〕 대화상자에서 각 항목의 색상 설정 버튼을 누르면 〔Color Picker〕 대화상자를 통해 임의로 색상을 변경할 수 있습니다.

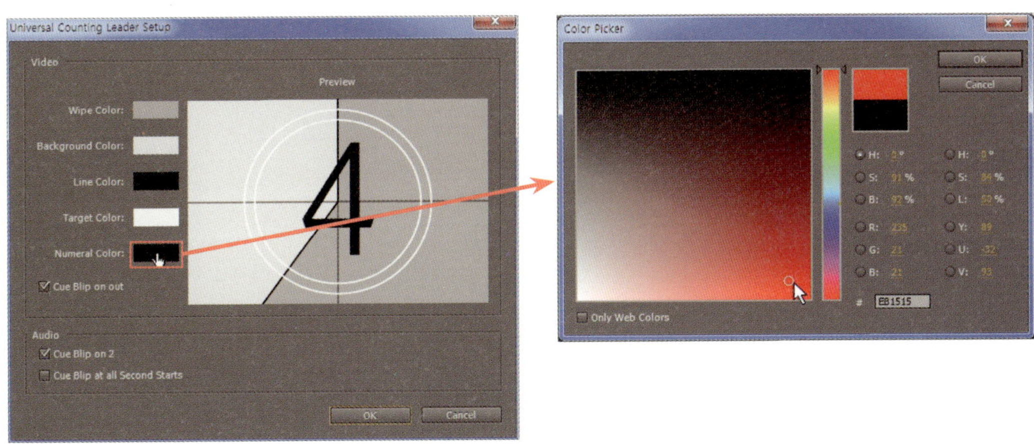

5. Universal Counting Leader Setup

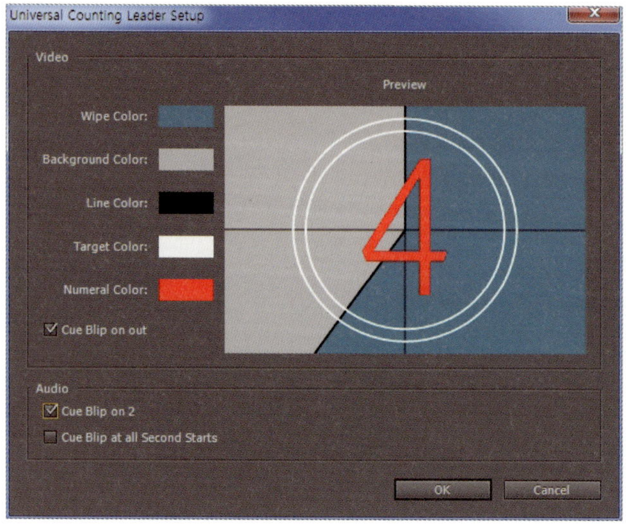

- **Wipe Color** : 카운트 번호를 Wipe 효과로 가리는 색상
- **Background Color** : 배경 색상
- **Line Color** : 십자선 색상
- **Target Color** : 번호 외곽의 원 색상
- **Numeral Color** : 카운트 번호 색상
- **Cue Blip on out** : 체크하면 끝 프레임에 Cue 표시가 화면 우측 상단에 추가됩니다.
- **Cue Blip on 2** : 번호 2의 위치에 비프 음을 삽입합니다.
- **Cue Blip at all Second Starts** : 번호에 맞추어 매초마다 비프 음을 추가합니다.

내부 클립인 Universal Counting Leader는 사용자 정의로 색상을 수정하여 간단히 모션 이펙트의 Scale 속성만 부여해 주면 활용의 폭을 넓힐 수 있습니다.

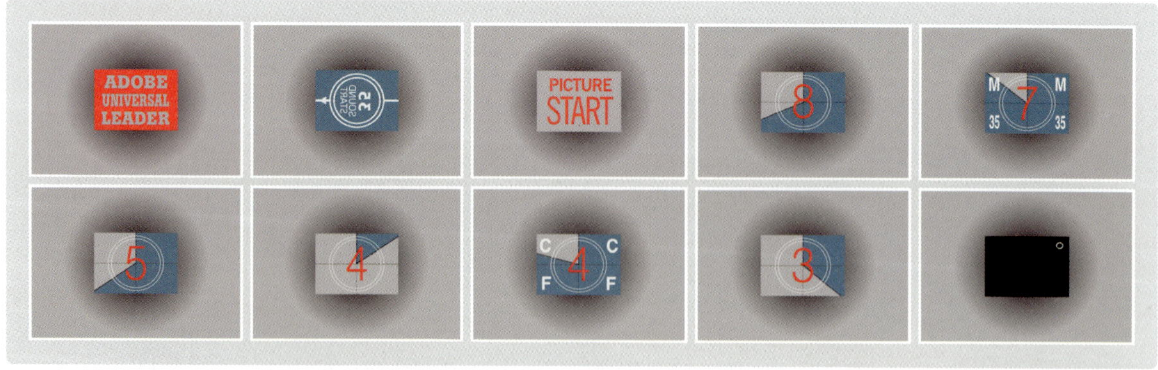

❶ Counting Leader와 Marker를 이용한 자동 뮤직 비디오 만들기를 예제로 만들어 보기로 합니다. 부록 DVD의 Lesson04 폴더에서 'Lesson04-2.prproj'를 불러옵니다.

프로젝트 패널의 표시 형태를 Icon View로 바꾸고 Universal Counting Leader 클립을 더블클릭하면 [Universal Counting Leader Setup] 대화상자가 나타납니다.

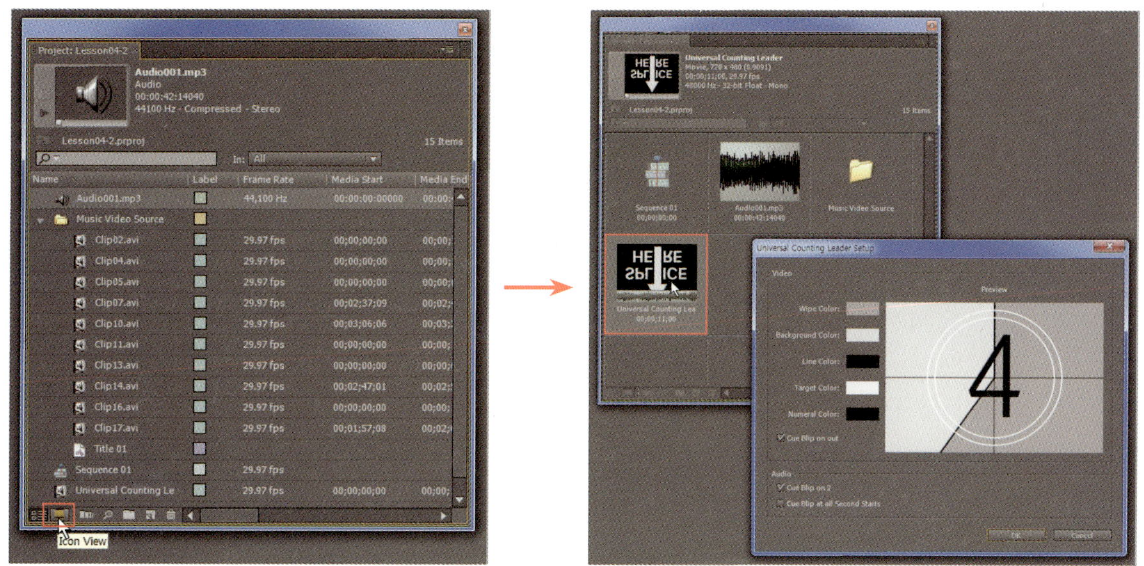

> **TIP**
>
> 타이틀 클립은 Premiere Pro CS5.5의 Title Designer에서 만들어진 내부 클립이므로 프로젝트 파일 내에 저장되어 있습니다. Lesson04-2.prproj 를 열면 프로젝트 패널에 Title 01 클립이 자동 임포트되어 있는 상태로 나타납니다.
>
> 만일의 경우 Title 01 클립이 보이지 않을 때에는 (File) → Import 명령으로 부록 DVD의 Lesson04 폴더에서 'Title 01.prtl' 클립을 불러오면 됩니다.

❷ Numeral Color 색상 설정 버튼을 클릭하고 [Color Picker] 대화상자가 나타나면 Red로 색상을 변경하고 〈OK〉 버튼을 누릅니다.

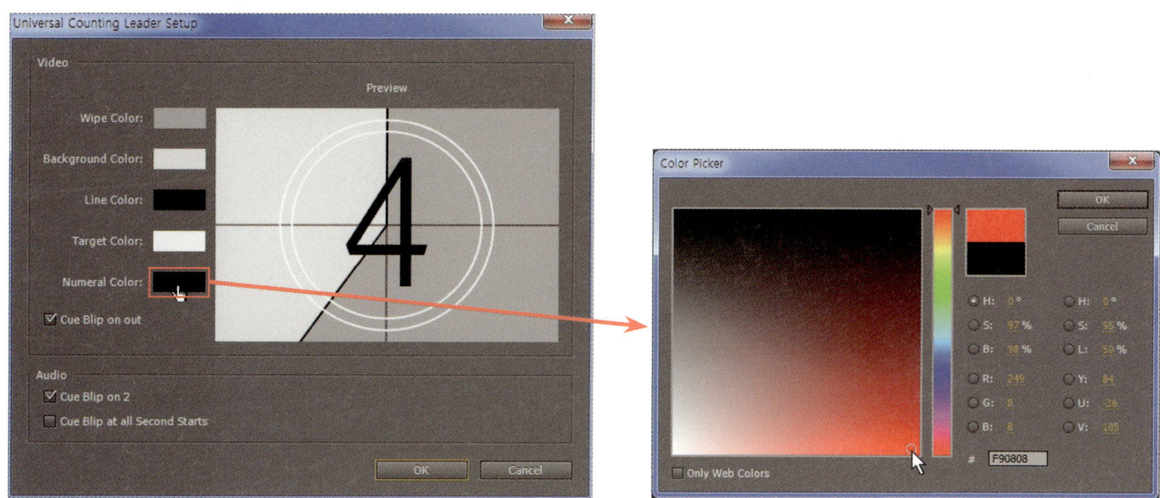

❸ 〔Universal Counting Leader Setup〕 대화상자의 카운트 번호 색상이 Red 톤으로 변경되었습니다. 카운트 숫자에 맞추어 매초마다 비프 음이 울리게끔 추가적으로 Audio 옵션의 Cue Blip at all Second Starts 옵션을 체크하고 〈OK〉 버튼을 눌러 대화상자를 닫습니다.

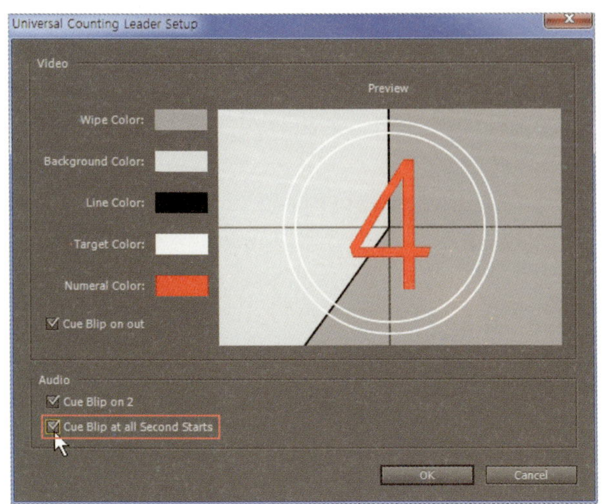

❹ 프로젝트 패널의 Universal Counting Leader 클립을 타임라인 패널의 Video 1 트랙에 배치한 다음, 클립을 선택 상태로 놓고 이펙트 조절 패널을 활성화합니다. 이때, 타임라인 패널의 오디오 트랙은 모노 트랙이 자동 추가되면서 Audio 4 트랙에 배치됩니다. 이것은 Universal Counting Leader 클립의 비프 음이 모노로 구성되어 있기 때문입니다.

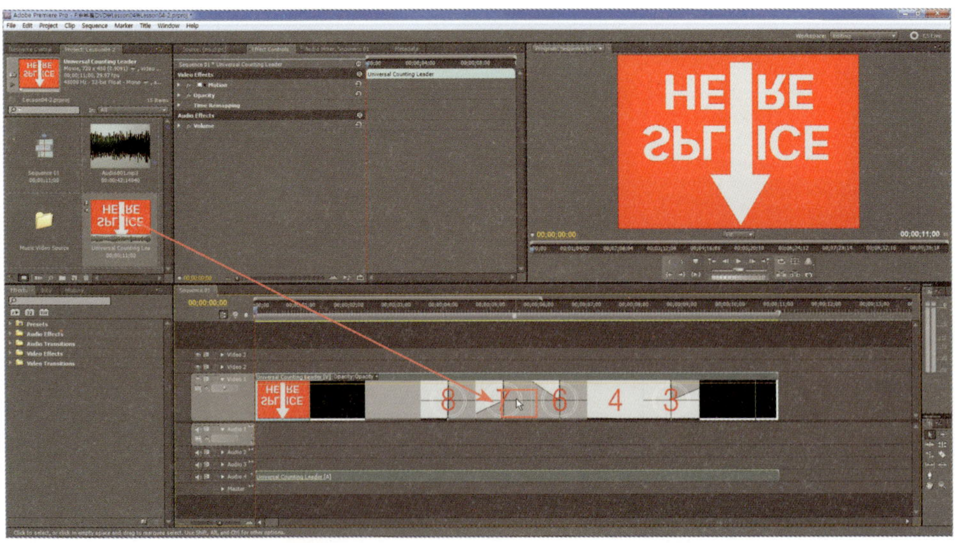

❺ 이펙트 조절 패널에서 Motion 이펙트의 모든 속성을 확장하고 Scale 속성의 슬라이더를 왼쪽으로 드래
그하여 모션의 크기를 35%로 변경하면 프로그램 모니터의 카운팅 리더 화면이 축소되어 나타납니다. 다른
옵션은 그대로 둡니다.

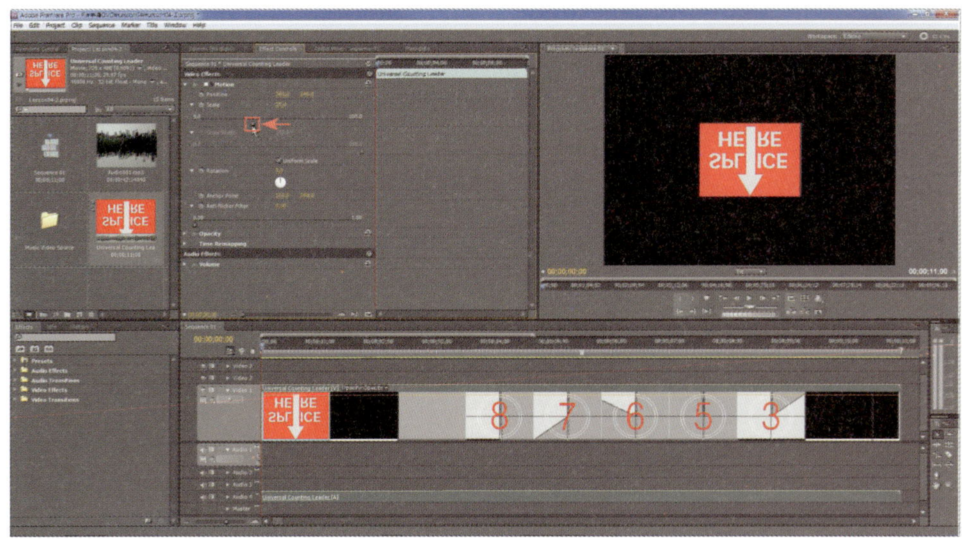

❻ 뮤직 비디오 제작에 사용될 오디오 클립을 배치할 순서입니다. 프로젝트 패널에서 Audio001.mp3 클립
을 Audio 1 트랙으로 드래그하여 카운팅 리더 클립이 끝나는 지점부터 시작되도록 배치한 다음, 편집 기준
선을 카운팅 리더 끝 프레임에 고정시킵니다.

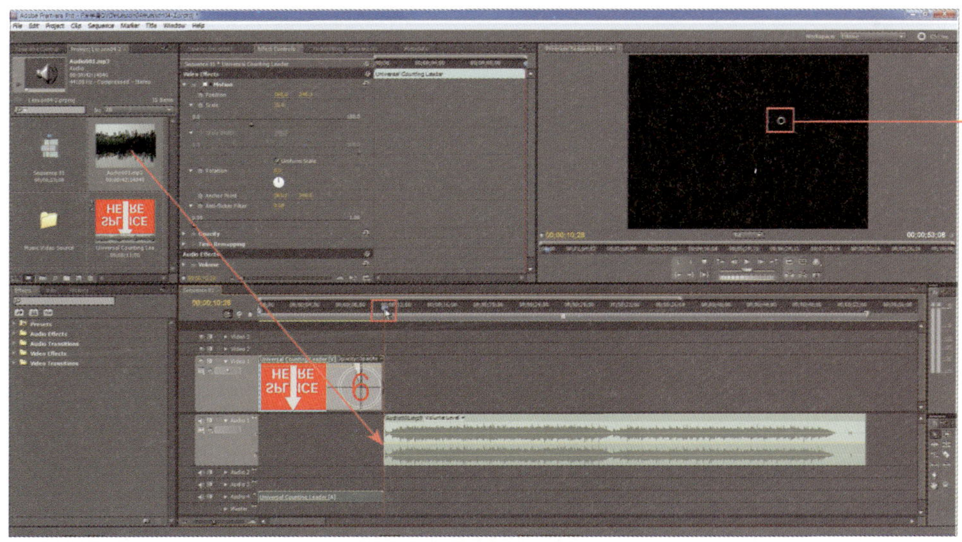

Cue Blip on out 옵션이
체크되어 있을 때 나타나
는 Cue 표시입니다.

❼ 타임라인 패널 좌측 상단의 비숫자 마커 설정 버튼을 클릭합니다.

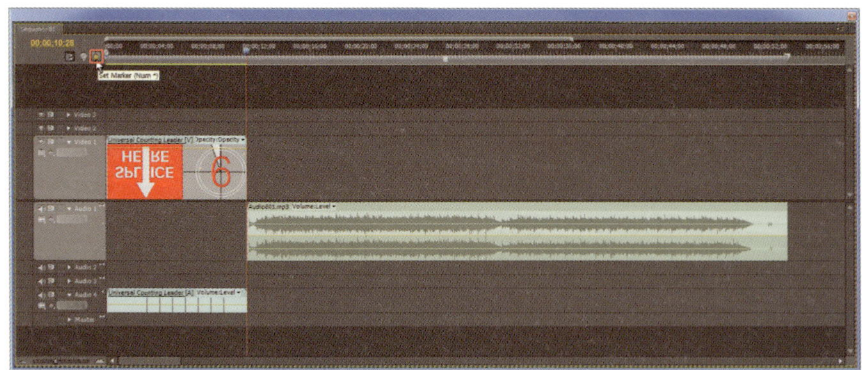

❽ 타임룰러를 확인하면 편집 기준선이 있는 위치에 시퀀스 비숫자 마커가 생성되어 나타납니다.
이번 단계는 자동 뮤직 비디오 만들기의 가장 핵심적인 과정으로 직접 오디오를 들으면서 재생과 동시에 비숫자 마커를 설정해 나가는 작업입니다. Space Bar를 누르거나 프로그램 모니터 조절기의 재생 버튼을 누르면 현재 편집 기준선이 있는 위치부터 오디오 트랙의 재생이 시작되고 오디오 마스터 미터의 볼륨 페이더에 신호가 출력됩니다.

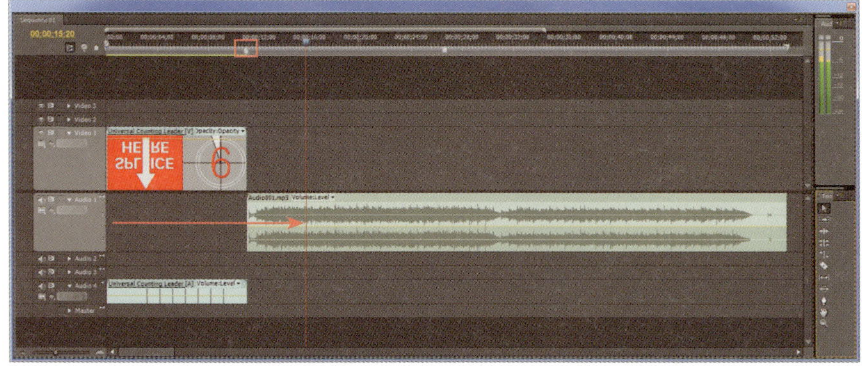

❾ 리듬에 맞추어 일정한 간격으로 키패드의 ▣를 반복하여 누르면 오디오가 재생되는 동안 동시에 비숫자 마커가 연속적으로 생성됩니다. 여기서 비숫자 마커가 설정되는 위치는 각 클립들이 배치될 지점이므로, 음악에 맞추어 비숫자 마커를 설정해 나가는 훈련이 필요합니다.

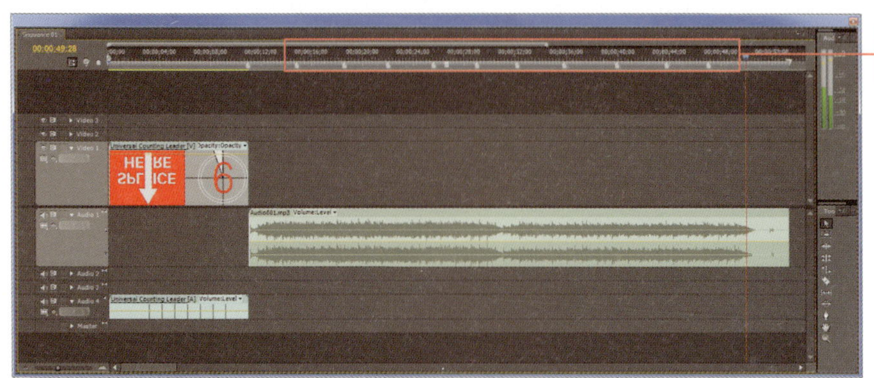

오디오 트랙의 리듬에 맞추어 ▣로 설정한 시퀀스 비숫자 마커

❿ 오디오 트랙의 재생이 끝나면 다시 [Space Bar]를 눌러 재생을 멈추고, 편집 기준선을 마커가 설정되어 있는지 점보다 왼쪽에 위치시킵니다.

마커(Marker)를 이용한 자동 배치 기능은 편집 기준선 이후의 시퀀스 비슷자 마커부터 배치하게 되므로, 첫 번째 마커 이전의 시간 위치에 편집 기준선을 고정시키면 됩니다.

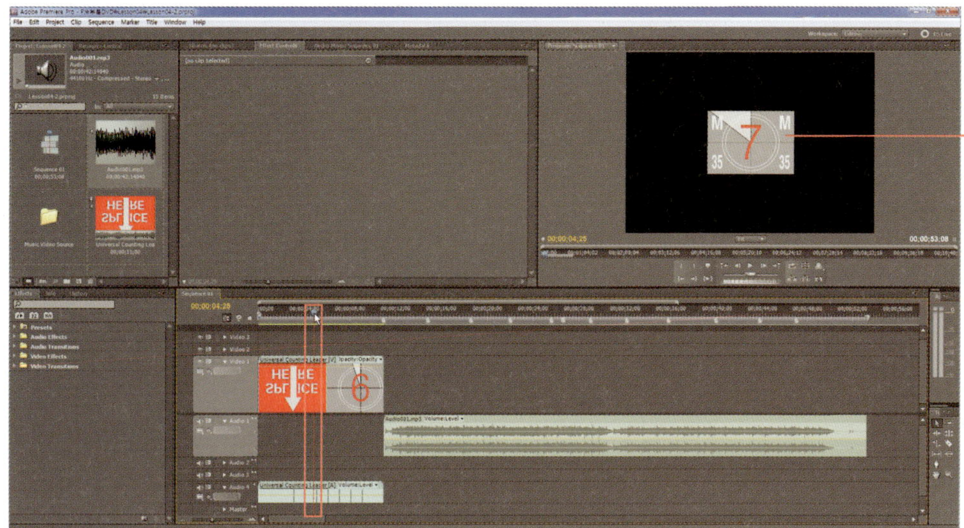

모션 속성에 의해 축소된 사용자 정의 카운팅 리더

⓫ 클립을 상영 순서에 따라 배치하기 위한 스토리보드를 구성할 차례입니다.

프로젝트 패널의 Music Video Source 빈(Bin)을 더블클릭하면 독립된 빈(Bin) 패널이 열립니다.

빈(Bin)의 표시 형태를 Icon View로 변경합니다.

⑫ Music Video Source 빈 안의 클립들을 드래그하여 클립의 배열을 그림과 같이 변경합니다.
스토리보드 구성은 뮤직 비디오의 상영 순서를 결정하는데, 왼쪽부터 오른쪽으로 클립의 순서가 정렬됩니다. Title 01 클립이 첫 번째 클립으로 지정되도록 조정합니다.

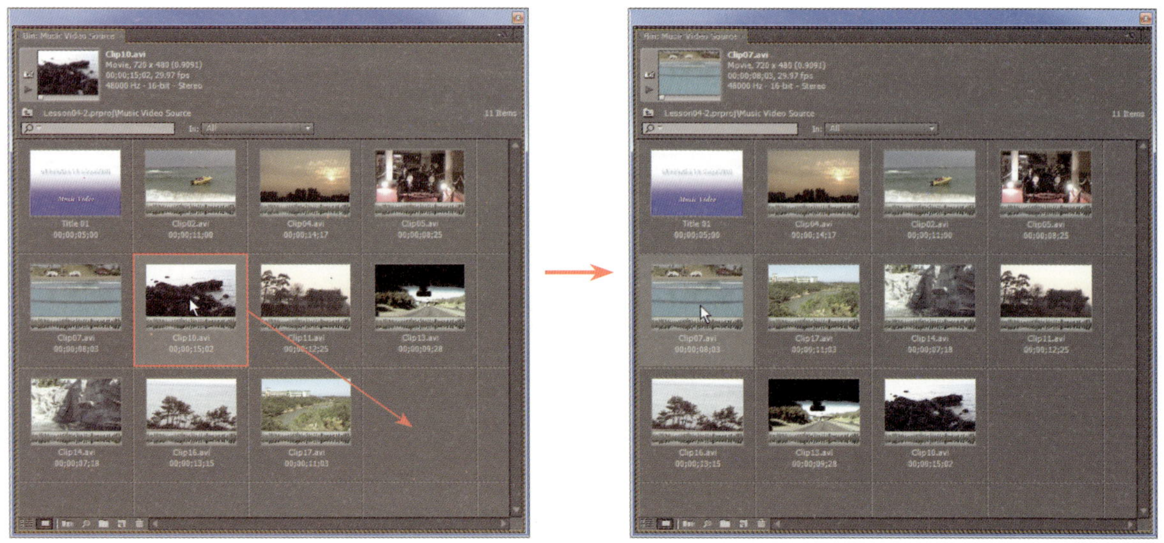

⑬ Ctrl+A를 눌러 빈 안의 모든 클립을 선택 상태로 놓고, 기능 아이콘의 〈Automate to Sequence〉 버튼을 클릭합니다. 프로젝트 패널의 계층 구조 상태에서는 Music Video Source 빈만 선택해도 〈Automate to Sequence〉 버튼이 활성화됩니다.

❹ 〔Automate To Sequence〕 대화상자가 나타납니다. 컷 편집을 위한 자동 배치 예제와는 달리 이번에는 옵션을 달리 설정해 주어야 합니다.

마커(Marker)를 기준으로 클립을 자동 배치하는 옵션은 ① Ordering : Selection Order, ② Placement : At Unnumbered Markers, ③ Method : Overlay Edit를 선택하고 ④ Ignore Options : Ignore Audio만 체크하고 〈OK〉 버튼을 누릅니다.

❺ 첫 번째 마커를 기준으로 Music Video Source 빈의 모든 클립이 지정한 순서에 따라 각 마커에 정확히 덮어쓰기 모드로 자동 배치되어 나타납니다.

각 클립의 오디오 트랙은 제외시켰으므로 비디오 트랙만 배치되고 Audio 1 트랙의 Audio001.mp3 클립은 보존됩니다.

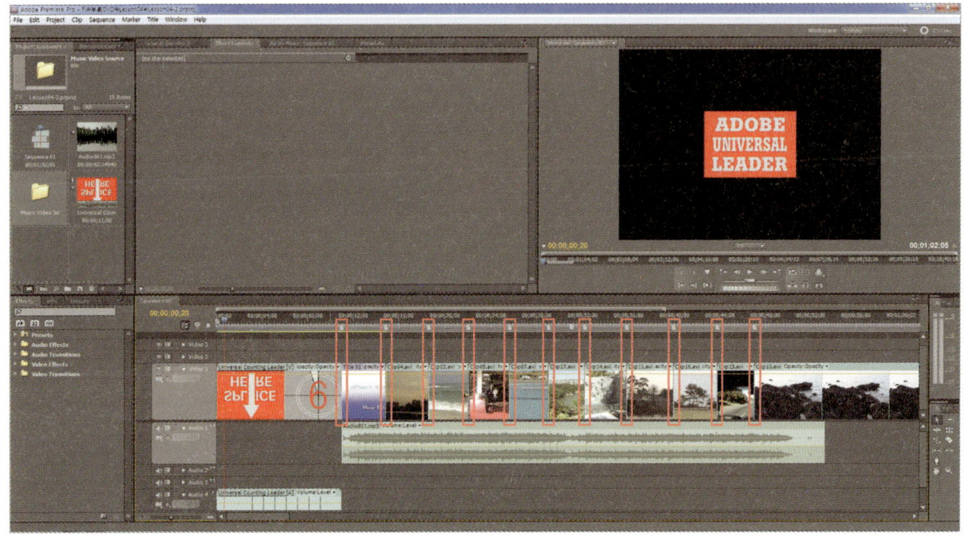

⓰ 프로젝트 패널의 Music Video Source 빈을 독립된 빈으로 열어서 확인해 보면 모든 클립이 사용 중인
표시가 섬네일 왼쪽 상단에 추가되어 나타납니다.

⓱ 첫 번째 마커에 배치된 Title 01 클립의 앞뒤 경계에 편집 기준선을 위치시키고, Ctrl + D 를 눌러 각각
비디오 기본 트랜지션 아이템을 적용합니다.

⑱ **End**를 눌러 시퀀스의 종료부로 이동한 다음, Video 1 트랙의 끝에 배치된 클립의 지속시간을 하위 트랙의 오디오 클립과 수직으로 동일하게 축소시키고, 아웃 점에 Dip to Black 트랜지션 아이템을 적용하여 페이드 아웃 처리로 마무리합니다.

⑲ 최종 미리보기로 확인합니다. 사용자 정의로 수정한 카운팅 리더 클립이 재생되고 배경 음악이 시작되는 지점에 타이틀이 나타나면서 시퀀스 비숫자 마커로 할당한 지점에 이르면 정확히 컷이 교체되어 나타나는 자동 뮤직 비디오 시퀀스입니다.

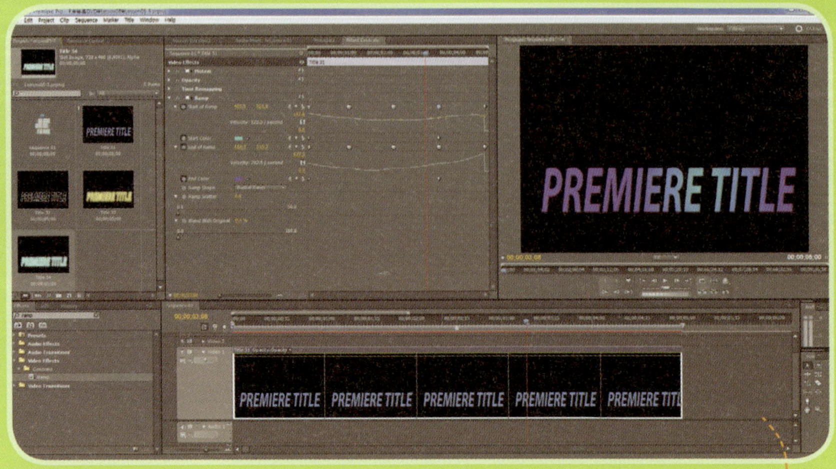

Pulse 기반 Title을 다양한 패턴으로 제작하는 기법과
Automate to Sequence 기능을 실전에응용하는 팁을 알아봅니다.

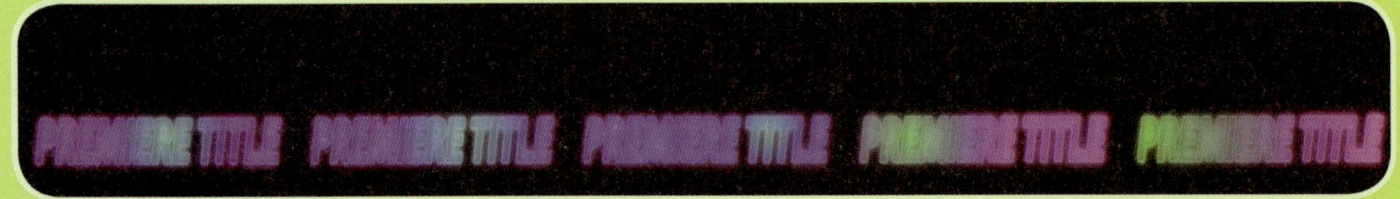

예제 파일 Lesson05-1.prproj ~ Lesson05-3.prproj
완성 파일 Lesson05-1-Q.prproj ~ Lesson05-3-Q.prproj

CHAPTER 05

Pulse 기반 Titling 기법

Pulse 기반 Title을 제작하는 기법을 여러 가지 다양한 형태로 설명하고, Ramp 이펙트를 활용한 Automate to
Sequence 기능의 실전 활용에 대해 알아봅니다.

Pulse 기반 Title을 제작하는 여러 가지 기법과 Automate to Sequence 기능의 실전 활용에 대해 알아봅니다.

1. 지속시간과 Speed/Duration 옵션

정지 이미지를 포함하여 모든 클립은 시작 점과 끝 점이 환산된 지속시간(Duration)을 가지고 있습니다.

정지 이미지 클립과 달리 무비 클립은 인 점과 아웃 점을 지정하여 프레임 여유분을 핸들로 활용하기 때문에 시퀀스 편집이 용이합니다.

프로젝트 패널은 물론, 시퀀스에 배치되어 있는 클립의 지속시간과 속도를 변경할 때에는 (Clip) → Speed /Duration 옵션을 사용합니다.

클립의 지속시간과 속도는 연동되어 있으므로 Speed/Duration 옵션을 통해 슬로 모션이나, 퀵 모션, 역 재생 등의 선형 속도 조절과 지속시간을 변경할 수 있습니다.

(Clip Speed/Duration) 대화상자는 프로젝트 패널과 타임라인 패널의 시퀀스에서 옵션이 다르게 나타납니다.

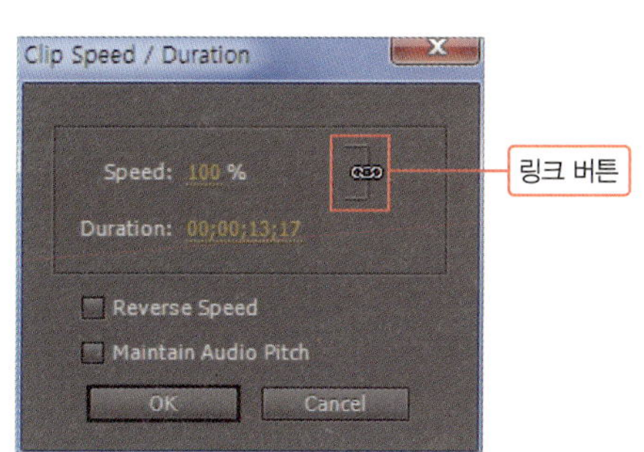

링크 버튼

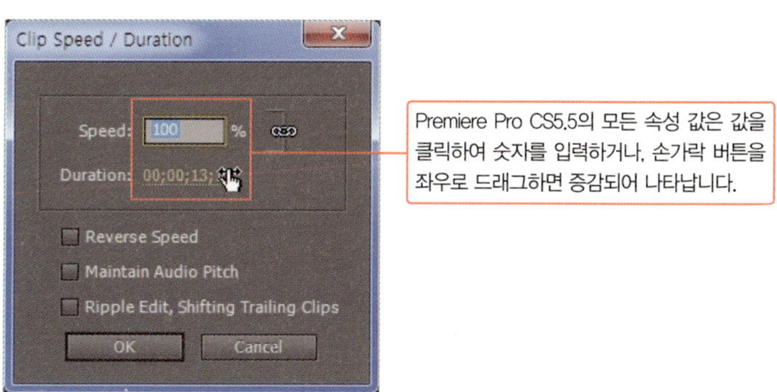

Premiere Pro CS5.5의 모든 속성 값은 값을 클릭하여 숫자를 입력하거나, 손가락 버튼을 좌우로 드래그하면 증감되어 나타납니다.

- **Speed** : 클립의 속도를 나타내며 지속시간과 반비례한 값으로 표시됩니다.
- **Duration** : 클립의 지속시간
- **링크 버튼** : 클립의 속도와 지속시간을 연동시킵니다. 클릭하면 링크 해제 상태로 변경됩니다.
- **Reverse Speed** : 역재생 옵션
- **Maintain Audio Pitch** : 오디오 피치 유지 옵션
- **Ripple Edit, Shifting Trailing Clips** : 타임라인 패널의 시퀀스에 배치되어 있는 클립을 선택했을 때 추가되는 옵션으로 체크하면 클립의 속도와 지속시간을 변경하면서 리플 편집이 수행됩니다.

> **TIP** Premiere Pro CS5.5의 Speed/Duration 옵션은 환경 설정 메뉴를 통하지 않고 프로젝트 패널에서 원하는 클립들만을 복수 선택하여 한 번에 지속시간과 속도를 변경하는 방법도 가능합니다.

2. 정지 이미지 기본 지속시간의 일괄 설정

프로젝트에 반영되는 모든 시퀀스에서 정지 이미지의 지속시간과 트랜지션 영역에 할당되는 지속시간은 〔Edit〕 → Preferences → General 옵션에서 설정합니다. 환경 설정 단계 이후에는 일괄 적용되기 때문에 기본 지속시간이라고 합니다. 정지 이미지의 기본 지속시간은 초기 값이 150frames입니다.

클립의 지속시간을 개별적으로 변경할 때에는 Clip Speed/Duration 옵션 또는 트림 인, 아웃 아이콘을 사용하면 됩니다.

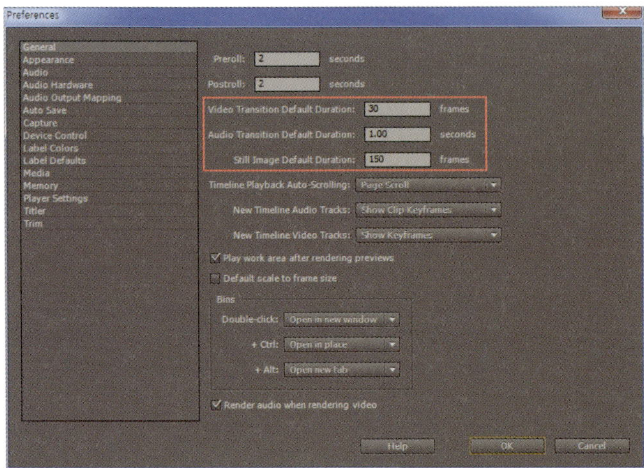

3. 타이틀 복제 기능(New Title Based On Current Title)

Title Designer를 닫지 않고 현재 작업 중이거나 완성된 타이틀을 그대로 복제하여 새로운 타이틀로 저장하는 기능을 이용하면 보다 빠른 타이틀 제작이 가능합니다.

Title Designer의 메인 패널 좌측에 있는 〈New Title Based On Current Title〉 버튼을 클릭하면 현재 타이틀을 복제함과 동시에 타이틀 선택 목록에 포함되므로 편리합니다.

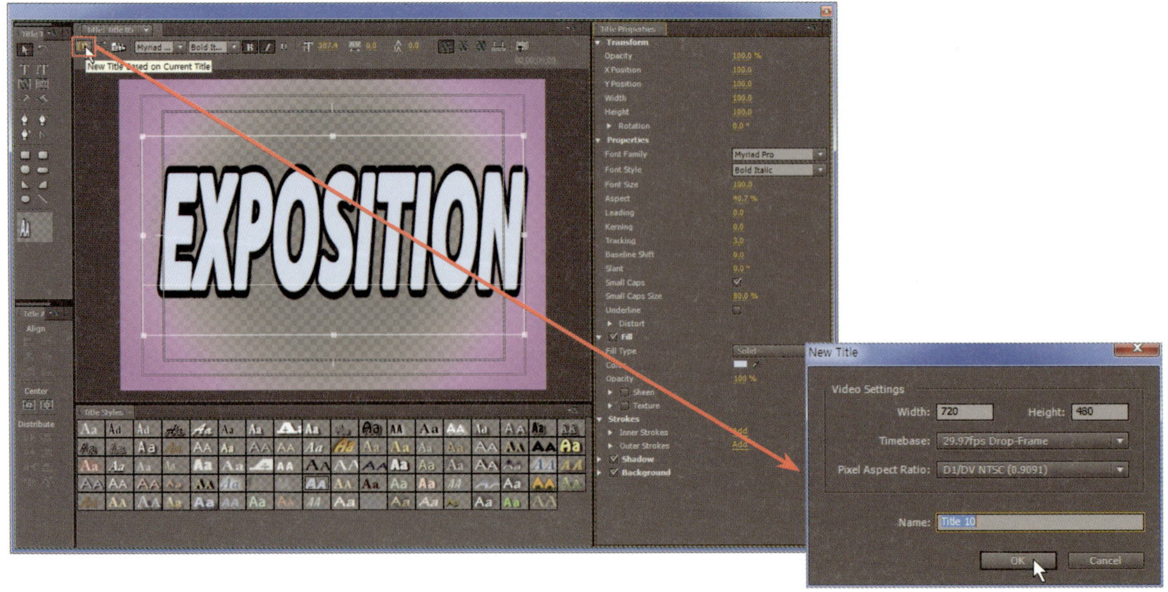

4. 기본 트랜지션 일괄 적용 기능(Apply Default Transitions to Selection)

Premiere Pro CS5.5는 대상 트랙을 설정하면 특정 트랙에 제한 없이 기본 트랜지션 아이템을 적용할 수 있습니다. 여기에 여러 개의 트랙에 배치되어 있는 다량의 클립에 기본 트랜지션을 일괄 적용하는 기능도 제공하기 때문에 트랜지션 아이템을 활용한 응용 기법을 빠르게 구현할 수 있습니다.

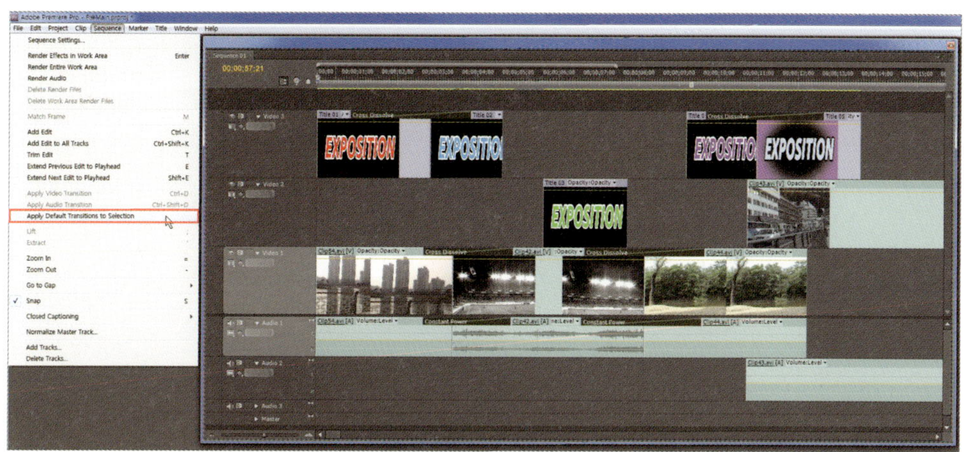

> **TIP**
>
> Apply Video Transition, Apply Audio Transition 명령은 대상 트랙으로 설정된 트랙에 한정하여 편집 기준선이 있는 위치에 수직으로 동일한 위치에 존재하는 모든 편집 점에 기본 트랜지션 아이템을 적용하지만, Apply Default Transitions to Selection 명령은 타임라인 패널의 시퀀스에서 선택 상태로 있는 모든 트랙의 클립과 클립의 편집 점에 기본 트랜지션 아이템을 일괄 적용한다는 점에서 차이가 있습니다.
>
> 즉 Apply Default Transitions to Selection 명령은 대상 트랙 설정과 관계가 없으며, 시퀀스의 트랙에서 하나 이상의 클립이 선택 상태로 놓여 있을 때에만 활성화됩니다.
>
> Ctrl+A를 누른 다음, Apply Default Transitions to Selection 명령을 실행하면 시퀀스의 모든 트랙에 존재하는 편집 점에 기본 트랜지션 아이템을 일괄 적용하므로 편리합니다.

5. 자동 배치 기능을 이용한 Titling 기법

먼저 자동 배치 기능을 응용한 Titling 기법에 대해 살펴보기로 하겠습니다. 자동 배치 기능은 작업 시간 단축을 위해 존재하므로, 실사 클립을 이용한 러프 컷이나 뮤직 비디오 작업 이외의 분야에도 다양한 방식으로 응용될 수 있습니다.

❶ 부록 DVD의 Lesson05 폴더에서 'Lesson05-1.prproj'를 불러온 다음, 프로젝트 패널에 Title 11 클립이 임포트되어 있는지 확인합니다.

가장 먼저, (Edit) → Preferences → General을 실행하여 환경 설정 메뉴를 열고 General 옵션에서 Video Transition Default Duration 옵션을 5frames로, Still Image Default Duration 옵션을 10frames로 변경한 다음 〈OK〉 버튼을 누릅니다.

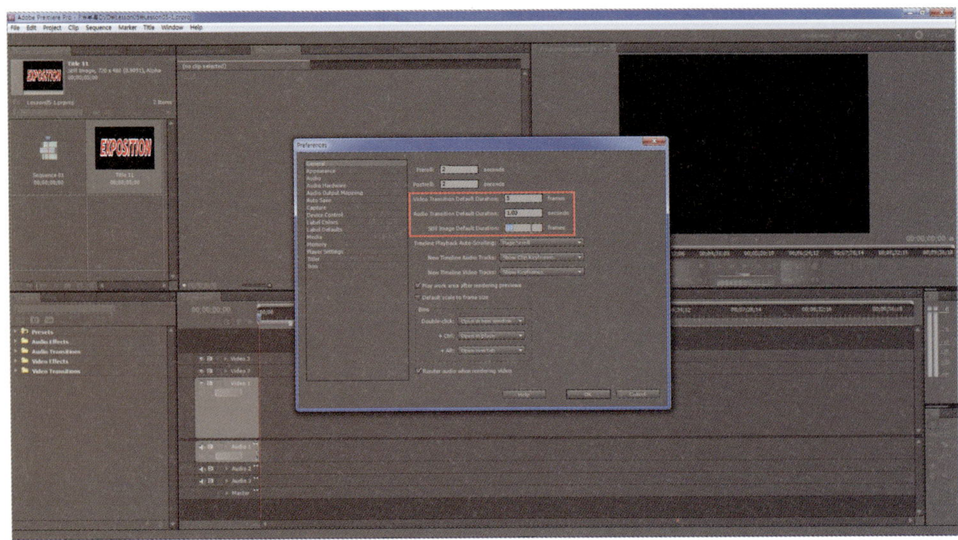

❷ 프로젝트 패널의 Title 11 클립을 더블클릭하면 Title 11이 포함된 상태로 타이틀 디자이너가 열립니다.

타이틀 디자이너의 스타일 초기화와 기본 타이틀을 작성하는 방법

가장 일반적인 타이틀은 (File) → New → Title을 실행하여 타이틀 디자이너를 열고 타입 도구를 선택한 다음 미리보기 영역에 문자 객체를 입력하고 Fill 속성과 Shadow 속성만 적용하면 생성됩니다.

예제 소스로 포함되어 있는 Title 클립은 Fill 속성과 외곽선 속성만 부여한 상태에서 스타일 목록을 통해 제작된 기본 타이틀입니다. 스타일이 삭제되었거나 정리가 안 되어 있을 경우에는 (스타일 패널 메뉴) → Reset Style Library를 실행하면 Premiere Pro CS5.5 설치 당시의 기본 값으로 초기화됩니다.

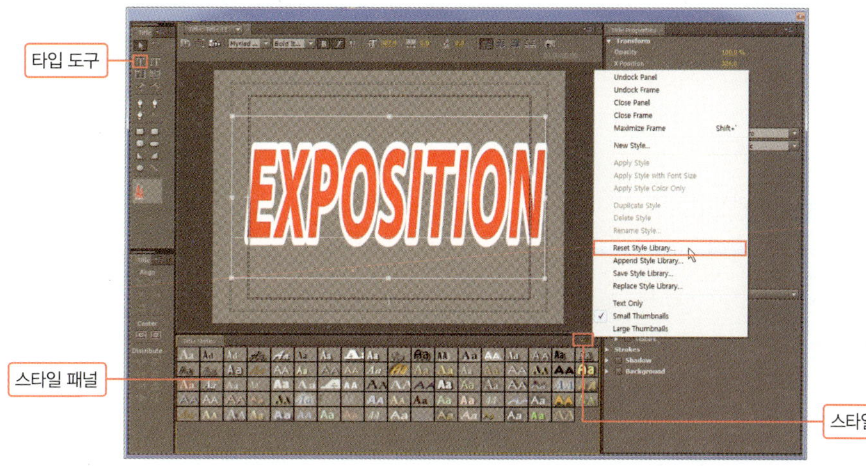

❸ 타이틀을 선택하고 (컨텍스트 메뉴) → Position → Horizontal Center, Vertical Center를 클릭하여 타이틀을 정 중앙에 정렬시킵니다.

❹ 타이틀 디자이너 상단의 메인 패널에서 〈New Title Based on Current Title〉 버튼을 클릭한 다음, 〔New Title〕 대화상자에서 새 타이틀의 이름을 Title 12로 설정하고 〈OK〉 버튼을 누르면 현재 타이틀이 복제되면서 새로운 Title 12 타이틀이 생성됩니다.

❺ 복제한 Title 12 타이틀의 문자 객체를 선택하고 Fill Color 속성을 클릭하여 〔Color Picker〕 대화상자에서 타이틀의 Fill 색상만 변경해 줍니다. 다른 속성은 그대로 보존합니다.
Pulse Type의 Title을 생성해 나갈 예정이므로 Fill Color는 원색 계통을 적용해도 무방합니다.

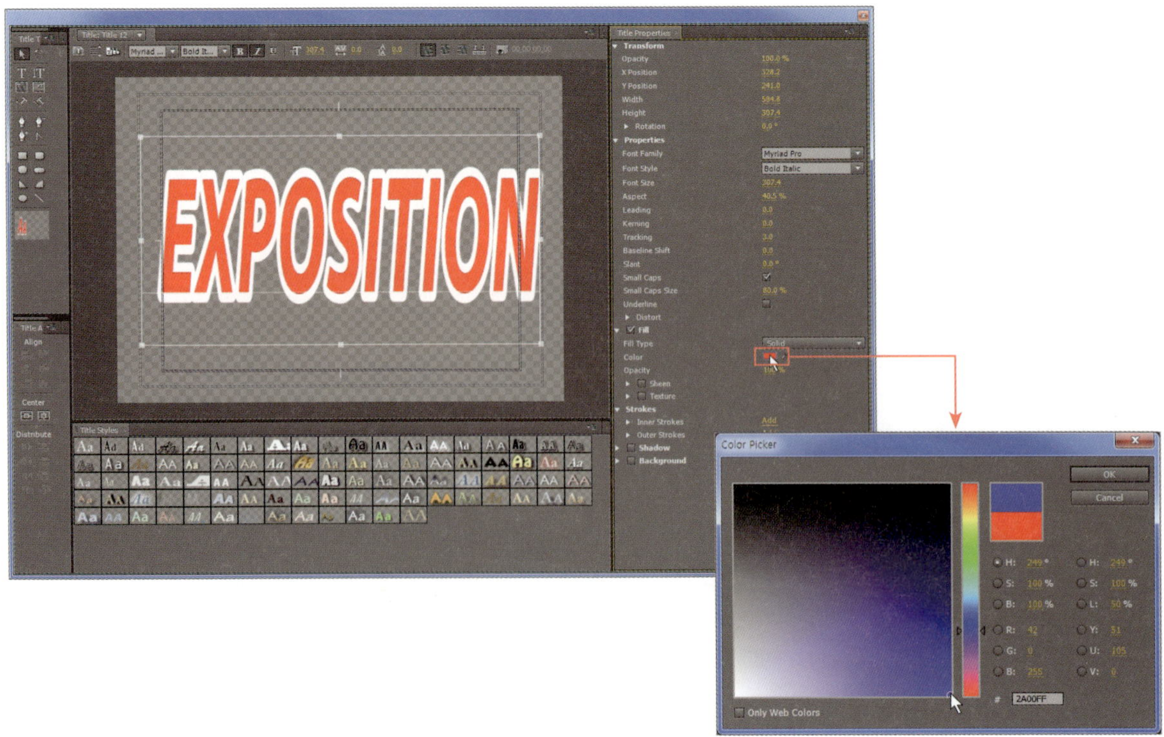

⑥ 같은 요령으로 타이틀을 복제하여 Fill Color 속성만 변경된 동일 유형의 타이틀을 차례대로 6개까지 만들어나갑니다.

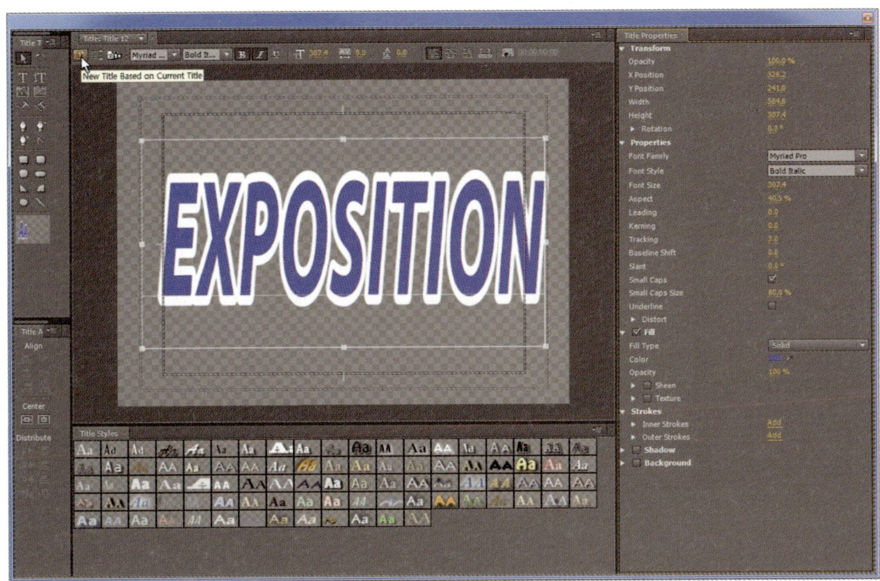

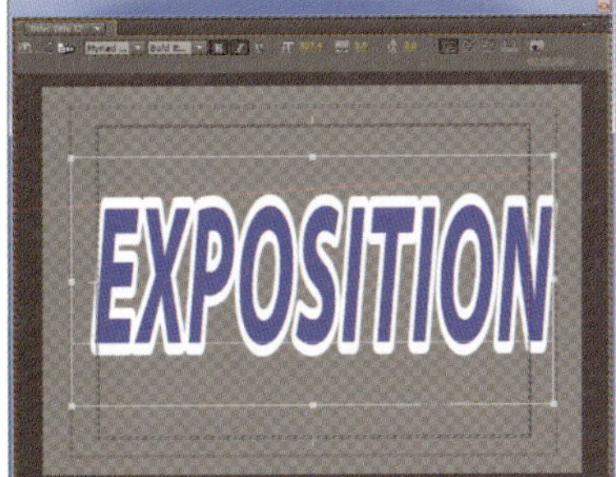

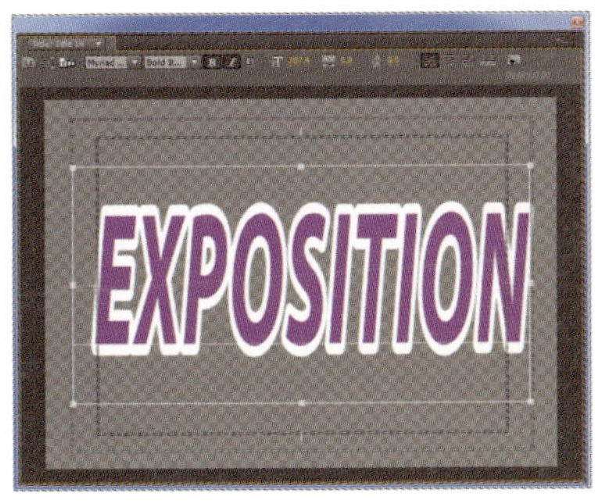

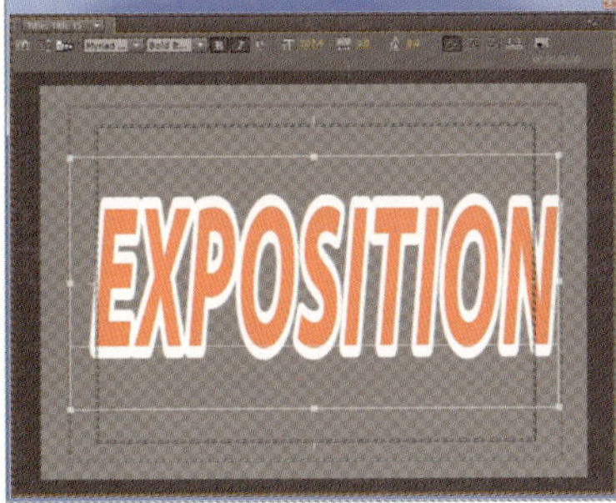

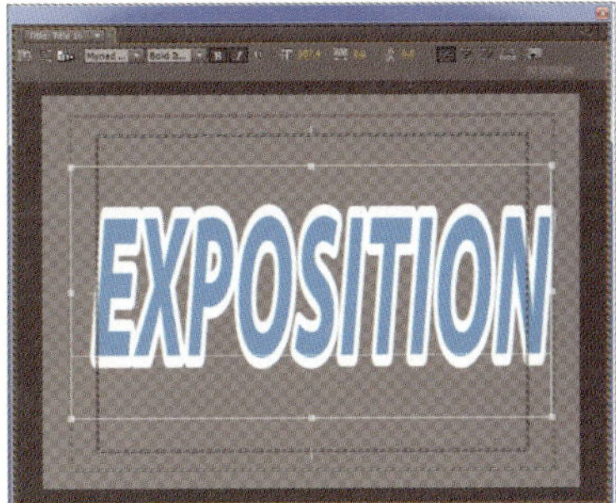

❼ 프로젝트 패널에 새 빈(Bin)을 만들고, 자동 임포트 된 6개의 타이틀 클립을 새로운 빈(Bin)으로 이동
시킨 다음 빈(Bin)의 이름을 Title로 변경합니다.

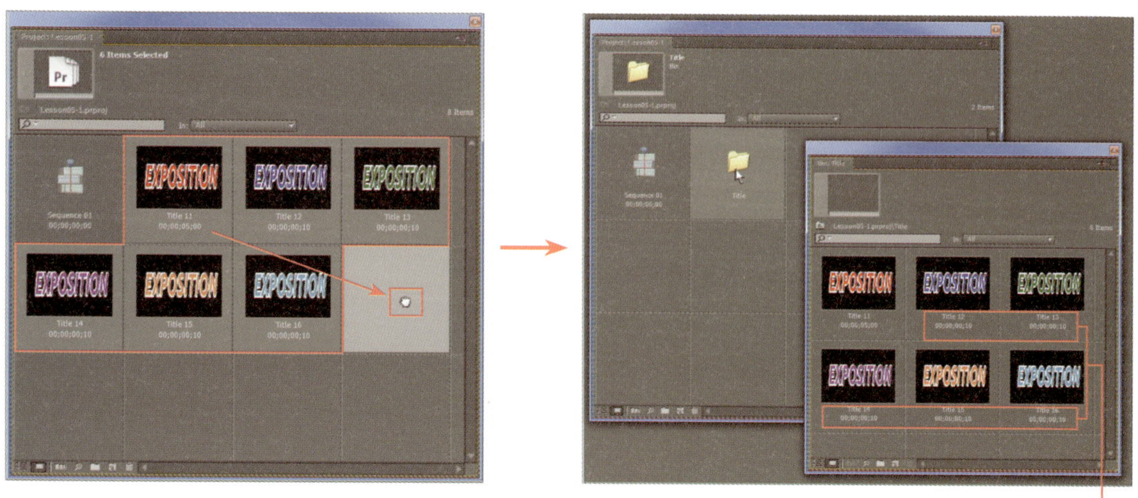

Title 11 클립을 제외하고 환경 설정 메뉴에서 설정한 값에 따라 나머지
타이틀의 모든 기본 지속시간이 10프레임으로 나타납니다.

❽ 타임라인 패널의 편집 기준선을 시퀀스 시작부에 위치시킨 다음, 프로젝트 패널에서 Title 빈(Bin)을 선
택하거나, 6개의 타이틀 클립을 복수 선택한 상태에서 기능 아이콘의 〈Automate to Sequence〉 버튼을 클
릭하여 〔Automate To Sequence〕 대화상자를 엽니다.

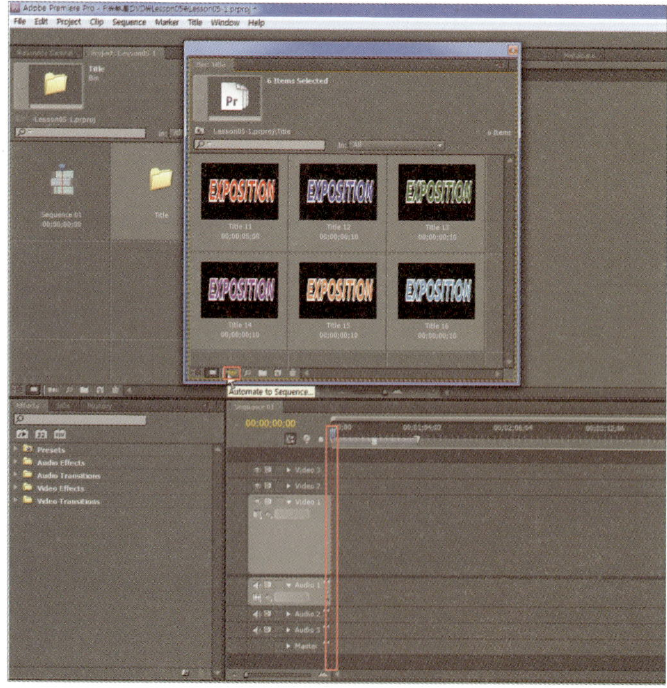

❾ 〔Automate To Sequence〕 대화상자가 나타나면 Ordering 옵션을 Selection Order로, Placement 옵션을 Sequentially로, Clip Overlap 옵션을 8frames로, Transitions 옵션은 Apply Default Video Transition만 체크하고 〈OK〉 버튼을 누릅니다.

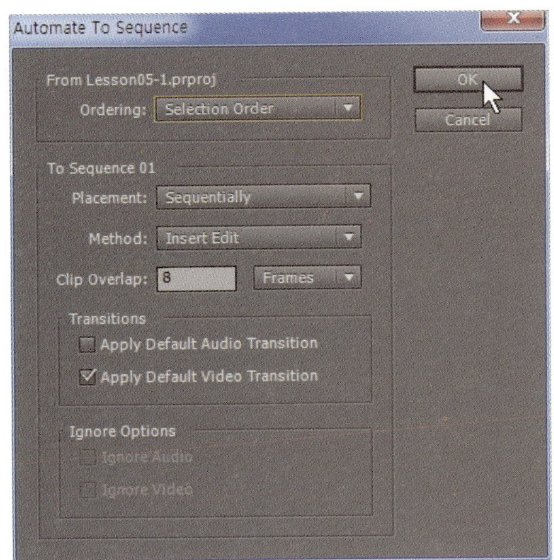

❿ 시퀀스에 6개의 타이틀이 비디오 기본 트랜지션 아이템인 Cross Dissolve 아이템이 적용된 상태로 차례대로 한 번에 배치되어 나타납니다.

⑪ 미리보기로 재생하면 첫 타이틀의 재생이 5초 동안 지속되다가 빠른 디졸브 효과가 연속적으로 이어지면서 타이틀의 전환 컷이 신속하게 이루어집니다.

Premiere Pro CS5.5의 기본 기능만으로 기초적인 Pulse 유형의 Animation Title이 완성되었습니다.

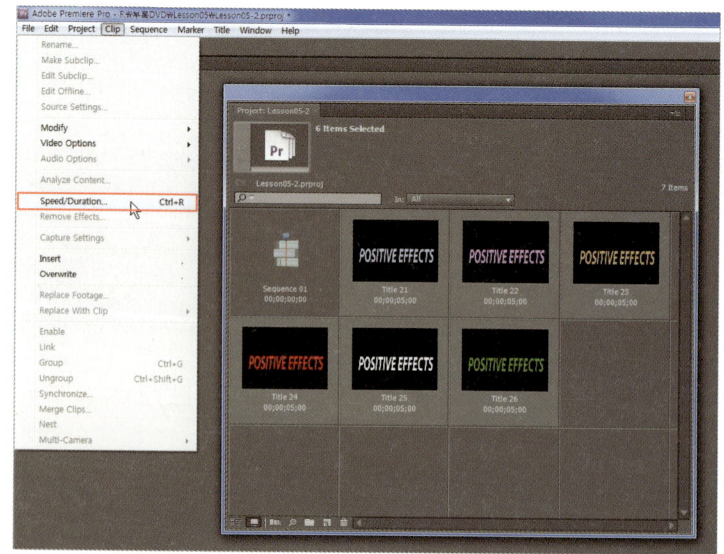

6. 기본 트랜지션 일괄 적용 기능과 Speed/Duration 옵션을 통한 Titling

이번에는 보다 간략한 방법으로 같은 유형의 타이틀을 만드는 과정입니다.

❶ 부록 DVD의 Lesson05 폴더에서 'Lesson05-2.prproj'를 불러온 다음, 프로젝트 패널에 Title 클립 6개가 임포트되어 있는지 확인합니다. 프로젝트 패널 안의 모든 타이틀 클립을 선택한 상태에서 [Clip] → Speed/Duration을 실행하거나 단축키 Ctrl + R 을 누릅니다.

❷ 〔Clip Speed/Duration〕 대화상자가 나타나면 Duration 값을 00;00;00;20으로 수정 입력하고 〈OK〉 버튼을 누릅니다.

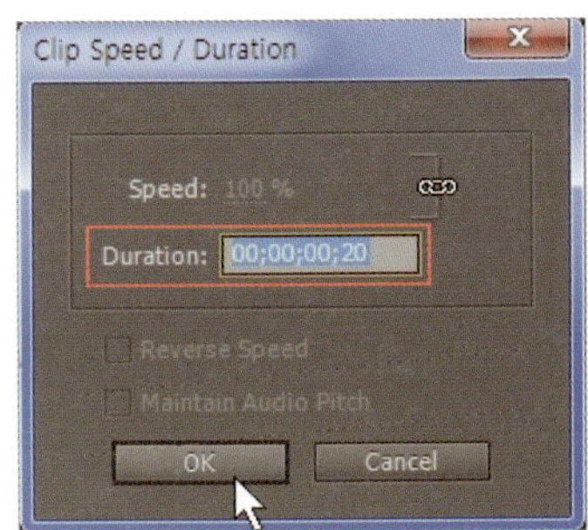

❸ 6개 타이틀 클립의 지속시간이 모두 20프레임으로 일괄 변경되어 나타납니다.

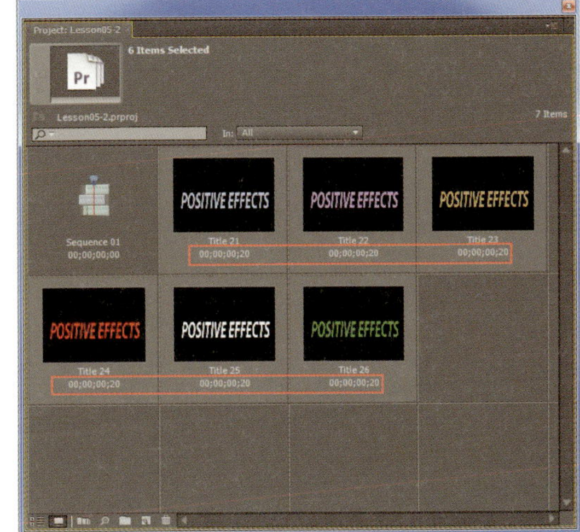

❹ 프로젝트 패널의 6개 타이틀 클립 모두를 선택하고 타임라인 패널의 Video 1 트랙으로 드래그합니다.

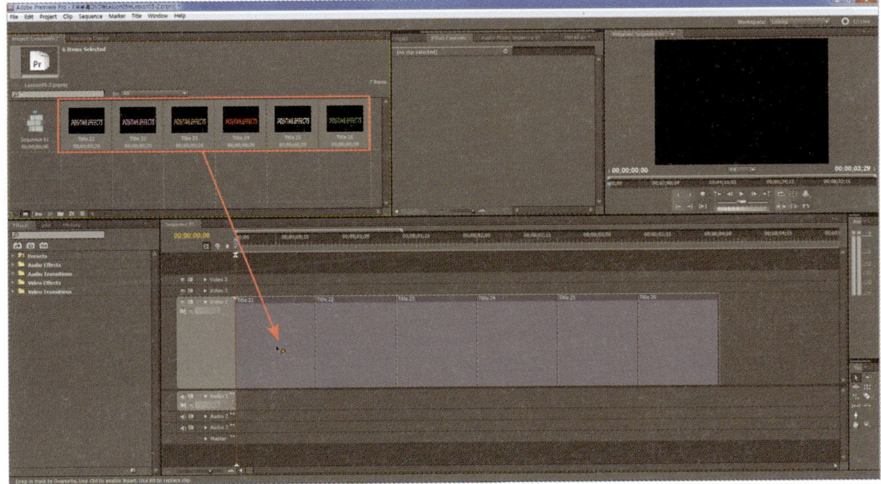

❺ 〔이펙트 패널 메뉴〕 → Set Default Transition Duration을 실행하면 〔Preferences〕 대화상자의 General 옵션이 곧바로 나타납니다. Video Transition Default Duration 값을 10frames로 수정하고 〈OK〉 버튼을 누릅니다.

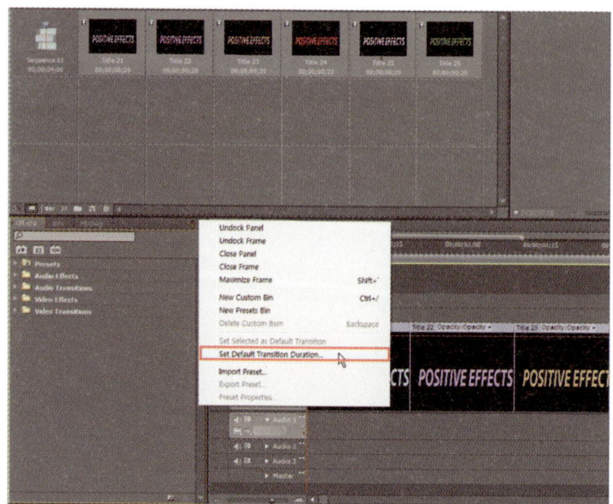
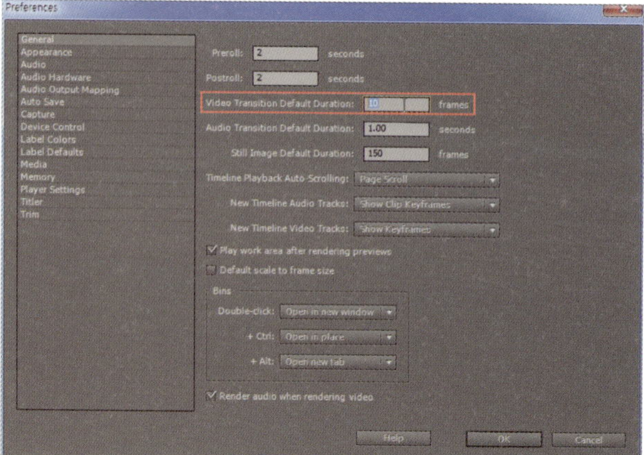

❻ 타임라인 패널의 모든 클립을 블록으로 설정하거나 **Ctrl** + **A** 를 눌러 모든 클립들을 선택 상태로 전환합니다.

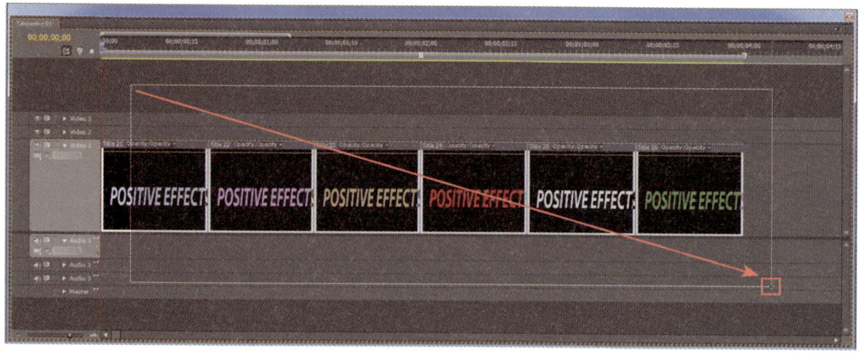

> **TIP** 시퀀스에서 선택하려는 복수의 클립 영역을 대각선으로 드래그하면 블록 영역이 나타나고 마우스 버튼을 놓으면 해당 영역이 일괄 선택 상태로 전환됩니다.

❼ 〔Sequence〕 → Apply Default Transitions to Selection을 실행합니다.

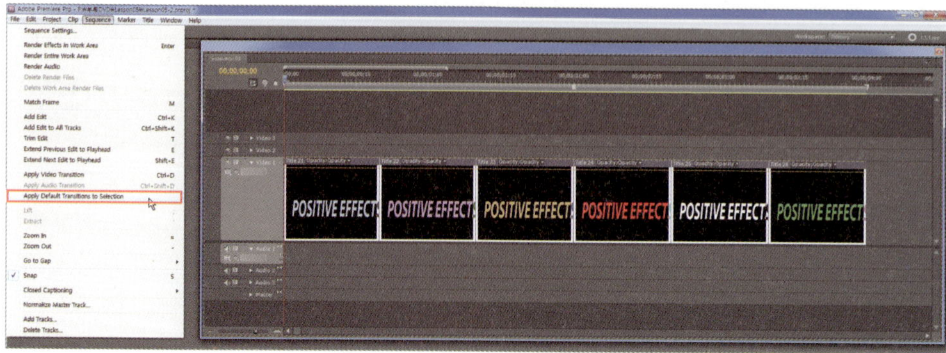

❽ 타임라인 패널을 확인하면 Video 1 트랙의 모든 편집 점에 비디오 기본 트랜지션 아이템이 10프레임의
지속시간으로 일괄 적용됩니다.

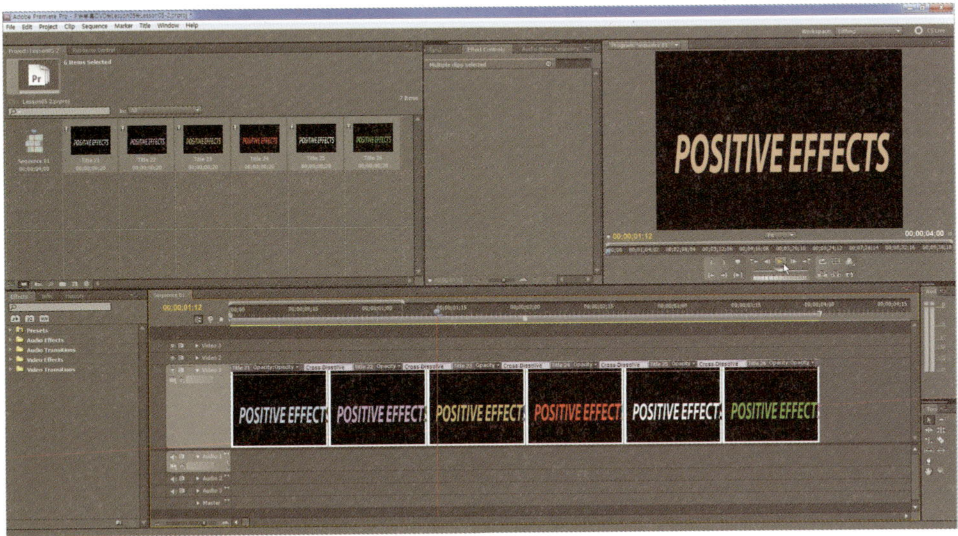

❾ 결과는 예제 1과 유사하지만, 보다 간편한 방식으로 구성할 수 있는 타이틀의 기본적인 유형입니다.
최종 미리보기로 결과 화면을 확인합니다.

단일 이펙트를 활용한 Pulse 기반의 타이틀링 기법들을 알아봅니다.

1. 키프레임과 Ramp 이펙트의 활용

Pulse 기반 타이틀은 색조의 흐름을 키프레임으로 설정해 주면 모션 이펙트의 위치 좌표와 동일한 움직임을 창출할 수 있습니다. 모션 속성과 달리 클립 자체의 이동이 일어나지 않으면서도 이펙트의 각 속성 값이 변하면서 타이틀 안에 다양한 형태의 파장 효과를 만들어냅니다. 키프레임을 끊어주면서 Ramp 이펙트의 Start of Ramp와 End of Ramp 속성에 변화를 주면 일정 주기의 방향으로 Start Color와 End Color의 움직임이 혼합됩니다.

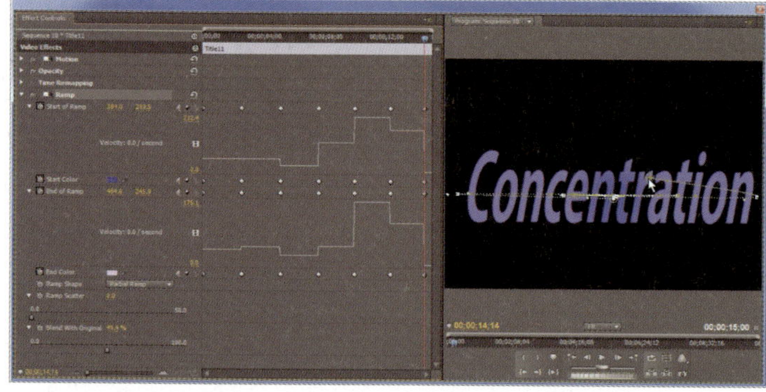

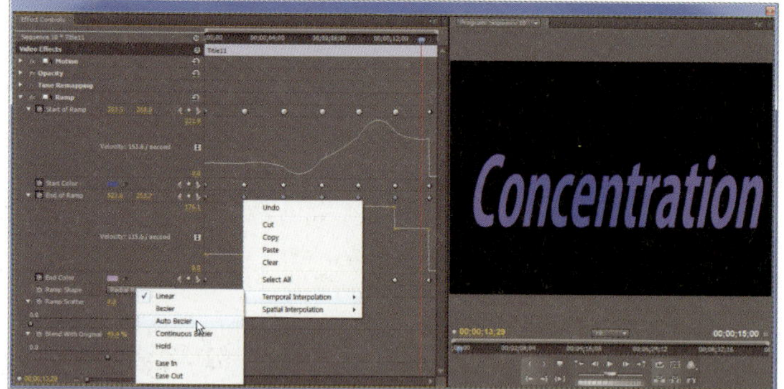

> **TIP** Ramp 이펙트는 프로그램 모니터에 존재하는 Ramp 서클을 이용하여 보다 직관적으로 설정이 가능하며, 키프레임 설정이 완료되면 키프레임 보간법을 Auto Bezier로 마무리하여 보다 세련된 타이틀 효과를 만들어 낼 수 있습니다.

2. 투명 자막 만들기

문자의 채움 속성을 Eliminate로 설정하면 외곽선 속성과 그림자 속성만으로 투명 자막을 손쉽게 만들 수 있습니다.

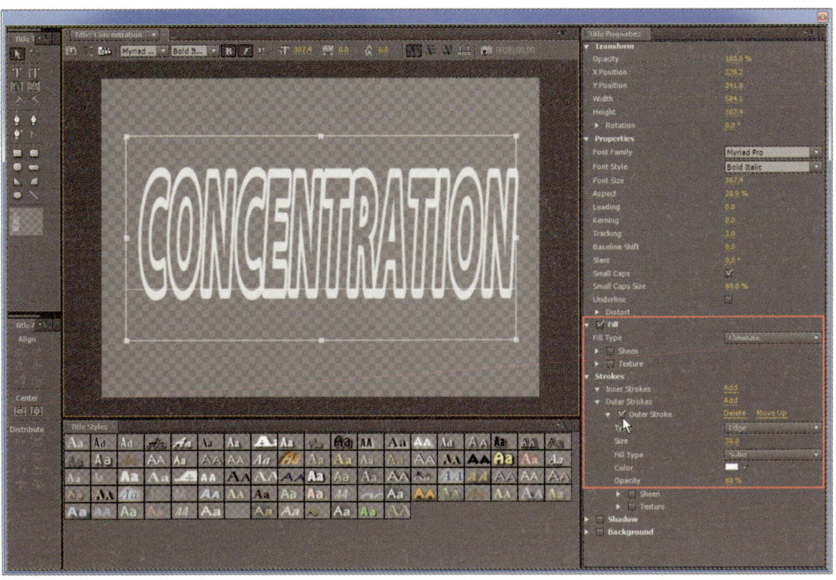

3. 네온 효과 타이틀

투명 자막에 그림자 속성의 Spread 속성 값을 증가시키고 그림자 색상을 사이안 톤 또는 핑크 톤으로 설정하면 네온 효과와 유사한 타이틀을 만들 수 있습니다.

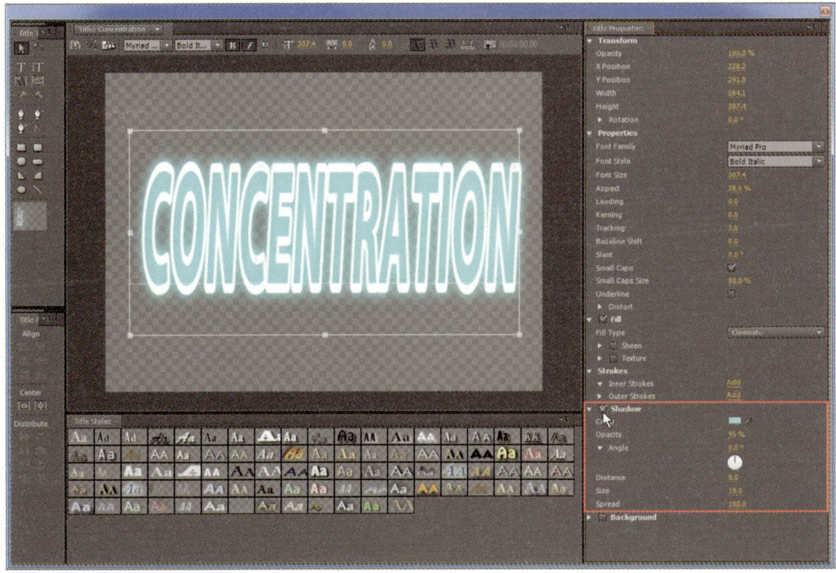

4. Ramp 이펙트와 키프레임을 활용한 Pulse 패턴 제작

Pulse 유형의 Title을 이펙트 하나만으로 제작하는 기법에 대해 알아보기로 합니다.

After Effects의 Text Animation Preset의 Fill and Stroke → Pulse 패턴과 유사한 타이틀을 Premiere Pro CS5.5에서 단일 이펙트만으로 처리하는 과정입니다.

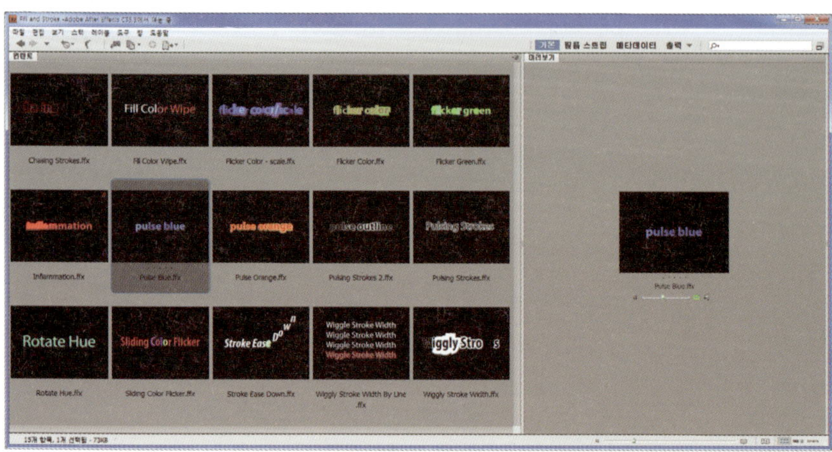

❶ 부록 DVD의 Lesson05 폴더에서 'Lesson05-3.prproj'를 불러온 다음, 프로젝트 패널에 있는 Title 31 클립을 더블클릭하여 타이틀 디자이너를 엽니다. 예제 타이틀은 타이틀 디자이너에서 Blue 톤의 Fill Color 속성만 적용된 기본 타이틀입니다.

Fill Type : Solid, Opacity : 100%로 설정되어 있는지 확인 후 타이틀 디자이너를 닫습니다.

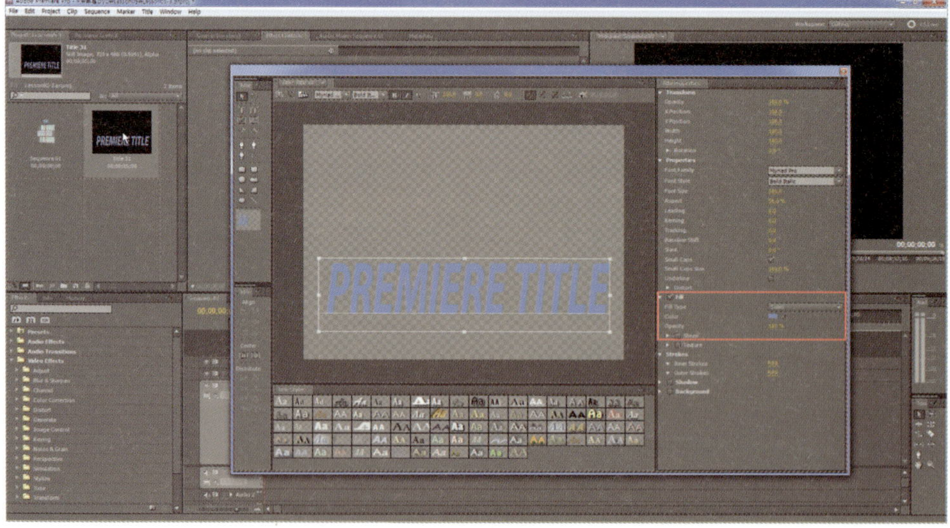

❷ Title 31 클립을 시퀀스의 Video 1 트랙에 배치하고 이펙트 패널의 Video Effects\Generate\Ramp 이펙트 아이템을 Video 1 트랙의 타이틀 클립에 적용한 다음, 이펙트 조절 패널을 열고 Ramp 이펙트의 모든 속성을 확장합니다.

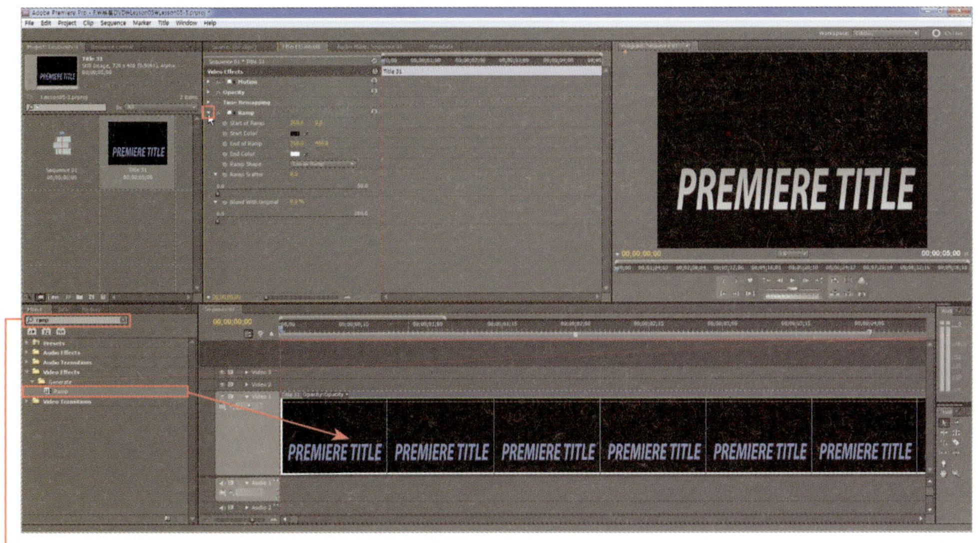

이펙트 패널 상단의 검색 상자에 'ramp'를 입력하면 곧바로 아이템이 검색되어 나타납니다.

❸ 이펙트 조절 패널에서 Ramp 이펙트의 Ramp Shape 속성을 Linear Lamp에서 Radial Ramp로 변경합니다.

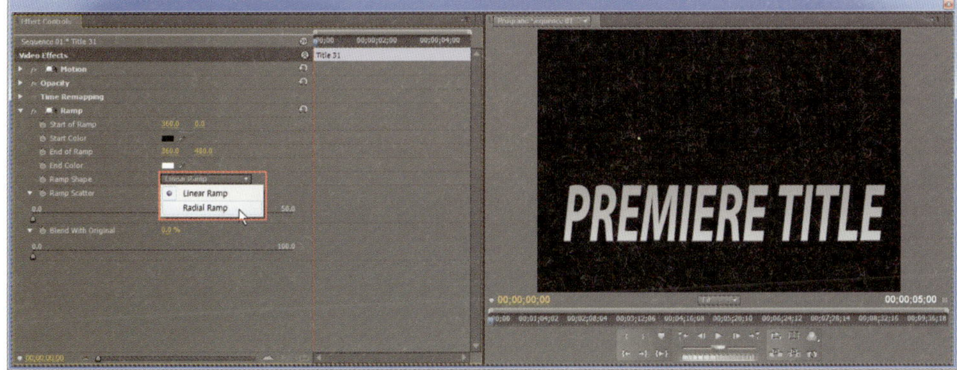

❹ Start Color와 End Color의 색상 설정 버튼을 클릭하여 [Color Picker] 대화상자에서 각각 Green과 Pink 톤으로 설정해 줍니다.

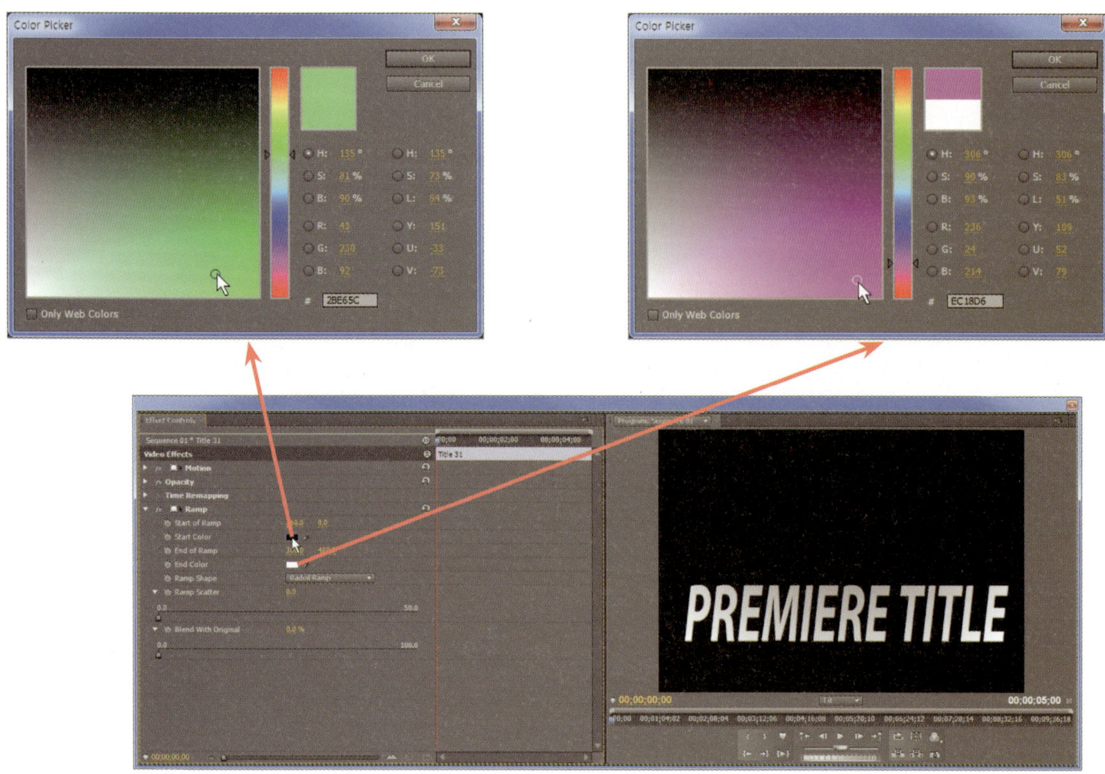

❺ 클립의 인 점에 편집 기준선을 고정시키고 Start of Ramp, Start Color, End of Ramp, End Color 속성의 키프레임 적용 버튼을 클릭하면 타임라인 뷰에 시작 키프레임이 만들어집니다.

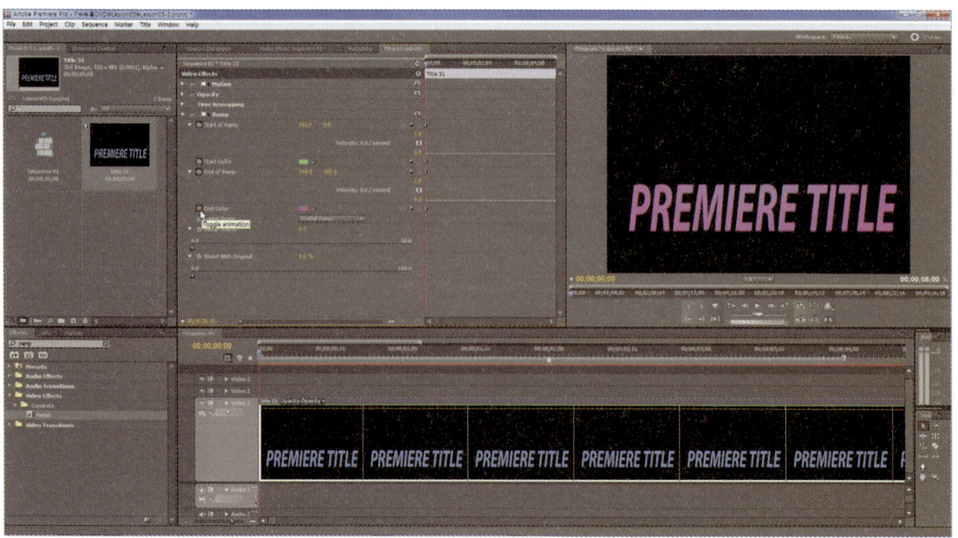

❻ 이펙트 조절 패널의 Ramp 이펙트 이름을 클릭하면 반전 상태로 변경되고 프로그램 모니터에 2개의 서클이 나타나므로 서클을 제어할 수 있는 상태로 전환됩니다.

프로그램 모니터의 Start, End Color 서클을 드래그하여 수평 방향으로 타이틀 객체의 중앙에 대칭적으로 위치시킵니다. 동시에 프로그램 모니터의 타이틀 색상은 변화가 일어납니다.

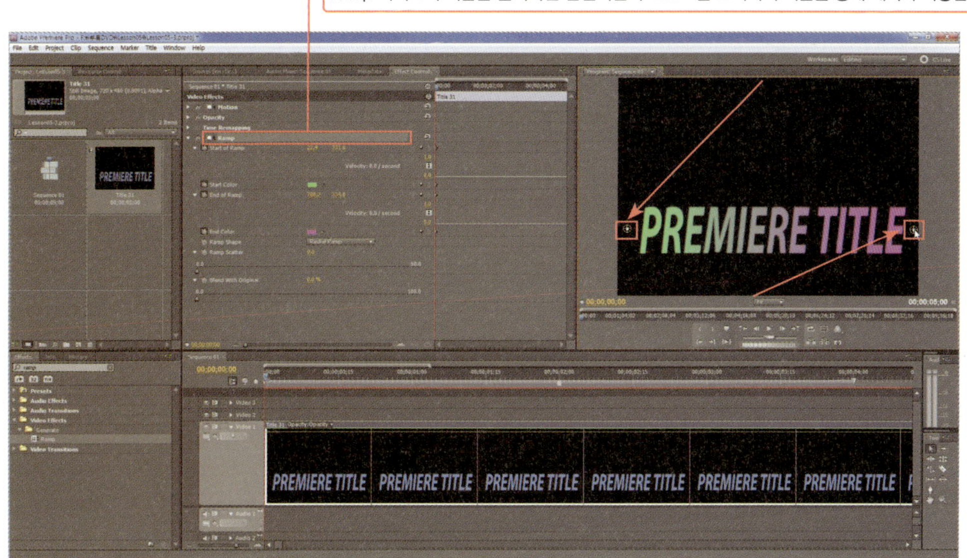

❼ 프로그램 모니터의 Start Color, End Color의 좌표를 서클을 드래그하여 변화를 준 다음, 4가지(Start Color, End Color, Start of Ramp, End of Ramp) 속성의 키프레임을 차례대로 생성해 나갑니다.

키프레임을 생성하는 방법은 이펙트 조절 패널의 타임라인 뷰에 있는 편집 기준선을 이동한 다음, 프로그램 모니터의 서클을 드래그하면 자동 생성됩니다.

프로그램 모니터에서 키프레임에 따라 변화하는 타이틀의 색상을 관찰하면서 서클의 위치를 드래그하는 것이 주된 요령입니다. 이때, Start of Ramp, End of Ramp 속성의 X, Y 좌표 값도 동시에 변경됩니다.

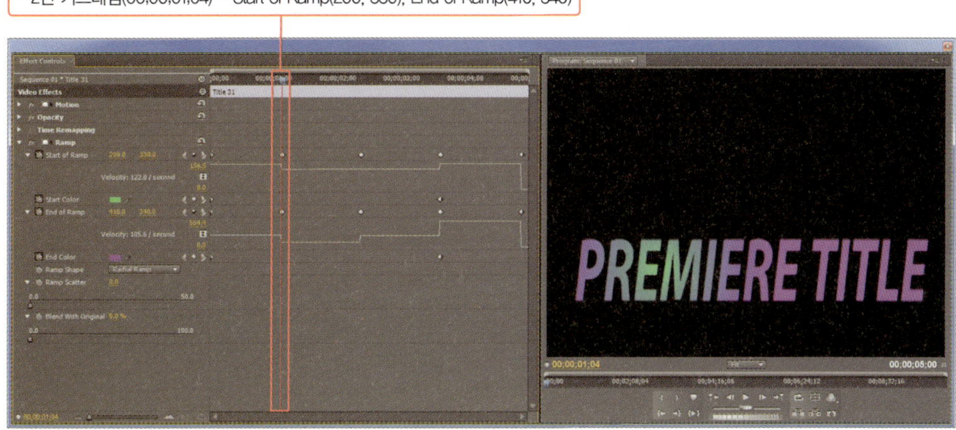

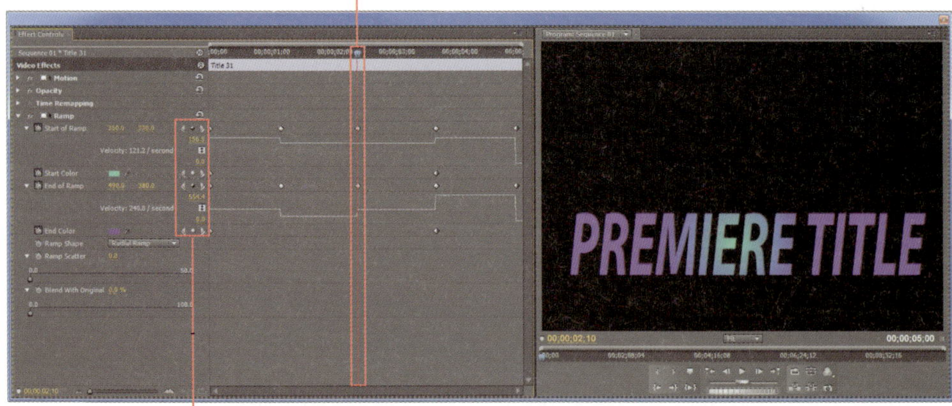

키프레임 내비게이터를 통해 이전 키프레임과 다음 키프레임을 이동하고 중앙의 키프레임 추가/삭제 버튼으로 키프레임을 생성하고 제거할 수 있습니다.

⑧ Radial Ramp 형태로 타이틀의 경사가 서클의 좌표 값에 따라 적용되므로 키프레임을 추가해 나가면서 Start of Ramp, End of Ramp 속성 값이 타이틀의 윤곽을 벗어나지 않도록 물매를 설정해 주는 것이 요령입니다. 4번 키프레임에서는 Start Color와 End Color 속성의 색상을 약간 짙게 변화를 주고 색상 키프레임을 추가합니다.

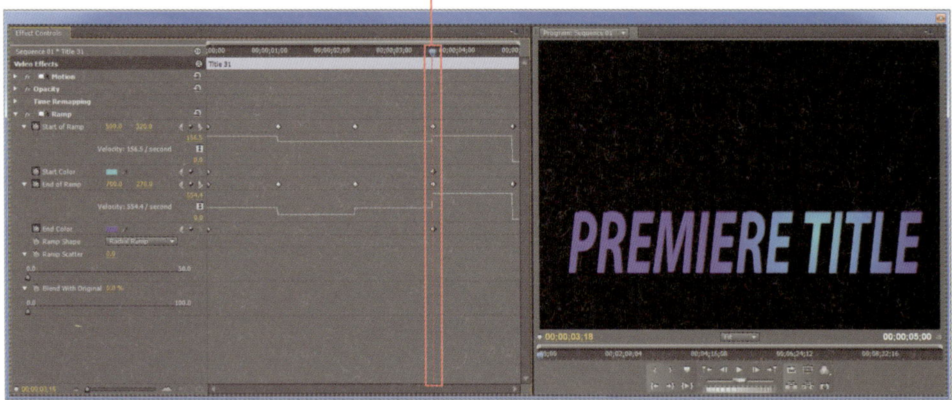

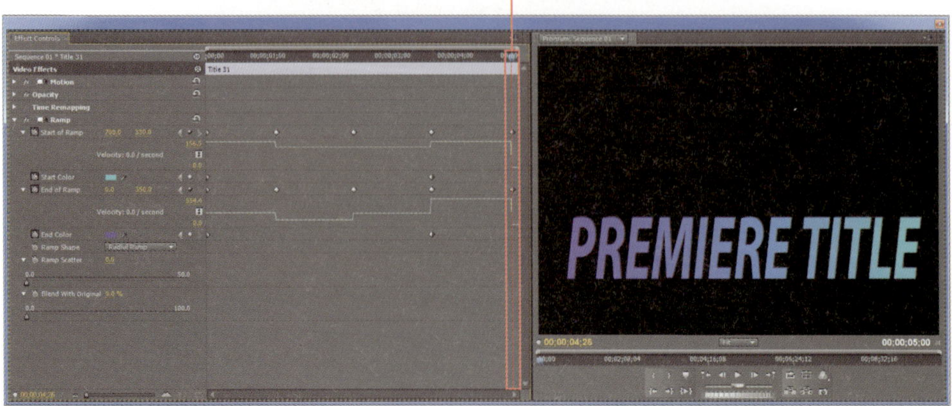

❾ Start of Ramp 속성과 End of Ramp 속성의 모든 키프레임을 선택 상태로 놓고 마우스 오른쪽 버튼을 눌러 〔컨텍스트 메뉴〕 → Temporal Interpolation → Auto Bezier로 설정하여 키프레임 보간 옵션을 적용합니다.

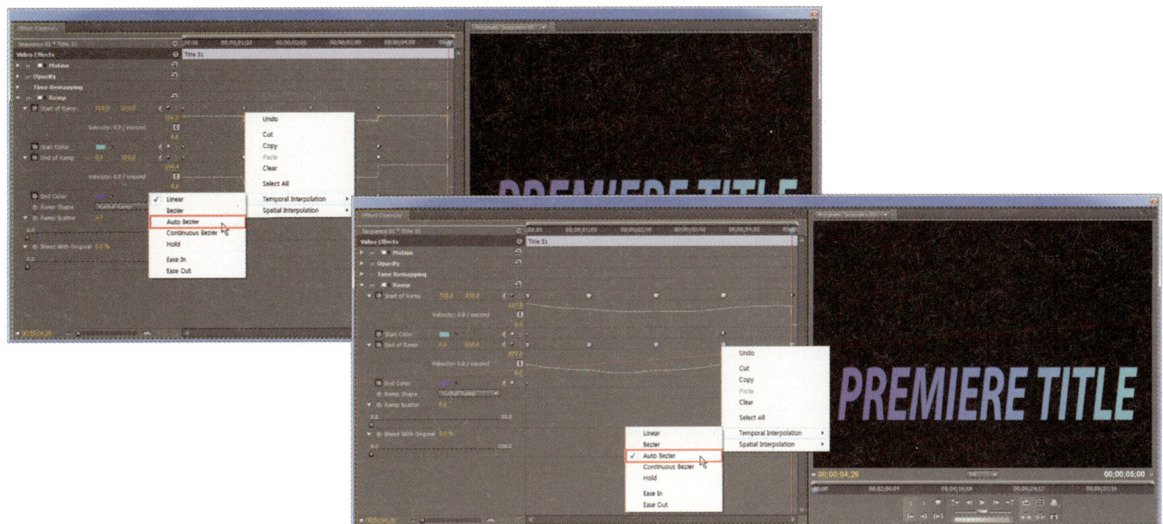

❿ 미리보기로 재생하여 Ramp 속성의 각 키프레임이 Pulse Animation 패턴으로 적용된 상태를 확인합니다.

5. 투명 자막과 네온 효과 타이틀 만들기

문자 객체의 채움 속성을 제거하면 문자의 외곽선과 그림자 속성만 남는 투명 자막으로 생성됩니다.

타이틀 디자이너의 스타일 패널에 라이브러리로 기본 제공되는 스타일 중에서도 투명 자막이 여러 개 포함되어 있습니다.

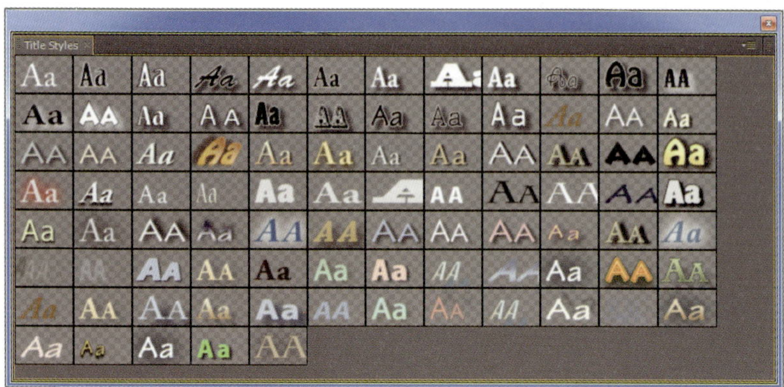

거의 모든 자막은 문자의 채움 속성이 제거되면 투명한 상태로 남습니다. 간단하게 투명 자막을 만드는 방법과 함께 속성을 추가하여 네온 효과 타이틀을 만드는 단계까지 학습합니다.

❶ Lesson05-3.prproj가 열린 상태에서 프로젝트 패널의 Title 31 클립을 더블클릭하여 타이틀 디자이너를 열고 메인 패널의 〈New Title Based on Current Title〉 버튼을 클릭한 다음, [New Title] 대화상자에서 클립 이름을 Title 32로 변경합니다.

❷ 타이틀 디자이너 우측의 Title Properties 패널에서 Strokes 옵션을 확장하고 Outer Strokes 속성의
〈Add〉 버튼을 누릅니다. 이미 추가되어 있을 경우 속성을 체크해 주면 됩니다. Outer Strokes 속성의 세부
옵션 값을 아래와 같이 설정해 주면 외곽선이 추가되어 나타납니다(Type : Edge, Size : 30.0, Fill Type :
Solid, Color : White, Opacity : 100%).

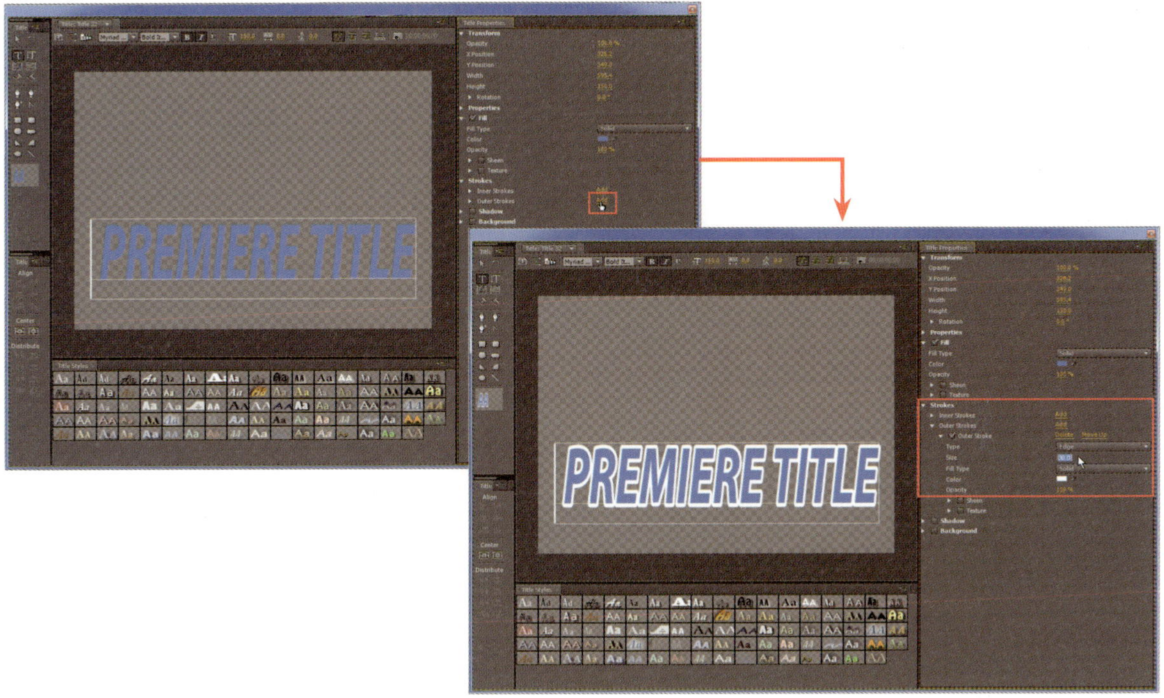

❸ 문자 객체의 채움 속성을 제거하기 위해서는 Fill 옵션 → Fill Type 속성의 팝업 메뉴를 열고 Eliminate
를 선택하면 외곽선과 그림자 속성만으로 표현되는 투명 자막으로 전환됩니다. Strokes, Shadow 속성이
부여되지 않은 타이틀일 경우 Fill Type 속성을 Eliminate로 설정하면 미리보기 영역에 자막이 보이지 않으
므로 유의해야 합니다.

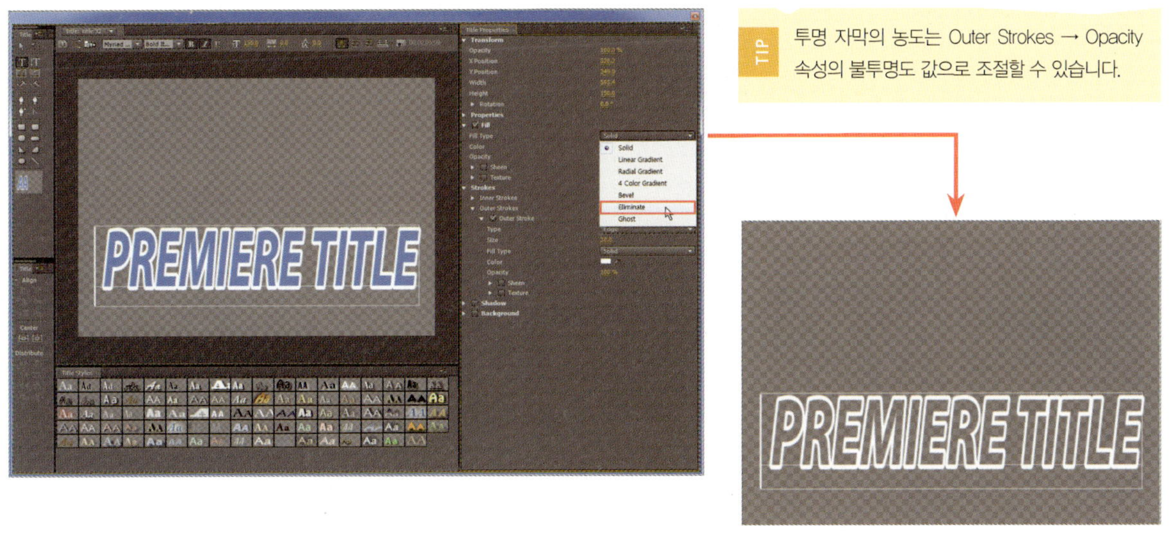

❹ 이제 네온 효과를 만들기 위한 그림자 옵션을 설정할 순서입니다.

Shadow 옵션을 체크하고 확장한 다음, 아래와 같이 세부 옵션 값을 설정해 주면 Spread 속성에 의한 번짐 효과가 어우러져 네온 효과가 완성됩니다(Color : Yellow, Opacity : 100, Angle : 0, Distance : 0, Size : 10, Spread : 100).

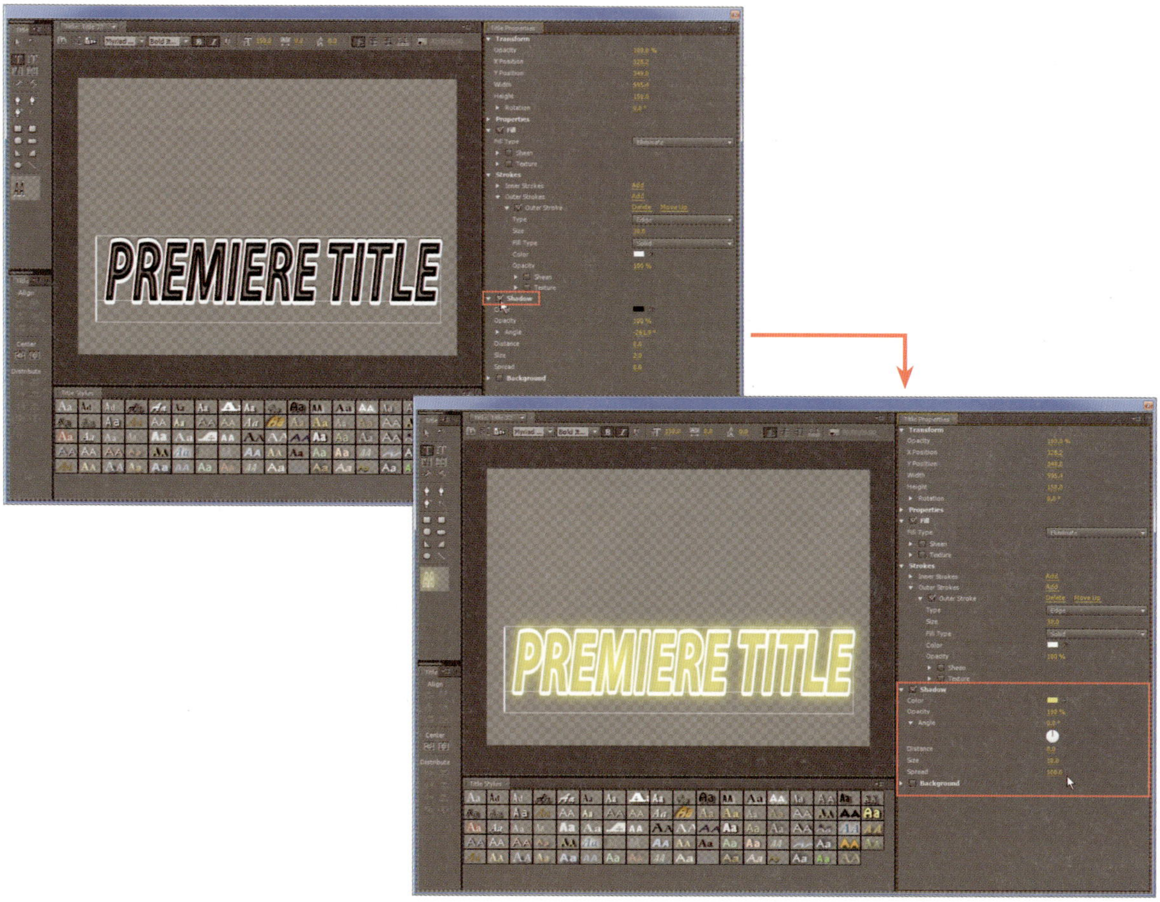

❺ 네온 효과와 유사한 패턴은 주로 Outer Strokes 속성과 Shadow 옵션의 Opacity 값에 따라 미세한 차이와 함께 감각이 달라지는데, 2가지의 불투명도 조율에 따라 적합한 농도가 결정됩니다.

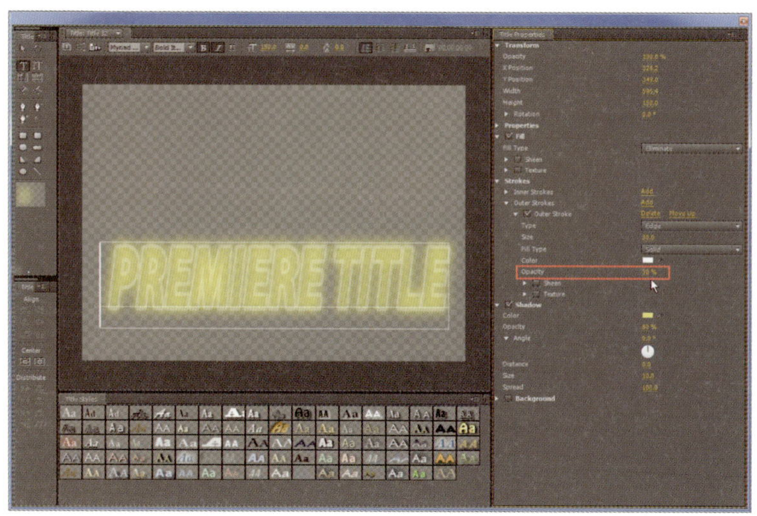

❻ 메인 패널 우측의 〈Show Background Video〉 버튼을 체크하면 하위 트랙에 배치되어 있는 실사 클립이 존재하지 않으므로, Black Screen으로 나타납니다. 번갈아가며 색상과 번짐 농도를 조절해 주면 됩니다.

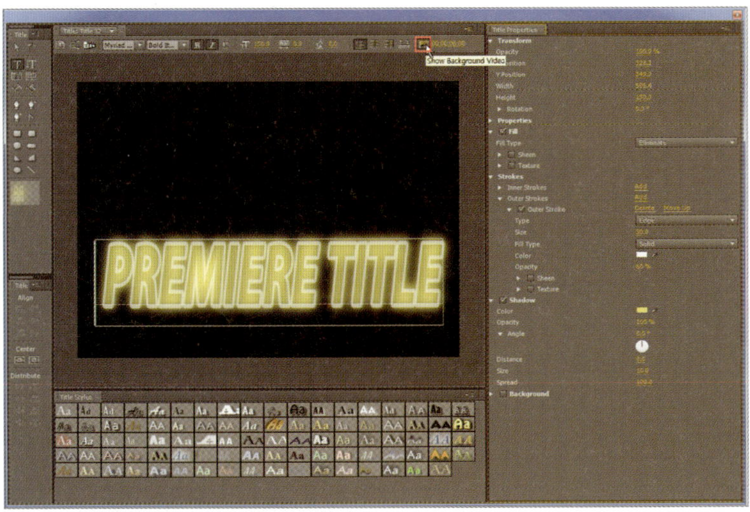

비슷한 유형의 효과들은 Shadow Color를 주로 Cyan 톤과 Yellow 톤으로 처리해 주는 것이 무난합니다.

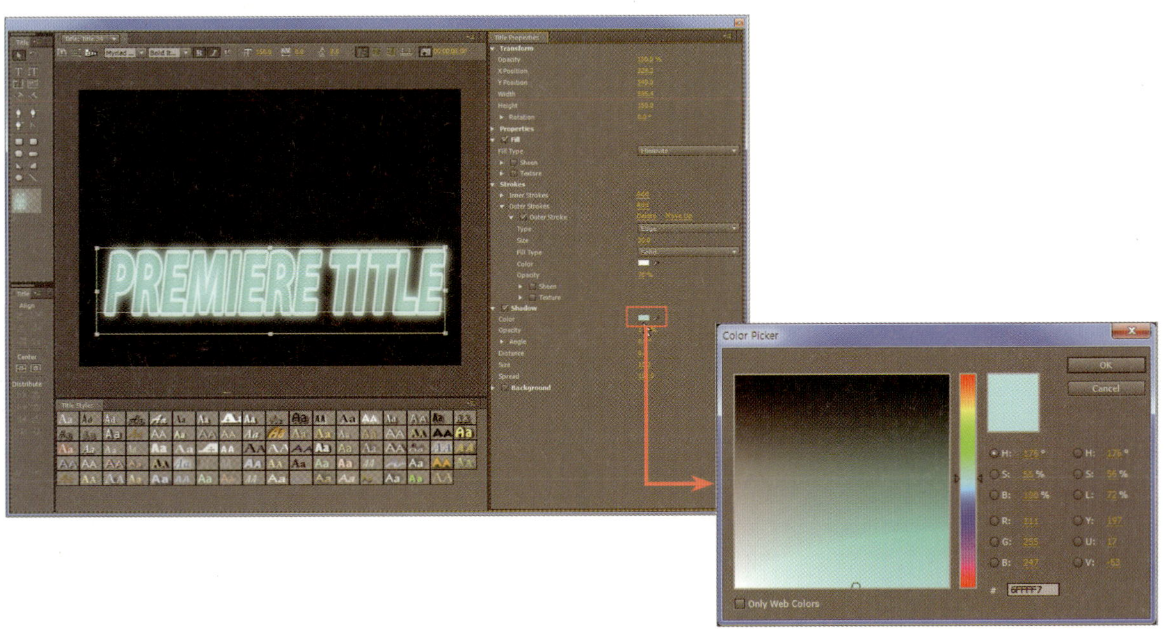

TIP
사용자가 직접 제작한 타이틀은 고유의 스타일을 사용자 정의 스타일로 등록하여 반복적으로 활용할 수 있습니다.
(Title Style 패널 메뉴) → New Style을 실행하면 (New Style) 대화상자가 나타나며, 스타일 이름을 입력하고 〈OK〉 버튼을 누르면 스타일 패널의 스타일 목록에 추가되고 등록되어 나타납니다. 또한, 스타일뿐만 아니라 타이틀 자체를 템플릿으로 저장해 놓고 재활용할 수도 있습니다.
메인 패널의 〈Templates〉 버튼을 누르면 (Templates) 대화상자가 나타나는데, (Templates) 대화상자의 (템플릿 메뉴) → Import Current Title as Template를 실행하면 작업 중인 타이틀을 템플릿으로 저장하고 User Templates 폴더에 등록합니다.
작업한 타이틀을 가장 안전하게 보관하는 방법은 PRTL 파일로 저장하는 것입니다. 프로젝트 패널의 타이틀을 선택하고 (File) → Export → Title 명령을 실행하면 하드디스크에 별도의 PRTL 형식으로 저장할 수 있습니다. Title 클립은 Premiere Pro CS5.5의 내부 클립 중에서 유일하게 외부 파일로 저장이 가능한 형식입니다.

영상 편집 기술의 원리와 응용하기

분할 편집의 원리를 이해하고 스크립트 유형의 반사된 물결 화면 제작 과정을 통한 다중 이펙트의 적용 예제를 접하고, 구간별 표제 타이틀을 합성하면서 동적 속도 조절 기법인 Time Remapping 기능을 숙지합니다. 정지 이미지 추출과 프레임 동결 기능을 시퀀스에 응용하는 방법을 학습하고, 클립을 분석하고 수정하는 기능을 정리한 다음, 매트(Matte)와 Ramp Effect를 Blur 유형과 결합된 화면 처리 기법으로 완성하는 단계까지 종합적인 숙련도를 올리는 과정입니다.

PART 01

PART 02

PART 03

PART 04

Premiere Pro CS5.5에서 분할 편집을
이용한 On-Off Scene을 활용하는 사례,
그리고 소스의 인 점과 아웃 점을 트랙
단위로 분류하여 분할 편집용 마커를
설정하는 방법과 J컷과 L컷의
트랙 배치 요령에 대해 예제를 통해
직접 체험하는 과정입니다.

예제 파일 Lesson06-1.prproj ~ Lesson06-2.prproj
완성 파일 Lesson06-1-Q.prproj ~ Lesson06-2-Q.prproj

CHAPTER 01

분할 편집의 컷(Cut) 유형 익히기

중급 편집 기능인 분할 편집에 대해 알아봅니다. 분할 편집 전용 마커 메뉴와 분할 편집을 위한 컷의 구현
원리를 익히고, 분할 편집으로 생성되는 L컷과 J컷을 활용한 편집 기법에 대해 학습합니다.

체계적인 분할 편집 기능을 익히기 위해서는 Premiere Pro CS5.5에서 새롭게 개선된 마커(Marker) 메뉴를 학습해야 합니다. 이전 버전에 익숙한 사용자들은 마커(Marker) 메뉴가 전혀 다른 체계로 변경되었으므로 필수적으로 학습해야 할 부분입니다.

1. Premiere Pro CS5.5에서 새롭게 개선된 마커 메뉴

마커(Marker) 메뉴는 Premiere Pro CS5.5에서 인, 아웃 점 마커 설정 기능과 분할 편집 마커 설정 메뉴인 Mark Split 메뉴를 독립시켜 마커의 용도를 구분하여 작업 효율을 향상시켰습니다.

- **Mark In** : 인 점 마커를 설정합니다.
- **Mark Out** : 아웃 점 마커를 설정합니다.
- **Mark Clip** : 시퀀스에서 편집 기준선이 있는 위치에 인접한 클립의 지속 시간과 같은 영역을 시퀀스 인 아웃 영역으로 설정합니다.
- **Mark Selection** : 시퀀스에서 선택한 클립의 지속시간과 같은 영역을 시퀀스 인 아웃 영역으로 설정합니다.
- **Mark Split** : 분할 편집 마커 설정 메뉴
- **Go to In** : 인 점으로 이동합니다.
- **Go to Out** : 아웃 점으로 이동합니다.
- **Go to Split** : 분할 편집 마커 이동 메뉴
- **Clear In** : 인 점을 제거합니다.
- **Clear Out** : 아웃 점을 제거합니다.
- **Clear In and Out** : 인 점과 아웃 점을 동시에 제거합니다.
- **Clip Marker** : 클립 마커 설정 메뉴
- **Sequence Marker** : 시퀀스 마커 설정 메뉴
- **Set Encore Chapter Marker** : 앙코르 챕터 마커를 설정합니다.
- **Set Flash Cue Marker** : 플래시 큐 마커를 설정합니다.

2. Premiere Pro CS5.5의 분할 편집용 마커 메뉴

Premiere Pro CS5.5에서 분할 편집 전용 마커 메뉴는 Mark Split 메뉴로 구분하고 있습니다.

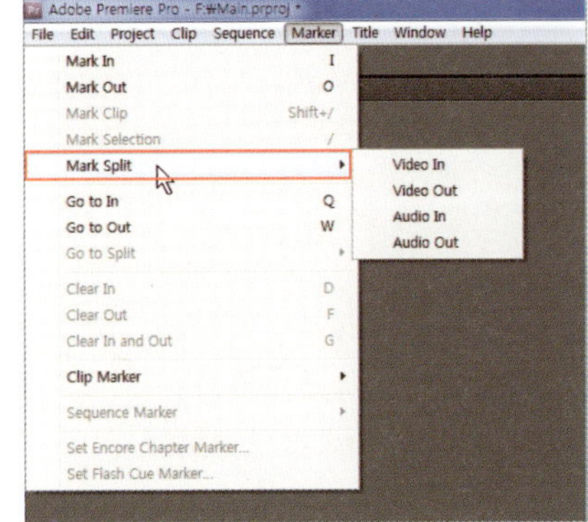

분할 편집의 특성에 따라 소스 모니터의 타임룰러에서 많이 활용하는 컨텍스트 메뉴 역시 분할 편집 전용 마커 메뉴가 동일하게 변경되었습니다.

즉 이전 버전에서는 마커 메뉴의 서브 개념으로 클립 마커 기능에 포함되어 있던 분할 편집용 마커 메뉴가 Mark Split 메뉴로 독립되어 있어서 메뉴를 검색할 때의 혼란을 없애고 있습니다. 마커 메뉴가 개선되었지만 분할 편집 마커 명령은 이전 버전과 동일하게 소스 모니터에서만 사용 가능하며 프로그램 모니터에는 나타나지 않습니다.

3. 분할 편집의 이해

분할 편집은 영화나 드라마의 연출에서 접할 수 있는 상시적인 편집 기법에 해당되는 요소입니다. 우리가 평상시 접하고 있는 드라마나 영화 속에서는 분할 편집으로 편집된 장면들이 포함되어 있기 때문에 개념을 알고 난 다음, 자세히 관찰해 보면 분할 편집의 필요성을 뒤늦게 경험하게 됩니다.

그러나 전문가들의 작업 현장을 벗어나면 일반 사용자들에게는 어려운 기법으로 받아들이는 경우가 많습니다.

그것은 편집의 패턴이 디지털로 선회한 이후 컷 편집과 효과 적용이라는 범주에서만 프리미어 작업의 활용성을 양산해 낸 탓이기도 한데, Premiere Pro CS5.5는 모션 시각 효과 도구가 아닙니다. Post Production Process의 후반 작업으로 영화나 드라마, 다큐멘터리 작품을 종합 편집으로 완성할 때 Premiere Pro CS5.5의 진가가 발휘되기 때문입니다.

혹자는 편집자가 갖춰야 할 자질 중의 하나로써 관객들의 시선을 감지하는 직관력이라고도 했습니다. 분할 편집은 관객들의 시선을 자연스럽게 이끌어 가는 과정을 단일 트랙만으로 연출할 수 있게 해 줍니다.

개념만 이해하면 영상의 비디오와 오디오 트랙을 연결할 때 다양한 흐름을 창조할 수 있고 익히고 나면 보편적인 편집 기법에 해당되는 내용이라고 할 수 있습니다. 불과 얼마 전까지만 해도 아날로그 기반의 리니어 편집에서는 기초적인 기능으로 섭렵해야 하는 부분이었습니다.

분할 편집이란 간단히 표현하여 클립의 인, 아웃 점을 획기적으로 분리할 수 있는 기능이라고 해야 이해가 빠를 것입니다.

기본적으로 우리가 사용하는 무비 클립은 비디오 트랙과 오디오 트랙이 동기화되어 있고, 또 인 아웃 점을 설정하면 비디오 트랙과 오디오 트랙의 인 아웃 영역이 동일한 길이로 설정됩니다. 쉬운 개념으로 설명하면 분할 편집은 단일 클립 상에서 비디오 트랙의 인, 아웃 점과 오디오 트랙의 인, 아웃 점을 수직적으로 각기 다른 길이로 설정할 수 있는 기능을 가리킵니다.

우선 비디오 트랙의 아웃 점이 오디오 트랙의 아웃 점보다 짧은 형태가 있겠고, 반대로 비디오 트랙의 인 점이 오디오 트랙의 인 점보다 뒤에 자리 잡는 형태도 있습니다.

이렇게 설정된 인 아웃 영역은 타임라인 패널의 트랙에 배치했을 때 확연히 구분할 수 있는데 모양을 따서 J컷이라고 하고, 또 L컷이라고 부르게 된 것입니다. 또 형태에 따라서 각각의 기능을 구분해서 활용하기도 합니다.

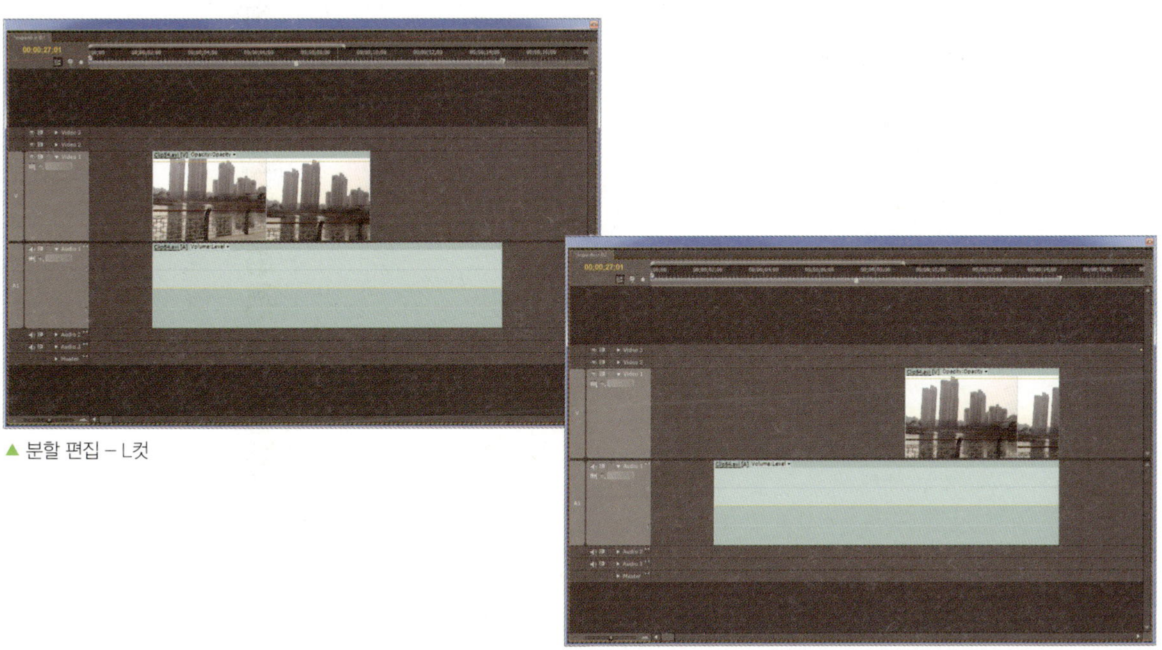

▲ 분할 편집 – L컷

▲ 분할 편집 – J컷

분할 편집 기능은 Premiere Pro CS5.5의 소스 모니터에서만 사용할 수 있다는 점이 특징입니다. 촬영 현장의 편집선 상에서 흔히 사용되는 Re-Action Shot이나, On-Off Scene에서 구사하는 기법과 동일한 형태를 Premiere Pro CS5.5에서는 소스 모니터에서 마커를 설정해 주는 간단한 과정 하나만으로 신속하게 구현할 수 있습니다.

소스 모니터와 프로그램 모니터의 마커 메뉴는 타임룰러의 컨텍스트 메뉴로 존재하지만 두 가지는 각기 다르게 나타납니다. 소스 모니터의 타임룰러에 커서를 두고 마우스 오른쪽 버튼을 눌러 컨텍스트 메뉴를 띄우면 마커 메뉴가 나타납니다.

소스 모니터의 마커 메뉴는 기본적인 인 점 마커와 아웃 점 마커를 설정할 수 있고 마커 이동 및 제거 명령과 하단에는 Clip Marker 설정 메뉴로 구성되어 있습니다. 여기서 Mark Split 메뉴를 자세히 관찰해 보면 비디오 인, 아웃과 오디오 인, 아웃으로 구분되어 있는 것을 확인할 수 있습니다.

이것이 바로 분할 편집을 위해 배려된 분할 편집 전용 마커 메뉴입니다. 즉 Mark Split 메뉴는 비디오 트랙의 인 점과 아웃 점, 그리고 오디오 트랙의 인 점과 아웃 점을 각각 다르게 설정해 줄 수 있다는 뜻입니다.

그렇다면 프로그램 모니터의 마커 설정 메뉴는 어떻게 구성될까요?

동일하게 프로그램 모니터 조절기의 타임룰러에 커서를 가져간 다음 마우스 오른쪽 버튼을 눌러 컨텍스트 메뉴를 띄우면, Sequence Marker 설정 메뉴와 Encore Chapter Marker 설정 메뉴, 그리고 Flash Cue Marker 설정 메뉴로 구분되어 있습니다.

프로그램 모니터의 마커 메뉴를 살펴보면 Mark Split 메뉴가 제외되어 있습니다. 즉 분할 편집용 마커 설정 기능은 소스 모니터에서만 가능하도록 구성되어 있고, 소스 모니터의 Mark Split 메뉴를 통해서만 이루어진다는 점을 잊지 않아야 합니다.

▲ 소스 모니터의 마커 메뉴

▲ 프로그램 모니터의 마커 메뉴

L컷(L-Cut)과 J컷(J-Cut)의 구현 원리와 형태를 상세히 살펴보기로 합니다.

1. L컷(L-Cut)

L컷은 비디오 트랙의 아웃 점이 오디오 트랙의 아웃 점보다 수직적인 관점에서 앞에 존재하는 것을 가리키는데, 트랙에 배치했을 때 클립의 모양이 오디오 트랙보다 비디오 트랙이 짧은 형태로 나타나는 유형을 말합니다. 즉 인, 아웃 점의 설정 형태가 알파벳의 L자와 비슷하다고 해서 L컷(L-Cut)이라는 친숙한 용어를 사용합니다.

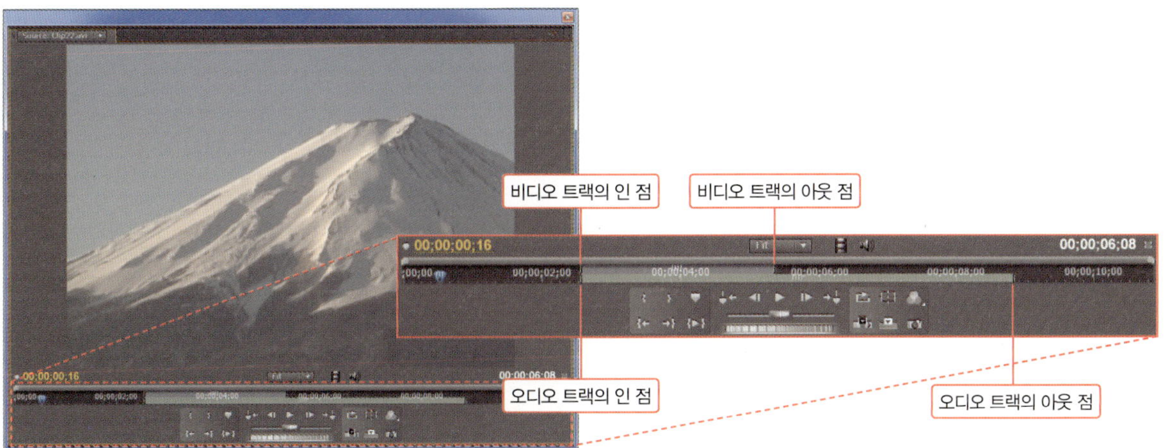

2. J컷(J-Cut)

J컷은 비디오 트랙의 인 점이 오디오 트랙의 인 점보다 수직적으로 뒤에 위치하고 오디오 트랙보다 짧은 형태의 유형을 말합니다. L컷과는 반대 개념입니다. 역시 인, 아웃 점의 모양이 알파벳의 J자와 비슷하다고 해서 J컷이라고 합니다.

L컷과 J컷의 인 아웃 영역은 색상이 구별되어 표시되므로 시각적으로 확인할 수 있습니다. 소스 모니터의 조절기로부터 타임룰러를 상세히 살펴보면 비디오 트랙은 회색 바로, 오디오 트랙은 녹색 바로 구분되어 표시된다는 점에서 차이가 있습니다.

일반 무비 클립의 인 아웃 영역은 전체가 회색 바로 출력되는 데, 이를 구분하기 위한 것입니다.

3. L컷과 J컷을 만들고 시퀀스에 배치하기

L컷과 J컷을 직접 만든 다음 시퀀스에 배치해 보면서 분할 편집의 개념을 익히기로 합니다.

❶ 부록 DVD의 Lesson06 폴더에서 'Lesson06-1.prproj'를 불러온 다음 프로젝트 패널의 모든 클립을 선택하여 소스 모니터에 엽니다. 소스 클립 선택 메뉴에서 Clip22.avi 클립을 선택하고 타임룰러의 현재 시간 표시자를 00;00;09;01의 위치에 가져간 다음 마우스 오른쪽 버튼을 눌러 〔컨텍스트 메뉴〕 → Mark Out을 클릭합니다.

❷ 일반적인 아웃 점이 생성되었습니다. 이번에는 현재 시간 표시자를 00;00;04;01의 위치에 두고 〔컨텍스트 메뉴〕 → Mark Split → Video Out을 클릭합니다.

❸ 지금까지와는 전혀 다른 인 아웃 영역이 구성되어 나타나는 것을 확인할 수 있습니다. 비디오 트랙의 아웃 점이 독립적으로 분리되어 설정되었습니다. 조절기에서는 크기가 작아서 잘 구분이 되지 않는데 시퀀스의 편집 기준선을 시퀀스 시작부에 두고 소스 모니터 조절기의 삽입 버튼을 클릭합니다.

❹ 시퀀스의 Video 1 트랙에 배치되는데, 배치된 클립의 형태가 일반 클립과 다르게 배치되는 것을 알 수 있습니다. 이것이 바로 분할 편집으로 생성된 L컷입니다.

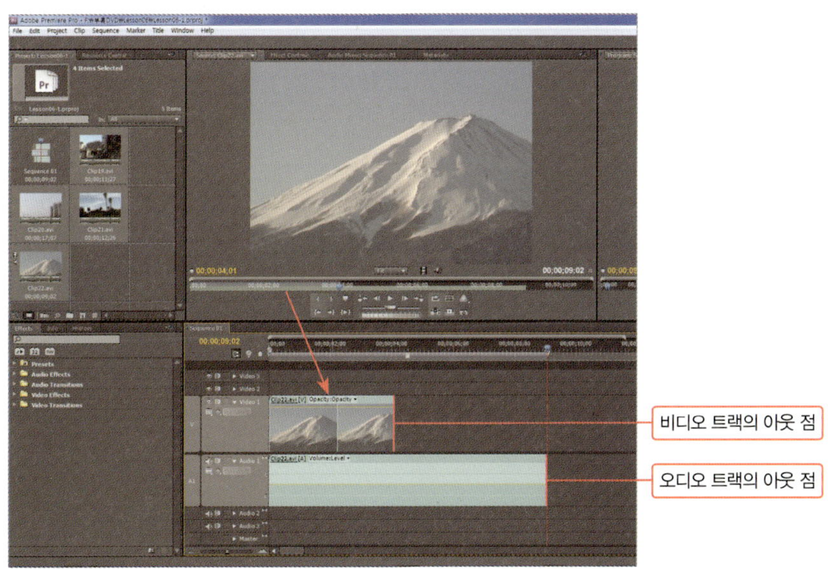

TIP L컷은 시퀀스에서 L자 형태로 생성되어 있지만 클립을 드래그해 보면 비디오 트랙과 오디오 트랙은 여전히 동기화되어 있으므로 함께 이동됩니다. 비디오 트랙의 인, 아웃 점과 오디오 트랙의 인, 아웃 점이 다르게 설정되어 있다는 점만 다릅니다. 트림 아웃 아이콘으로 클립의 길이를 줄여주면 동기화되어 있기 때문에 비례하는 길이로 동일하게 줄어들면서 L자 형태를 유지하는 것이 특징입니다.

⑤ 이번에는 소스 모니터의 클립을 Clip21.avi 클립으로 바꾸어 열고 현재 시간 표시자를 00;00;02;28의 위치에 둔 다음, 인 점 설정 버튼을 눌러 일반적인 방법으로 인 점을 설정합니다.

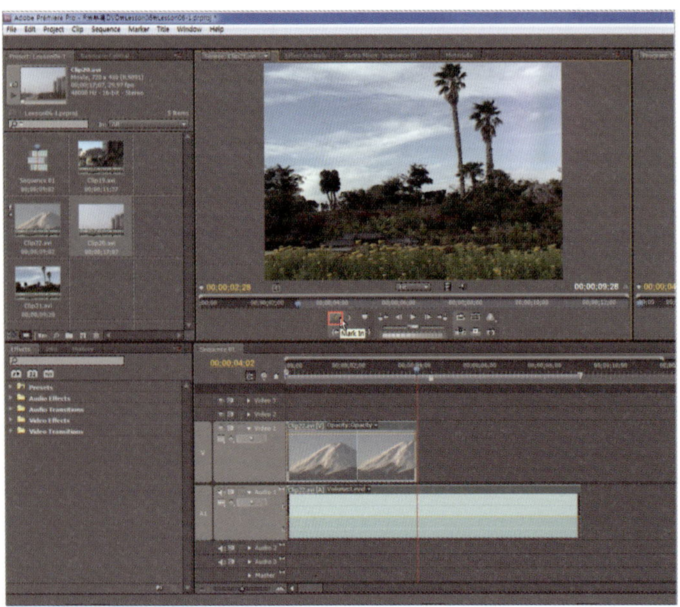

⑥ 현재 시간 표시자를 00;00;08;19에 위치시키고 〔컨텍스트 메뉴〕 → Mark Split → Video In을 선택합니다.

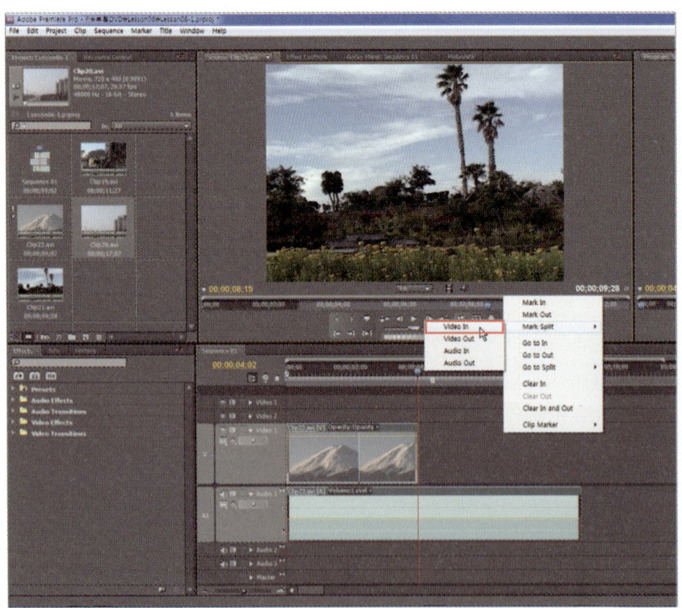

❼ 반대 개념의 J컷이 생성되었습니다. 이번에는 소스 모니터의 미리보기 영역에 커서를 가져간 다음 Video 1 트랙의 L컷으로 배치되어 있는 Clip22.avi 클립 뒤로 드래그하여 직접 배치합니다.

시퀀스의 Video 1 트랙에 나란히 L컷과 J컷을 만들어 배치한 형태입니다.

03 J컷과 L컷의 편집과 배치

J컷과 L컷의 편집과 배치는 비디오 트랙과 오디오 트랙의 시점이 분리되어 있는 각 컷의 특성을 이용하는 작업입니다.

1. 시점 분리된 트랙의 여백 채우기

J컷과 L컷은 동기화된 비디오 트랙과 오디오 트랙의 시점이 분리되어 있으므로 시퀀스의 트랙에 맞물려 배치하면 여백이 발생합니다. 이 여백을 처리하는 요령이 바로 분할 편집의 핵심입니다.

시점 분리된 트랙의 여백을 채우는 방식으로는 클립의 동기화를 일시적으로 해제시키는 기능을 사용합니다.

시퀀스 상에서는 빈 여백을 채우기 위해 트림 인, 아웃 아이콘으로 길이를 연장해 주어도 시점 분리된 형태가 그대로 확장됩니다. 즉 비디오 트랙과 오디오 트랙이 동기화된 상태이기 때문에 특정 트랙만 길이를 확장하거나 축소시키는 것은 불가능하기 때문입니다.

여기서 팁이 한 가지 필요한데 평상시에는 시퀀스의 트랙에서 무비 클립을 1회 클릭하여 선택 상태로 놓으면 비디오 트랙과 오디오 트랙이 결합된 상태로 함께 선택 상태로 전환됩니다.

그런데, [Alt]를 누른 상태에서 클립의 비디오 트랙을 클릭하면, 클립의 비디오와 오디오 트랙이 분리된 상황에서 비디오 트랙만 선택 상태로 변경됩니다. 즉 클립의 오디오 트랙을 제외한 상태에서 비디오 트랙만 반전된 상태로 나타납니다.

비디오 트랙과 오디오 트랙이 동기화되어 있는 무비 클립의 경우 비디오 트랙과 오디오 트랙의 링크를 해제시키는 방법은 〔컨텍스트 메뉴〕→ Unlink 명령을 사용하는 것이 원칙입니다. 또, 해제된 클립의 두 트랙을 다시 합치려면 Link 명령을 사용합니다. 그러나 Unlink 명령을 사용하는 방법은 Link 명령으로 다시 결합시킬 때까지는 그 속성을 계속 유지하게 되므로 번거롭다는 단점이 작용합니다.

이때 클립의 링크를 한시적으로 빠르게 해제시키는 팁을 사용하게 되는데, Alt + 클릭 기능을 사용하면 해결할 수 있습니다. 클립의 비디오 트랙과 오디오 트랙을 한 번에 분리시키는 효율적인 방법으로는 Alt를 누른 상태에서 클립의 원하는 트랙을 1회 클릭하면 선택 상태로 해당 트랙만 반전됩니다. 이 방법은 클립의 동기화된 고유 속성을 변경시키지 않고 임시적으로 클립의 링크를 해제할 때 사용하면 편리합니다.

Alt를 누른 상태에서 클립의 비디오 트랙을 1회 클릭하면
비디오 트랙만 선택 상태로 반전됩니다.

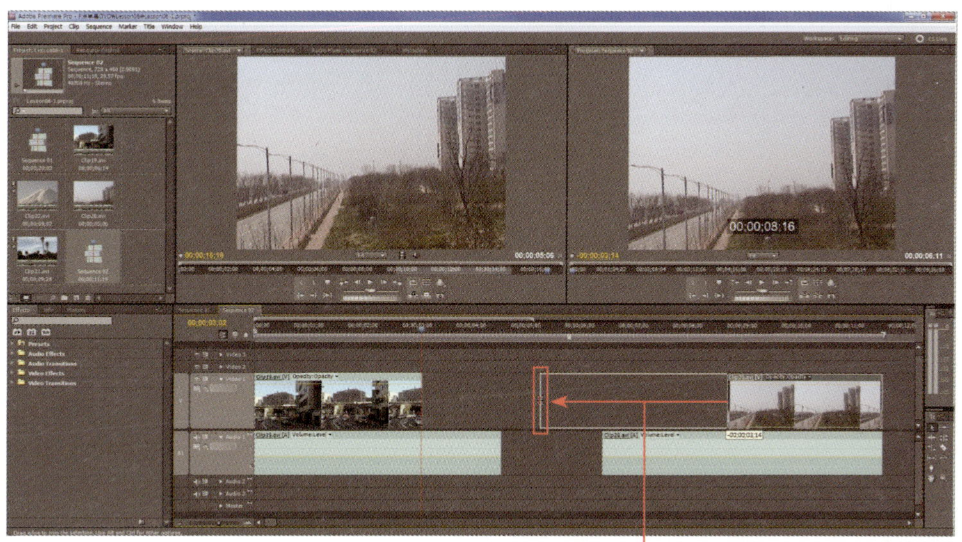

트림 인 아이콘을 이용하여 드래그하면 오디오 트랙은
고정된 상태에서 비디오 트랙의 길이만 확장됩니다.

2. J컷을 이용한 분할 편집

이제 분할 편집에 대한 이해의 폭을 더욱 넓혀보기로 하겠습니다. J컷을 이해하면 L컷도 같은 개념으로 쉽게 이해할 수 있습니다.

❶ 부록 DVD의 Lesson06 폴더에서 'Lesson06-2.prproj'를 불러온 다음 프로젝트 패널의 모든 클립을 선택하여 소스 모니터에 엽니다. 소스 클립 선택 메뉴에서 Clip28.avi 클립을 선택하고 타임룰러의 현재 시간 표시자를 00;00;05;20의 위치에서 아웃 점을 설정하면 클립의 인 아웃 영역이 일반적인 회색 바로 나타납니다. 시퀀스의 편집 기준선을 시퀀스 시작부에 두고 소스 모니터 조절기의 삽입 버튼을 클릭하여 아웃 점 설정이 완료된 Clip28.avi 클립을 타임라인 패널의 Video 1 트랙에 배치합니다.

❷ 소스 모니터의 소스 클립 선택 메뉴에서 Clip42.avi 클립을 선택하고 현재 시간 표시자를 00;00;03;28에 위치시킨 다음 〔컨텍스트 메뉴〕→ Mark Split → Video In을 클릭하여 비디오 트랙의 아웃 점을 설정합니다.

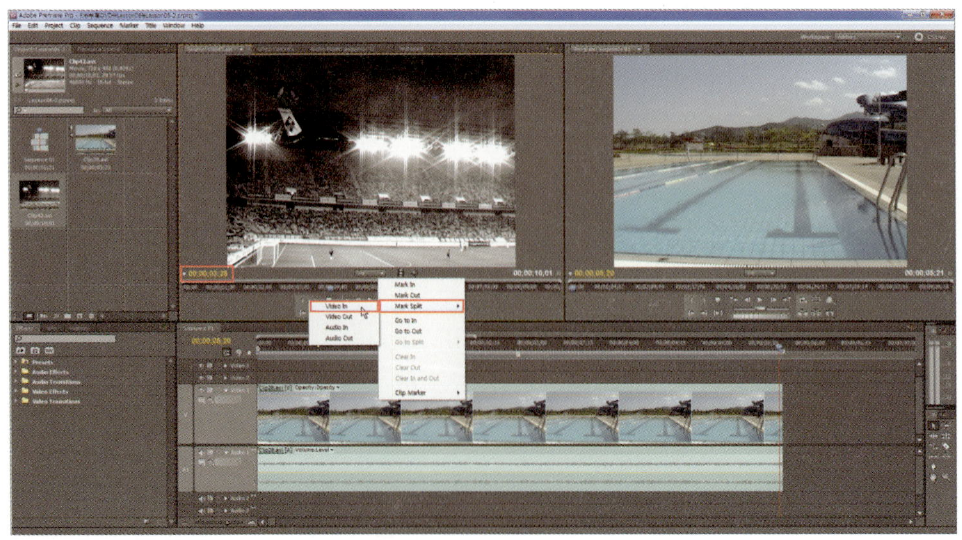

❸ 비디오 트랙의 인 점이 독립적으로 분리된 상태로 J컷이 설정되었습니다. 오디오 트랙의 인 점을 설정할 순서입니다. 이번에는 현재 시간 표시자를 00;00;00;15의 위치에 두고 소스 모니터의 미리보기 영역 안에 커서를 가져간 다음 〔컨텍스트 메뉴〕 → Mark Split → Audio In을 클릭합니다.

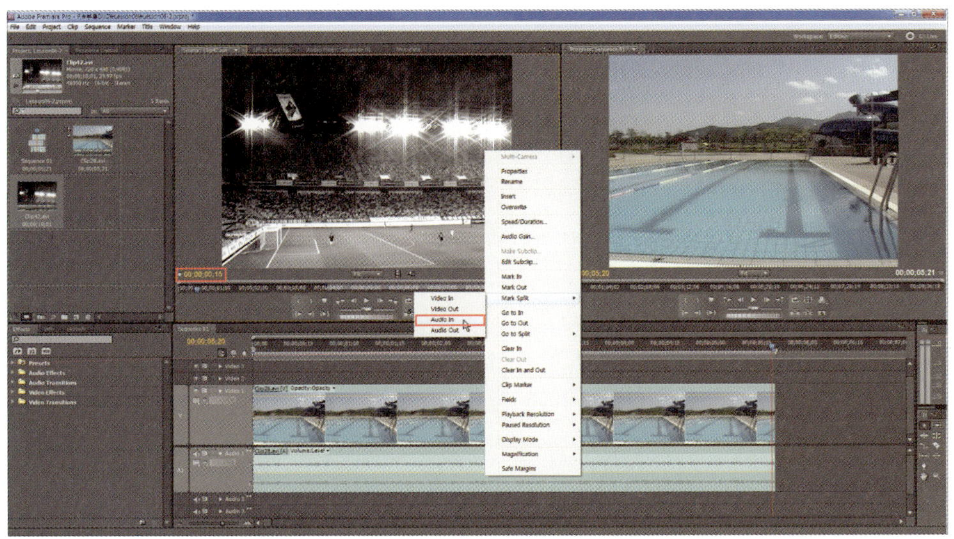

소스 모니터의 타임룰러 상에서 컨텍스트 메뉴는 독립적인 마커 메뉴로만 존재하는데, 소스 모니터의 미리보기 영역 안에서 컨텍스트 메뉴를 호출해도 Mark Split 메뉴를 포함한 마커 메뉴가 함께 나타납니다.

❹ 비디오와 오디오의 인 점이 시점 분리된 J컷이 생성되었습니다. 시퀀스의 편집 기준선을 Clip28.avi 클립의 아웃 점에 위치시키고 삽입 버튼을 클릭하여 삽입 편집 모드로 J컷을 Clip28.avi 클립 뒤에 배치합니다.

❺ 시퀀스를 확인하면 일반 클립과 J컷의 오디오 트랙이 연결된 상태로 배치되어 있는 것을 확인할 수 있습니다. 클립의 동기화를 일시적으로 해제시키는 방법을 사용하여 Video 1 트랙의 중앙에 생긴 빈 공간을 처리해 줄 차례입니다.

[Alt]를 누른 상태에서 Clip28.avi 클립의 비디오 트랙만 1회 클릭하여 선택 상태로 놓고 오른쪽 경계에 커서를 가져가면 트림 아웃 아이콘으로 변경됩니다.

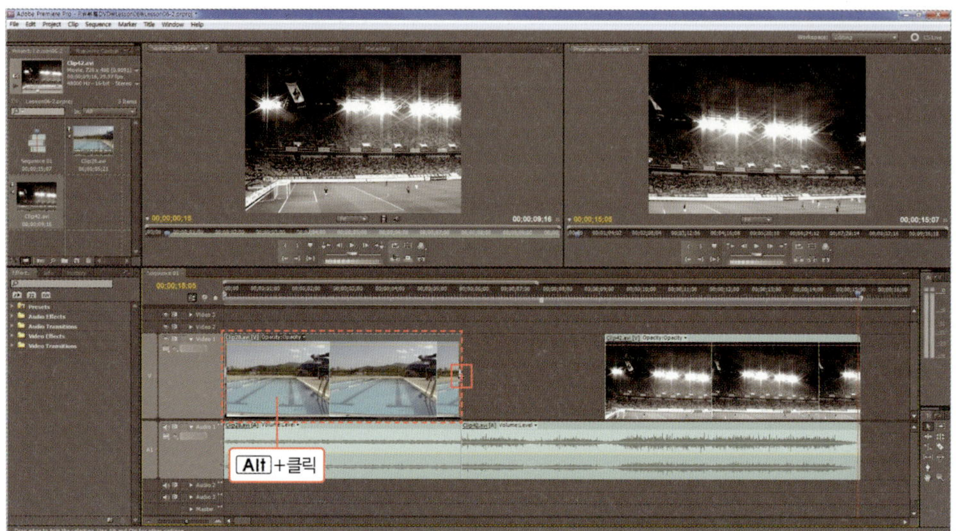

❻ Clip42.avi 클립의 인 점까지 드래그하여 Clip28.avi 클립의 비디오 아웃 점을 확장시킵니다. 두 클립 사이의 여백이 Clip28.avi 클립의 비디오 트랙 여분으로 채워집니다.

❼ 이제 J컷을 이용한 분할 편집 작업이 마무리되었습니다. 미리보기로 결과를 확인합니다.

첫 번째 클립의 비디오 트랙은 계속 재생되고, 중간 위치에서 오디오 트랙이 두 번째 클립으로 전환되지만 이전 클립의 비디오 트랙은 아웃 점까지 계속 재생되는 원리입니다. 즉 이전 클립이 재생되면서 화면은 변경되지 않은 상태에서 잠시 후 오디오는 다음 클립의 함성 소리로 대체되어 먼저 들리고, 뒤에 경기장 화면이 나타나면서 연결되는 기법입니다.

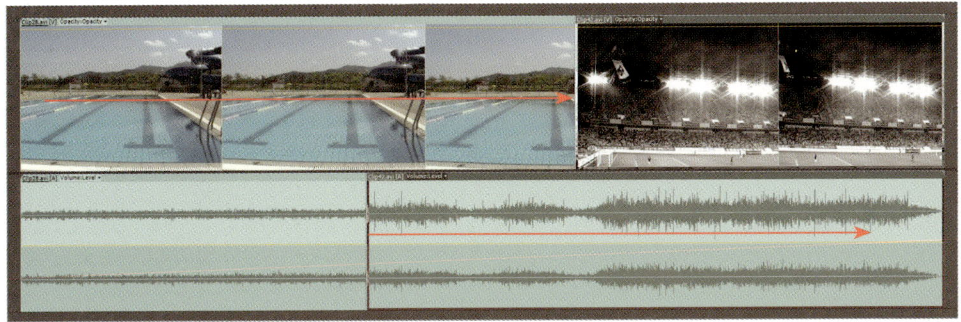

학습 효과를 위해 앞뒤 클립의 구분이 명확한 흑백 클립을 사용했는데, 연습할 때는 대사가 포함된 소스 클립을 활용하면 더욱 감각적이고 효율적인 훈련을 할 수 있습니다.

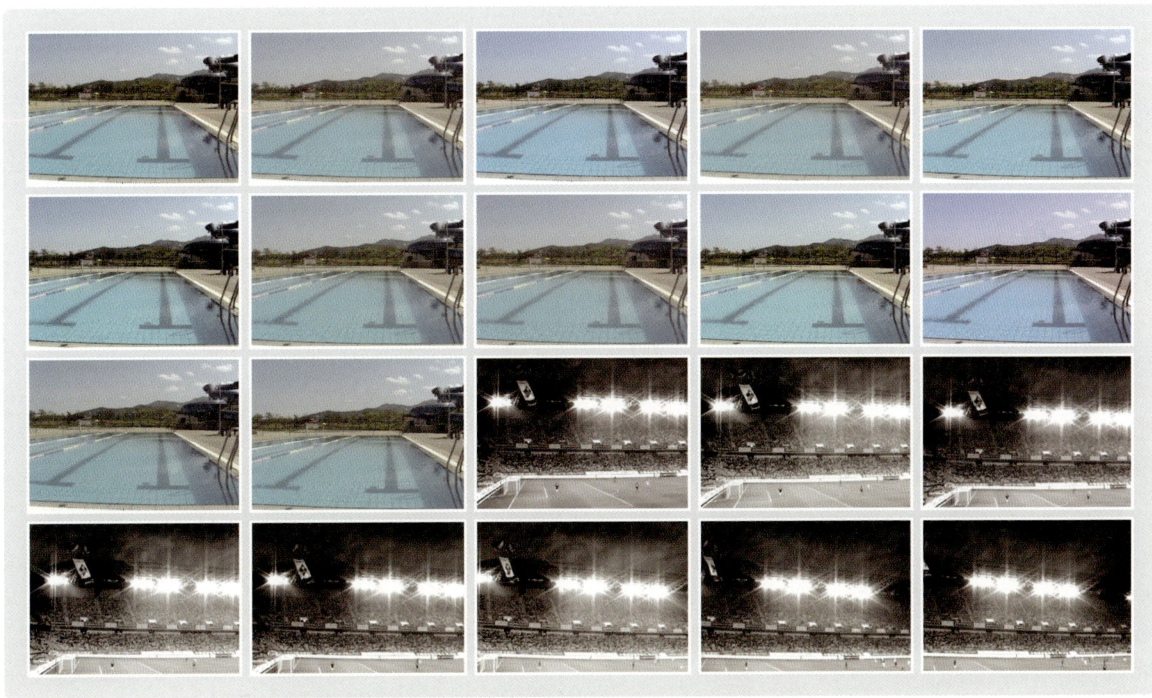

L컷은 이와는 반대로 다음 클립의 비디오가 오디오보다 먼저 연결되어 나오는 결과를 가져오게 됩니다. L컷은 J컷의 반대 개념으로 이해하면 어렵지 않습니다. 분할 편집은 여러 가지 방식으로 충분한 훈련을 해 두어야 합니다.

영화나 드라마에서는 분할 편집이 기본적으로 사용되고 있습니다. 감명 깊게 감상했던 영화나 드라마의 장면들을 회상해 보면서 동일 시간을 기준으로 한 장면에서 다음에 이어질 장면의 오디오 트랙만 먼저 삽입되어 나오는 장면들을 더듬어 보면 이해하기가 쉬울 것입니다.

영상이 다른 장면으로 전환되었을 때 현재 진행 중인 대사나 효과음은 끊이지 않고 계속 출력되는 부분을 가리키기도 하고, 어떤 액션에서 오디오만을 선별적으로 처리하고 그 액션에 대한 상대 배우의 장면만을 담아내는 것을 지칭합니다.

일반적으로 편집에 사용되는 무비 클립은 기본 값으로 오디오 대비 비디오 트랙이 결합된 상태로 동기화되어 있습니다. 그러나 아날로그 환경의 전통적인 분할 편집은 현장에서 타임코드를 이용하여 동기화되어 있는 영상과 음향을 각기 다른 시점으로 분류하여 사용하는 방법을 취해 왔습니다. 이때, 분리된 영상과 음향 신호를 결합하는 작업을 분할 편집이라고 하며, 여기서 비롯된 Off Scene이라는 용어는 장면에 나타나지 않는 오디오만을 가리키는 것입니다.

일례로, 촬영 현장에서 두 대의 카메라로 촬영하고 있을 때, 스위처를 이용하여 영상과 음향을 선별적으로 취합하는 기법이 이러한 편집에 해당됩니다. 즉 같은 시간대에 하나의 카메라에서는 화면만을 채택하고(On Scene), 또 다른 카메라에서는 오디오만을 채택하는 기법을 말합니다. 영상은 다른 카메라로부터 출력되고 음향만 선택되는 Scene을 Off Scene이라고 하게 된 것입니다.

영상 문법에 있어서 분할 편집은 영상의 흐름을 좌우하는 중요한 요소로 활용되고 있으므로 충분히 훈련해 두어야 할 부분입니다.

Premiere Pro CS5.5는 국부적인 시각 효과를 위해 존재하는 도구가 아니라, 영화를 완성하기 위한 전체적인 구도와 기획에 의해 편집을 진행하는 종합 편집 도구이므로 편집의 흐름을 위한 기능에 역점을 두고 작업해야 하기 때문입니다.

 Sequence Marker 메뉴

Sequence Marker 메뉴는 시퀀스에 마커를 할당할 때 사용하는 명령어 모음으로 Marker 메뉴와 타임라인 패널의 타임룰러에 나타나는 컨텍스트 메뉴에서 사용할 수 있습니다.

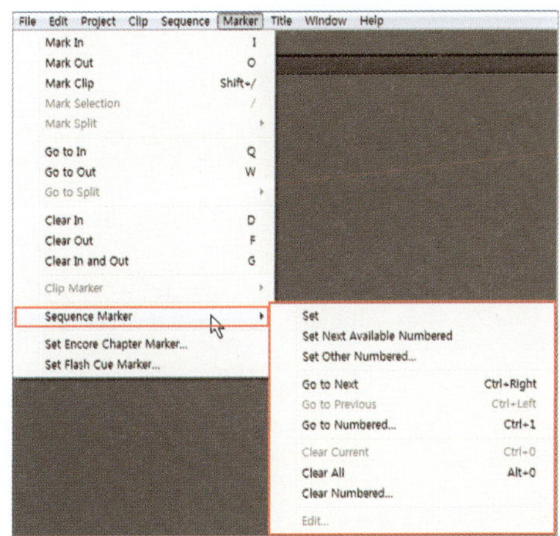

- **Set** : 편집 기준선이 있는 위치에 시퀀스 비숫자 마커를 생성합니다.
- **Set Next Available Numbered** : 편집 기준선이 있는 위치에 시퀀스 숫자 마커를 번호순으로 자동 생성합니다.
- **Set Other Numbered** : (Set Numbered Marker) 대화상자에서 숫자 마커를 설정합니다.
- **Go to Next** : 다음 시퀀스 마커로 이동합니다.
- **Go to Previous** : 이전 시퀀스 마커로 이동합니다.
- **Go to Numbered** : (Go to Numbered Marker) 대화상자에서 원하는 숫자 마커로 이동합니다.
- **Clear Current** : 현재 시퀀스 마커를 제거합니다.
- **Clear All** : 모든 시퀀스 마커를 제거합니다.
- **Clear Numbered** : (Clear Numbered Marker) 대화상자에서 원하는 숫자 마커를 제거합니다.
- **Edit** : (Marker) 대화상자가 나타나며 현재 마커의 정보를 수정합니다.

Nesting 기능으로 다중 시퀀스를 이용하고, 타이틀 클립과 함께 Keying 이펙트인 Track Matte의 사용법, 그리고 복수로 적용한 이펙트의 우선순위를 이용하여 효과를 창출하는 방법에 이르기까지 하나의 예제를 통해 열 가지 기능을 익힐 수 있는 과정으로 묶은 예제입니다.

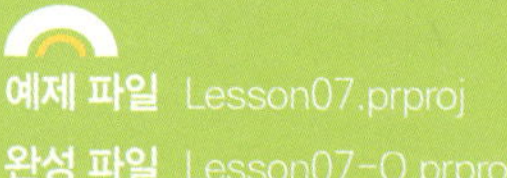

예제 파일 Lesson07.prproj
완성 파일 Lesson07-Q.prproj

CHAPTER 02

스크립트 유형의
반사된 **물결 화면** 제작

과정별로 7~8개의 다중 이펙트를 적용하여 종합적인 학습 과정으로 예제를 구성했습니다. 종합 예제로 학습하는 스크립트 유형의 반사된 물결 화면 제작은 Motion과 이펙트 키프레임 과정이 생략된 상태로 제작이 가능한 비교적 간단한 작업이지만 Nesting 기능과 Keying 이펙트에 이르기까지 Premiere Pro CS5.5의 다양한 기능들로 훈련하기 때문에 이펙트를 실전에 도입할 수 있는 응용력을 기를 수 있는 단원입니다.

1. Garbage Matte 유형

시퀀스에서 트랙 단위로 스크린 매트를 만들거나 일부 영역을 매트로 가리기 위한 용도로 사용하는 키 유형입니다. 이펙트 조절 패널에서 좌표 값과 키프레임을 사용할 수 있으므로 분할 스크린 기법이나 프로그램 모니터에 나타나는 각 모서리의 핸들로 클립의 모양을 변형하여 매트를 다양하게 표현할 때 사용합니다. 핸들의 개수에 따라 4, 8, 16 Point Garbage Matte로 나뉩니다.

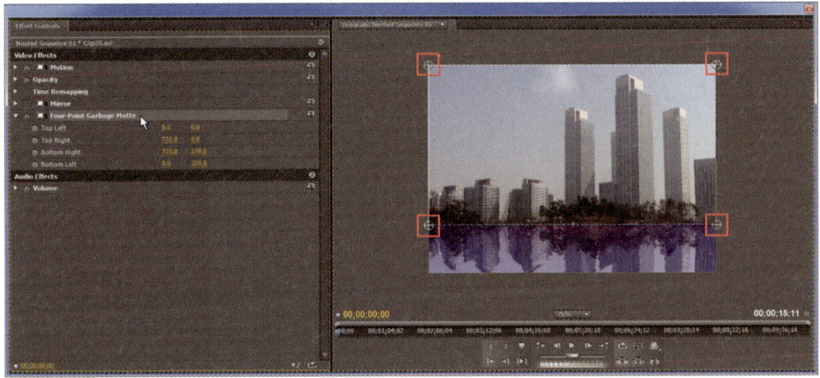

Garbage 매트 키는 핸들을 이용하여 부분 영역을 제외하는 Key 작업과 클립의 형태별 외곽을 따는 방법으로도 활용하며, 특정 키 유형을 적용하고 키 색상이 잘 빠지지 않을 때 보조적인 용도로 사용합니다.

2. 다중 이펙트 처리 방식

이펙트 조절 패널에서 이펙트 목록에 포함된 특정 이펙트의 순서를 바꿀 수 있습니다.

시퀀스의 클립에 이펙트를 부여하면 가속 모드를 지원하는 실시간 이펙트 아이템을 제외하고 대부분 렌더링 과정을 필요로 합니다. 이펙트 조절 패널에서 이펙트의 순서를 재배열하면 렌더링 우선순위에 영향을 미칩니다.

Premiere Pro CS5.5에서 이펙트의 렌더링을 수행하는 순서는 기본 이펙트보다 일반 이펙트를 우선합니다. 즉 일반 이펙트를 목록의 순서에 따라 내림차순으로 렌더링 한 다음, 기본 이펙트를 렌더링 하므로 복잡한 연산 과정이 도입되는 이펙트가 복수로 적용되어 있을 때에는 이펙트의 순서를 재배열하고 조정할 수 있습니다.

① 이펙트 조절 패널의 비디오 이펙트 목록에서 맨 아래 아이템을 선택한 다음 최상단으로 드래그하면 아이템의 순서가 변경되어 맨 위로 이동합니다.

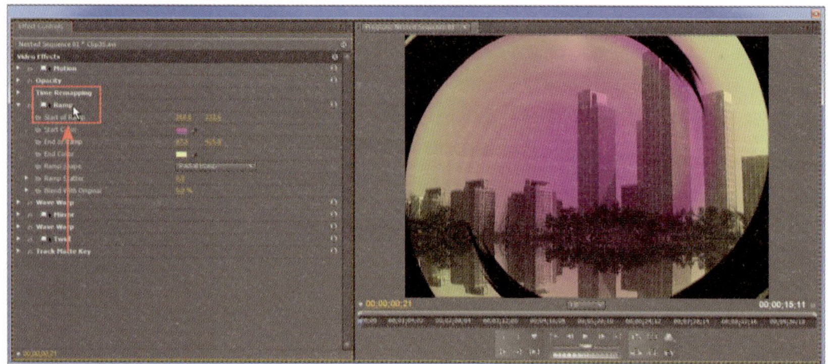

② 시퀀스의 클립 이름 뒤에 있는 이펙트 팝업 메뉴에 나타나는 이펙트 목록과 이펙트 조절 패널의 이펙트 목록을 관찰해 보면 동일한 순서로 정렬되어 있는 것을 확인할 수 있습니다.

Nesting 기능과 다중 이펙트를 활용하는 방법을 익힙니다.

1. Nesting

Nesting 기능을 이용하면 다중 트랙의 일괄 편집 요소를 단일 클립처럼 사용할 수 있다는 점에서 타임라인 패널을 보다 단순화시켜서 효율적으로 운영할 수 있습니다. Nesting 기법은 계층 구조상 단일 시퀀스 안에 또 다른 시퀀스를 포함하는 원리를 이용합니다. 계층적으로 하위 시퀀스를 포함하는 만큼 Nesting 기능을 응용하면 작품 기획 단계에서 편집 패턴을 보다 폭 넓게 활용할 수 있습니다.

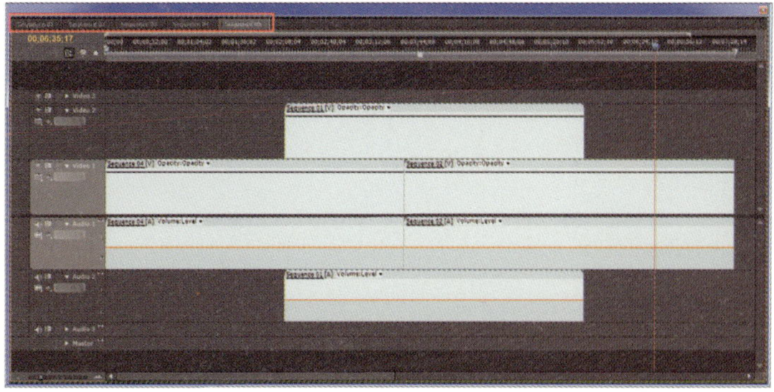

네스팅 기능으로 마스터 시퀀스에 여러 하위 시퀀스들이 포함된 상태로 함께 트랙에 배치된 타임라인 패널의 유형입니다. 클립과 동일하게 트랙에 배치하여 트림 인, 아웃 아이콘으로 다듬기 처리를 할 수 있습니다. 실제 작업 시에는 시퀀스의 이름을 변경하여 작업 유형을 알아볼 수 있도록 운영하면 편리합니다.

TIP Premiere Pro CS5.5에서는 시퀀스의 다중 트랙을 (Clip) → Nest 명령으로 간단히 규합할 수 있고 Nesting 시퀀스가 일련번호순으로 자동 추가됩니다.

2. Twirls 이펙트 프리셋의 접목

Twirls → Twirls In과 Twirls Out 프리셋은 클립의 도입부와 종료부에 소용돌이 효과를 적용하여 변화를 준 모션 이펙트 아이템입니다. 느린 흐름으로 변경할 때에는 키프레임 간격을 조절합니다.

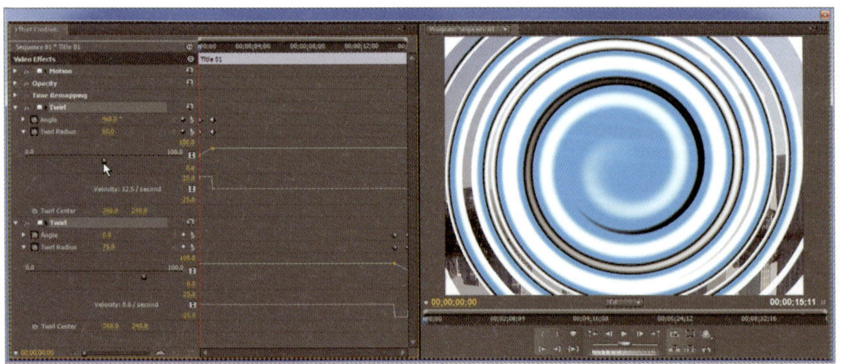

3. Track Matte Key

Track Matte Key는 트랙과 트랙간의 Matte 기능을 이용할 때, 또한 움직이는 매트를 생성할 때 사용합니다.

Image Matte Key는 정적인 매트 이미지로 표현하고, Track Matte Key를 이용하면 다양한 움직임을 투명 영역과 함께 창출하는 동적 매트 영상으로 만들 수 있습니다. Track Matte Key를 이용한 투명도 합성에는 최소한 3개 트랙 이상을 사용합니다. 두 트랙을 합성하기 위해 특정 트랙을 매트로 사용하며 그 효과를 제3의 클립으로 합성합니다. 매트로 사용할 트랙에 쓰이는 클립은 모션을 부여한 그레이스케일 형식의 정지 이미지와 비디오 클립을 모두 사용할 수 있습니다. Track Matte Key는 트랙 단위로 매트를 사용하며 대상 트랙의 영역을 Alpha, Luma로 분류하여 알파 채널이나 밝기 신호로 Matte 트랙을 투과시켜 반영합니다. 또, 매트로 사용할 트랙을 직접 지정할 수 있습니다. 정적인 클립의 효과를 가지고 매트 이미지에 모션 또는 이미지 패닝 효과를 부여하면 생동감 넘치는 장면을 얻을 수 있습니다.

Track Matte Key로 사용할 매트 이미지는 타이틀 디자이너에서 직접 제작할 수 있습니다.

4. 렌더 미리보기

Premiere Pro CS5.5의 미리보기 방식은 Mercury Playback Engine의 도입으로 강력해졌고, 또 3단계 미리보기 임시 파일의 운영으로 시스템의 성능에 따라 렌더 미리보기와 실시간 미리보기로 구분하여 운영할 수 있습니다.

미리보기 바의 구분

미리보기 바는 타임룰러 밑에 3단계 색상으로 구분하며, GPU 이펙트를 사용한 영역과 렌더링이 필요하지만 실시간 미리보기가 가능한 영역은 노란색 바로 표시하고, 이펙트와 모션, 불투명도 변경 등 편집 요소를 추가하여 렌더링이 필수적인 영역은 빨간색 바로 표시합니다. 렌더링을 완료한 영역은 녹색 바로 표시하는데, 미리보기 임시 파일이 저장되고 적색 바에서 녹색 바로 바뀐 영역을 가리킵니다.

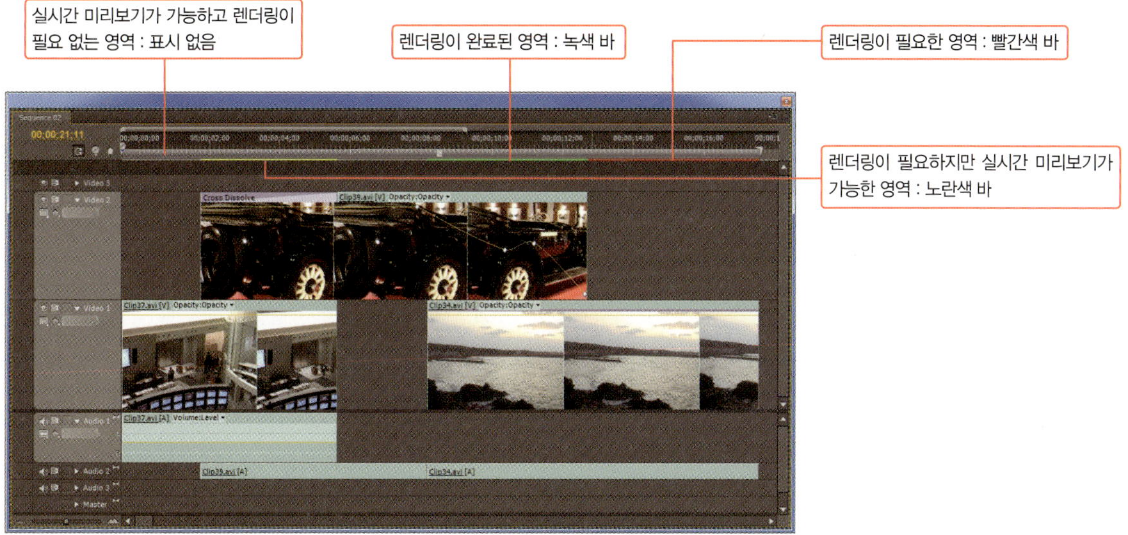

편집 요소가 가미되어 있지 않은 부분은 렌더링이 필요 없으며, 실시간으로 미리보기가 가능한 영역으로 아무런 표시가 나타나지 않습니다.

렌더 미리보기

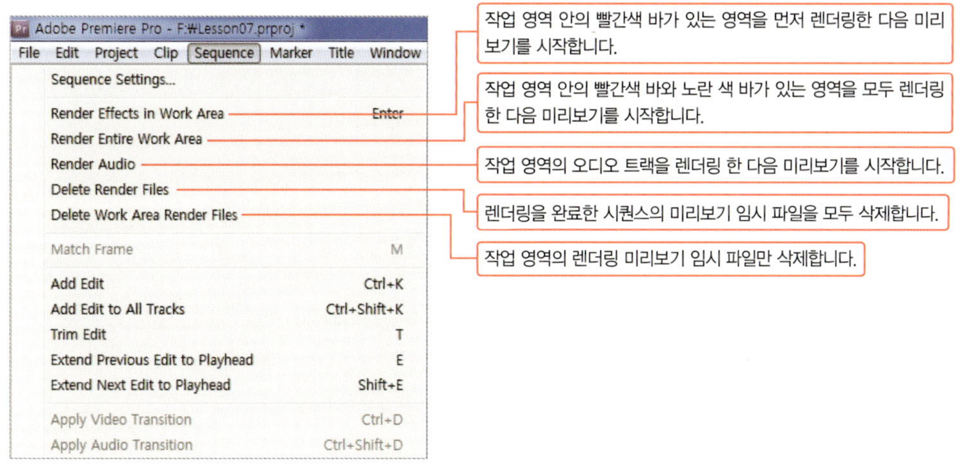

작업 영역 안의 빨간색 바가 있는 영역을 먼저 렌더링한 다음 미리보기를 시작합니다.

작업 영역 안의 빨간색 바와 노란 색 바가 있는 영역을 모두 렌더링한 다음 미리보기를 시작합니다.

작업 영역의 오디오 트랙을 렌더링 한 다음 미리보기를 시작합니다.

렌더링을 완료한 시퀀스의 미리보기 임시 파일을 모두 삭제합니다.

작업 영역의 렌더링 미리보기 임시 파일만 삭제합니다.

렌더 미리보기 기능은 〔Sequence〕 → Render Effects in Work Area, Render Entire Work Area, Render Audio 명령에 따라 3가지 방식으로 세분화되어 있습니다.

가장 많이 사용하는 기능은 간편하게 [Enter]를 누르는 방법입니다. 이것은 시퀀스의 편집 내역을 확인하기 위해 〔Sequence〕 → Render Effects in Work Area 명령과 동일한 미리보기를 수행합니다. 즉 작업 영역 안의 빨간색 바가 있는 영역을 먼저 렌더링 한 다음 미리보기를 시작한다는 뜻입니다.

[Enter]를 누르면 Rendering 상태 바가 나타나고 렌더링을 시작하는데, 〔Project Settings〕 대화상자의 Scratch Disks 옵션에서 설정한 Video Previews, Audio Previews 경로에 따라 Adobe Premiere Pro Preview Files 폴더에 렌더링 된 미리보기 임시 파일들을 저장합니다.

렌더링 과정이 완료되면 작업 영역의 빨간색 바가 녹색 바로 변경되고 즉시 재생을 시작합니다.

03 스크립트 유형의 반사된 물결 화면 제작하기

지금까지 학습한 모든 내용을 직접 단계별로 익힐 차례입니다. 스크립트 유형의 반사된 물결 화면 제작을 위해 순서대로 다중 이펙트(Garbage Matte와 Mirror, Wave Warp 이펙트)를 혼합하는 방식과 Nesting 기능과 Twirl, Ramp, Keying 이펙트인 Track Matte Key를 활용하는 과정이 모두 포함되어 있습니다.

❶ 부록 DVD의 Lesson07 폴더에서 'Lesson07.prproj'를 불러온 뒤, 이펙트 패널에서 Video Effects\Distort\Mirror 이펙트 아이템을 시퀀스의 Video 1 트랙에 배치되어 있는 Clip35.avi 클립에 적용시킵니다. Clip35.avi 클립을 선택하고 이펙트 조절 패널의 Mirror 속성을 모두 확장합니다.

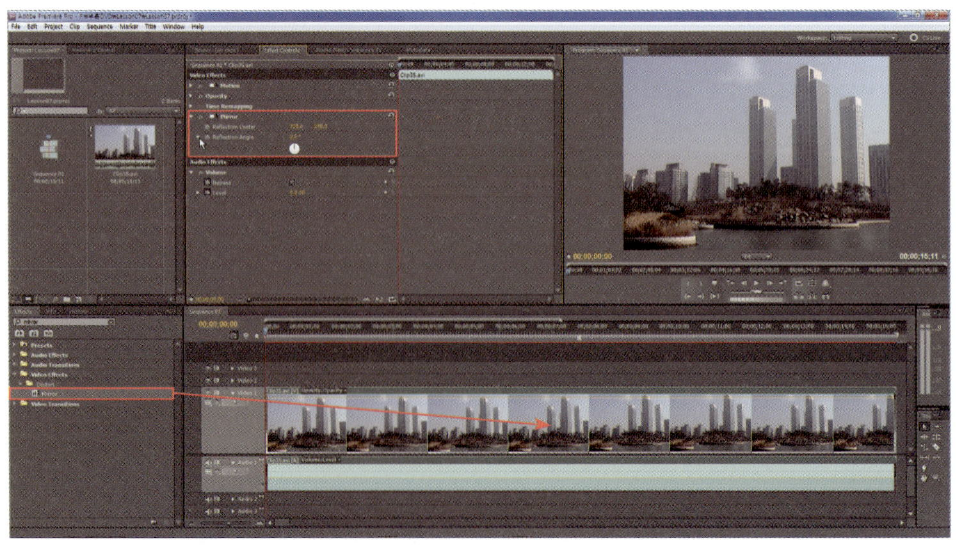

❷ Mirror 이펙트의 Reflection Angle 속성 값을 90도로 설정하면 프로그램 모니터에 앵글 속성이 반영되어 나타납니다.

❸ 이펙트 조절 패널의 Mirror 이펙트 이름을 클릭하여 반전 상태로 전환하고 프로그램 모니터의 서클을 드래그하여 Reflection Center 좌표를 정확히 '410', '370'으로 조절해 나갑니다. 대칭 요소로 하단 영역이 투영되는 원리를 이용할 것이므로 실제 이미지의 분기점을 기준으로 조절해 주는 것이 요령입니다.

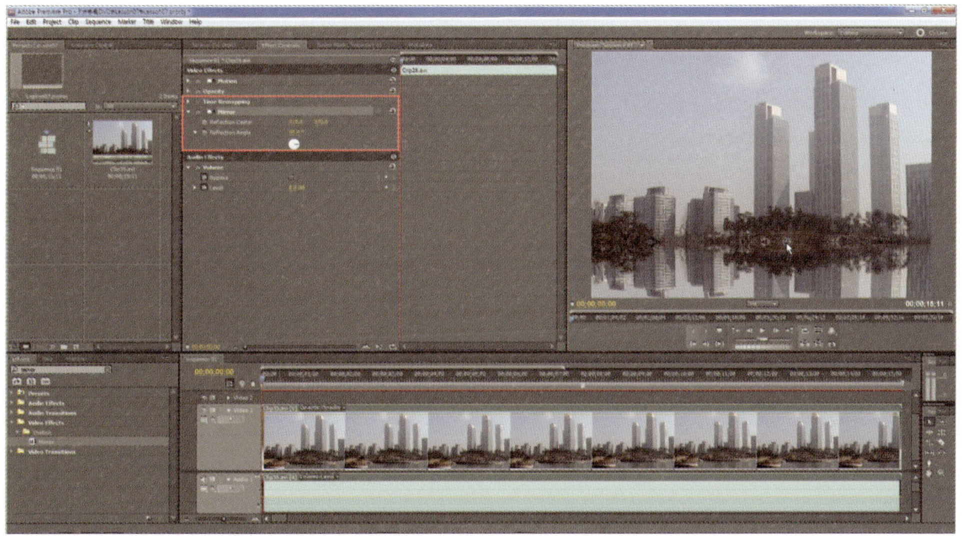

❹ Video 1 트랙의 트랙 헤더 영역을 클릭하여 대상 트랙 지정 상태를 해제한 다음, Video 1 트랙의 Clip35.
avi 클립을 단축키 [Ctrl]+[C]를 누르거나 〔컨텍스트 메뉴〕 → Copy를 실행하여 복사합니다.

❺ Video 2 트랙의 헤더 영역을 1회 클릭하여 대상 트랙으로 설정하고, 편집 기준선을 시퀀스 시작부에 위
치시킨 다음 단축키 [Ctrl]+[V]를 누르거나, 〔Edit〕 → Paste를 실행하여 Video 2 트랙의 수직으로 동일한
위치에 붙이기 합니다.

❻ Video 2 트랙의 클립을 선택하고 이펙트 패널의 Video Effects\Keying\Four-Point Garbage Matte 이펙트를 드래그하여 적용하고, 이펙트 조절 패널의 Four-Point Garbage Matte 이펙트 이름을 클릭하여 반전 상태로 전환하면 프로그램 모니터의 클립 가시 영역 모서리에 4개의 핸들이 나타납니다.

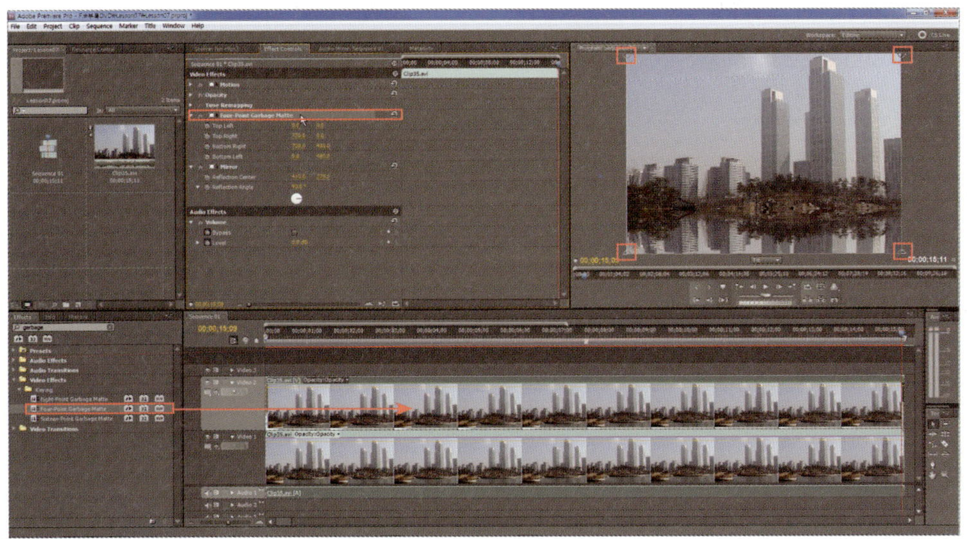

❼ 프로그램 모니터 하단의 두 핸들을 위로 드래그하여 Four-Point Garbage Matte의 좌표를 Mirror 효과의 상단 영역으로 한정시킵니다. 보다 정확한 설정을 하려면 이펙트 조절 패널에서 Four-Point Garbage Matte 이펙트의 Bottom Right, Bottom Left 좌표의 Y축 값을 370.0으로 수동 조절해 주면 됩니다.

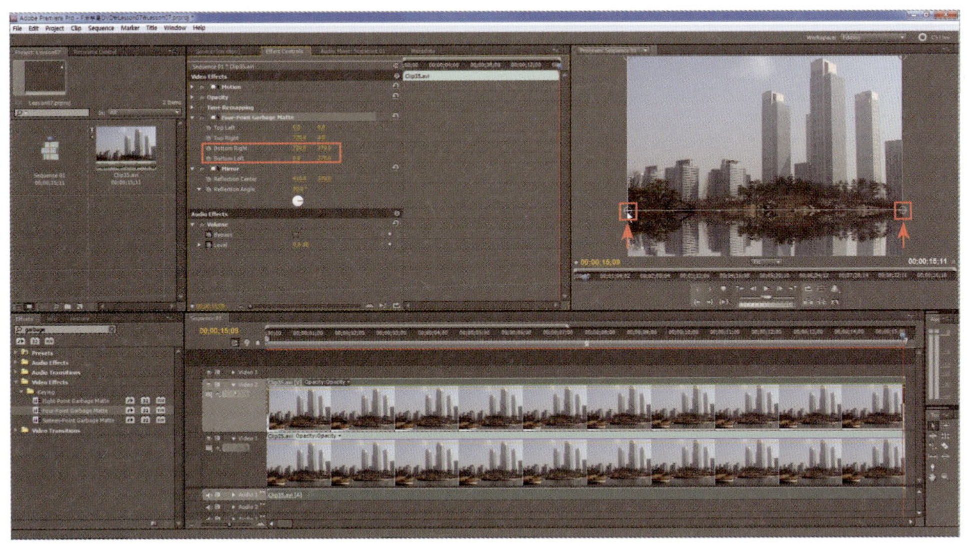

프로그램 모니터에 나타나는 모든 핸들과 서클은 항상 이펙트 조절 패널의 좌표 값과 연동되어 있습니다.

❽ 이펙트 패널에서 Video Effects\Distort\Wave Warp 이펙트를 선택하고 Video 1 트랙의 클립에 2번째
이펙트로 적용합니다.

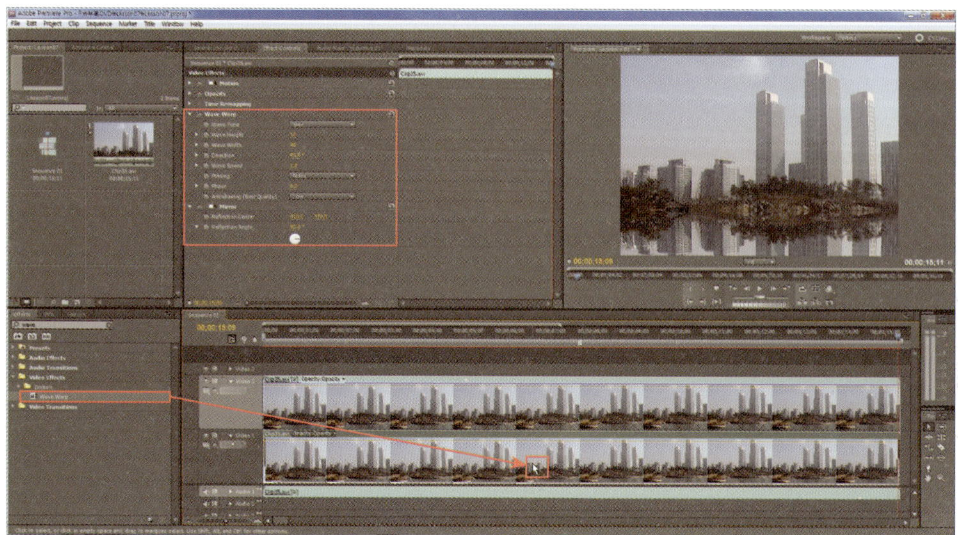

❾ 세부 옵션을 통하여 은은한 반사 물결 형태가 구성될 수 있게끔 조절하는데, Wave Type은 Sine으로,
Direction 속성은 180도로 설정하고, Pinning 속성은 All Edges로 변경하여 가장자리를 깔끔하게 처리합
니다.

❿ Video 1 트랙의 동일한 클립에 Distort\Wave Warp 이펙트를 다시 적용하여 복수의 이펙트가 적용된 상태에서 옵션을 차별화하여 약간씩 변경합니다. Wave Type은 Smooth Noise로, Direction 속성은 −180도로 설정하고, Pinning 속성은 동일하게 All Edges로 놓고, Phase 속성을 −45도, Antialiasing Quality를 High로 설정합니다. 이것은 2개의 Wave 효과가 교차되어 보다 부드러운 물결을 나타내게 하기 위함입니다.

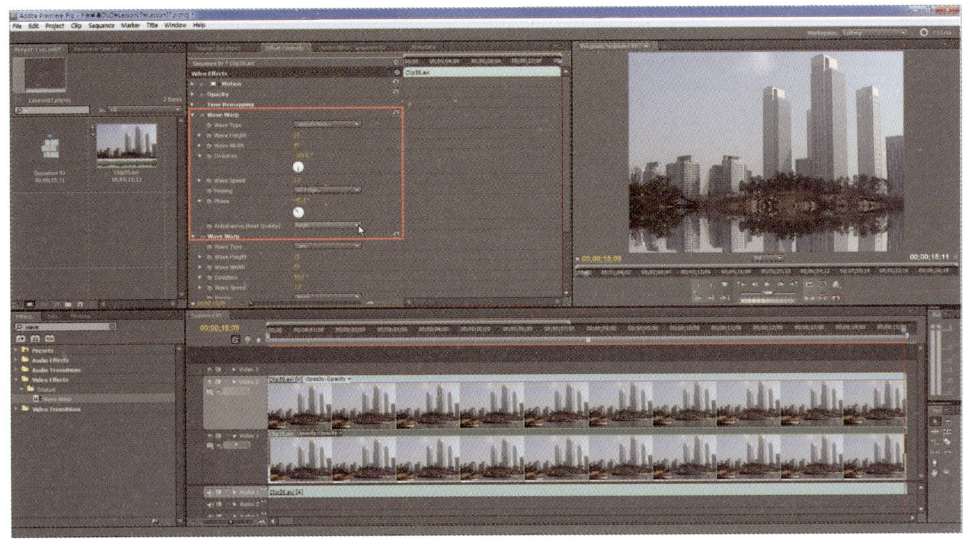

⓫ Video 2 트랙의 클립을 선택하고 이펙트 조절 패널의 이펙트 목록을 확인하여 Mirror 이펙트가 선순위로 등록되어 있는지 확인합니다.

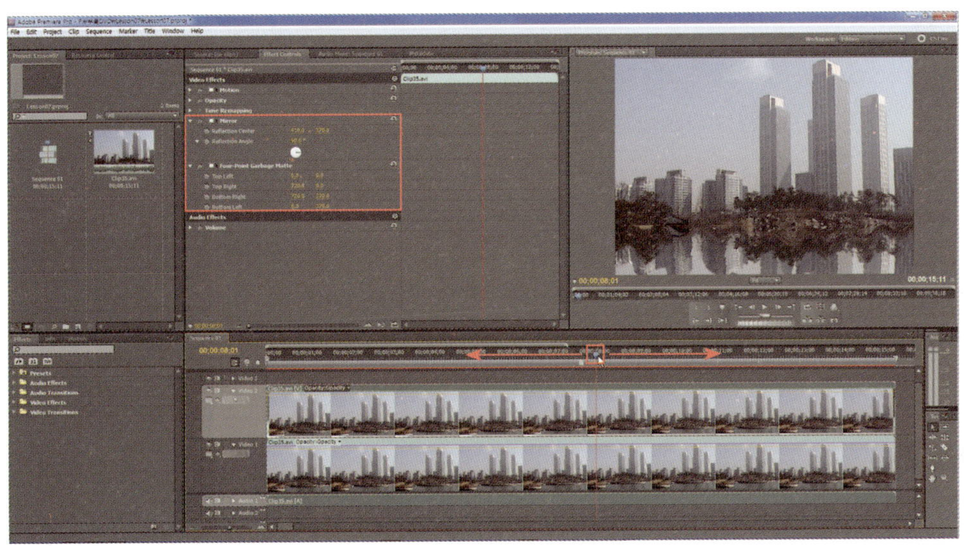

⑫ 타임라인 패널의 시퀀스에 커서를 두고 Ctrl + A 를 누르거나, 〔Edit〕 → Select All을 실행하여 2개 트랙의 모든 클립을 선택 상태로 전환하고, 〔컨텍스트 메뉴〕 → Nest를 실행시킵니다.

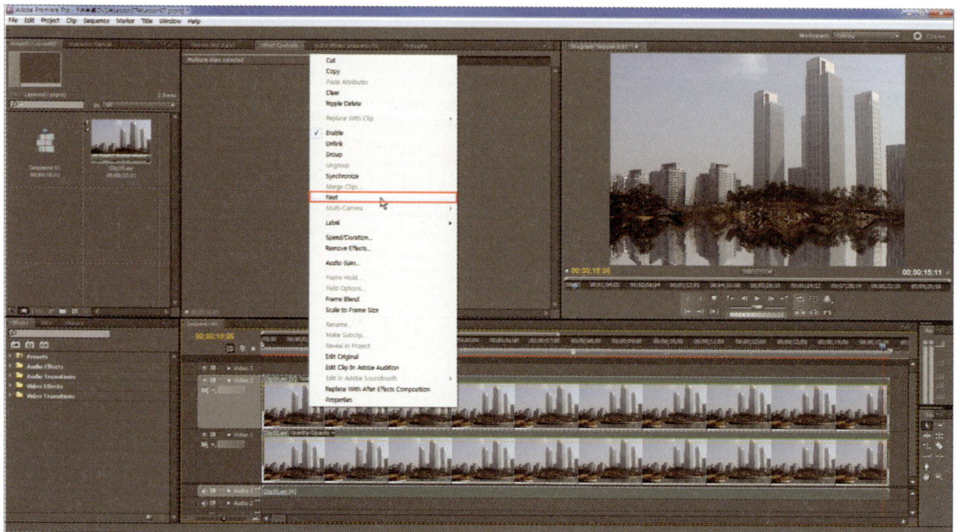

⑬ 현재 작업 중인 Sequence의 기본 트랙인 Video 1 트랙에 새로운 Nested Sequence가 단일 클립으로 축소되면서 생성됩니다. 동시에 프로젝트 패널에도 새로운 'Nested Sequence 01' 시퀀스가 자동 생성됩니다. 즉, 2개의 트랙이 하나의 트랙에 시퀀스 클립으로 규합되었습니다.
Premiere Pro CS5.5의 네스팅 기능은 Nest 명령만으로 간단히 구현되므로 편리합니다.

⑭ 매트(Matte)로 사용할 그라디언트 타이틀을 그래픽 객체로 제작할 단계입니다. 타이틀 디자이너를 띄우고, 사각형 객체를 만든 다음, Fill 속성의 Fill Type을 Linear Gradient로 설정합니다. 색상 분기점은 비교적 넓게 White, Black의 그레이스케일로 처리합니다. 이때, 사각형 객체의 하단은 배경 클립의 Mirror 이펙트가 시작되는 교차점을 기준으로 정확히 일치시킵니다.

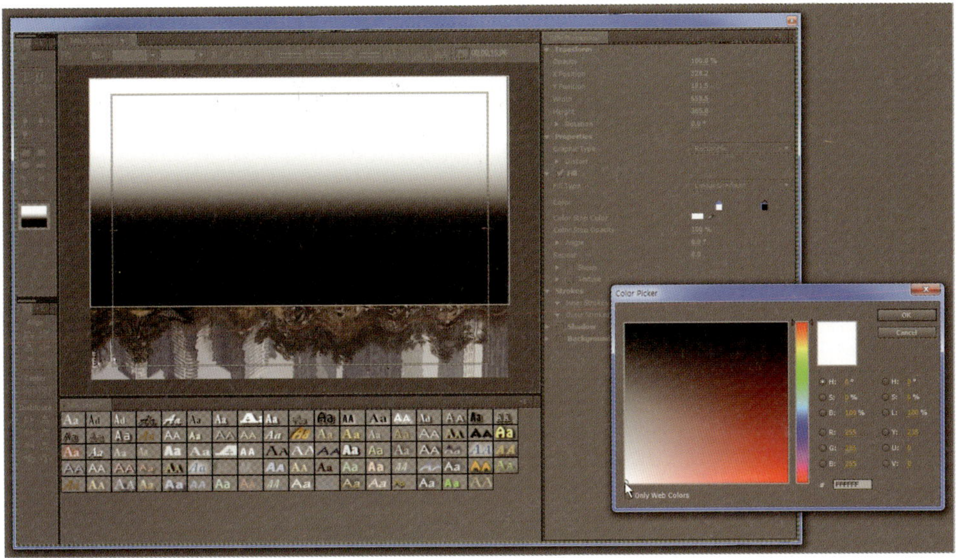

⑮ 2번째 동일한 형태의 사각형 객체를 바로 아래에 인접시켜 만들고, Fill Type을 Linear Gradient로 설정한 다음, 색상 분기점은 대칭 요소로 세부 속성을 적용시켜 나갑니다.

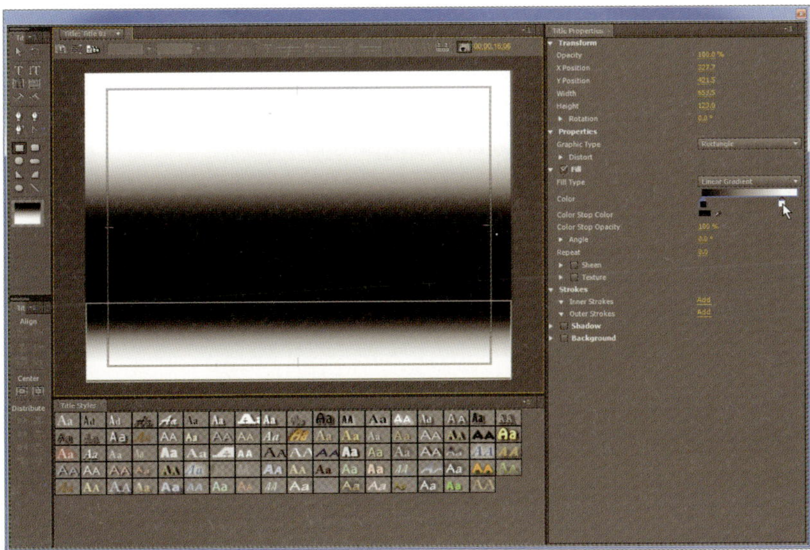

⑯ 타이틀 디자이너에서 제작한 매트 클립을 Video 2 트랙에 배치하고 아웃 점을 연장하여 하위 트랙의 시퀀스 클립의 길이와 수직으로 동일하게 조절합니다.

⑰ 이펙트 패널의 이펙트 프리셋 중에서 Twirls\Twirl In과 Twirl Out 아이템을 Video 2 트랙의 매트 클립에 연속 적용합니다. 매트 클립의 도입부와 종료부에 소용돌이 효과가 적용되어 프로그램 모니터에 나타납니다.

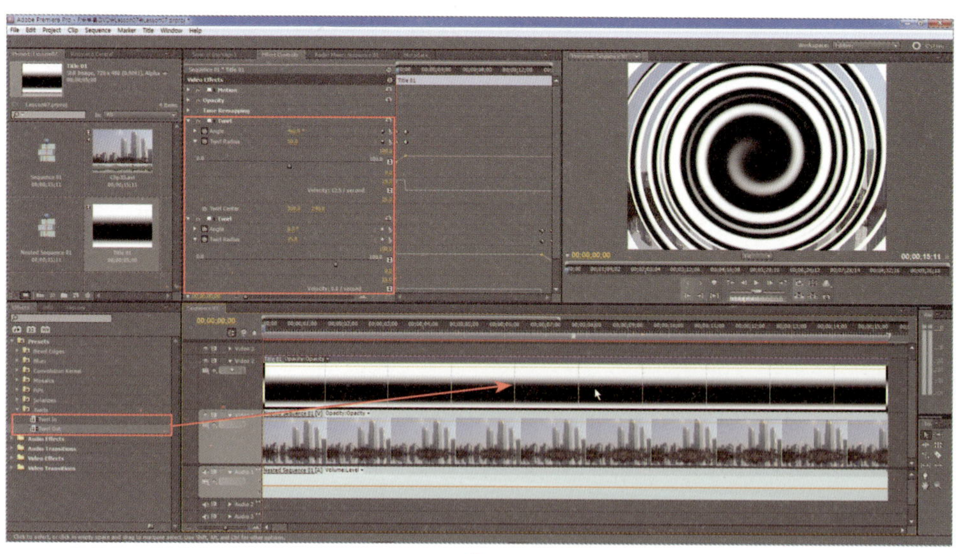

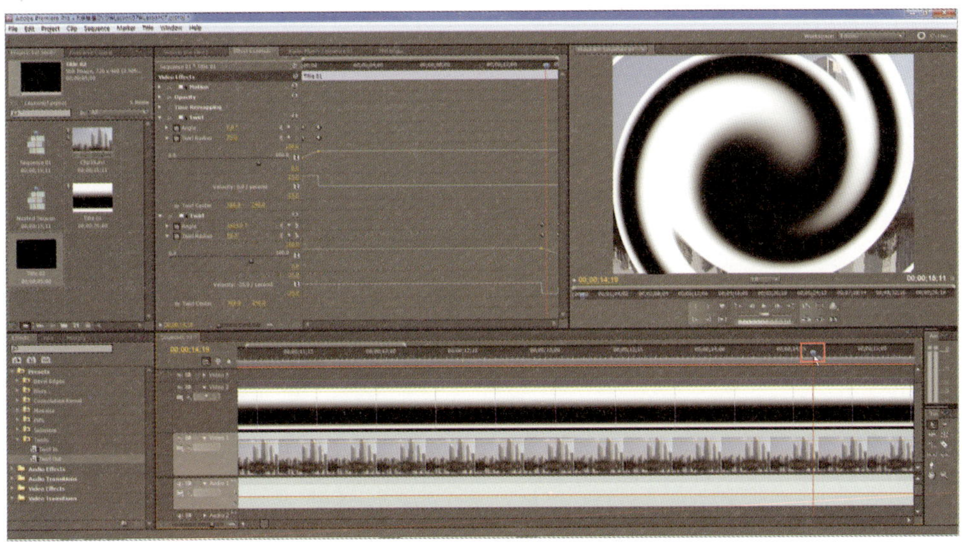

⑱ 문자 객체를 제작할 단계입니다.

메인 패널 우측의 〈Show Background Video〉 버튼을 활성화하고 Background Video Timecode를 드래그하여 배경 화면을 그라디언트 영역에 두고 Four-Point Garbage Matte 하단에 수평으로 처리될 자막을 입력하여 타이틀을 완성합니다. 문자 옵션은 Fill과 Shadow 속성만 적용하여 White 색상의 타이틀을 만듭니다.

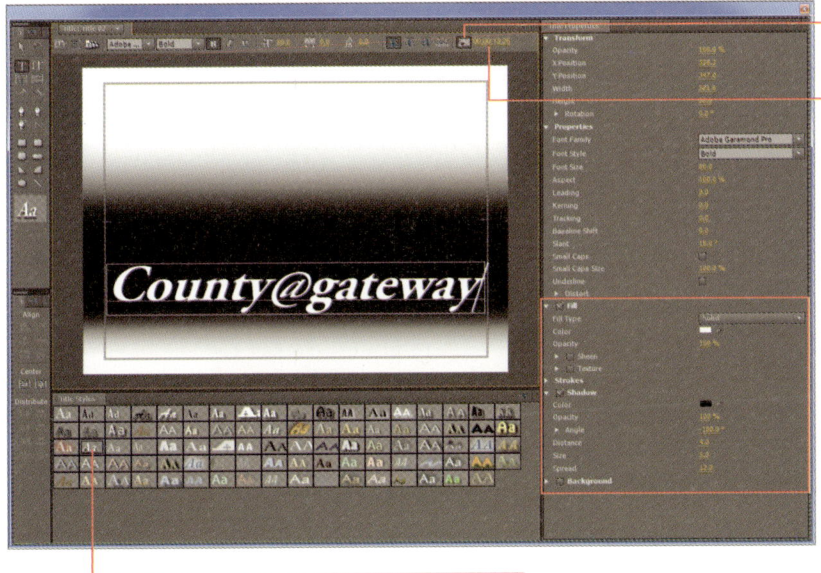

Show Background Video 버튼 : 시퀀스의 해당 프레임을 배경 화면으로 출력합니다.

Background Video Timecode : 타임코드를 좌우로 드래그하면 타임라인 패널의 편집 기준선과 연동되어 있으므로 함께 움직입니다.

Style 목록에서 적합한 유형을 선택하고 수평 정렬합니다.

⓳ 최상위 트랙인 Video 3 트랙에 문자 타이틀을 배치하고 지속시간을 하위 트랙의 클립과 동일하게 확장한 다음, 이펙트 패널의 Video Effects\Keying\Track Matte Key 아이템을 Video 2 트랙의 매트 클립에 적용합니다.

Track Matte Key의 Matte 속성을 Video 3 트랙으로 할당합니다. 타임라인 패널의 현재 시퀀스를 스크러빙 기능으로 미리보기 하면 최상위 트랙의 문자 타이틀이 합성된 상태로 Twirls In/Out 프리셋과 함께 적용되는 것을 확인할 수 있습니다.

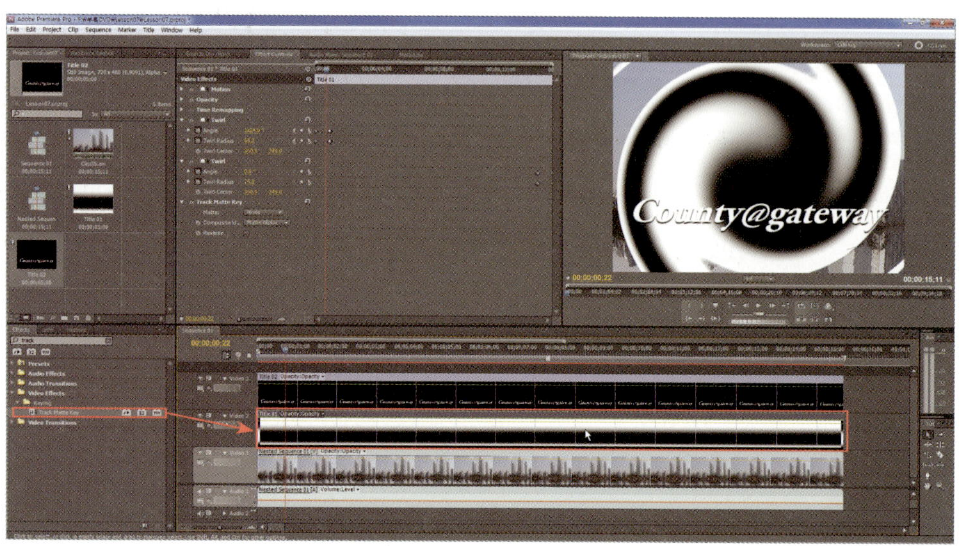

Track Matte Key의 Matte 속성을 Video 3 트랙으로 설정합니다.

❷⓿ 이때, 이펙트 조절 패널의 이펙트 목록 순서를 관찰할 필요가 있는데, 이펙트의 목록에 따라 Twirls In/Out 프리셋이 매트에 투영될 것인지, 최상위 트랙인 타이틀 자체에 접목될 것인지 결정되므로 Track Matte Key 아이템이 2개의 Twirl 밑에 자리 잡고 있지 않을 때에는 이펙트 이름을 드래그하여 이펙트의 순서를 변경해야 합니다. 즉, Track Matte Key 아이템이 이펙트 목록의 최하단에 위치할 때 트랙 매트 기능과 Twirls In/Out 프리셋이 합성되어 나타납니다.

❷❶ 기본 트랙인 Video 1 트랙의 Nested Sequence 01 클립을 더블클릭하면 원본 시퀀스로 환원됩니다. 타임라인 패널 좌측 상단을 확인하면 Nested Sequence 01 시퀀스 탭이 Sequence 01 탭 뒤에 추가된 상태로 오리지널 시퀀스가 자동으로 열립니다. 하위 트랙에 Video Effects\Generate\Ramp 이펙트를 드래그하여 추가 적용합니다.

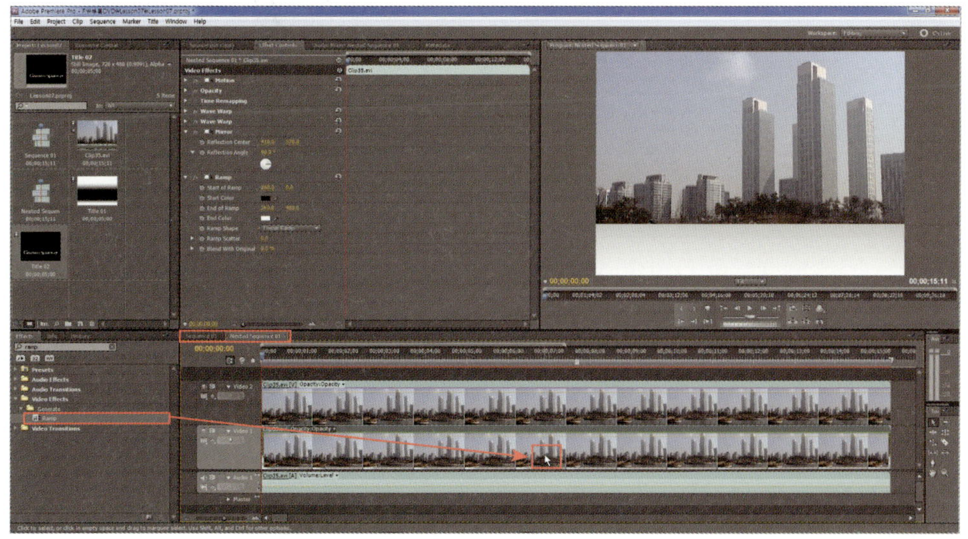

㉒ Ramp 이펙트의 Start Color는 Red 톤으로, End Color는 Blue 톤으로 설정하고 Ramp Shape 속성은 Radial Ramp로 변경하여 방사형으로 구성합니다.

㉓ Ramp 이펙트의 세부 속성을 조율할 단계입니다. 즉 반사되는 하단 물결 영역의 매핑 색상을 결정하는 과정입니다. Ramp Scatter 값은 30으로, Blend With Original 속성은 80.0%로 각각 설정한 다음, 타임라인 패널의 상위 시퀀스인 Sequence 01 탭을 클릭합니다.

❷❹ 타임라인 패널이 상위 레벨 시퀀스인 Sequence 01로 복귀하면, 스크러빙 또는 시퀀스를 미리보기하면서 Ramp 이펙트가 하단의 Wave 영역에 투영된 상태를 확인합니다.

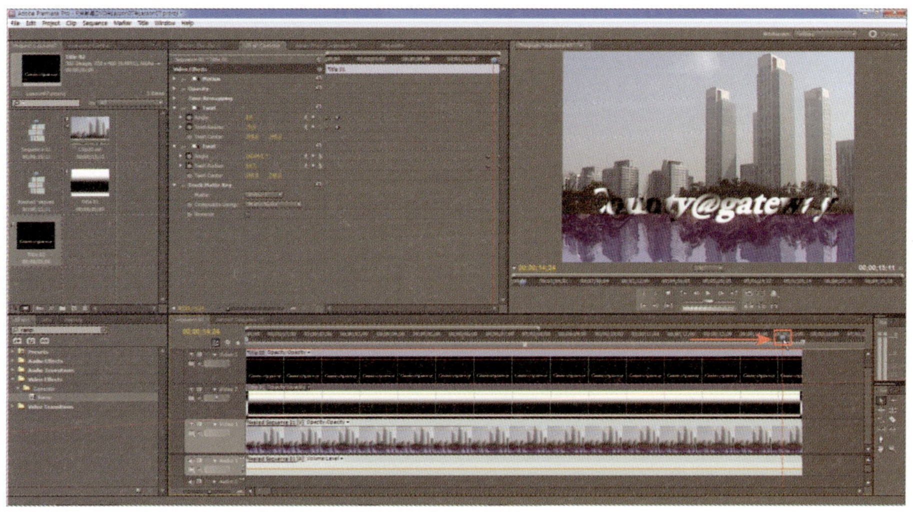

네스팅 기능으로 시퀀스를 계층 구조로 묶은 다음 각 레벨 단위의 시퀀스로 이동하는 방법은 간단합니다. 트랙에 있는 시퀀스 클립을 더블클릭하면 하위 레벨 시퀀스가 곧바로 열리고, 타임라인 패널 좌측 상단의 메인 시퀀스 탭을 클릭하면 상위 레벨 시퀀스가 열립니다.

❷❺ 최종 점검 단계입니다. Wave Warp 효과를 바탕으로 Mirror 효과의 경계에 수평으로 Twirls In/Out 프리셋이 합성되어 흐르는 타이틀의 표현이 핵심이므로, Video 3 트랙의 타이틀 클립을 더블클릭하여 타이틀 디자이너를 열고 미리보기 영역에서 핸들을 드래그하여 타이틀의 글꼴 크기와 종횡비를 적합한 형태로 수정합니다.

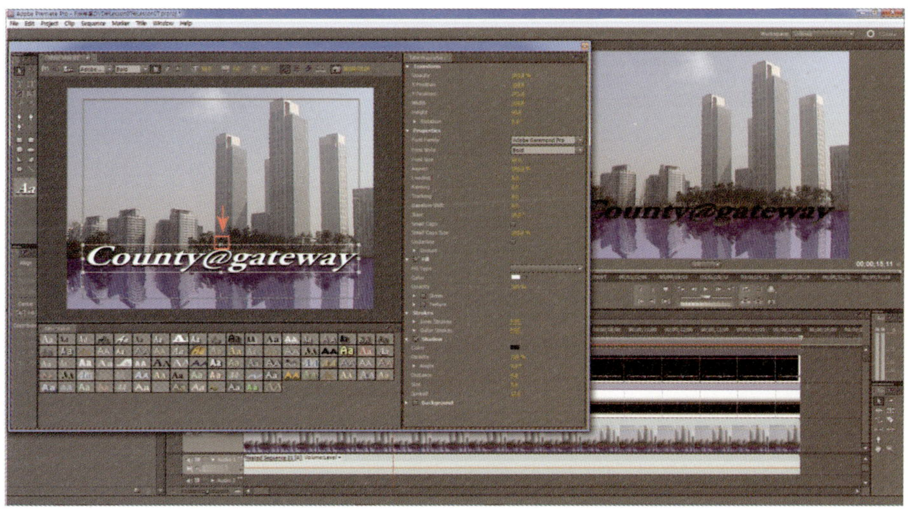

㉖ 작업 과정이 마무리되었습니다.

네스팅 기능과 다중 이펙트가 혼합된 시퀀스이므로 타임룰러의 작업 영역을 확인하고 렌더링이 완료된 상
태를 확인할 차례입니다. 렌더 미리보기 기능으로 확인하려면 **Enter**를 누르거나 〔Sequence〕→ Render
Effects in Work Area를 실행합니다.

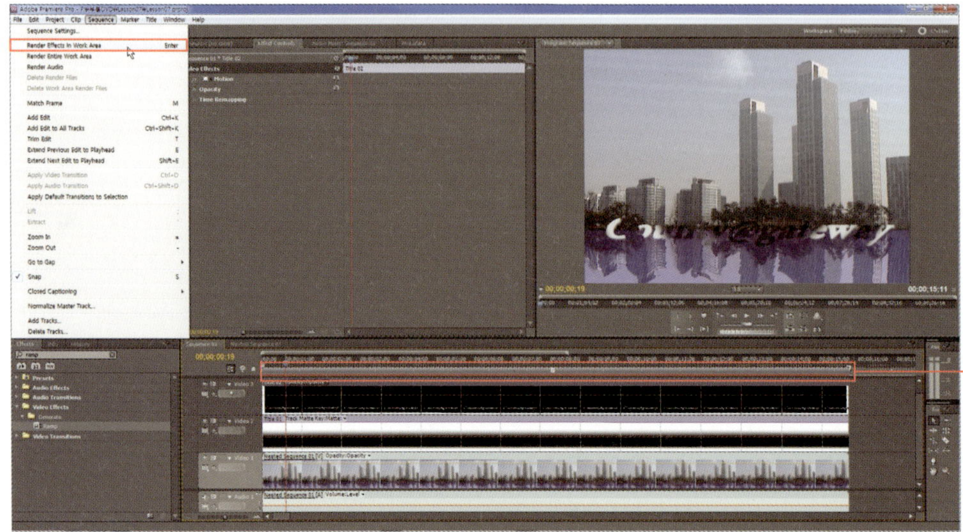

Enter를 누르기 전에 작업 영역이 제대로 설정되어 있는지 확인해야 합니다.

㉗ 렌더링 상태 바가 나타나면서 시퀀스에서 작업 영역으로 설정한 부분의 렌더링을 시작합니다.

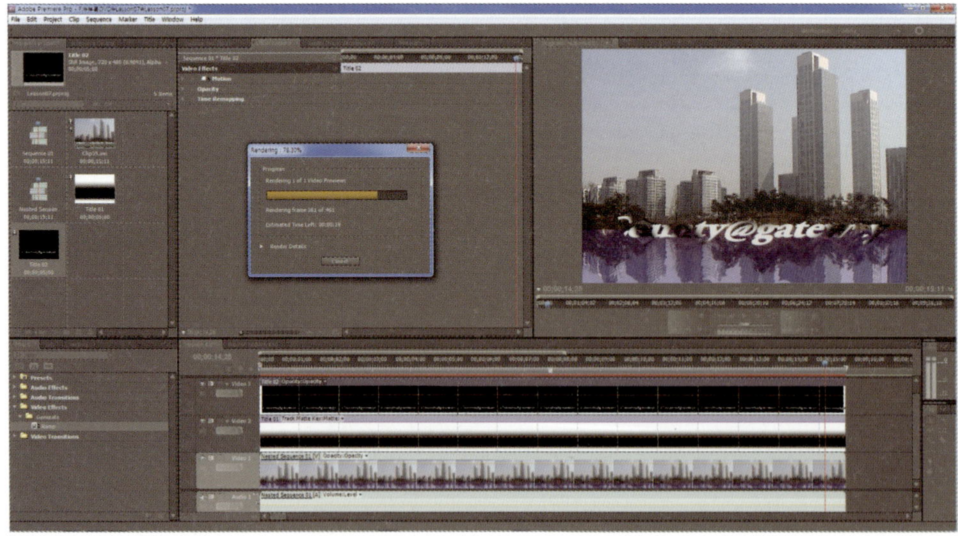

❷❽ 렌더링이 끝나면 타임룰러 하단의 막대 바는 녹색으로 변경되어 나타나고 곧바로 재생을 시작합니다.

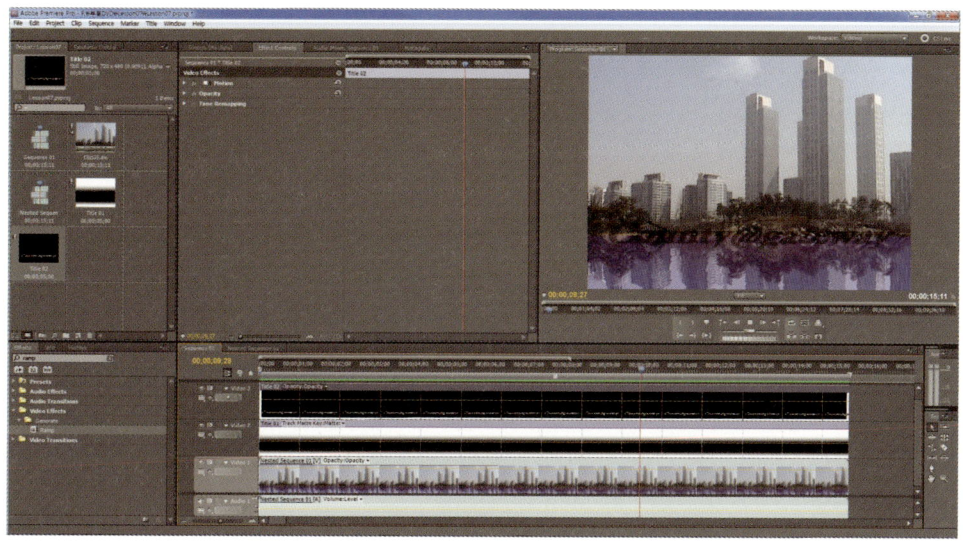

❷❾ 결과 화면을 확인합니다. 스크러빙으로 낱장의 프레임 이미지로 나타나는 느낌과는 달리 실제 영상 결과
물은 잔물결 처리가 생동감 있게 잔잔한 배경으로 나타납니다.

Stretch 유형의 Motion을 트랜지션으로 대체하고, 컬러에서 흑백으로 전이되는 화면 처리와 함께 Time Remapping 기능의 Speed Keyframe을 통해 슬로 모션으로 여운을 남기는 방식의 과정이 포함되어 있습니다.

그리고 표제 Title이 표시될 영역을 Gradient로 처리해 주는 도형 객체를 제작하는 방법과 Transparent Video 클립을 이용한 Timecode 바의 출력 Form을 만드는 과정까지 체계적으로 학습합니다.

예제 파일 Lesson8.prproj
완성 파일 Lesson8-Q.prproj

CHAPTER 03

구간별 표제 타이틀의 처리와 합성 방법

실전에서 활용될 수 있는 구간 타이틀의 처리와 합성에 대해 알아봅니다. 흔히, 표제 타이틀 또는 아방 타이틀을 만들기 위해 시퀀스의 연결을 병행하면서 구간 시퀀스의 요약 화면을 Prologue Type으로 처리하는 Chapter용 Title 표현 기법입니다. Motion을 대체하는 아이템이 필요하고 Time Remapping을 통한 여운을 남기는 방식, Title이 표시될 영역을 Gradient로 처리해 주는 방법, Transparent Video Clip을 이용한 Timecode 바의 출력 Form과 함께 2단계 Nesting 기법을 함께 다룹니다.

일반적인 클립의 속도 조절 방식은 (Clip Speed/Duration) 대화상자와 도구 패널의 속도 조절 도구를 이용한 선형 속도 조절 기능이 있습니다. 이번 단원에서는 스피드 편집의 핵심이라고 할 수 있는 동적 속도 조절 기능인 Time Remapping 기능에 대해 알아봅니다.

1. Time Remapping 이펙트

동적 스피드 편집에 사용되는 Time Remapping 기능은 이펙트 조절 패널의 기본 이펙트로 모든 비디오 클립과 내부 클립을 포함하여 정지 이미지에 적용할 수 있습니다. 동적 스피드 기법의 Time Remapping 기능은 기본적인 빠른 재생과 슬로 모션을 포함하여, 감속과 가속의 속도 전이 구간으로 속도의 흐름을 조절하면서 정지 구간까지 동시에 표현할 수 있는 고급 속도 조절 기능입니다.

Time Remapping 이펙트는 이펙트 조절 패널에서 Speed 속성 값을 수동 입력할 수 없고 스피드 키프레임을 생성한 다음 세부적인 속도를 설정하고 조절합니다.

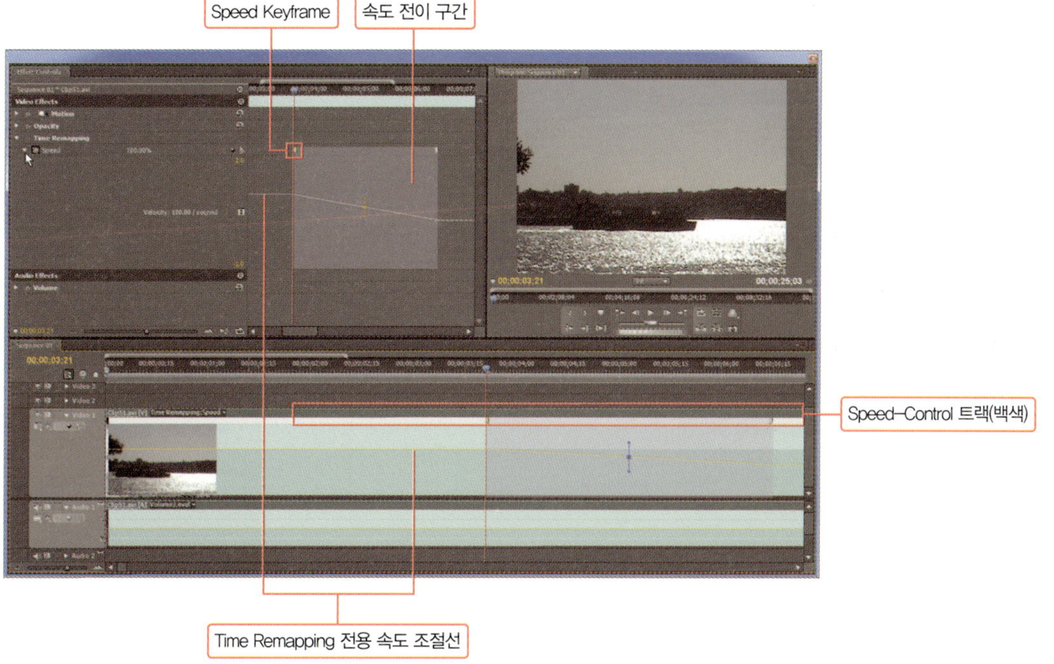

Speed-Control 트랙은 Speed Keyframe 전용 트랙을 가리키며, 클립 상단에 백색으로 표시합니다.

Speed-Control 트랙에 Speed Keyframe을 설정해 주었을 때에만 가속 및 감속, 그리고 역재생과 슬로 모션을 표현할 수 있는 가변적인 속도 조절 기능을 부여할 수 있습니다. 중앙에 나타나는 Time Remapping 전용 속도 조절선은 Speed Keyframe을 만들기 전에는 일반 선형 속도 조절 방식이 적용됩니다.

> **TIP** Time Remapping 이펙트가 적용된 구간에서는 비디오 트랙만 속도가 변경되므로 싱크가 어긋나는 현상이 발생할 수 있습니다. Time Remapping 이펙트를 이용하여 클립의 속도를 변경할 때에는 시퀀스 편집에 대한 클립의 오디오 트랙을 감안해야 합니다.

2. Time Remapping(감속/가속 기능)

Time Remapping 이펙트의 속도 조절선을 아래로 드래그하면 슬로 모션으로 변경되고, 100%를 기준으로 하여 속도 조절 아이콘을 상단으로 드래그하면 빠른 속도로 변경됨과 동시에 클립의 오디오 트랙은 고정된 상태에서 비디오 트랙의 지속시간은 반비례한 값으로 줄어듭니다.

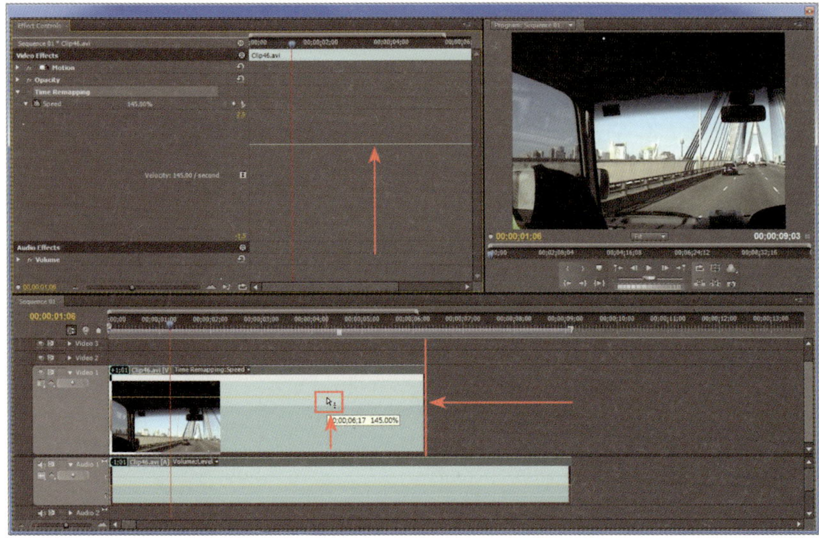

3. Time Remapping(Speed Keyframe과 속도 전이 구간)

Time Remapping 기능의 장점은 다양한 속도 변화를 설정할 수 있고 Speed Keyframe 기능을 가지고 있기 때문입니다. Speed−Control 트랙에서만 Speed Keyframe을 만들 수 있고 키프레임을 조정하는 방식도 일반 키프레임과 달리 Speed Keyframe은 1쌍의 아이콘으로 구성되고 수직의 점선으로 분기점을 표시합니다.

타임라인 패널의 클립에서는 이펙트 팝업 메뉴 → Time Remapping → Speed를 선택 해야 Speed Keyframe이 나타납니다.

〈Add/Remove Keyframe〉 버튼을 누르면 2개의 아이콘을 동시에 만들면서 Speed Keyframe을 생성하고 속도 전이 구간을 위한 시작/종료 키프레임으로 나타납니다.

속도 전이 구간은 속도의 급격한 변화를 완만하게 만들기 위한 구간을 가리킵니다.

Speed Keyframe을 분기점으로 하여 후반부의 속도 조절선을 밑으로 드래그하면 전반부의 정상 속도 (100%)와 달리 느린 속도로 변경되고 비디오 트랙의 지속시간은 늘어납니다.

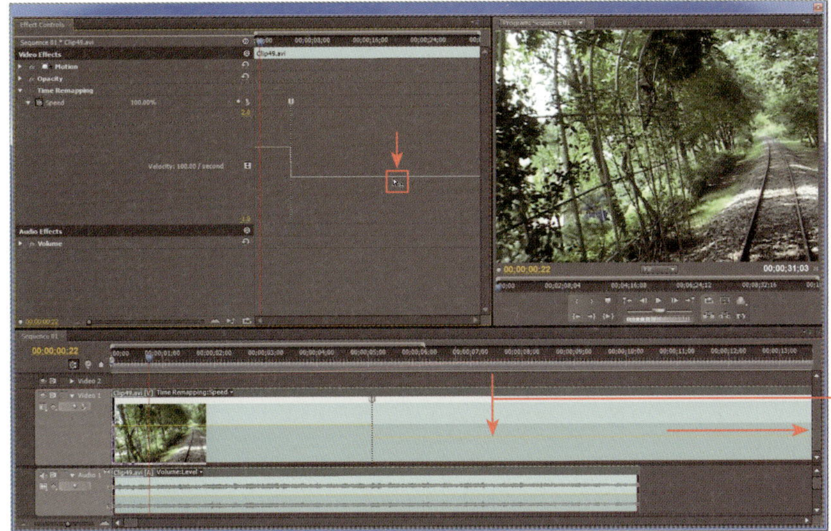

이펙트 조절 패널의 Time Remapping 이펙트의 Speed 조절선과 타임라인 패널의 Speed 조절선은 서로 연동되어 동시에 함께 움직입니다.

급변하는 클립의 속도를 서서히 전환시킬 때 필요한 것이 속도 전이 구간입니다. Speed Keyframe은 초기 시작 키프레임과 종료 키프레임 아이콘이 서로 붙어 있는데 두 키프레임 아이콘의 간격을 조정하여 속도 전이 구간을 만들어 주는 것이 핵심 포인트입니다. 쌍으로 이루어진 키프레임 아이콘 중에서 뒷부분의 종료 키프레임 아이콘을 선택하면 Yellow 톤의 확장 아이콘이 나타나고 속도 전이 구간을 만들기 위한 길이만큼 뒤로 드래그합니다.

이때, 속도 변화에 따라 아웃 점의 위치를 꺾은선으로 미리 표시하고 프로그램 모니터는 분할 화면으로 시작 키프레임과 종료 키프레임 화면을 나타내므로 예측이 가능합니다.

Speed Keyframe의 시작 키프레임과 종료 키프레임의 간격이 회색의 반투명 영역으로 나타나는 속도 전이 구간 설정이 완료됩니다.

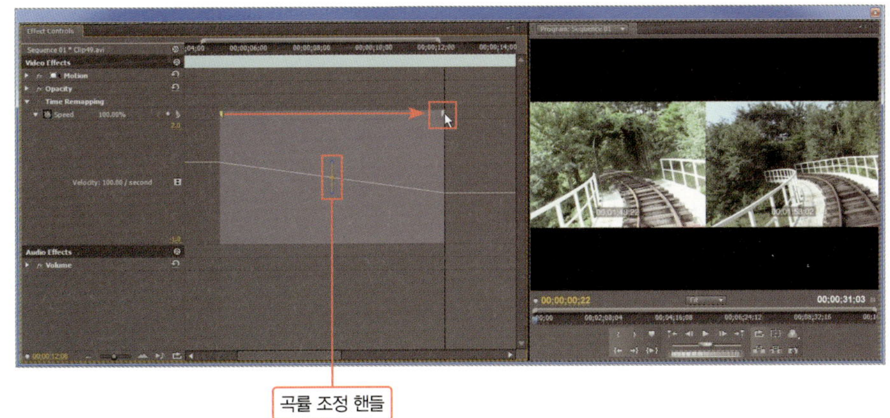

곡률 조정 핸들

속도 전이 구간의 속도 조절선은 대각선으로 표시하고 중앙에는 청색의 곡률 조정 핸들이 나타납니다.

곡률 조정 핸들을 왼쪽으로 드래그하면 기울기가 완만하게 변경되고 다음 구간으로 전환되는 속도가 부드럽게 변속됩니다. 속도 전이 구간은 타임라인 패널의 Speed-Control 트랙을 클릭하거나 이펙트 조절 패널의 Time Remapping 이펙트의 Speed 속성 이름을 클릭했을 때 나타납니다.

4. Time Remapping(역재생)

[Ctrl]을 누른 상태에서 두 번째 Speed Keyframe의 종료 키프레임 아이콘을 뒤로 드래그합니다. 드래그하는 동안 2개의 역재생용 키프레임 아이콘이 자동으로 추가되면서 도구 팁에 속도 값이 −100%로 나타납니다.

역방향 필름 아이콘은 역재생이 끝나는 지점을 안내하는 표시입니다.

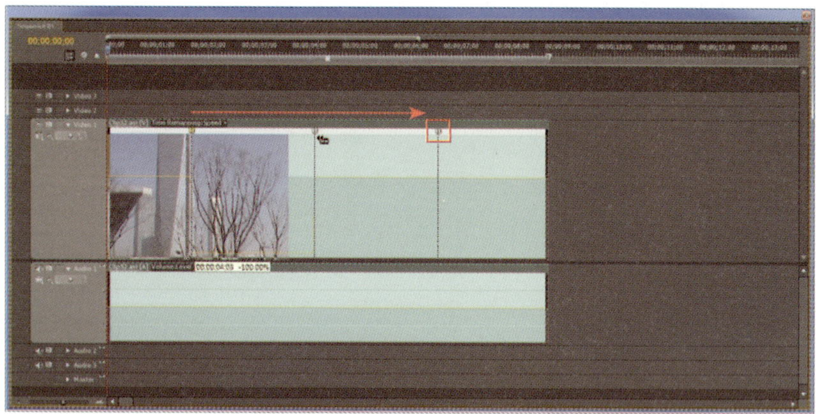

역방향의 꺽쇠로 표시하는 아이콘 세트가 역재생 구간으로 꺽쇠 표시가 끝나는 키프레임부터 순방향으로 전환되는 반복 시점입니다.

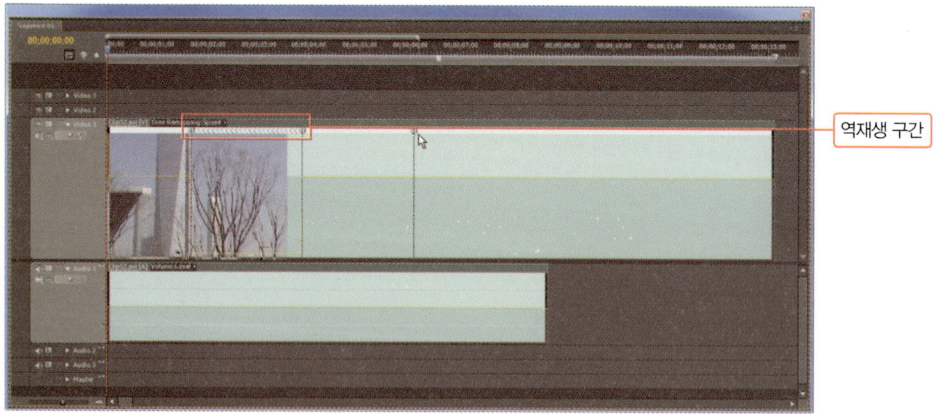

5. Time Remapping(정지 구간)

이펙트 조절 패널의 타임라인 영역에서 [Ctrl]+[Alt]를 함께 누르고 Speed Keyframe 아이콘을 오른쪽으로 드래그하면 Speed-Control 트랙에 정지 구간을 설정할 수 있습니다.

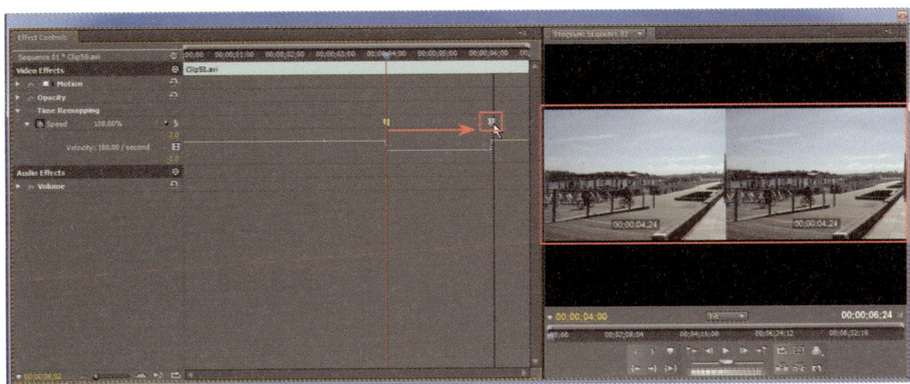

정지 구간은 시작부와 종료부 사이에 정사각형으로 분할된 세로 막대들로 표시하므로 꺾쇠 모양의 역재생 구간과 구분합니다.

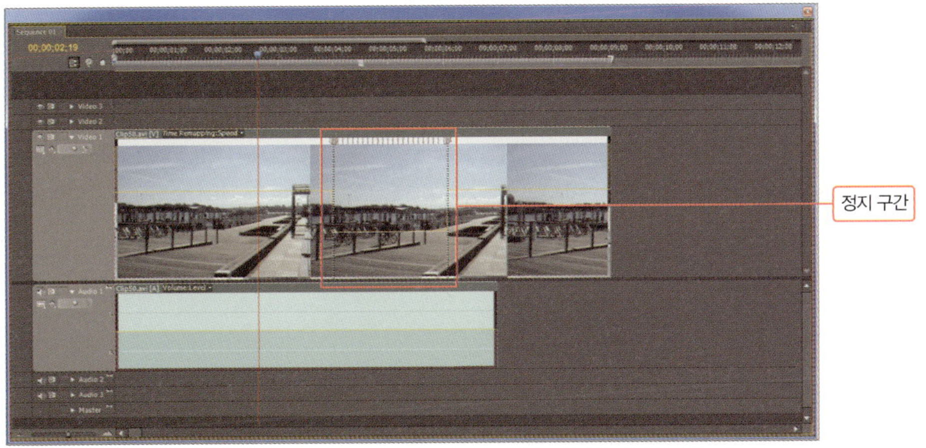

내부 클립인 투명 비디오 클립의 용도와 ProcAmp, Timecode 이펙트의 활용법을 알아봅니다.

1. Transparent Video

내부 클립인 Transparent Video 클립은 Generate 계열의
이펙트를 사용할 때 활용합니다. 또 다른 내부 클립인 Black
Video 클립은 용도가 제한되어 있는 반면, Transparent
Video 클립은 글자 그대로 투명한 상태의 클립으로 하위 트
랙에 영향을 주지 않고 제3의 이펙트를 추가할 때 사용하는
투명 클립입니다.

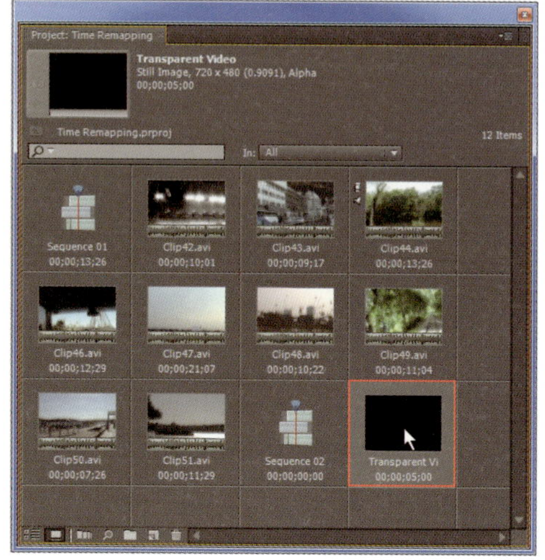

즉 Transparent Video 클립은 겉으로 보기에는 검은 색으로 나타나지만 클립 자체가 투명한 상태이므로 트
랙에 배치하면 아무런 흔적이 나타나지 않는 점이 특징입니다. 상위 트랙에 배치하면 하위 트랙만 프로그램
모니터에 나타납니다. 하위 트랙의 클립을 보존한 상태에서 이펙트를 부여하기 위해 사용하는 이펙트 전용
내부 클립으로 Video Effects → Generate 계열의 알파 채널을 제어할 수 있는 이펙트 아이템들을 위해 자주
사용하는데, 주로 Grid, Lens Flare, 그리고 Hand-Writing 기법을 위해 Write-on 이펙트가 많이 쓰입니다.

2. ProcAmp

Video Effects\Adjust\ProcAmp 이펙트 아이템은 단순한 Black & White와 Brightness & Contrast 이펙트에 비해 꼭 필요한 요소들만 채용하고 있어서 활용도가 높은 이펙트입니다. 흑백 처리 화면을 만들 때 유용하게 사용할 수 있습니다.

명도, 대비, 색조, 채도를 모두 조절할 수 있으므로 가벼우면서도 장점이 많은 이펙트입니다. 분할 스크린으로 소스와 직접 비교가 가능합니다.

- **Split Screen** : 비교가 끝나면 Split Screen 옵션을 체크 해제해야 합니다. 체크 상태를 그대로 두면 미리보기와 내보내기 단계에 분할 스크린이 적용됩니다.

- **Saturation** : 채도를 조절합니다. 기본 값(100)을 기준으로 왼쪽으로 드래그할수록 채도가 낮아지고 오른쪽으로 드래그할수록 채도가 높아집니다. 최소값(0)으로 설정하면 모든 색상 정보가 제거되어 밝기 정보만 남은 그레이스케일 이미지로 전환됩니다. 특히, 키프레임을 적용하면 컬러에서 흑백으로 전이되는 화면을 간단히 구성할 수 있습니다.

Video Effects\Video\Timecode 이펙트는 타임코드를 클립 단위로 만들어 마스터용 테이프 또는 마스터용 릴을 검토할 때 사용하거나, 별도의 이펙트로 화면에 타임코드 바를 삽입할 때 사용합니다.

- **Position** : 타임코드 바의 위치를 좌표로 설정합니다. Timecode 이펙트 이름을 클릭하여 반전 상태로 전환한 다음, 프로그램 모니터에서 서클을 드래그하면 곧바로 이동합니다.

- **Size** : 타임코드 바의 크기를 화면 대비 백분율로 설정합니다.

- **Opacity** : 타임코드 바의 불투명도를 설정합니다.

- **Field Symbol** : 체크하면 인터레이스 필드 기호를 타임코드 바 오른쪽에 표시합니다.

- **Format** : 타임코드 표시 형식을 설정합니다.

- **Timecode Source** : 타임코드 소스를 선택합니다.

  - Clip : 클립의 타임코드를 사용합니다.

  - Media : 미디어의 타임코드를 사용합니다.

  - Generate : 타임코드를 새롭게 생성합니다.

- **Time Display** : 타임베이스를 설정합니다. Timecode Source → Clip으로 설정하면 현재 시퀀스 설정 값을 따릅니다.

- **Offset** : 타임코드 값을 빼거나 추가하여 특정 시간 위치와 일치시킬 때 사용하며 슬라이더를 좌우로 드래그합니다.

- **Label Text** : 타임코드 앞에 표시할 레이블의 유형을 선택합니다.

Prologue Type과 흑백 전이 화면 및 Time Remapping 기능을 이용한 각 구간별 표제 타이틀의 처리와 합성에 대한 예제를 직접 만들면서 익히는 과정입니다.

① 부록 DVD의 Lesson08 폴더에서 'Lesson08.prproj'를 불러온 다음 Clip36.avi, Clip53.avi 클립이 Video 1 트랙에 연속 배치되어 있는 상태를 확인합니다. 첫 번째 Clip36.avi 클립은 Prologue Type으로 처리할 예정이므로 그대로 두고, Clip53.avi 클립을 선택한 다음 이펙트 조절 패널의 Time Remapping 이펙트의 속성을 모두 확장합니다.

② 이펙트 조절 패널의 편집 기준선을 00;00;12;21의 위치에 두고 키프레임 내비게이터 중앙의 〈Add/Remove Keyframe〉 버튼을 클릭하여 Speed Keyframe을 생성하고 Time Remapping 기능을 적용합니다.

❸ 타임라인 패널의 Clip53.avi 클립 이름 뒤의 이펙트 팝업 메뉴를 열고 Time Remapping → Speed를 체크하면 클립 상단에 Speed Control 트랙과 Speed Keyframe이 함께 나타납니다.

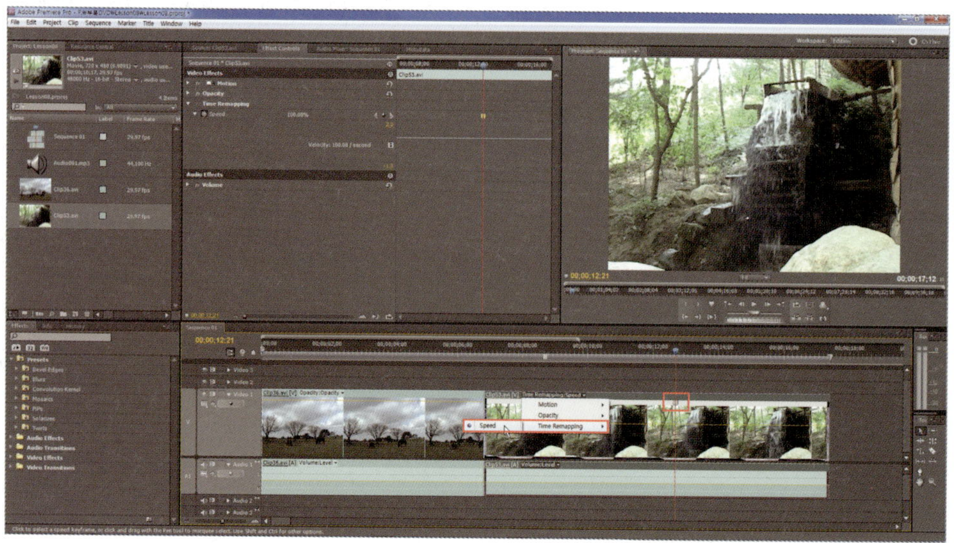

❹ 이펙트 조절 패널의 타임라인 뷰에 있는 Speed Keyframe을 기준으로 후반부의 페이드 조절선을 아래로 드래그하여 35%의 저속 상태로 변경합니다. 동시에 타임라인 패널의 Clip53.avi 클립의 페이드 조절선도 함께 아래로 이동하고 비디오 트랙의 클립 지속시간은 반비례하여 늘어납니다.

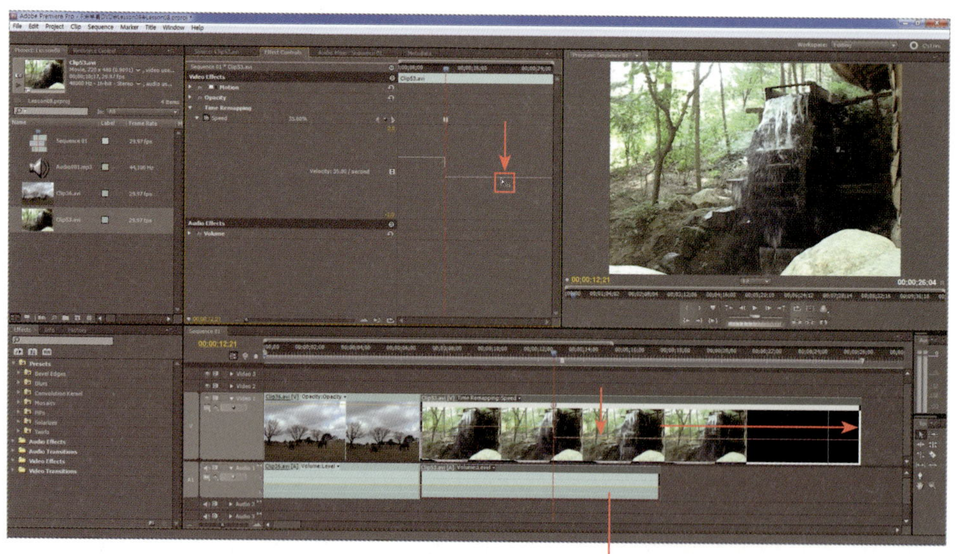

❺ 이펙트 조절 패널의 Time Remapping 속성으로부터 속도 전이 구간을 할당합니다. 프로그램 모니터와 타임라인 패널의 Speed-Control Track을 확인하면서 Speed Keyframe의 종료 키프레임을 오른쪽으로 드래그하여 약 2초의 구간을 설정합니다.

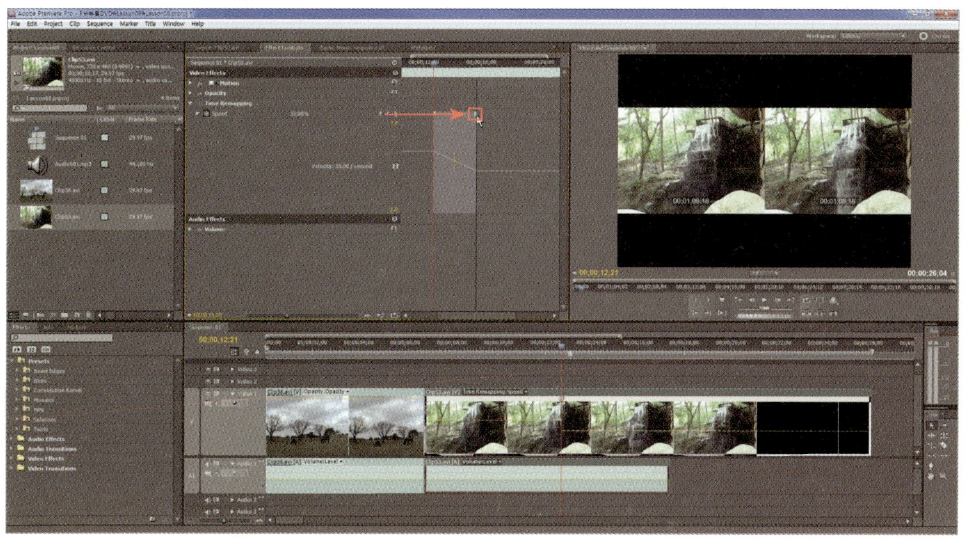

❻ 생성된 속도 전이 구간의 곡률을 조정하여 자동 곡선의 흐름 상태로 변경합니다. 속도 전이 구간은 이펙트 조절 패널과 타임라인 패널의 Speed-Control 트랙에서 Speed Keyframe을 클릭하면 블루 톤의 반투명 바로 구간의 영역이 나타납니다.

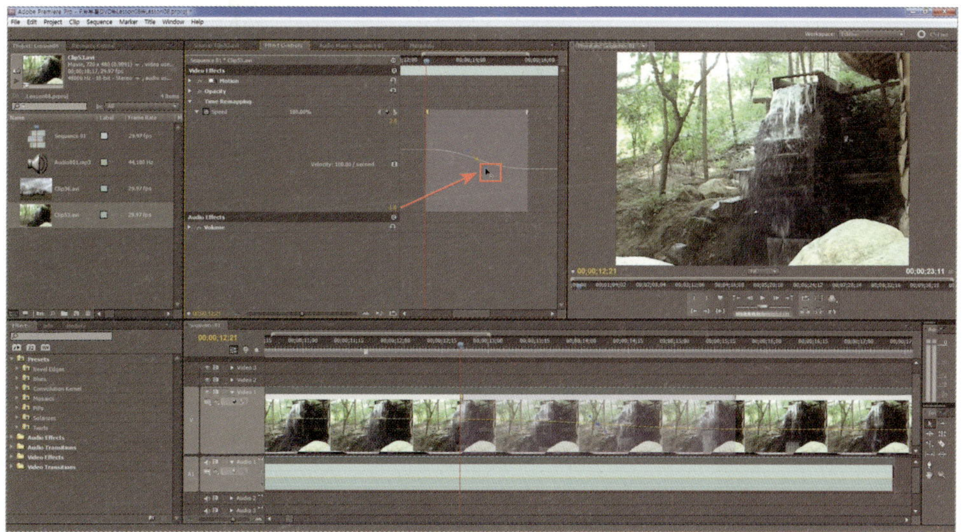

❼ 이펙트 패널에서 Video Transitions\Dissolve\Dip to Black 아이템을 선택하고 두 클립의 편집 점에 드래그하여 Single-Sided Transition을 적용합니다.

❽ 이펙트 패널에서 Video Effects\Adjust\ProcAmp 이펙트를 Clip53.avi 클립에 드래그하여 적용하고, 편집 기준선을 Clip53.avi 클립의 인 점에 위치시킨 다음 Saturation 속성의 〈Toggle animation〉 버튼을 클릭하여 키프레임을 적용합니다. 1번 키프레임이 생성되어 나타납니다.

❾ 두 번째 클립을 컬러에서 흑백으로 서서히 전이되는 화면으로 구성할 차례입니다.

편집 기준선을 Clip53.avi 클립의 00;00;17;05에 위치시키고 Saturation 속성 슬라이더를 왼쪽으로 드래그
하여 최소값인 0으로 변경하고 2번 키프레임을 생성합니다.

시작 키프레임은 컬러 화면에서 시작하여 2번 키프레임으로 갈수록 흑백 화면으로 전이되는 프레임 구간을
만들었습니다.

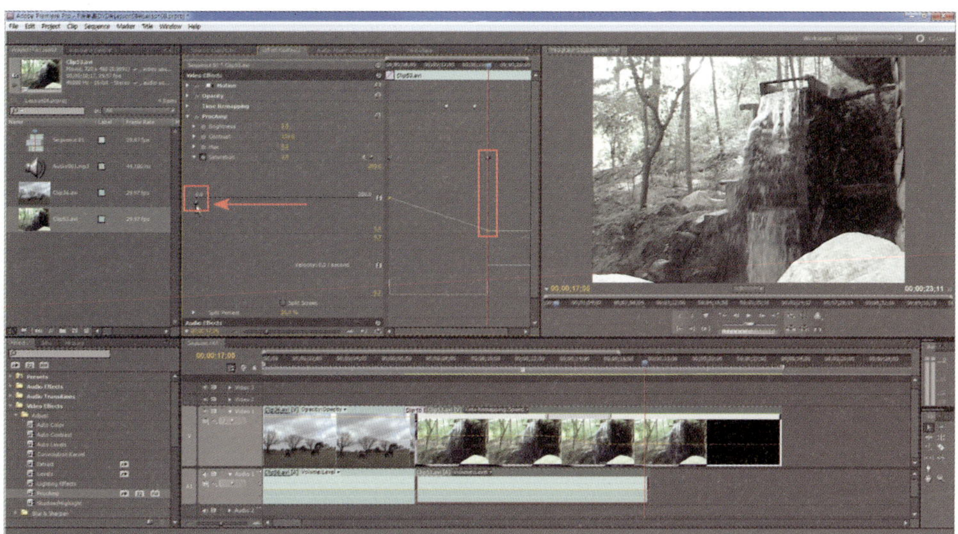

❿ Brightness 속성 값을 −20으로, Contrast 속성 값을 130으로 변경하여 클립의 전체적인 명도와 대비
값을 조절한 다음 이펙트 조절 패널의 타임라인 뷰에서 1, 2번 키프레임을 모두 선택하고 〔컨텍스트 메뉴〕
→ Auto Bezier로 키프레임 보간 옵션을 설정합니다.

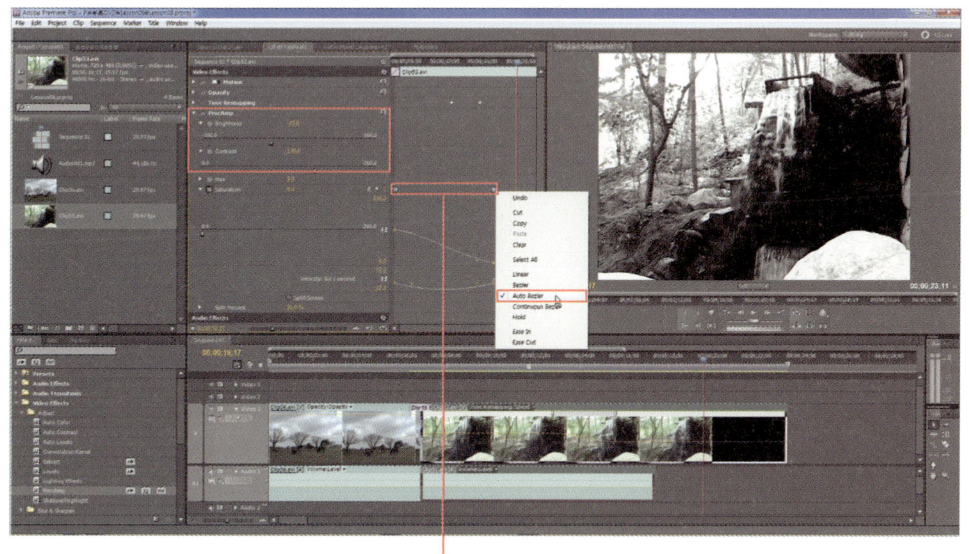

Ctrl을 이용하여 키프레임 아이콘을 차례대로 선택하면
복수의 선택 상태로 전환할 수 있습니다.

⓫ 스크러빙으로 지금까지의 작업을 확인합니다.

컬러 화면에서 흑백으로 전이되는 화면과 함께 Time Remapping 기능의 속도 전이 구간을 거쳐 35% 슬로 모션으로 처리되는 장면이 완성되었습니다.

⓬ Title Designer를 열고 도구 패널의 사각형 도구를 이용하여 그래픽 객체를 화면에 꽉 찬 형태로 만든 다음, 우측의 Title Properties 패널에서 Fill → Fill Type 속성을 Linear Gradient Type으로 변경합니다.

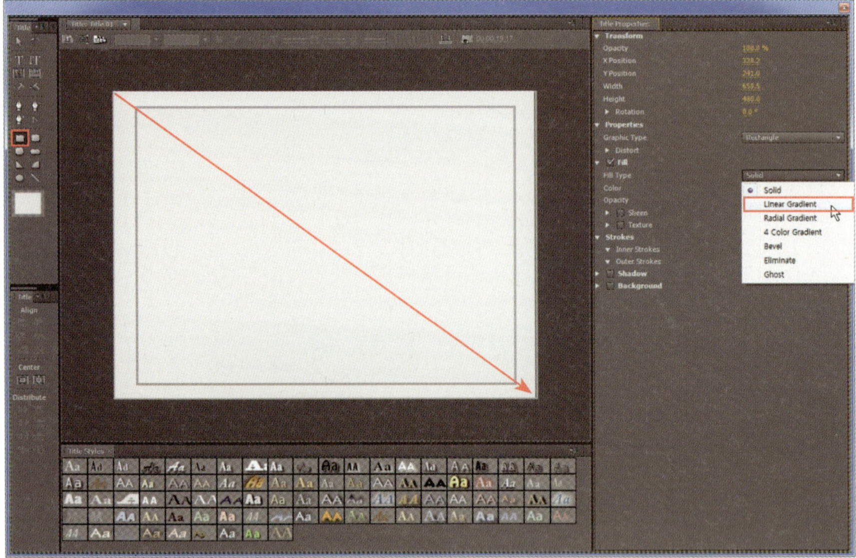

⓲ 먼저 Angle 속성을 확장하고 270도로 설정한 다음, Fill → Color 속성은 아래와 같이 속성을 설정합니다.

- **제 1분기점** : Color=White, Color Stop Opacity= 0%
- **제 2분기점** : Color=Black, Color Stop Opacity= 100%

나머지 Strokes, Shadow, Background 속성은 적용하지 않습니다. 그라디언트 유형으로 오른쪽 화면이 분기점에 의해 투명도가 분할된 도형 객체가 완성되었습니다.

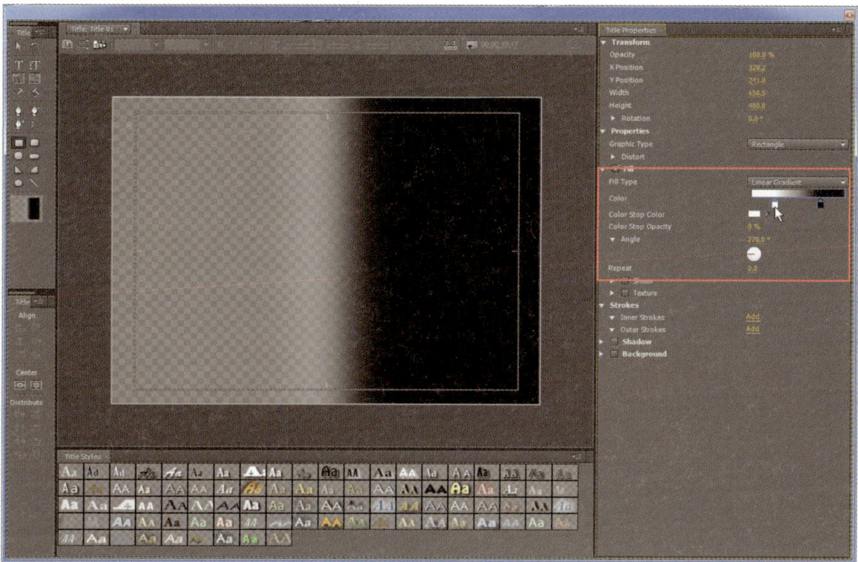

⓳ 메인 패널의 〈Show Background Video〉 버튼을 클릭하여 배경 화면이 나타나게 한 다음, 미리보기 영역을 확인하면서 Fill → Color 속성의 White와 Black Color의 분기점 간격을 오른쪽에서 약 1/3 형태로 반영되게끔 간격을 넓히고 조절합니다.

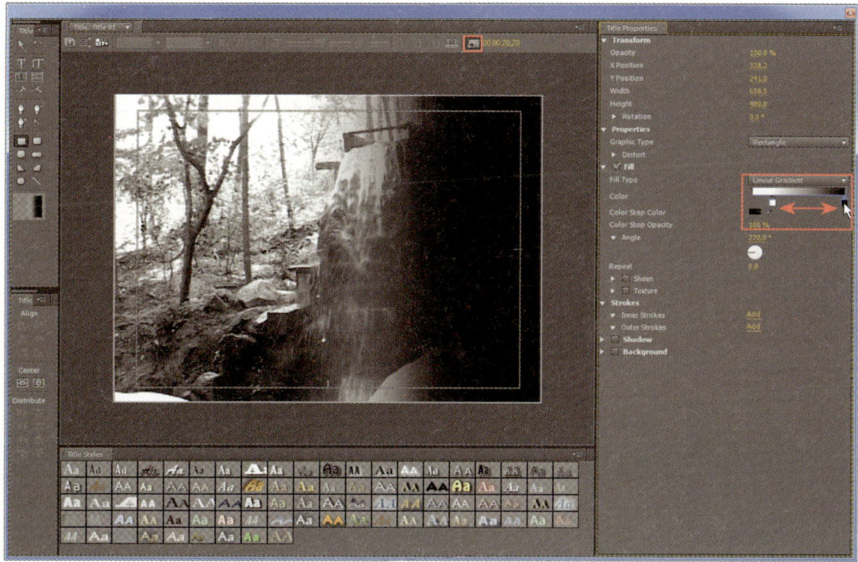

⑮ Title Designer를 닫고 Clip53.avi 클립에서 Speed-Control Track의 속도 전이 구간이 끝나는 시점을 기준으로 하여 Video 2 트랙에 도형 타이틀을 배치합니다.

즉 Gradient Title은 상위 트랙에 배치하되, 하위 트랙의 Time Remapping Keyframe 구간이 끝나는 시점부터 후반부에 배치하고 트림 아웃 아이콘으로 하위 트랙과 수직으로 동일한 위치에 이르기까지 아웃 점을 연장합니다.

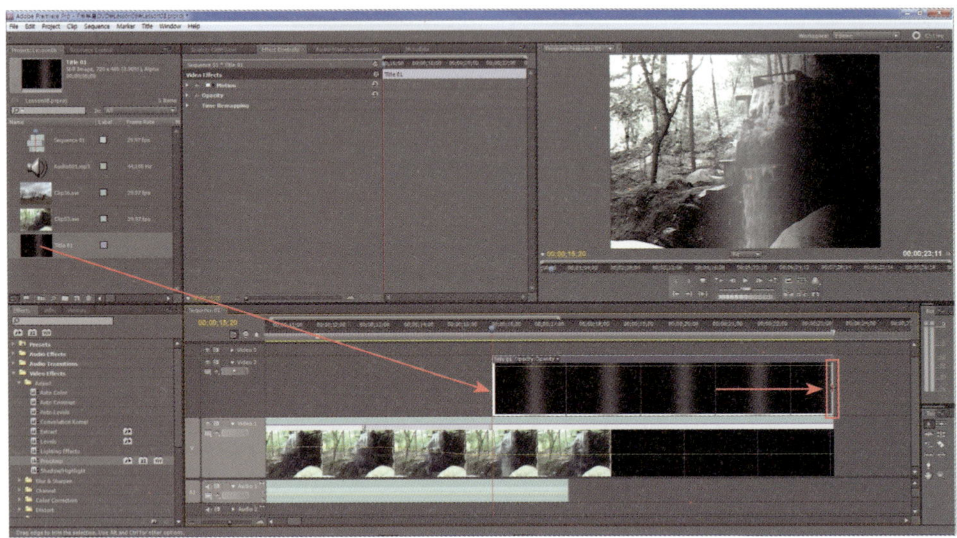

⑯ 이펙트 패널에서 Video Transitions\Slide\Push Transition Item을 선택한 다음 Video 2 트랙의 Gradient Title 도입부에 드래그하여 적용하고 트랜지션 영역을 클릭하여 트랜지션 옵션을 이펙트 조절 패널에 열고 트랜지션의 수평 방향을 역방향으로 변경합니다.

⑰ Nesting 기능으로 시퀀스를 합성할 순서입니다.

Ctrl + **A** 를 눌러 시퀀스의 모든 클립을 선택 상태로 놓고 〔컨텍스트 메뉴〕 → Nest를 실행합니다.

⑱ 하위 시퀀스인 Nested Sequence 01 시퀀스가 생성되면서 Sequence 01의 모든 트랙과 클립의 편집 내역은 Video 1 트랙에 단일 시퀀스 클립으로 축소되어 나타납니다. 동시에 프로젝트 패널을 확인하면 Nested Sequence 01 시퀀스가 추가되어 있는 것을 확인할 수 있습니다.

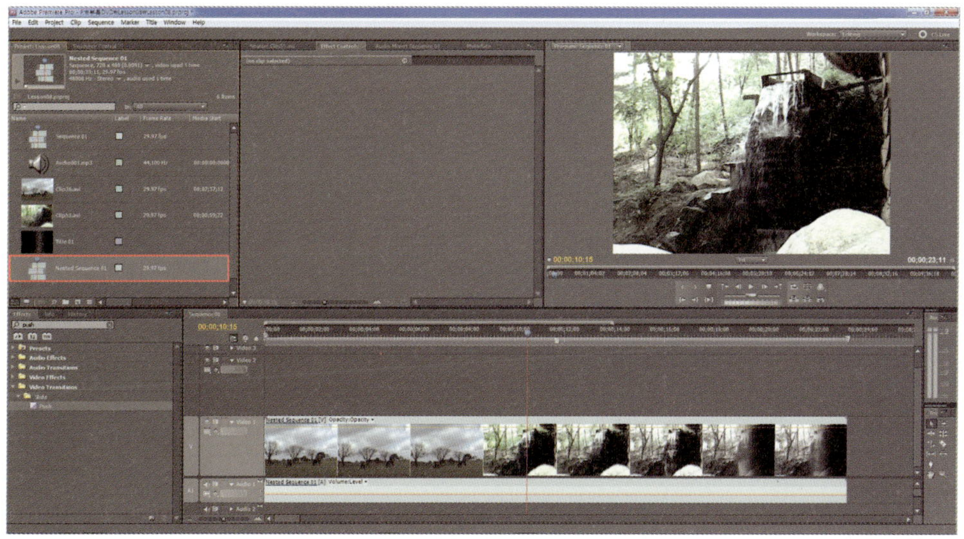

⑲ 표제 타이틀을 합성할 순서입니다. 프로젝트 패널에 임포트되어 있는 Title 81 클립을 더블클릭하여 Title Designer를 열고 〈Show Background Video〉 버튼을 활성화한 다음, Background Video Timecode 를 00;00;18;22에 위치시켜 실제 프레임에 적용될 화면을 확인하고 타이틀을 Gradient 영역인 1/4 우측 여 백에 위치하게끔 정확히 배치합니다.

⑳ Title Designer를 닫고, (File) → New → Transparent Video 또는 프로젝트 패널의 새 아이템 → Transparent Video를 실행하여 내부 클립인 Transparent Video 클립을 새로 만듭니다.

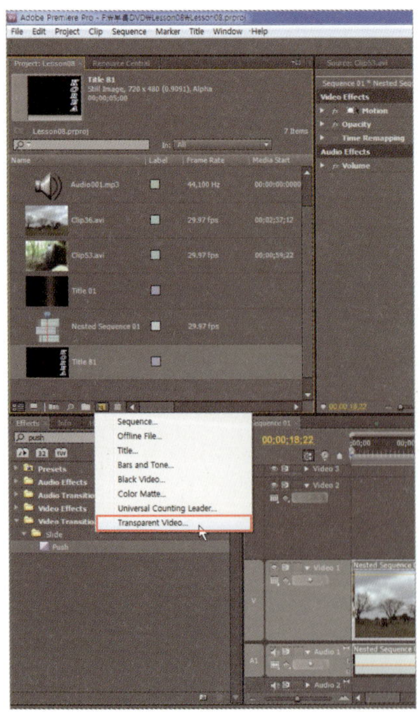
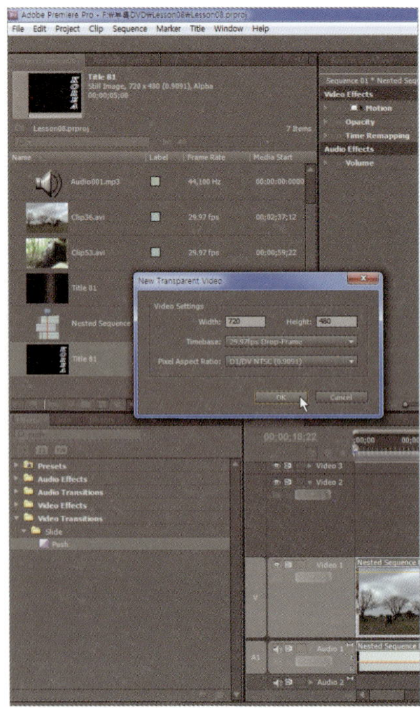

㉑ Nested Sequence 01 클립의 Dip to Black Transition이 시작되는 위치에 편집 기준선을 위치시키고 프로젝트 패널에 새롭게 생성된 Transparent Video 클립을 Video 2 트랙에 배치한 다음, 아웃 점을 연장하여 하위 트랙의 아웃 점과 수직으로 동일하게 조절합니다.

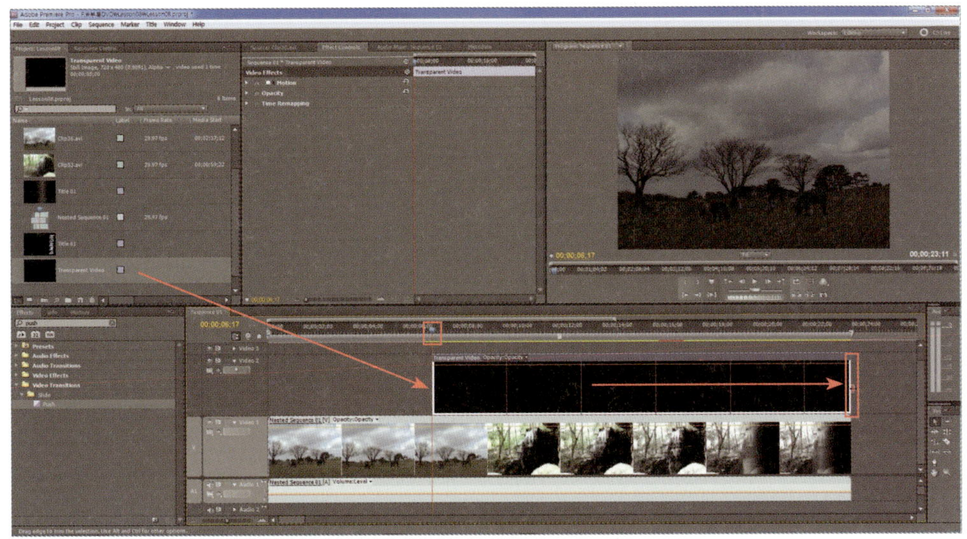

㉒ 이펙트 패널에서 Video Effects\Video\Timecode 이펙트를 선택하고 Video 2 트랙의 Transparent Video 클립에 드래그하여 적용합니다. 타임코드 바가 화면 하단에 나타나면 이펙트 조절 패널에서 Timecode 이펙트의 Size 속성을 7%로 변경하고 Field Symbol의 체크를 해제합니다. 나머지 속성은 기본 값으로 둡니다.

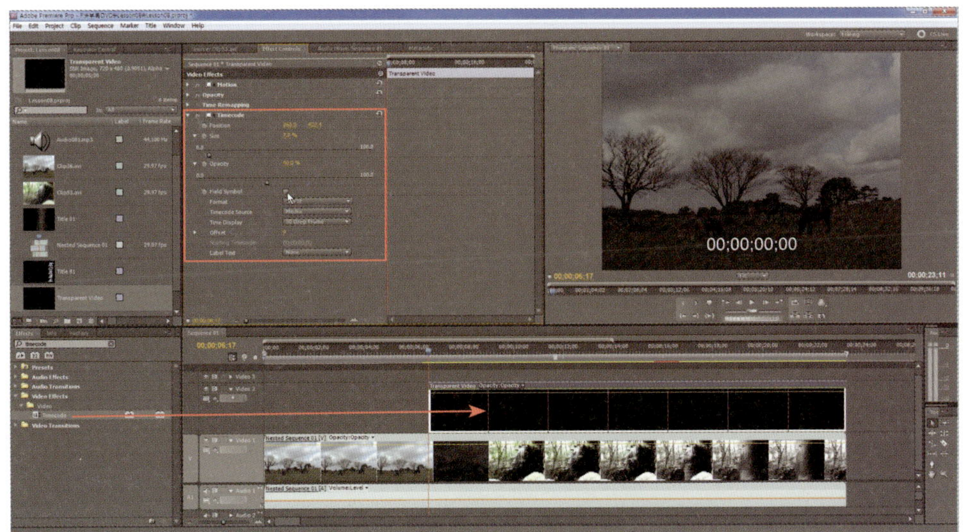

㉓ Timecode 이펙트의 이름을 클릭하여 반전 상태로 전환하고 타임코드 바의 중앙에 나타나는 서클을 정확히 왼쪽으로 드래그하여 화면 좌측으로 이동합니다. Field Symbol이 없는 SMPTE Format의 Timecode 바를 화면 좌측 하단에 배치 완료하였습니다.

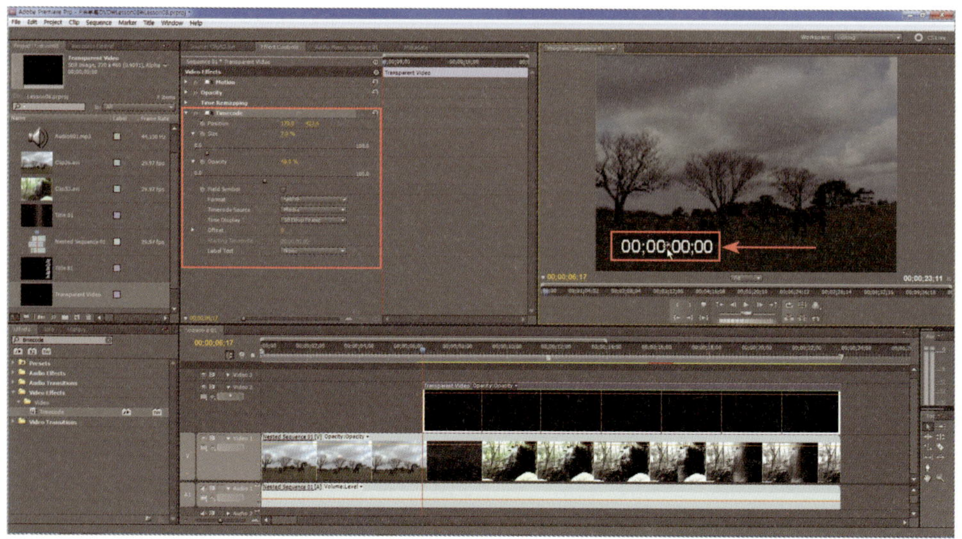

TIP 서클을 정확히 클릭하지 않으면 투명 클립의 모션이 선택 상태로 변경되어 어긋나므로 주의해야 합니다. Position 속성의 X 좌표 값을 왼쪽으로 드래그하여 조절해도 동일합니다.

㉔ Video 2 트랙을 대상 트랙으로 지정하고 편집 기준선을 Transparent Video 클립 인 점에 위치시키고 Ctrl + D를 눌러 비디오 기본 트랜지션 아이템을 적용합니다.

㉕ 스크러빙으로 지금까지의 단계를 프로그램 모니터에서 확인합니다.

㉖ 스크러빙 기능으로 Gradient Title의 Motion이 시작될 위치를 찾은 다음, Gradient Title이 왼쪽으로 움직이기 시작하는 지점에 정확히 편집 기준선을 위치시킵니다.

프로그램 모니터 좌측 하단에서 타임코드 바가 가리키는 00;00;09;15의 시간 위치에 편집 기준선을 두면 편리합니다.

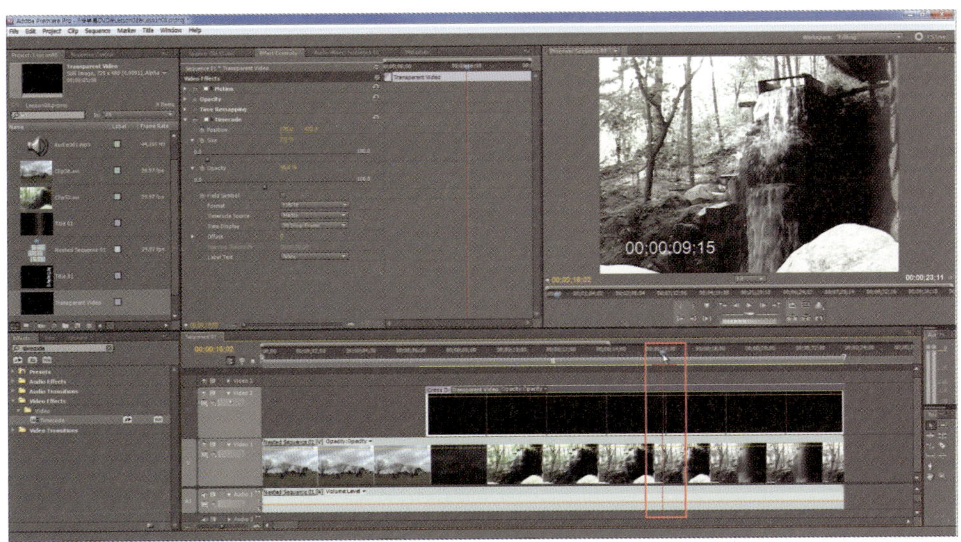

㉗ 최상위 트랙인 Video 3 트랙에 표제 타이틀인 Title 81 클립을 편집 기준선이 있는 위치부터 배치하고 아웃 점을 하위 트랙보다 1초 정도 여유있게 연장합니다. 타이틀의 여운을 남기게 하기 위한 방식입니다.

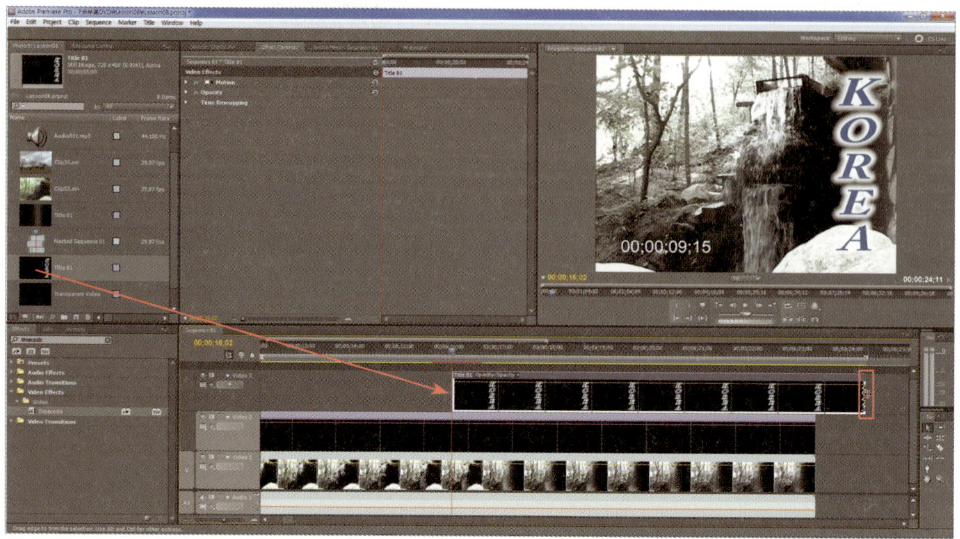

㉘ 이펙트 패널에서 Video Transitions\Page Peel\Roll away 아이템을 선택하고 Video 3 트랙의 Title 81 클립 도입부에 적용합니다. 트랜지션 영역을 클릭하여 트랜지션 옵션을 열고 Roll Away 아이템의 방향을 위쪽으로 설정합니다. 수직 방향으로 타이틀이 위에서 아래로 등장하는 Transition 구간으로 설정을 완료하였습니다.

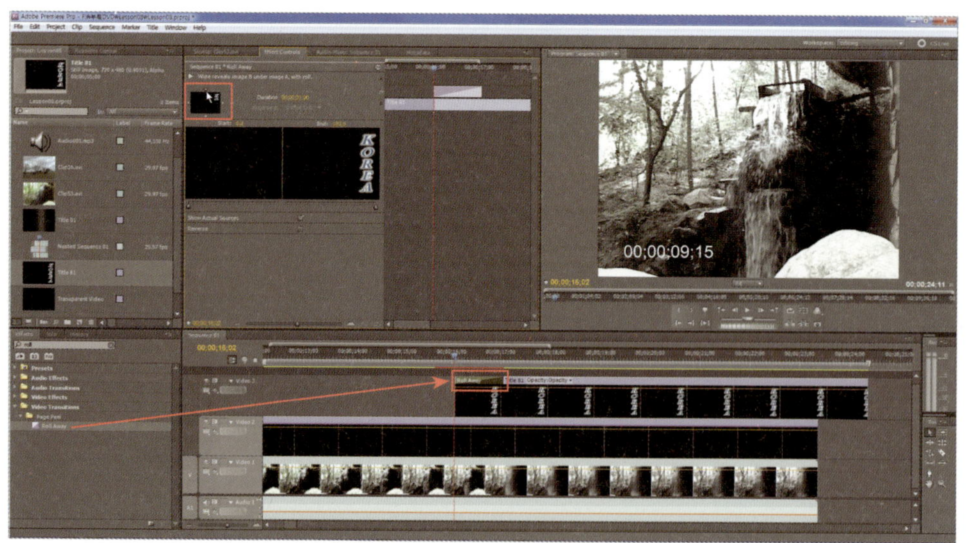

㉙ 이펙트 패널에서 Video Transitions\Slide\Slide 아이템을 선택하고 Video 3 트랙의 Title 81 클립 종료부에 적용합니다. 트랜지션 영역을 클릭하여 트랜지션 옵션을 열고 Slide 아이템의 방향을 위쪽으로 설정합니다. 타이틀의 도입부와 종료부에는 수직 방향으로 타이틀이 위에서 아래로 등장하는 흐름의 Transition 구간으로 설정되지만 두 아이템은 다른 감각으로 마무리하였습니다.

㉚ 편집 기준선을 Video 1, 2 트랙의 아웃 점에 두고 Ctrl + D를 눌러 Nested Sequence 01 클립을 포함한 Video 1, 2 트랙의 종료부는 모두 기본 트랜지션 아이템인 Cross Dissolve 아이템을 적용하여 처리합니다.

❸❶ Transparent Video 클립과 타임코드 바가 시작되는 부분에 맞추어 프로젝트 패널의 Audio001.mp3 클립을 Audio 2 트랙에 배치하여 배경 오디오를 삽입하고 트림 아웃 아이콘으로 오디오 클립의 아웃 점을 왼쪽으로 드래그하여 Video 3 트랙의 종료부보다 약간 길게 설정합니다.

마무리 작업으로 Audio 2 트랙을 대상 트랙으로 지정한 다음 [Ctrl]+[Shift]+[D]를 눌러 종료부에 오디오 기본 트랜지션 아이템을 적용합니다.

❸❷ Video 1 트랙의 Nested Sequence 01 클립을 더블클릭하면 타임라인 패널에 Nested Sequence 01 탭이 추가되고 하위 시퀀스가 열립니다. 최종 점검으로 작업 과정을 확인한 다음, Sequence 01 탭을 클릭합니다.

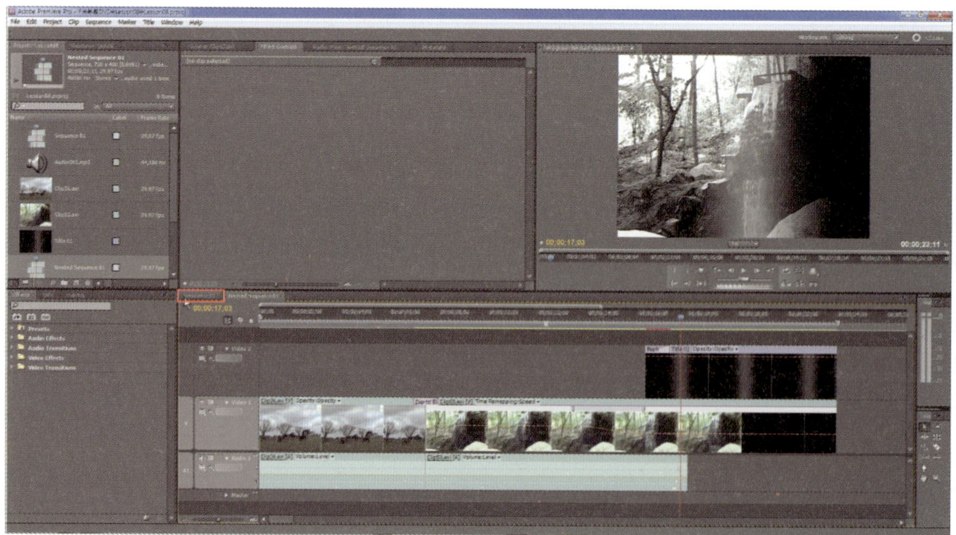

㉝ 상위 시퀀스로 복귀하면 타임룰러의 작업 영역을 확인하고 $\boxed{\text{Enter}}$를 눌러 최종 렌더링 후 미리보기 합니다.

프레임을 동결하는 방법에는 이미지 추출 기능을 사용하는 과정도 포함되어 있지만, 정지
이미지가 아닌 무비 클립 자체를 변경하지 않고 프레임 구간을 동결시켜 정지화 구간을 만
드는 Frame Hold 옵션까지 익혀두어야 합니다.

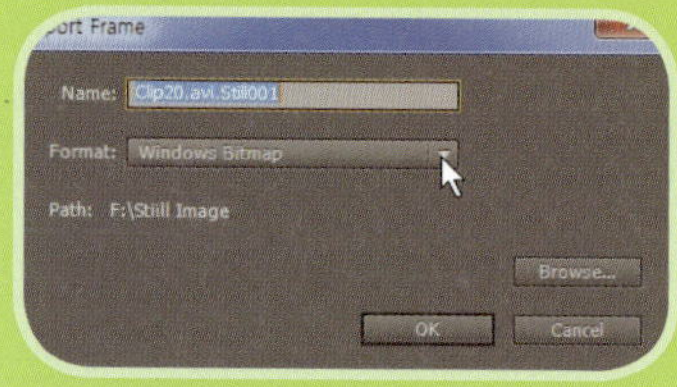

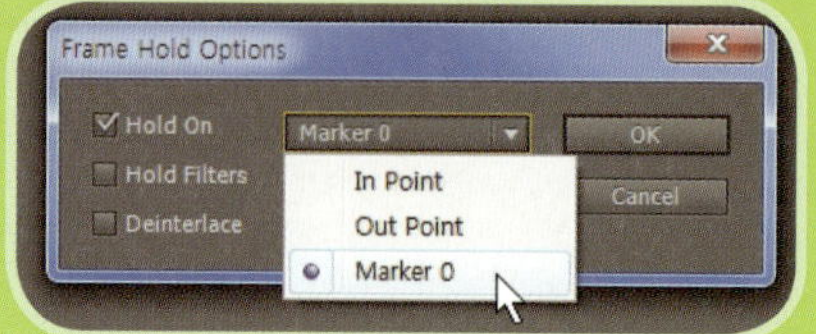

예제 파일 Lesson09.prproj
완성 파일 Lesson09-Q.prproj

CHAPTER 04

정지 이미지 추출과
클립 분석 및 수정 기능

정지 이미지 추출 기능은 다양한 영상 소스를 가지고 편집하는 Premiere Pro CS5.5의 작업에 꼭 필요한 사
항입니다. 영상 소스로부터 원하는 프레임을 보다 손쉽게 추출하는 Export Frame 기능을 먼저 학습하고 클
립을 분석하고 속성을 편리하게 수정하는 기능들을 함께 학습하는 순서입니다.

시퀀스에서 정지 이미지를 추출하는 기능과 활용법에 대해 학습합니다.

1. Scale to Frame Size 기능과 이미지 추출 방식

최근 디지털 스틸 카메라와 비디오 카메라의 경계가 허물어지면서 양자 호환되는 시퀀스의 활용이 두드러지고 있는데, Premiere Pro CS5.5의 Export Frame 기능을 이용하면 시퀀스에 비례하지 않는 다양한 크기의 소스 클립까지도 원하는 형태로 재가공할 수 있습니다.

Scale to Frame Size 옵션을 체크하면 이미지 클립이 현재 시퀀스의 프레임 크기로 자동 조정됩니다.

Scale to Frame Size 옵션을 체크하지 않은 상태에서 프로그램 모니터의 확대/축소 메뉴를 이용하면 시퀀스 설정 값보다 큰 대용량 사이즈의 사진 소스부터 원하는 영역만 이미지로 추출할 수 있습니다.

이 방법을 활용하려면 환경 설정 메뉴인 (Preferences) 대화상자 → General 옵션의 Default scale to frame size 옵션을 체크하지 않아야 합니다.

Default scale to frame size 옵션을 체크하면 프로젝트의 모든 시퀀스에 반영되어 시퀀스 크기에 맞게 클립의 크기가 자동 조정됩니다. Scale to Frame Size 옵션은 시퀀스의 클립별 컨텍스트 메뉴와 [Clip] → Video Options 메뉴에 존재하므로 원하는 클립만 시퀀스 크기로 조절할 때 사용할 수 있습니다.

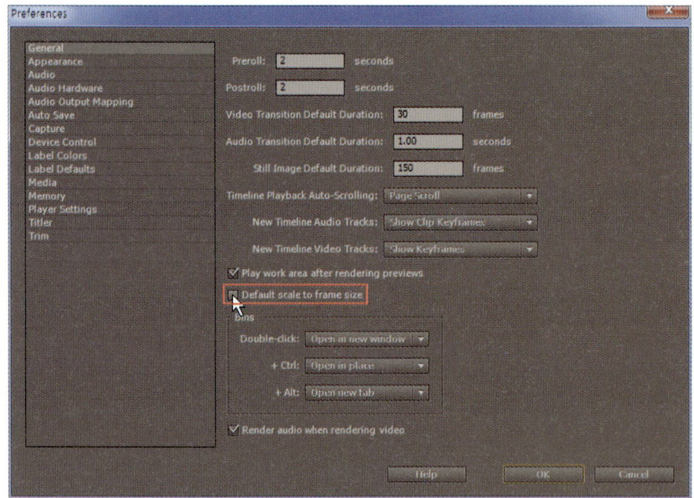

소스 이미지나 또는 무비 클립을 기본 트랙에 배치한 다음, 이펙트 조절 패널의 Motion 이펙트를 반전 상태로 전환시킨 뒤, 프로그램 모니터의 서클을 이동하여 현재 시퀀스에 적합한 앵글을 맞추어 추출해 낼 수 있습니다. 단, 정지 이미지의 추출이므로 시퀀스의 편집 기준선을 정확히 위치시킬 필요가 있습니다.

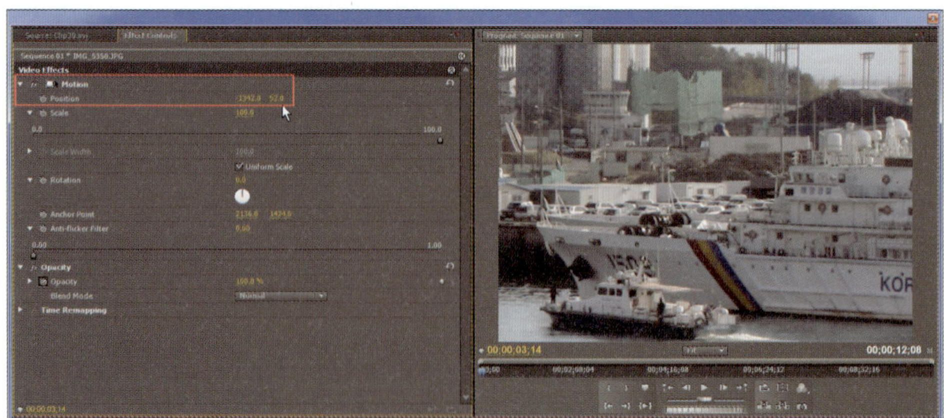

Motion 이펙트의 Scale 속성을 조절하여 소스 이미지의 가시 화면을 현재 시퀀스의 Frame Size에 일치시킬 수 있는데 이것은 Scale to Frame Size 옵션을 체크했을 때와는 반대로 소스 이미지의 부분 영역을 재가공하여 사용할 때 활용하는 방식입니다.

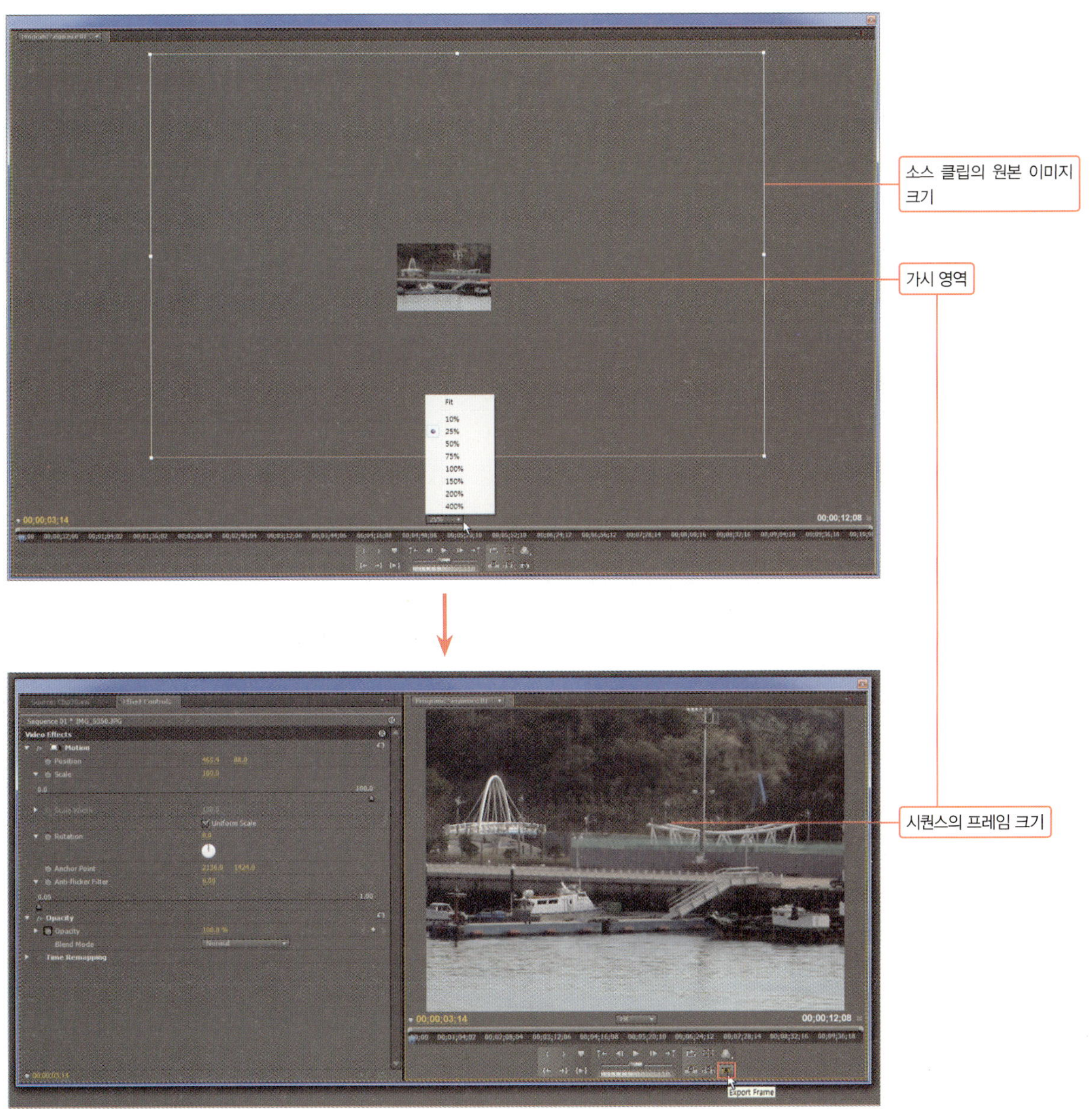

이 기능을 이용하면 파노라마 형태의 이미지를 색다른 형태로 가공하여 편집할 수 있습니다.

프로그램 모니터 조절기의 〈Export Frame〉 버튼을 누르고 〔Export Frame〕 대화상자에서 추출할 이미지 형식과 경로를 설정한 다음 〈OK〉 버튼을 누르면 프로그램 모니터의 부분 화면이 즉시 이미지 파일로 추출되어 생성됩니다.

2. Export Frame

시퀀스로부터 낱장의 프레임을 정지 이미지로 내보내기 하는 방식은 모니터 패널의 〈Export Frame〉 버튼을 누르면 시퀀스 작업 도중 즉시 원하는 프레임만을 선별하여 낱장의 정지 이미지 형식으로 저장할 수 있으므로 편리합니다.

정지 이미지 추출 기능은 시퀀스로부터 연속된 프레임의 부분 정지화 기법을 통한 편집의 재가공을 위해 자주 사용하는 방식이지만, Premiere Pro CS5.5는 소스 모니터와 프로그램 모니터 조절기에 카메라 모양의 〈Export Frame〉 버튼을 모두 제공하고 있어서 소스 클립과 시퀀스에 구애받지 않고 언제든지 정지 이미지를 추출할 수 있습니다.

작업 중인 시퀀스에서 특정 프레임을 낱장의 정지 이미지로 추출하여 재편집할 때의 픽셀 종횡비는 영상 편집 프로그램에 따라 저장 방식이 다르게 나타납니다. 일부 편집 도구는 DV의 경우 이러한 불편을 해소하기 위해 1:1 대응 방식(종횡비 1.0)과 Video 방식(종횡비 0.9)으로 구분하여 용도 별로 캡처할 수 있도록 배려하고 있습니다. 1:1 대응으로 설정하면 스퀘어 픽셀로 저장하여 추출한 이미지를 포토샵 등의 일반 그래픽 응용 프로그램에서 즉시 활용할 수 있고, Video로 설정하면 비디오 픽셀 종횡비에 비례한 값으로 저장하여 영상 편집용 프로젝트에 수정 없이 삽입하거나 트랙에 즉시 배치하여 활용할 수 있는데, 이때는 옵션에 따른 종횡비가 다르게 저장되므로 용도에 따라 구분해 두지 않으면 불편한 점이 발생할 수 있습니다.

그러나 Premiere Pro CS5.5에서는 모니터 패널의 〈Export Frame〉 버튼으로 직접 이미지를 추출할 수 있고 Media Encoder의 정지 이미지 Export 기능을 모두 활용할 수 있기 때문에 이미지 패턴을 삽입할 때 편집 요소로서 아무런 제한을 받지 않습니다.

3. Export Frame 옵션

Premiere Pro CS5.5에서는 소스 모니터와 프로그램 모니터의 조절기에 각각 〈Export Frame〉 버튼이 있고 현재 시간 표시자를 원하는 프레임에 위치시키고 〈Export Frame〉 버튼을 클릭하면 [Export Frame] 대화상자가 즉시 나타나므로, Export 메뉴를 거칠 필요가 없습니다.

소스 모니터에서 이미지를 추출하면 소스 클립의 프레임 크기와 종횡비를 따르고, 프로그램 모니터에서 이미지를 추출하면 현재 시퀀스의 프레임 크기와 종횡비에 따라 이미지 파일이 저장된다는 점에서 차이가 있습니다.

즉 소스 모니터의 Export Frame 기능은 소스 클립의 정보와 비트 심도를 기준으로 저장하며, 프로그램 모니터의 Export Frame 기능은 현재 시퀀스의 설정 값을 토대로 하여 파일로 저장한다는 점에서 그 용도를 구분합니다.

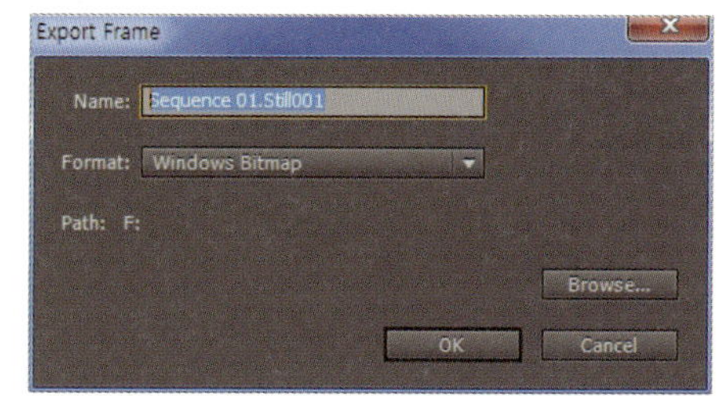

- **Name** : 소스 파일 또는 시퀀스 이름 뒤에 Still001, 002, 003…… 순의 일련번호로 파일 이름을 추가합니다.
- **Format** : 정지 이미지로 저장할 파일 형식은 필름 스캔시 사용되는 DPX(Digital Moving-Picture Exchange)를 포함하여 총 7가지 유형 (Windows Bitmap, GIF, JPEG, PNG, Targa, TIFF)으로 분류되어 있습니다.
- **Browse** : 정지 이미지의 저장 경로를 지정합니다. 단, 프로젝트 패널에 자동 임포트는 불가능합니다. 추출한 프레임 이미지를 시퀀스에 사용하려면 수동으로 Import 해야 합니다.

4. Display Field 옵션

Progressive Scan 방식이 아닌 Interlace 소스 클립일 경우에는 모니터 패널 메뉴로부터 Display Field 옵션을 소스 클립에 맞게 정확히 설정해야만 정지 이미지의 화질 왜곡을 미연에 방지할 수 있습니다.

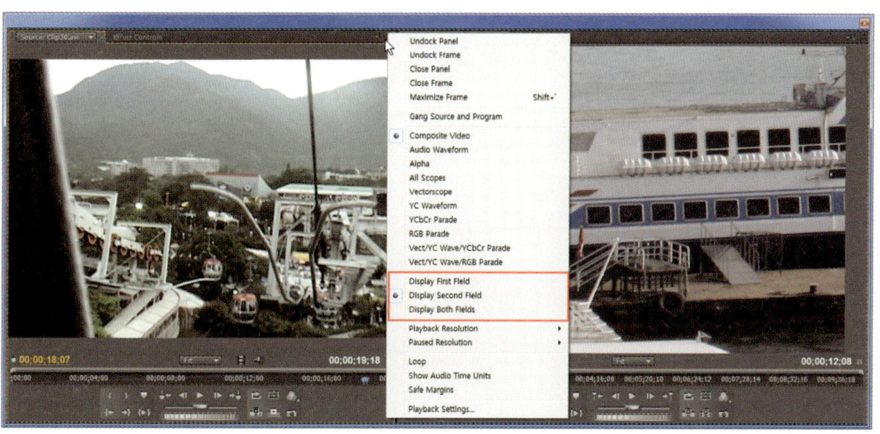

Premiere Pro CS5.5에서는 Interlace 소스의 경우 정지 이미지로 추출했을 때 필드를 보정해야 하는 절차를 생략할 수 있는 이점이 있습니다. 최근 경향은 Progressive 소스가 주류를 이루는 관계로 모니터 패널 메뉴의 Display Field 옵션은 Interlace와 Progressive 소스가 혼합된 시퀀스에서 필수적인 옵션이라고 할 수 있습니다.

5. 현재 작업 중인 시퀀스에서 특정 프레임을 이미지로 추출하기

작업 중인 시퀀스에서 원하는 프레임을 낱장의 이미지로 추출하는 방법입니다.

❶ 부록 DVD의 Lesson09 폴더에서 'Lesson09.prproj'를 불러옵니다.
현재 작업 시퀀스의 현재 타임코드를 확인하면서 정지 이미지로 추출할 프레임 위치(00;00;16;13)에 편집
기준선을 위치시킵니다.

❷ 프로그램 모니터 조절기의 〈Export Frame〉 버튼을 클릭합니다.

❸ 〔Export Frame〕 대화상자가 나타납니다. 시퀀스 이름 뒤에 Still001이 추가되어 표시되는 Name 옵션은 그대로 두고, Format 메뉴를 클릭하여 Windows Bitmap 형식을 선택합니다.

> **TIP** 파일 이름은 소스 모니터와 달리, 현재 시퀀스의 이름을 기준으로 일련번호가 추가된다는 점이 다릅니다. 소스 모니터의 Export Frame 기능으로 추출하는 정지 이미지는 파일명이 소스 클립을 따르며 Still001, 002, 003…… 순의 일련번호로 파일 이름을 추가합니다.

❹ 〈Browse〉 버튼을 눌러 저장할 경로를 설정하고 〈OK〉 버튼을 클릭합니다.

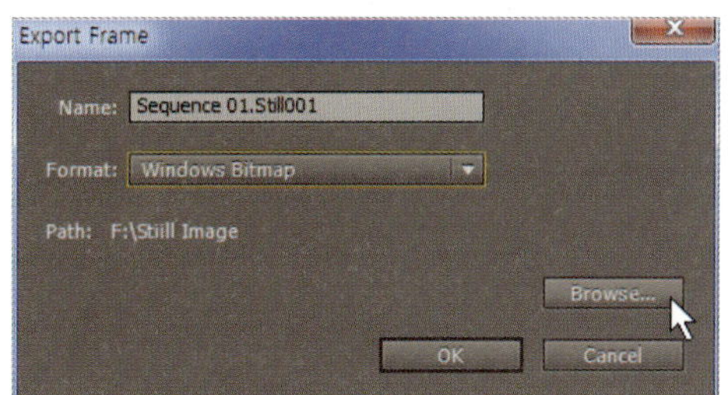

❺ Windows 탐색기로 해당 경로를 확인하면 프레임이 추출되어 BMP 형식으로 저장된 것을 확인할 수 있습니다.

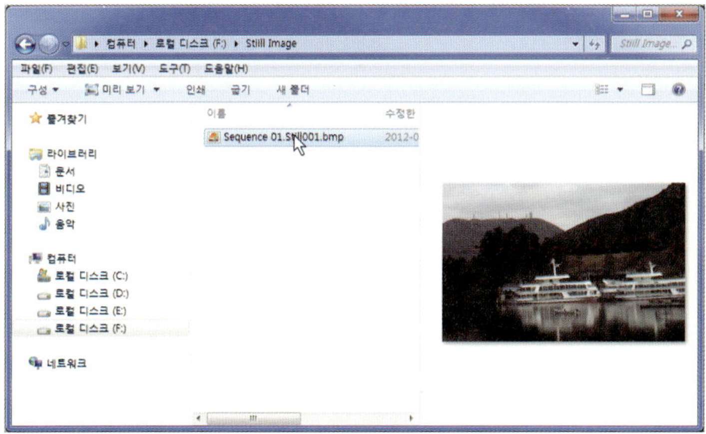

❻ 〔File〕 → Import 명령으로 프로그램 모니터에서 정지 이미지로 추출한 Sequence 01.Still001.bmp 파일을 임포트한 다음 프로젝트 패널의 미리보기 영역을 확인하면 현재 시퀀스의 프레임 크기와 종횡비 설정을 그대로 따르고 있는 것을 확인할 수 있습니다.

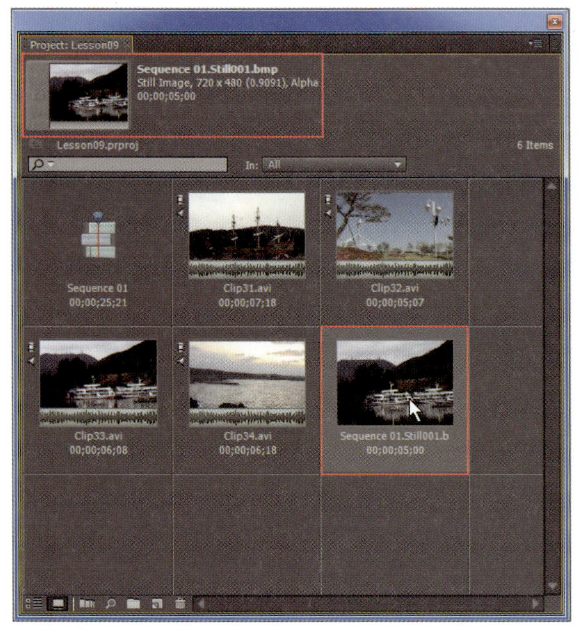

> **TIP** 프로젝트 패널에 자동 임포트는 불가능합니다. 추출한 프레임 이미지를 시퀀스에 사용하려면 수동으로 임포트해야만 합니다.

프로그램 시퀀스의 Export Frame 기능을 활용하면 낱장의 이미지로 저장되는 파일은 자막과 이펙트의 편집 요소가 합성된 결과물로 생성되므로 소스 모니터의 Export Frame 기능과 차별화하여 사용할 수 있습니다.

또, 현재 시퀀스의 편집 정보를 정확히 보존한 상태로 저장하기 때문에 프레임 정지구간을 할당할 때 인 점과 아웃 점, 그리고 숫자 마커를 활용하는 Frame Hold 기능을 활용하는 방식보다 더욱 신속하게 편집 기법을 적용할 수 있다는 장점이 있습니다.

물론, 이전 버전부터 존재하는 〔File〕 → Export → Media 명령을 통한 Media Encoder의 정지 이미지 Export 기능을 동일하게 사용할 수 있지만, 단순히 정지 이미지로 저장하는 작업 이외에 현재 시퀀스에 재활용할 용도라면 〈Export Frame〉 버튼을 활용하는 이미지 추출 방법이 종횡비의 오류 없이 보다 안정적으로 작업할 수 있는 방식이라고 할 수 있습니다.

02 프레임 정지화 기능

이미지 추출 과정을 거치지 않고 시퀀스에서 클립의 정지화 구간을 만드는 방법에 대해 알아봅니다.

1. 프레임 동결 기능의 용도

타임라인 패널의 시퀀스에서 작업 중인 클립을 정지 영상으로 표현하는 것을 프레임 동결 기능라고 합니다.

즉 클립의 정지화 구간을 만들기 위해 특정 프레임을 동결시키는 요소로 활용하므로 프레임 정지화 기능을 프레임 동결 기능이라고도 합니다. 시퀀스의 특정 프레임을 정지 화면으로 표현할 때 사용하며, 현재 작업 시퀀스의 클립 배치를 변경하지 않고 즉시 정지화 구간을 설정할 수 있는 기능입니다.

Frame Hold Option의 프레임 동결 기능을 활용하면 프로그램 모니터의 〈Export Frame〉 버튼으로 특정 프레임을 정지 이미지로 추출한 뒤 임포트하여 시퀀스에 재배치하고 정지 이미지 구간을 편집하는 과정을 생략할 수 있습니다.

2. 〔Frame Hold Options〕 대화상자

특정 프레임을 동결시키는 방법은 〔Clip〕 → Video Options → Frame Hold 또는 〔컨텍스트 메뉴〕 → Frame Hold 명령을 사용합니다. Frame Hold 옵션은 클립의 인 점과 아웃 점, 그리고 숫자 마커인 0번 마커(Marker 0)로 설정된 지점을 동결시켜 정지 프레임으로 처리하는 기능입니다.

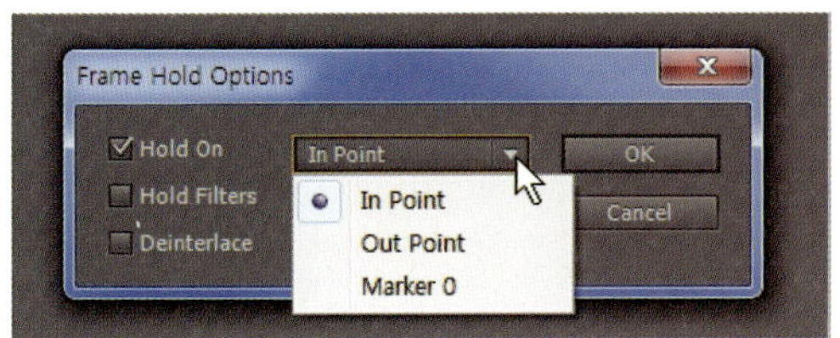

- **Hold On** : 체크할 때에만 프레임을 정지시킵니다. 드롭 다운 메뉴에서 정지시킬 프레임을 선택해야 합니다.
- **In Point** : 인 점을 동결하여 정지화 구간으로 표현합니다.
- **Out Point** : 아웃 점을 동결하여 정지화 구간으로 표현합니다.
- **Marker 0** : 0번 마커가 있는 위치의 프레임을 동결합니다.
- **Hold Filters** : 체크하면 프레임 위치의 이펙트가 반영된 상태를 포함합니다. 즉 인 점, 아웃 점, 0번 마커 위치의 이펙트를 그대로 포함하는 것을 가리키며, 이펙트에 키프레임이 할당되어 키프레임마다 이펙트의 변화가 발생할 때, 인 점과 아웃 점 또는 0번 마커의 프레임 위치에 적용되는 효과를 그대로 정지화시킨다는 뜻입니다.

> **TIP** Hold Filters 옵션을 제외하고 Hole On 옵션만 체크하면 프레임은 동결되지만 이펙트의 변화는 적용되므로 부작용이 나타날 수 있습니다.

- **Deinterlace** : 체크하면 정지된 프레임의 인터레이스를 제거합니다.

3. 인 점 동결

〔Frame Hold Options〕 대화상자에서 Hold On을 체크하고, 동결할 위치를 In Point로 설정한 다음 〈OK〉
버튼을 누르면 클립의 지속시간 전체를 인 점 프레임 화면으로 출력합니다.

프로그램 모니터를 확인하면 편집 기준선의 위치와 관계없이 클립의 지속시간 전체 프레임을
인 점 프레임 화면만으로 동결시켜 출력합니다.

4. 아웃 점 동결

〔Frame Hold Options〕 대화상자에서 Hold On을 체크하고, 동결할 위치를 Out Point로 설정한 다음 〈OK〉 버튼을 누르면 클립의 지속시간 전체를 아웃 점 프레임 화면만으로 출력합니다.

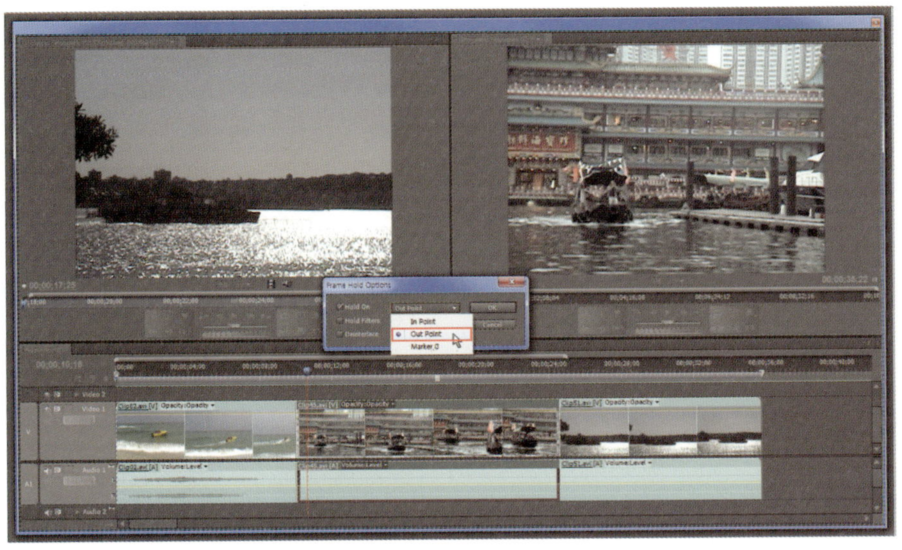

프로그램 모니터를 확인하면 편집 기준선의 위치와 관계없이 클립의 지속시간 전체 프레임을 아웃 점 프레임 화면만으로 동결시켜 출력합니다.

5. 0번 마커 동결

〔Frame Hold Options〕 대화상자에서 Hold On을 체크하고, 동결할 위치를 Marker 0으로 설정한 다음
〈OK〉 버튼을 누르면 클립의 지속시간 전체를 0번 마커가 설정된 프레임 화면으로 출력합니다.

스크러빙 기능으로 편집 기준선을 이용하여 좌우를 드래그해도 클립의 전체 영역이 0번 마커의 정지 프레임
으로만 나타납니다.

6. 필드 옵션

〔Clip〕 → Video Options → Field Options 기능은 필드의 부조화를 예방하기 위해 설정하는 옵션입니다.

Interlace 소스는 첫 번째(또는 홀수), 두 번째(또는 짝수) 필드로 구성되어 있으므로 필드의 우선 순위를 적합한 값으로 설정해야 합니다. 필드의 우선 순위를 부정확하게 설정하면 Flicker 현상으로 화면이 떨리는 현상이 발생합니다.

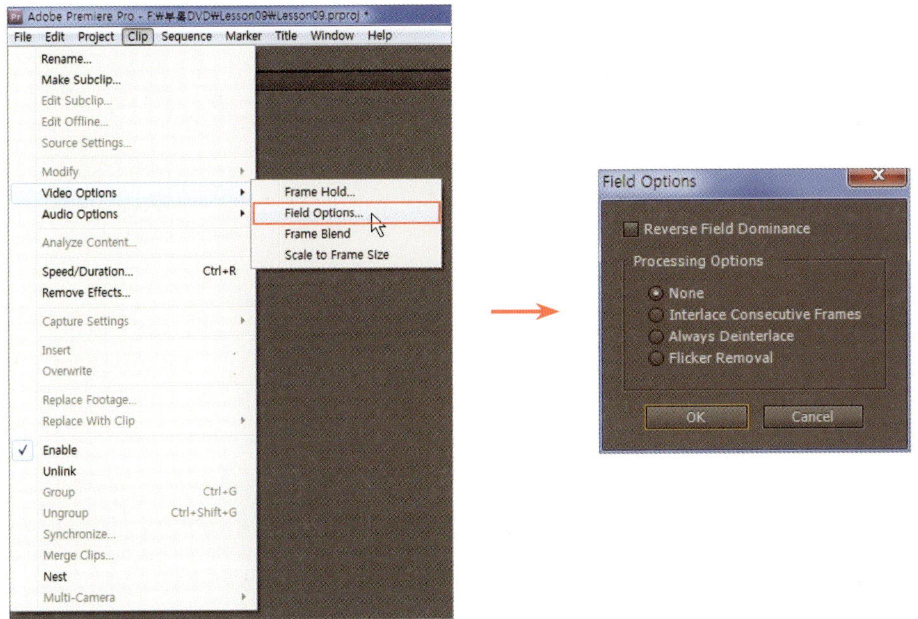

- **Reverse Field Dominance** : 우선 순위 필드가 바뀐 상황일 때 체크하면 필드의 순서를 바꿉니다.
- **None** : 필드 옵션을 적용하지 않습니다.
- **Interlace Consecutive Frames** : 모든 영역에서 인터레이스를 제거합니다. 우선 순위 필드를 제외한 나머지 필드를 제거하고 이를 프레임 보간으로 채운 뒤에 필드를 분배하므로 부드러운 재생이 가능합니다.
- **Always Deinterlace** : Progressive Scan 방식의 소스를 인터레이스 영상으로 변환할 때 사용하며 이때 프레임이 한쪽 필드로 대체됩니다.
- **Flicker Removal** : 필드를 제거하지 않고 한쪽으로 치우친 주사선을 흐리고 부드럽게 처리하므로 재생 도중 명멸 현상을 방지할 수 있습니다.

7. 시퀀스에서 특정 클립을 정지화 구간으로 할당하기

이미지 추출을 하지 않고 시퀀스의 클립 배치를 바꾸지 않은 상태에서 인 점과 아웃 점, 그리고 숫자 마커를 기준으로 프레임을 동결하는 방법을 익힙니다.

❶ 예제 프로젝트는 부록 DVD의 Lesson09 폴더에서 'Lesson09.prproj'를 그대로 사용합니다. 시퀀스의 Video 1 트랙에 배치되어 있는 클립들 중에서 첫 번째 Clip31.avi 클립을 선택하고 〔컨텍스트 메뉴〕 → Frame Hold를 실행합니다.

❷ 〔Frame Hold Options〕 대화상자가 나타나면 Hold On 옵션을 체크하고, 드롭 다운 메뉴에서 동결할 프레임의 위치를 In Point로 설정한 다음 〈OK〉 버튼을 누릅니다.

❸ 편집 기준선을 Clip31.avi 클립 영역에 두고 스크러빙으로 프로그램 모니터를 확인하면 첫 번째 클립의 모든 영역이 인 점 프레임 화면으로 동결되어 고정되어 있는 것을 확인할 수 있습니다.

❹ 이번에는 두 번째 클립인 Clip32.avi 클립을 선택하고 같은 요령으로 [Frame Hold Options] 대화상자에서 Hold On을 체크하고, 동결할 위치를 Out Point로 설정한 다음 〈OK〉 버튼을 누릅니다.

❺ 스크러빙으로 확인하면 두 번째 클립의 모든 영역이 아웃 점 프레임 화면으로 동결되어 나타납니다.

❻ 네 번째 클립은 먼저 숫자 마커를 설정해 주어야 합니다. Clip34.avi 클립을 선택한 다음 편집 기준선을 00;00;21;13의 위치에 두고 (Marker) → Clip Marker → Set Next Available Numbered를 실행합니다.

❼ 편집 기준선이 있는 위치에 클립 마커인 0번 마커가 생성되어 나타납니다. 네 번째 클립을 선택한 상태에서 같은 요령으로 〔Frame Hold Options〕 대화상자를 띄우고 동결할 프레임의 위치를 Marker 0으로 설정한 다음 〈OK〉 버튼을 누릅니다.

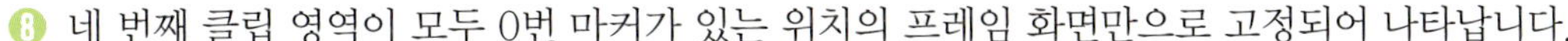

> **TIP** 〔Marker〕→ Clip Marker → Set Next Available Numbered를 실행하면 〔Set Numbered Marker〕 대화상자를 띄우지 않고 곧바로 최초 0번부터 사용 가능한 숫자 마커가 오름차순으로 설정되므로 편리합니다. 클립 마커는 타임룰러에 고정되는 시퀀스 마커와 달리 클립 안에 표기되므로 클립을 이동하면 마커가 따라 움직입니다. Marker는 편집을 더욱 편리하게 하는 편집 전용 식별 기호이므로 결과 영상에는 흔적이 나타나지 않습니다.

❽ 네 번째 클립 영역이 모두 0번 마커가 있는 위치의 프레임 화면만으로 고정되어 나타납니다.

클립을 분석하고 수정하는 기능을 알아봅니다.

Premiere Pro CS5.5는 소스 클립을 수정할 수 있는 기능들을 함께 제공하고 있습니다. 시퀀스의 편집에 사용되기 직전의 소스 클립을 〔Modify Clip〕 대화상자로 한데 묶어 3가지(Audio Channels, Interpret Footage, Timecode) 옵션을 할애하고 있습니다.

Audio Channels, Interpret Footage, Timecode 탭으로 구분되어 있는 속성 수정 옵션은 프로젝트 패널의 컨텍스트 메뉴와 〔Clip〕 → Modify 메뉴에서 개별 명령을 실행하면 곧바로 해당 탭이 열립니다.

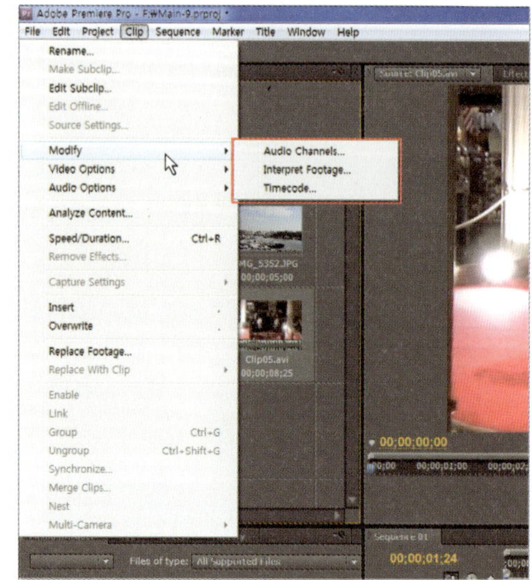

3가지(Audio Channels, Interpret Footage, Timecode) 명령은 〔Modify Clip〕 대화상자에 탭으로 그룹화되어 있는데, Modify → Audio Channels 명령은 소스 클립의 오디오 채널 정보를 편집에 적용시키기 이전 상태에서 특정 패널을 매핑할 때 사용하며 간이 재생으로 미리보기가 가능하게끔 구성되어 있습니다.

- **Enable** : 체크를 해제하면 해당 채널은 사용 불가 상태로 전환됩니다.
- **Track/Channel** : 채널 아이콘을 드래그하여 소스 채널을 다른 채널로 매핑할 수 있고 트랙 정보를 서로 교체할 수 있습니다.

재생 버튼을 누르면 슬라이더가 오른쪽으로 이동하면서 간이 재생이 시작됩니다.

1. Modify → Interpret Footage

〔Clip〕 → Modify → Interpret Footage를 실행하고 〔Modify Clip〕 대화상자에서 Interpret Footage 탭을 누르면 나타나는 Interpret Footage 옵션은 소스 클립의 푸티지 정보를 세분화시켜 수정할 수 있도록 배려한 기능으로, 프레임 비율과 픽셀 종횡비, 필드 속성, 그리고 알파 채널 속성을 변경할 수 있습니다.

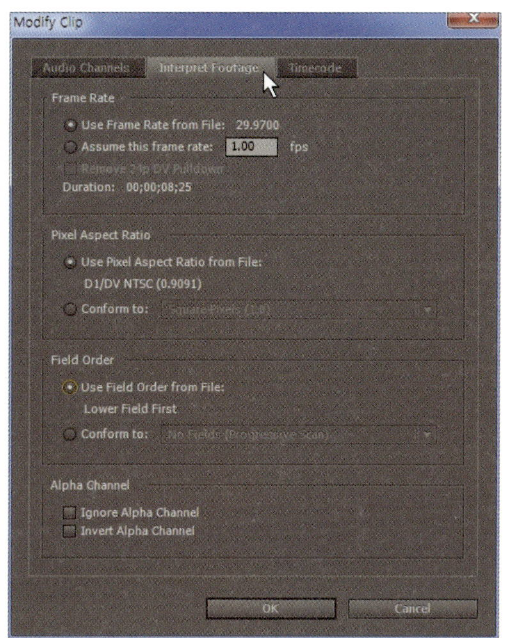

- **Frame Rate → Use Frame Rate from File** : 마스터 클립의 프레임 비율을 표시하며, 본래의 프레임 비율을 유지하는 기본 값입니다.
- **Frame Rate → Assume this frame rate** : 변경하려는 프레임 비율을 직접 숫자로 입력할 수 있습니다.
- **Frame Rate → Remove 24p DV Pulldown** : 체크 옵션으로 24p 소스 클립이 선택되었을 때에만 사용 가능한 옵션으로 풀다운 스키마를 제거하여 프레임 보간을 사용하지 않고 필름 느낌의 영상을 표현할 때 사용합니다.
- **Pixel Aspect Ratio → Conform to** : 프로젝트와 시퀀스 설정 값에 따라 클립의 픽셀 종횡비가 자동 조절되지 않을 때 픽셀 종횡비를 새롭게 설정해 주는 옵션입니다.
- **Alpha Channel → Ignore Alpha Channel** : 체크하면 클립에 포함되어 있는 알파 채널을 무시하고 적용하지 않습니다.
- **Alpha Channel → Invert Alpha Channel** : 체크하면 알파 채널의 투명 영역과 불투명 영역을 반대로 적용합니다.

2. Modify → Timecode

〔Clip〕 → Modify → Timecode 명령은 마스터 클립의 타임코드를 변환할 때 사용합니다. 즉 캡처된 마스터 클립의 타임코드를 변경할 때 필요한 기능입니다. 기본적으로 클립의 타임코드는 장치 제어를 이용한 캡처 당시 또는 임포트 이전의 환경에 따라 영구적으로 할당되지만 타임코드 변경 기능을 이용하면 새로운 타임코드를 부여하거나 변경할 수 있습니다.

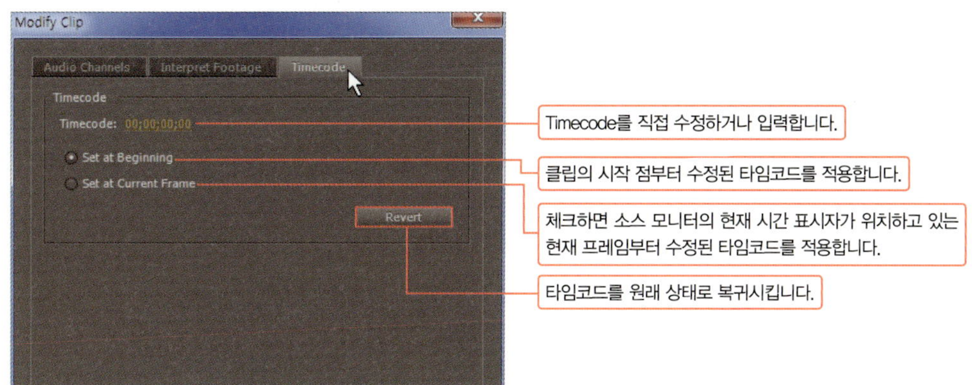

> **TIP** 수정된 타임코드는 〔Properties〕 대화상자에 User Timecode로 표시되어 구분이 가능하며, 〔Clip〕 → Modify Clip → Timecode 탭을 선택하면 나타나는 〔Timecode〕 대화상자에서 〈Revert〉 버튼을 누르면 원본 타임코드로 복귀시킬 수 있습니다.

3. 복수 클립의 타임코드를 한 번에 변경하기

여러 클립의 타임코드를 (Clip) → Modify → Timecode 옵션으로 한 번에 변경하는 방법입니다.

❶ 예제 프로젝트는 부록 DVD의 Lesson09 폴더에서 'Lesson09.prproj'를 그대로 사용합니다.
프로젝트 패널에서 모든 클립을 선택하고 (컨텍스트 메뉴) → Modify → Timecode 또는 (Clip) → Modify
→ Timecode를 실행합니다.

❷ (Modify Clip) 대화상자의 Timecode 옵션이 곧바로 나타납니다. Timecode 값을 클릭하고 00;00;10;00
으로 수정한 다음 〈OK〉 버튼을 누릅니다.

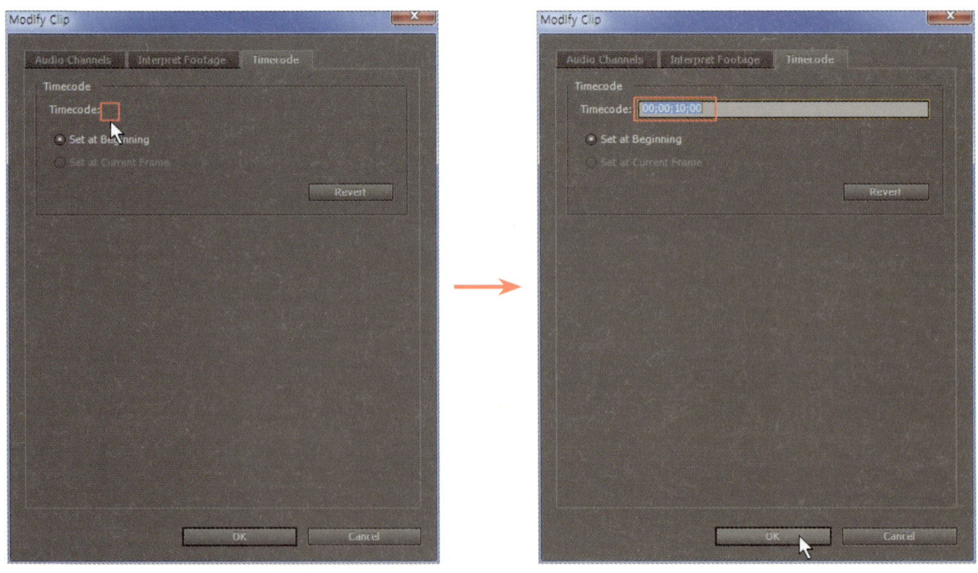

❸ 타임코드가 일괄 변경되어 나타납니다. 각각의 클립을 선택하고 〔컨텍스트 메뉴〕 → Properties 명령으로 클립의 정보를 확인하면 〔Properties〕 대화상자의 Timecode 항목에 User Timecode로 새로운 사용자 타임코드가 00;00;10;00으로 추가되어 있는 것을 확인할 수 있습니다.

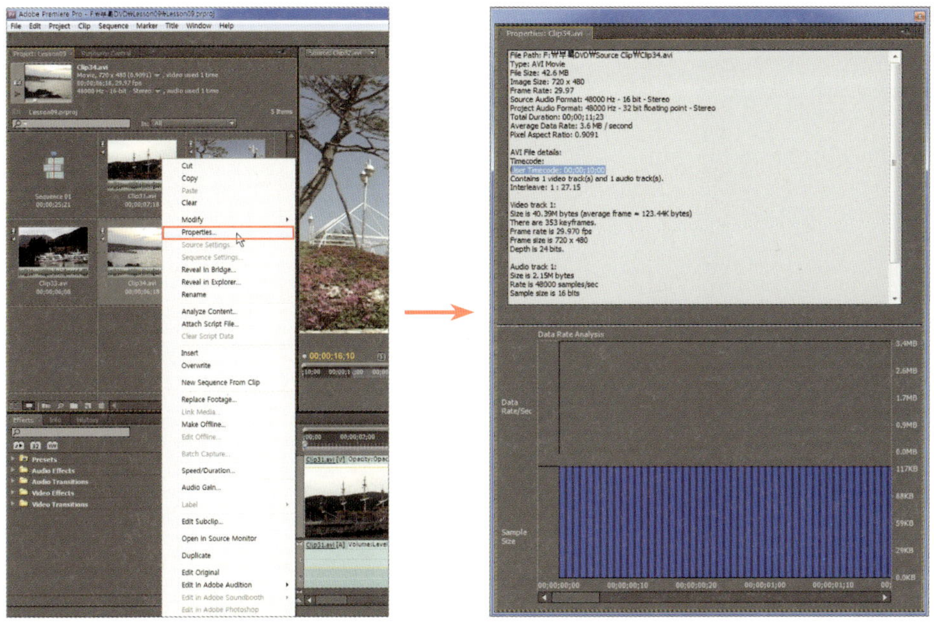

 한 번 타임코드를 변경하면 클립의 타임코드 자체가 변경되기 때문에 주의해야 합니다.

❹ 타임코드를 복구하는 방법입니다. 프로젝트 패널의 Clip31.avi 클립을 선택하고 다시 〔Modify Clip〕 대화상자의 Timecode 옵션을 연 다음, 이번에는 〈Revert〉 버튼을 클릭합니다.

❺ 타임코드가 원상 복귀되어 나타납니다.

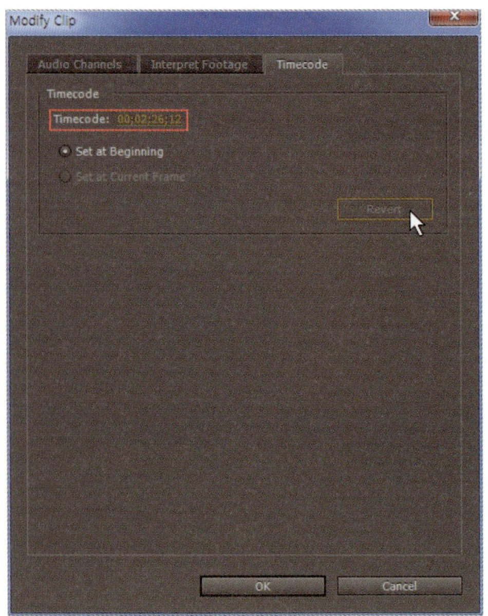

> **TIP** Premiere Pro CS5.5의 픽셀 종횡비는 ATSC 규격의 704x480과 NTSC 규격의 DV(D1) 720×480을 포함하여 HD 1080 Anamorphic 규격의 1920×1080에 이르기까지 C:\Program Files\Adobe\Adobe Premiere Pro CS5.5\Plug-ins\en_US 폴더에 있는 Interpretation Rules.txt 파일에 정의되어 있는 내용에 따라 규칙이 적용됩니다.

정지 이미지 추출은 촬영된 소스로부터 낱장의 이미지를 얻는 방법에 해당되지만, 시퀀스 안에서 정지된 사진 이미지 패턴의 효과를 주기 위한 용도로 추출할 때도 있습니다.

연속된 클립의 시퀀스 구조를 유지한 상태에서 정지 이미지 효과를 줄 때에는 마커를 이용한 프레임 동결 기능을 많이 사용합니다.

시퀀스의 구조에 영향을 받지 않을 때에는 Export Frame 기능으로 추출한 프레임 이미지를 클립 바로 뒤에 이어붙인 다음 다양한 이펙트를 가미하여 회상 장면이나 동승 효과를 위해 여운을 남기는 기법으로도 많이 사용합니다. 에필로그 형식의 패턴을 구현하는 슬라이드 쇼를 위해 이러한 방법들이 많이 활용되고 있기도 합니다.

Time Remapping 기능은 클립의 구조를 깨지 않은 상태에서 조각내지 않고 다양한 속도 변화를 설정할 수 있고 Speed Keyframe 기능을 사용할 수 있기 때문입니다.

속도 조절 기법의 정지 구간과 정지 이미지를 표현하는 프레임 동결 기능은 이렇듯 작품의 기획 의도에 부합하는 형태로 활용할 수 있으며 두 가지는 그 용도가 구분됩니다.

Premiere Pro CS5.5에서 직접 Matte 클립을 만들고 Blur 유형의
이펙트와 결합된 화면 처리 유형에 대해 종합적으로 학습합니다.

예제 파일 Lesson10-1.prproj ~ Lesson10-5.prproj
완성 파일 Lesson10-1-Q.prproj ~ Lesson10-5-Q.prproj

CHAPTER 05

Blur 유형의 이펙트와 결합된 화면 처리 유형

화면의 부분 영역을 강조하는 패턴으로 표현하는 합성 방식은 기본적으로 매트(Matte) 이미지를 활용하는
기법이 있지만 전경과 배경의 클립을 동일하게 적용하면서 Image Matte Key의 단조로움을 극복할 수 있는
보조 이펙트(Extract 및 Blur 계열과 Ramp 패턴의 아이템)들을 추가하면 활용의 폭이 더욱 다양하게 나타납
니다.

Blur Effect의 활용에 대해 알아봅니다.

Blur 유형의 이펙트와 결합된 화면 처리 유형에서 빼놓을 수 없는 것이 바로 Blur Effect입니다.

Blur Effect는 이펙트 패널의 Blur & Sharpen 카테고리로 분류되어 6가지 유형(Camera Blur, Channel Blur, Compound Blur, Directional Blur, Fast Blur, Gaussian Blur)으로 마련되어 있습니다.

이중에서 Fast Blur 아이템은 Presets 빈에 별도의 이펙트 프리셋 아이템으로 등록되어 있습니다.

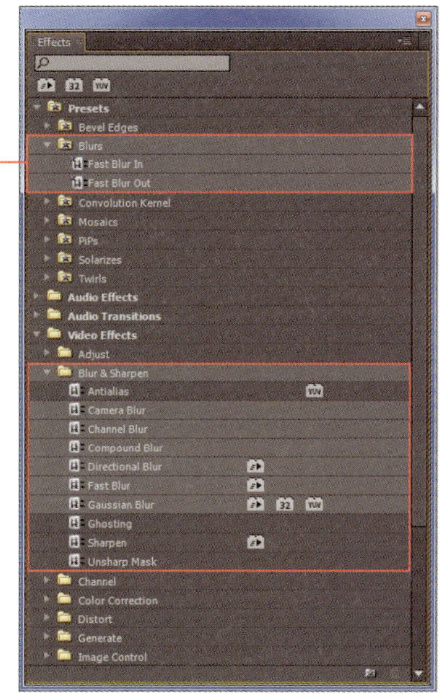

1. Blurs 이펙트 Preset의 활용

Blur Effect는 전통적으로 타이틀의 등장과 퇴장에 사용하는 흐림 효과의 자막 처리 기법으로 많이 활용되어 왔습니다. 그 중에서도 Fast Blur와 Gaussian Blur 이펙트 아이템이 익숙한 유형으로 알려져 있지만, Premiere Pro CS5.5의 이펙트 패널에 기본적으로 제공하고 있는 Blurs 이펙트 Preset을 활용하면 간단하게 해결할 수 있습니다.

Blurs 이펙트 프리셋으로 도입부와 종료부에 적용시킨 Fast Blur 이펙트의 키프레임 방식은 이펙트 조절 패널을 확인하면 엄격히 도입부(Fast Blur In)와 종료부(Fast Blur Out)로 구분된 복수 이펙트의 키프레임 세트로 나타납니다.

초기 값을 미리보기로 재생시켜 보면 수평/수직 방향의 흐림 처리로 정형화된 타이틀의 흐름이 애니메이션으로 표현되는 것을 확인할 수 있습니다.

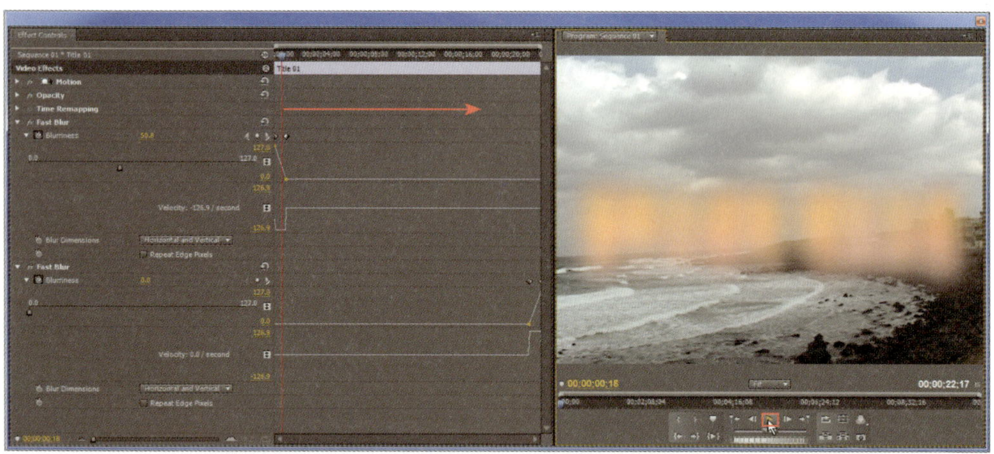

Fast Blur 이펙트의 옵션 중에서 가장 핵심적인 사항은 Blur Dimensions 속성입니다. Blur Dimensions 속성은 수평 방향과 수직 방향, 그리고 두 방향을 혼합한 값으로 적용할 수 있으며, 기본 값으로는 양방향을 절충한 Horizontal and Vertical이 설정되어 있습니다.

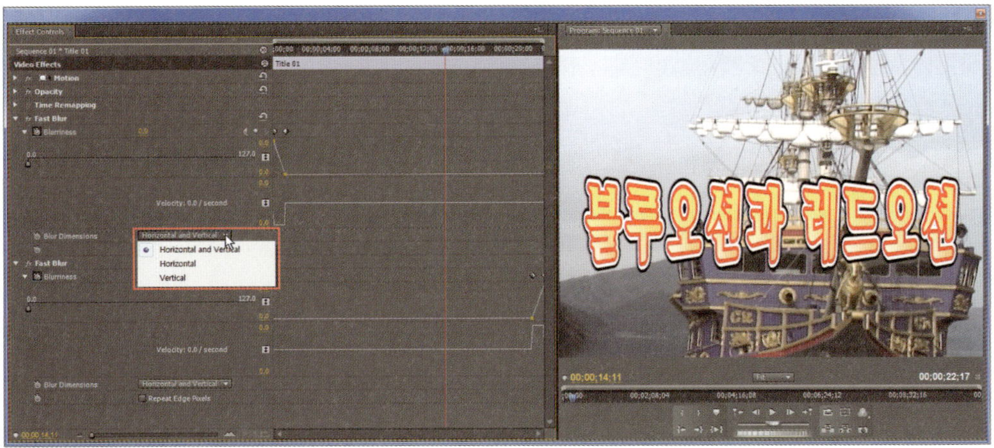

타이틀 효과를 위한 방법으로 이펙트 조절 패널에서 다중 이펙트 목록으로 적용된 Fast Blur 이펙트의 Blur Dimensions 옵션을 수평 방향(Horizontal)으로 변경하여 통일하면 안정적인 수평 흐름의 타이틀 효과로 완성할 수 있습니다.

2. Fast Blur In/Out 프리셋을 다듬기

Fast Blur In/Out 프리셋을 다듬기하는 방법입니다.

❶ 부록 DVD의 Lesson10 폴더에서 'Lesson10-1.prproj'를 불러옵니다.
먼저 시퀀스의 Video 2 트랙에 미리 배치되어 있는 Title 101 타이틀 클립을 선택하고 이펙트 패널의 Presets\Blurs\Fast Blur In, Fast Blur Out 프리셋을 동시에 선택한 뒤 이펙트 조절 패널로 드래그합니다.

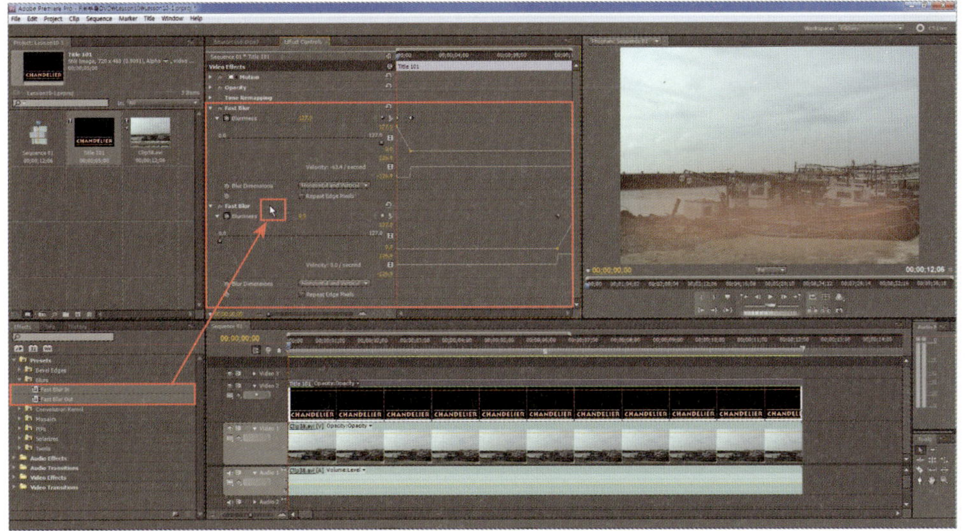

❷ 이펙트 조절 패널의 이펙트 목록을 확인하면 Fast Blur 이펙트가 도입부와 종료부의 키프레임으로 나뉘어 복수의 이펙트로 함께 등록되어 나타납니다. 두 이펙트의 Blur Dimensions 속성을 Horizontal로 동일하게 변경합니다.

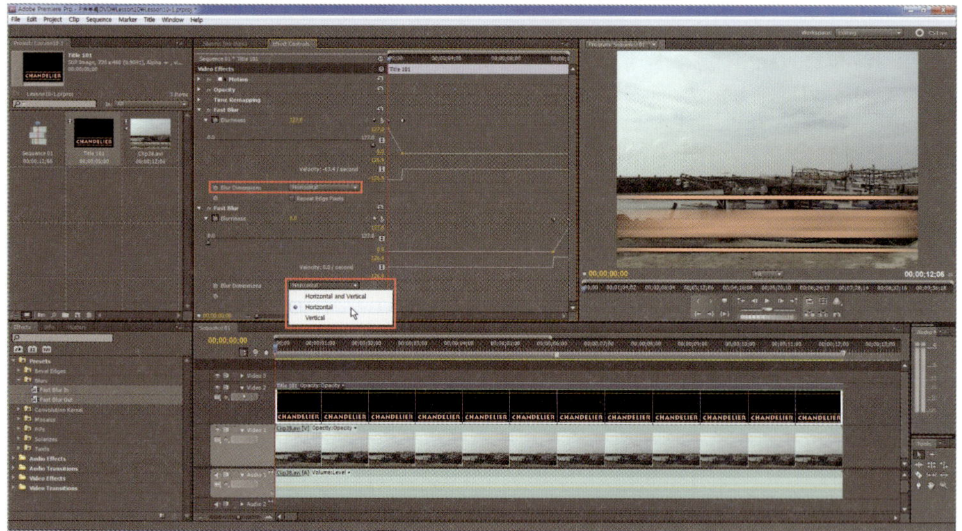

❸ 총 4개의 키프레임 구간으로 구성된 Blurriness 속성의 2, 3번 키프레임은 그대로 두고, 도입부의 1번 키프레임과 종료부의 2번 키프레임의 값을 1,000으로 변경합니다.

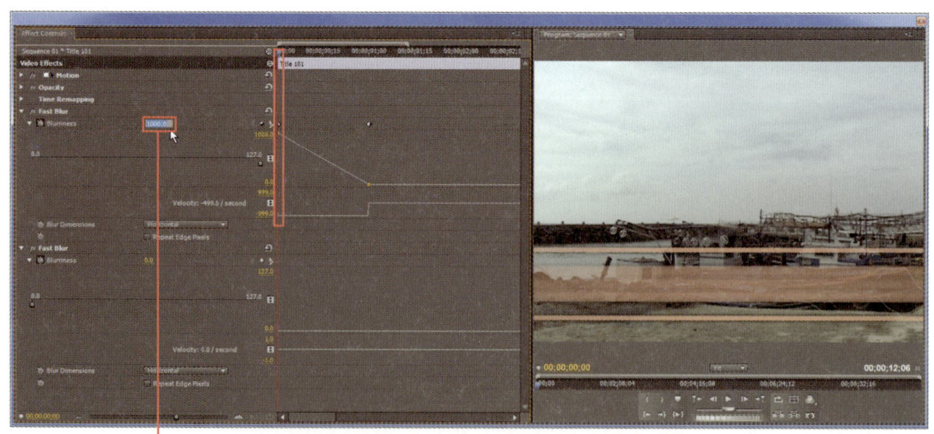

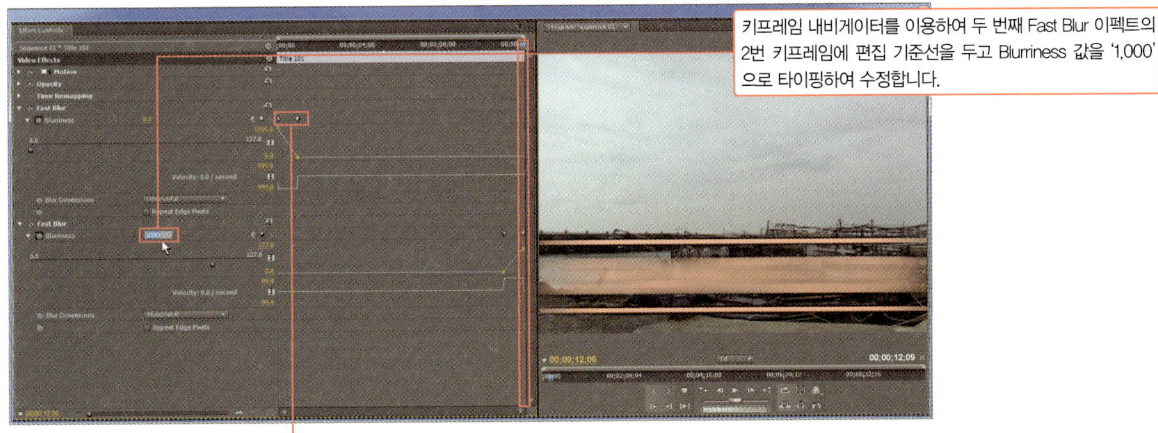

❹ 이펙트 조절 패널의 타임라인 뷰에서 Ctrl 을 이용하여 Fast Blur 이펙트 도입부의 1, 2번 키프레임을 모두 선택하고 〔컨텍스트 메뉴〕→ Auto Bezier를 클릭합니다.

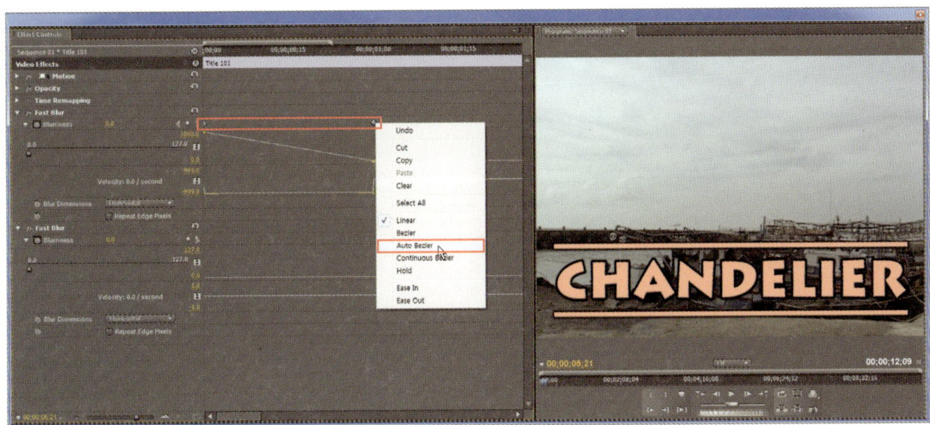

❺ 동일한 요령으로 Ctrl 을 이용하여 이번에는 Fast Blur 이펙트 종료부의 1, 2번 키프레임을 모두 선택하고 〔컨텍스트 메뉴〕→ Auto Bezier를 클릭합니다.

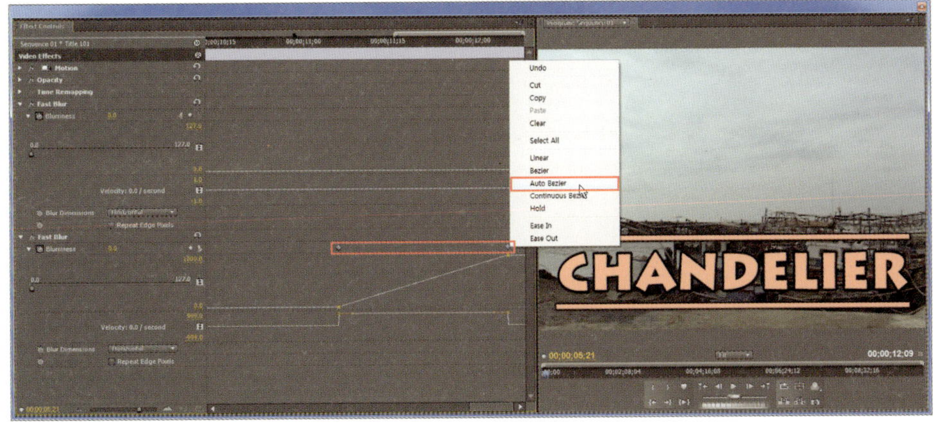

❻ Fast Blur 이펙트의 도입부와 종료부의 모든 키프레임 구간에서 키프레임 보간 옵션을 Auto Bezier로 적용하였습니다. 흐림 효과의 움직임을 보다 자연스런 형태로 도입시키기 위해서입니다. 이펙트 조절 패널의 Opacity 옵션을 확장합니다.

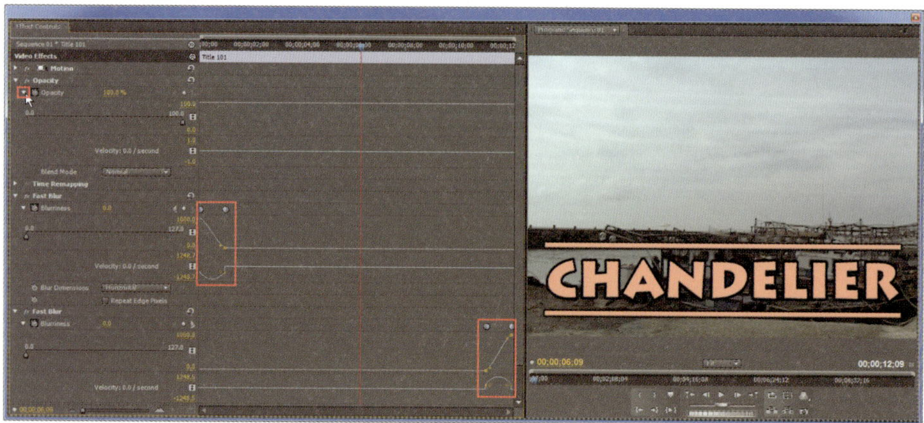

❼ Opacity 속성의 1, 2번 키프레임을 Fast Blur 이펙트의 도입부 구간보다 앞쪽에 만들고 1번 키프레임 =0%, 2번 키프레임=100%로 설정합니다.

❽ Opacity 속성의 3, 4번 키프레임을 Fast Blur 이펙트의 종료부 구간보다 뒤쪽에 만들고 3번 키프레임 =100%, 4번 키프레임=0%로 설정합니다.

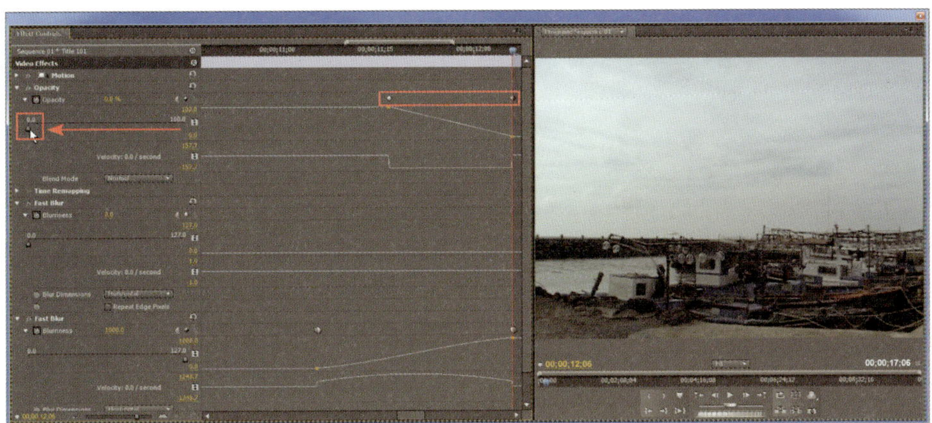

❾ Enter를 눌러 렌더 미리보기로 확인합니다.

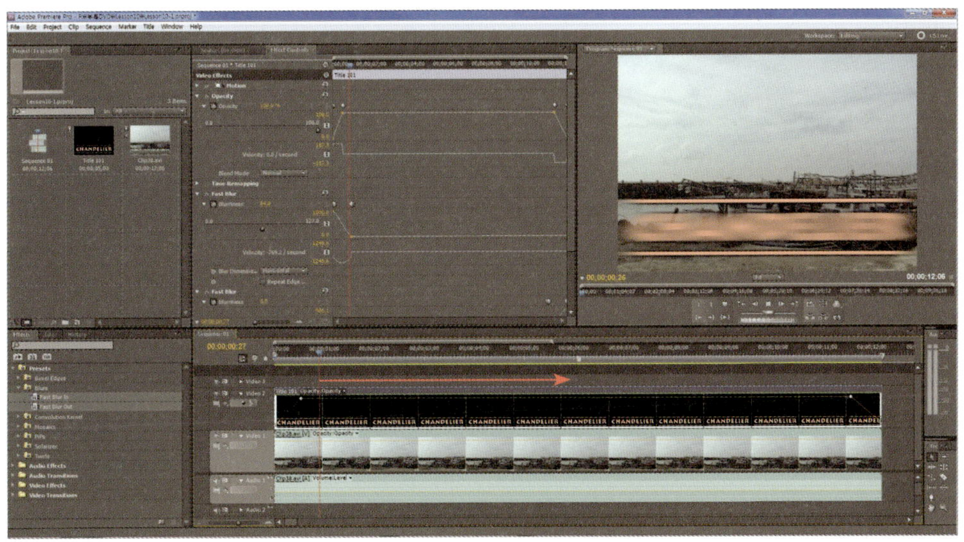

결과적으로 타이틀의 등장과 퇴장에 있어서 Blur 유형의 페이드 인/아웃이 수평 흐름의 타이틀 형태로 함께 나타나고 또 사라지므로 보다 자연스러운 흐름의 타이틀을 표현할 수 있습니다.

02 매트와 결합된 반전 영역의 처리

매트(Matt)와 결합된 화면 안의 반전 영역을 합성하는 방식에 대해 학습합니다.

1. 타이틀 매트 클립 만들기

화면의 부분 영역을 부각시킬 때 사용하는 방법은 일반적으로 Image Matte Key를 활용하는 기법이 많이 쓰입니다. 실전에서는 주로 특정 영역의 색상을 역전시키거나 흑백으로 대비시키는 방법을 많이 사용하고 있습니다.

매트 이미지는 Premiere Pro CS5.5의 시퀀스 안에서 트랙과 클립을 모두 활용할 수 있는데, 일반적으로 매트 이미지는 Color를 선택해도 관계없지만 채도의 의해 Key Color가 적용되므로 채도 분할이 수월한 그레이스케일 이미지를 많이 사용합니다. 매트 이미지는 사전에 미리 마련해 두는 것이 좋습니다.

Premiere Pro CS5.5가 실행된 상태에서는 Title Designer를 이용하여 간단하게 매트 이미지 클립을 만들 수 있습니다.

❶ 타이틀 디자이너를 열고 Title의 이름을 'Matte'로 입력합니다. 우측에 있는 Title Properties 패널의 Background 옵션을 체크하고 Fill Type을 Solid로 설정한 다음, Color 속성의 색상 설정 버튼을 클릭하여 〔Color Picker〕 대화상자가 나타나면 색상을 White로 설정하고 〈OK〉 버튼을 누릅니다.

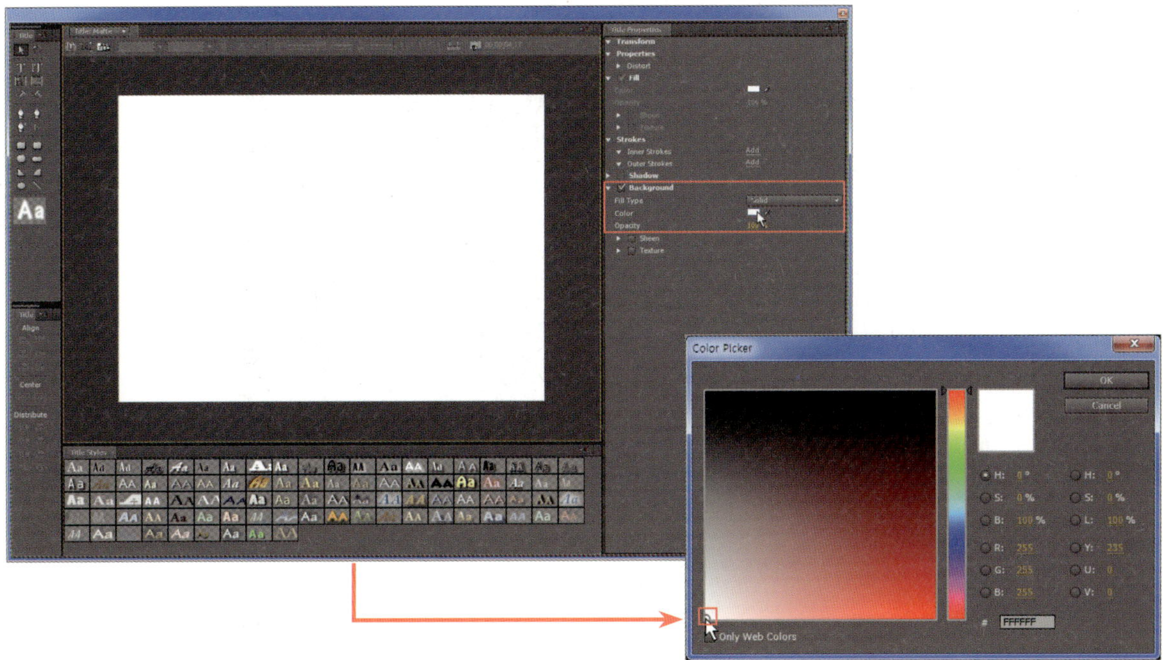

❷ 타이틀 디자이너의 도구 패널에서 Ellipse Tool을 선택하고 그림과 같은 크기의 타원형 객체를 Black 색상으로 그린 다음 객체를 선택하고 〔컨텍스트 메뉴〕 → Position → Horizontal Center, Vertical Center를 차례대로 실행하여 중앙 정렬을 합니다.

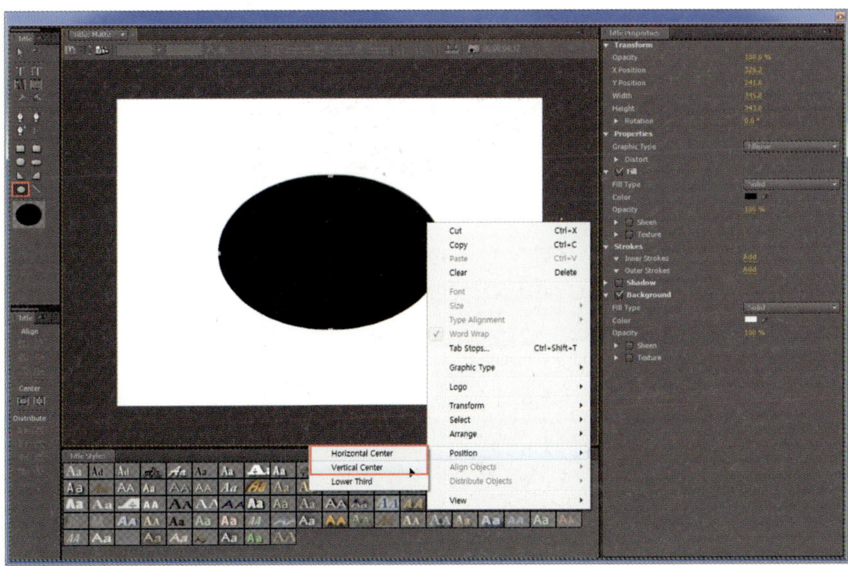

❸ Title Properties 패널의 Shadow 옵션을 체크한 다음 속성을 확장하고 Shadow Color는 Black으로 설정한 다음, Angle : 0.0, Distance : 0.0, Size : 50, Spread : 100으로 각각의 속성 값을 차례대로 변경하면 타원형이 번짐 형태로 마무리 된 흑백의 매트 클립이 완성되어 나타납니다.

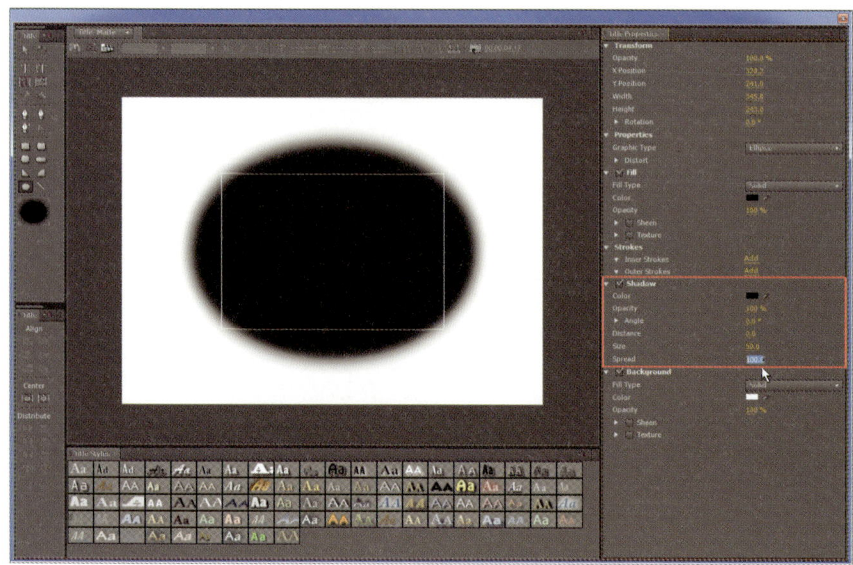

 Strokes 옵션은 적용하지 않습니다.

❹ 타이틀 디자이너를 닫고, Matte 클립을 Video 1 트랙에 배치합니다. 이펙트 패널의 Video Effects\Blur & Sharpen\Gaussian Blur 이펙트를 Matte 클립에 드래그하여 적용하고 Blur Dimensions 속성은 기본 값인 Horizontal and Vertical로 두고 Repeat Edge Pixels 속성을 체크한 다음, Blurriness 값을 100으로 변경합니다.

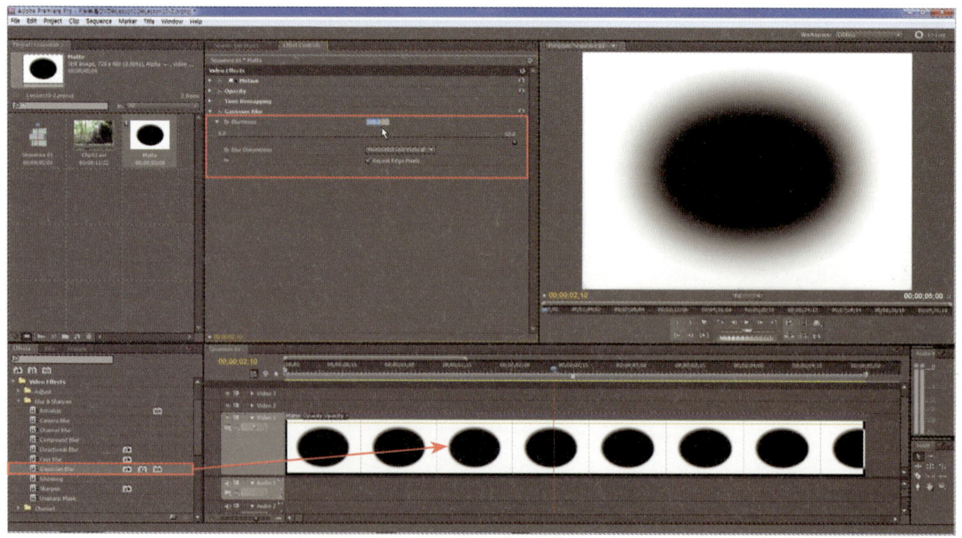

 타원형 객체를 더욱 흐린 상태로 변경하여 매트 이미지를 만드는 과정입니다.

❺ 편집 기준선을 Matte 클립 영역 안에 두고 프로그램 모니터 조절기의 〈Export Frame〉 버튼을 클릭한 다음, 〔Export Frame〕 대화상자에서 매트 이미지로 저장할 파일의 이름을 'Matte001'로 변경하고 Format 은 Windows Bitmap으로 설정하고 경로를 지정한 뒤 〈OK〉 버튼을 눌러 매트 이미지를 파일로 저장합니다.

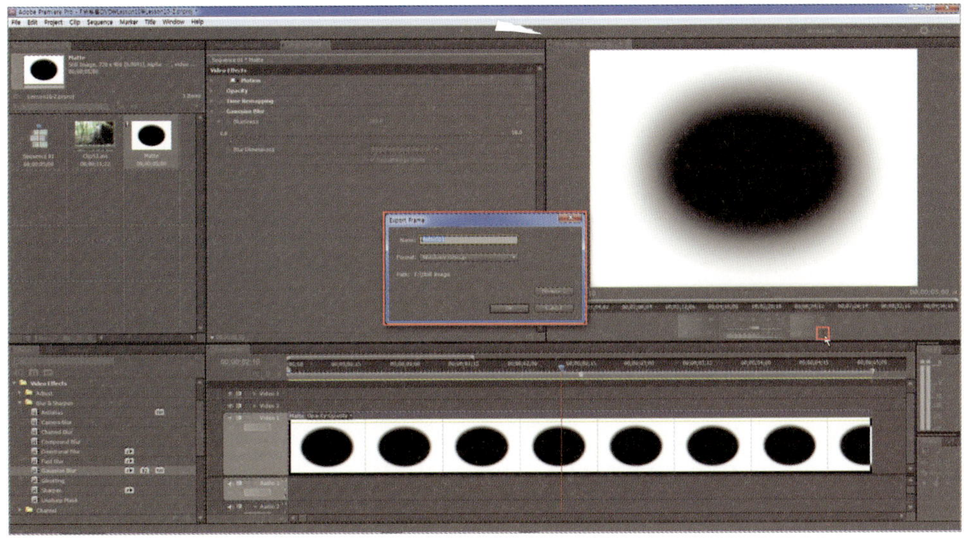

2. Image Matte Key와 투명도 레벨을 조절하는 기본적인 합성 방법

매트(Matte) 이미지를 가지고 Image Matte Key를 적용하여 투명도를 변경하는 기본적인 합성 방법을 배웁니다.

❶ 부록 DVD의 Lesson10 폴더에서 'Lesson10-2.prproj'를 불러옵니다.

프로젝트 패널의 Clip53.avi 클립을 수직으로 같은 시간대의 Video 1, 2 트랙에 배치하고 이펙트 패널의 Video Effects\Keying\Image Matte Key 이펙트 아이템을 상위 트랙인 Video 2 트랙에 드래그하여 적용합니다.

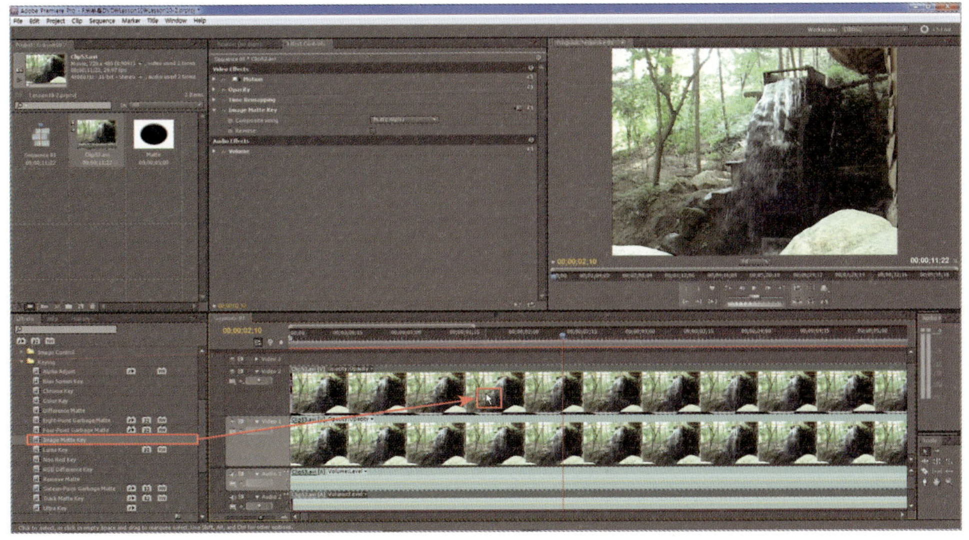

❷ 상위 트랙에 매트 이미지를 적용할 순서입니다. 이펙트 조절 패널의 Image Matte Key 속성에서 〈Setup〉 버튼을 클릭하고 〔Select a Matte Image〕 대화상자로부터 미리 만들어 둔 매트 이미지인 Matte001.bmp 파일을 선택한 다음 〈열기〉 버튼을 누릅니다.

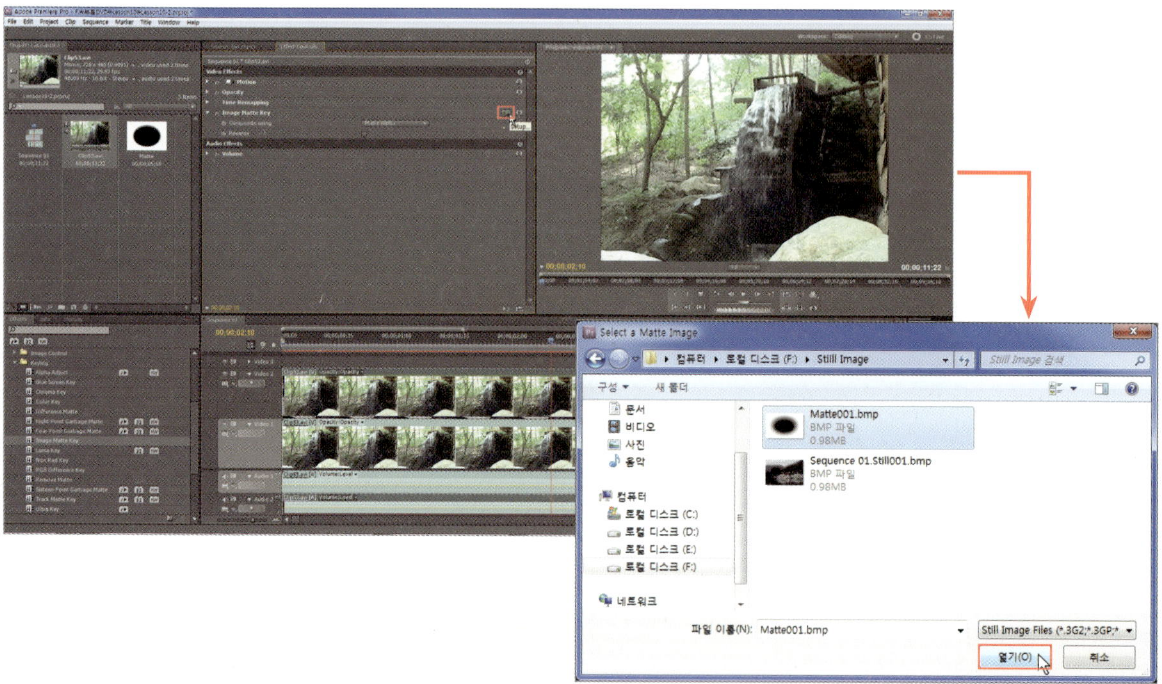

❸ 상위 트랙인 Video 2 트랙의 Clip53.avi 클립이 매트 이미지가 포함된 상태로 변경되었습니다. 아직까지는 동일 클립이 상, 하위 트랙에 배치되어 있으므로 프로그램 모니터에는 반영되지 않습니다.
이펙트 조절 패널에서 Image Matte Key 이펙트의 Composite using 속성을 Matte Luma로 변경하고, Reverse 속성을 체크합니다.

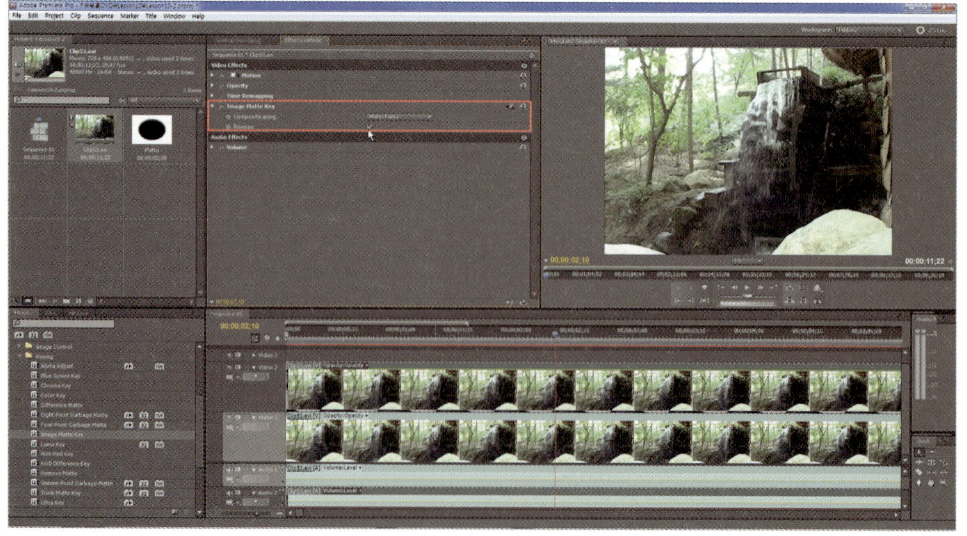

❹ 이때 매트 이미지의 키(Key) 적용 상태를 확인하려면 타임라인 패널에서 하위 트랙인 Video 1 트랙의 눈 아이콘을 체크 해제하면 상위 트랙의 Keying 이펙트가 적용된 상태로 프로그램 모니터에 출력되는 것을 확인할 수 있습니다.

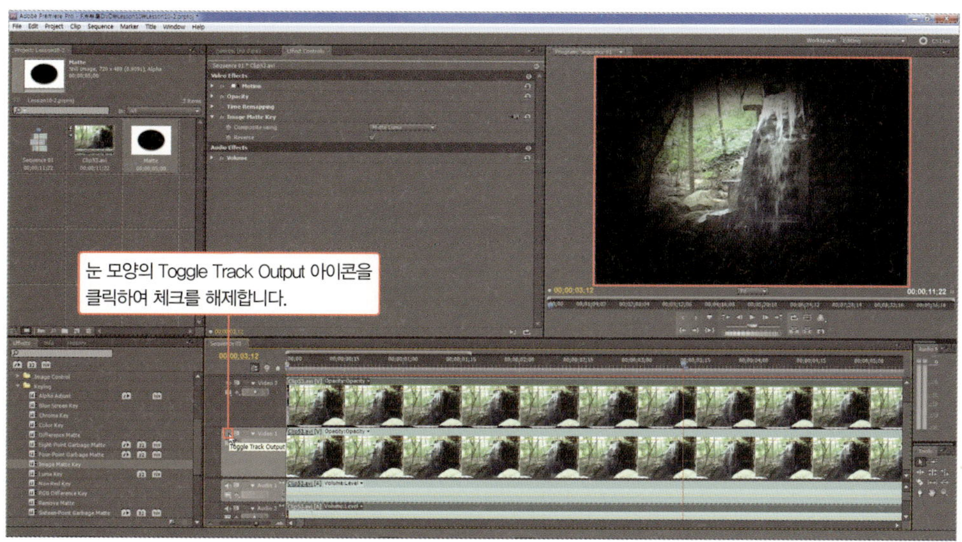

❺ 이번에는 눈 아이콘을 원상 복귀시키고 하위 트랙의 클립으로부터 불투명도 조절선을 하단으로 드래그 하면 매트 영역 외곽의 투명도가 반영된 상태로 화면이 합성되어 나타납니다. 이펙트 조절 패널을 확인하면 Opacity 속성 값이 바뀌는 것을 확인할 수 있습니다.

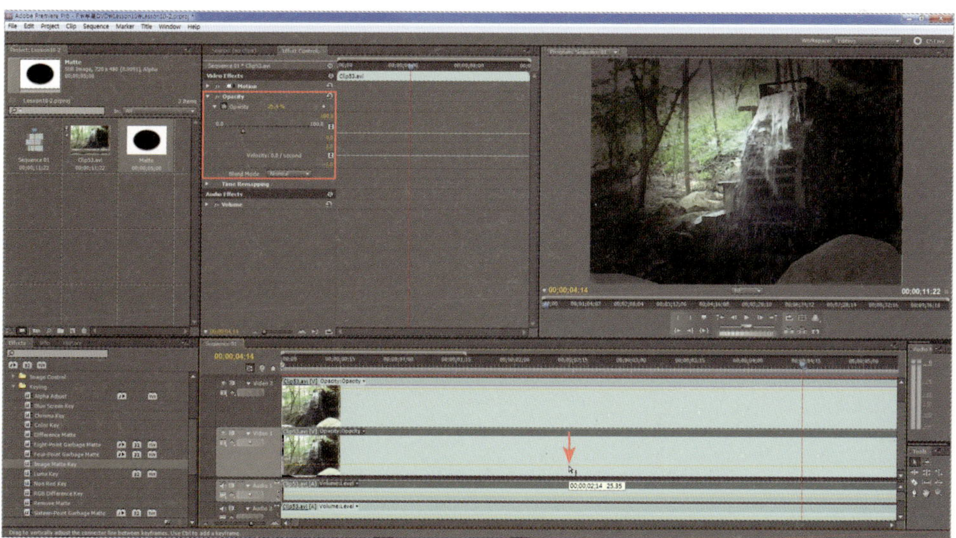

3. Extract 이펙트

불투명도 레벨을 조절하는 방법과 달리 매트(Matte) 영역을 Black/White Input 레벨을 조절하여 대비시킵니다.

❶ 하위 트랙인 Video 1 트랙에 Video Effects\Adjust\Extract 이펙트를 드래그하여 적용한 다음, 불투명도 조절선을 원상태인 100%로 놓습니다.

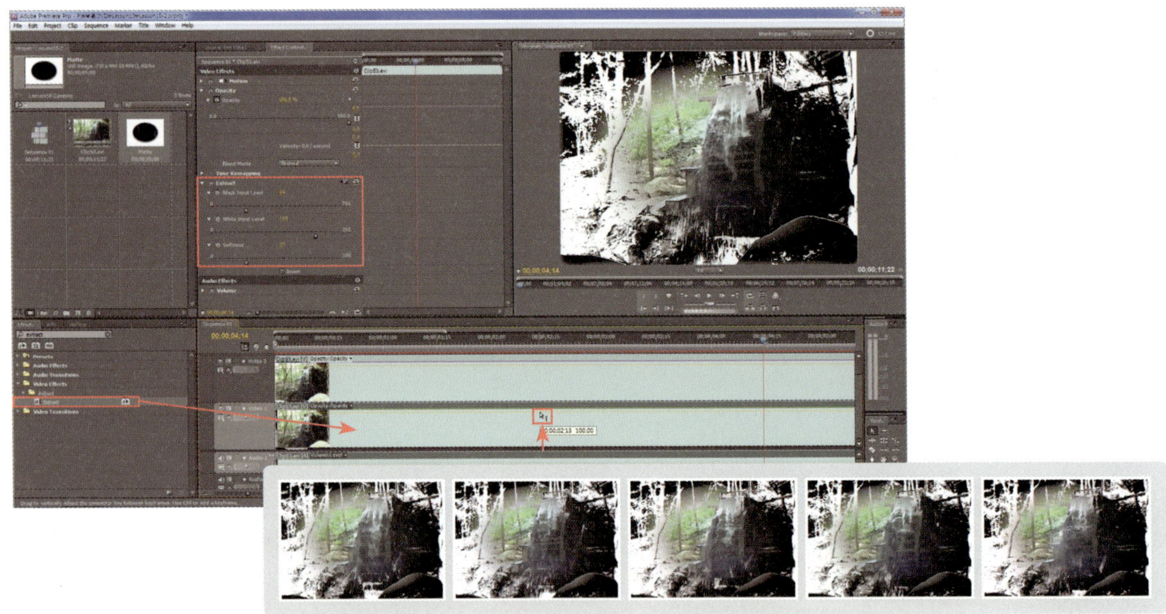

❷ 또 다른 방법으로 상위 트랙인 Video 2 트랙의 클립을 선택 상태로 놓고 이펙트 조절 패널에서 Image Matte Key 이펙트의 Reverse 속성을 체크 해제하면 상, 하위 트랙의 매트 이미지 영역이 역전되어 나타납니다.

Title Designer의 Background 옵션은 매트 클립을 만들거나 독립적인 디자인의 타이틀을 저장할 때 사용하는 기능입니다. 이것은 타이틀 자체에는 영향을 미치지 않고 단순히 타이틀의 배경을 출력하는 기존의 Show Background Video 기능과 달리 타이틀 자체 내에 객체가 아닌 전체 영역이 배경으로 삽입되는 속성으로 작용하기 때문에 타이틀의 다양한 연출이 가능하고 응용력을 배가시킬 수 있는 기능입니다.

Fill Type을 Titler의 공통적인 7가지 유형으로 적용할 수 있기 때문에, 객체 단위가 아닌 배경을 타이틀 내에 합리적으로 배치할 수 있습니다.

또한, 광택과 텍스처 속성의 세부적인 옵션들을 순차적으로 부여해 줄 수 있어서 타이틀 자체에 포함되는 보다 완성도 높은 자막의 제작이 가능합니다. 단, Background 속성을 부여한 타이틀의 합성은 실사 영상 및 하위 트랙과의 조율을 감안하여 작업해야만 효과적입니다.

4. 매트(Matte)와 결합된 Fast Blur 효과

부분 영역을 강조하는 화면의 응용 원리는 Image Matte Key를 적용하는 기본적인 패턴 이외에도 경우의 수가 다양하게 존재합니다.

Blur 계열의 이펙트는 타이틀의 흐림 효과 표현 이외에도 부분적인 컷에 Matte Image를 부여한 다음 특정 영역을 강조하거나 간접적으로 부각시키는 용도의 화면 처리 기법으로도 응용할 수 있습니다. 매트(Matte) 와 결합된 Fast Blur 효과의 다양한 합성 방식에 대해 알아봅니다.

❶ 부록 DVD의 Lesson10 폴더에서 'Lesson10-3.prproj'를 불러옵니다.

지금까지와 같은 방법으로 프로젝트 패널의 Clip27.avi 클립을 Video 1, 2 트랙에 수직으로 동일하게 배치 하고 상위 트랙에는 Image Matte Key 이펙트를 적용합니다. 타이틀 매트 클립 만들기 편에서 미리 만들어 놓은 'Matte001.bmp' 파일을 매트 이미지로 부여하고 Composite using 옵션을 Matte Luma로 변경한 다 음, Reverse 옵션을 체크합니다. 여기까지는 이전 단계와 같습니다.

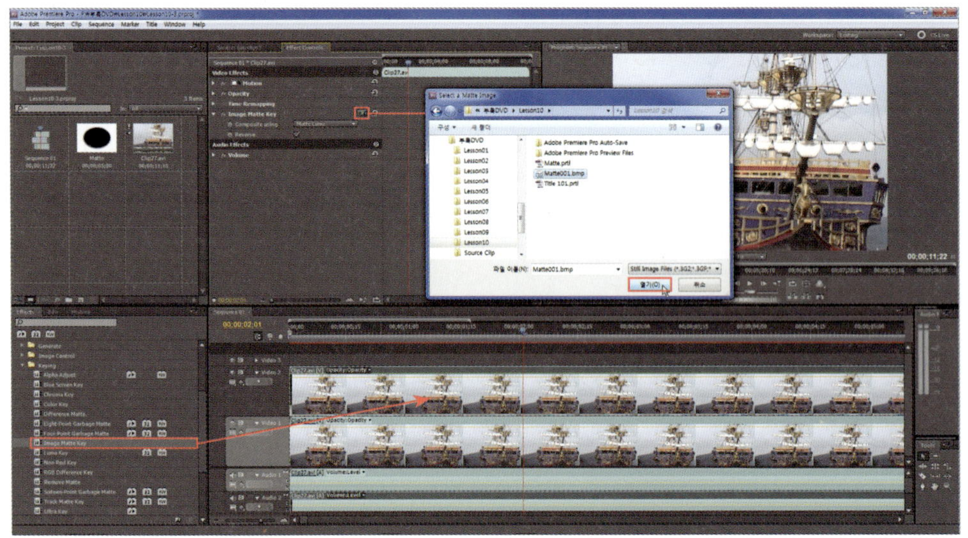

> **TIP** Image Matte Key는 정적인 매트를 할당하고, Track Matte Key는 트랙을 활용한 동적인 매트를 표현할 때 사용합니다. 매트를 활용하는 개념은 2 가지가 동일합니다. 단, Track Matte Key는 트랙에 직접 매트 클립을 배치한 다음 모션(Motion)을 부여할 수 있어서 보다 다양한 범위의 표현이 가 능하다는 차이점이 있습니다.

> **TIP** 여의치 않을 경우 부록 DVD의 Lesson10 폴더에서 'Matte001.bmp'를 선택하면 됩니다. 가능하면 자신이 직접 제작한 매트 이미지를 사용하기 바 랍니다.

❷ 이펙트 패널에서 Video Effects\Blur & Sharpen\Fast Blur 이펙트를 선택하고 하위 트랙인 Video 1 트랙의 Clip27.avi 클립에 드래그하여 적용합니다.

이펙트 조절 패널에서 Fast Blur 이펙트의 Blur Dimensions 속성은 기본 값인 Horizontal and Vertical로 두고 Blurriness 속성 값은 슬라이더를 우측으로 드래그하여 127로 설정합니다.

❸ 프로그램 모니터에는 매트 이미지 외곽의 흐림 효과가 반영된 화면이 즉시 출력되어 나타납니다. 외곽 처리를 위해 이펙트 조절 패널에서 Fast Blur 이펙트의 Repeat Edge Pixels 옵션을 체크하면 매트 영역만 선명한 화면으로 처리되어 나타나고 나머지 영역은 Blurriness 값이 적용되어 흐리게 나타납니다.

❹ 미리보기로 확인합니다.

실사 화면에 적용된 Blur 효과와 타이틀에 활용되는 Blur 효과는 감각이 다른 형태로 나타나는 것을 확인할 수 있습니다.

5. Fast Blur(Horizontal, Vertical)

소스 클립의 특성에 따라 Fast Blur 이펙트의 Blur Dimensions 속성을 변경하면 보다 역동적인 흐름 화면을 수평 방향과 수직 방향으로 연출할 수 있습니다. 매트 영역을 기준으로 소스의 움직임이 가로 방향으로 흐르는 컷에는 Horizontal 속성을 설정하면 패닝 기법을 이펙트만으로 유사하게 부각시킬 수 있고, 반대로 세로 방향으로 흐르는 배경 컷을 만들 때에는 Vertical 속성으로 설정하면 손쉽게 표현할 수 있습니다.

❶ 프로젝트의 화면은 이전 과정에 이어 부록 DVD의 Lesson10 폴더에서 'Lesson10-3.prproj'를 그대로 사용합니다.

Video 1 트랙의 Clip27.avi 클립을 선택하고 이펙트 조절 패널에서 Fast Blur 이펙트의 Blur Dimensions 속성을 기본 값인 Horizontal and Vertical에서 Horizontal로 변경하고 프로그램 모니터를 확인하면 매트 영역을 제외한 영역이 수평 방향의 흐림 효과로 변경되어 나타납니다.

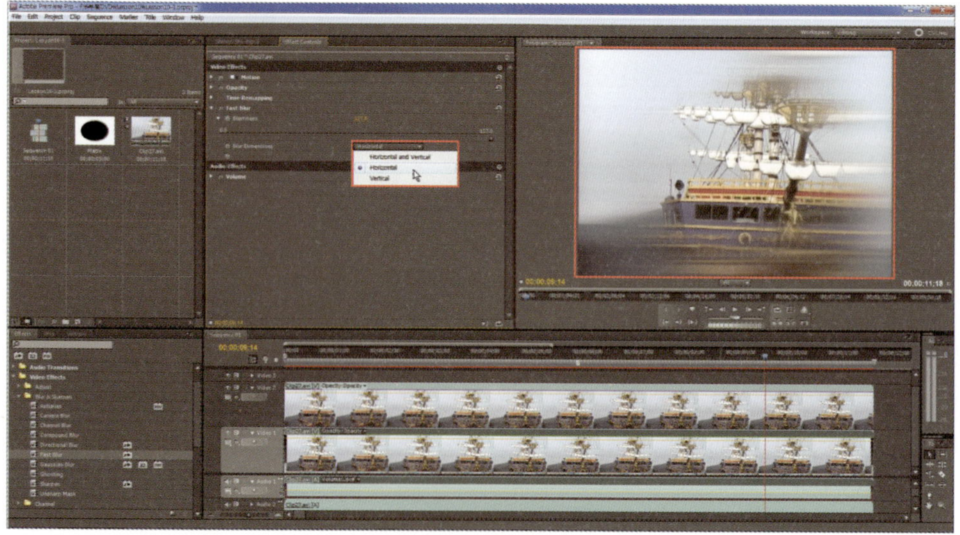

❷ Fast Blur 이펙트의 Blurriness 속성 값을 클릭하고 값을 직접 '300'으로 타이핑하여 수정합니다. 매트를 제외한 나머지 영역이 보다 미세한 값으로 Blurriness 값이 투영되어 나타납니다.

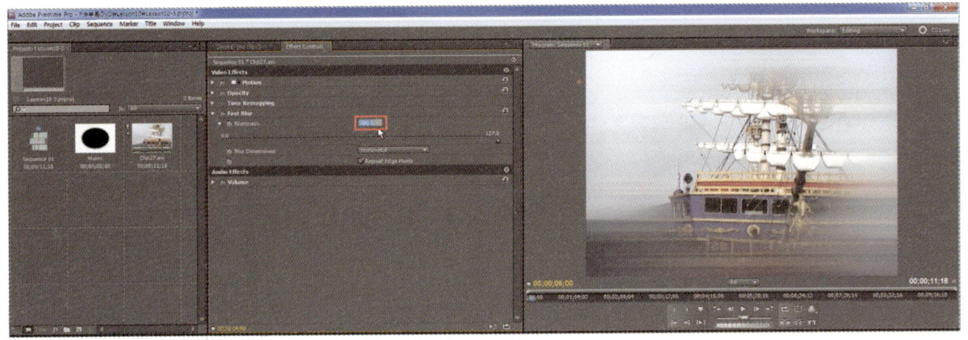

❸ 이번에는 이펙트 패널에서 Video Effects\Adjust\Extract 이펙트를 선택하고 하위 트랙인 Video 1 트랙의 Clip27.avi 클립에 드래그하여 적용합니다. 이펙트 조절 패널에서 Extract 이펙트의 〈Setup〉 버튼을 클릭한 다음 〔Extract Setup〕 대화상자가 나타나면 Softness 값을 '50'으로 수정하고 〈OK〉 버튼을 누릅니다.

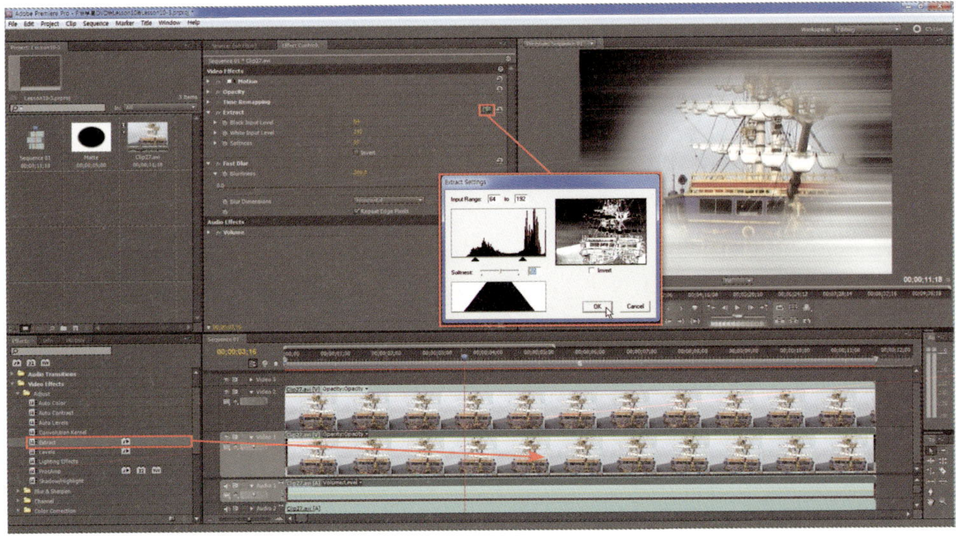

❹ 흑백 레벨이 반영된 배경이 나타납니다. 이펙트 조절 패널에서 Fast Blur 이펙트의 Blur Dimensions 속성을 Vertical로 변경하면 매트 영역 외곽의 배경 소스가 수직 방향의 흐림 효과로 변경되어 나타납니다.

❺ 상황에 따라 Extract 이펙트의 Invert 옵션을 체크하면 Black Input Level과 White Input Level이 대비된 효과를 번갈아 가면서 표현할 수 있습니다.

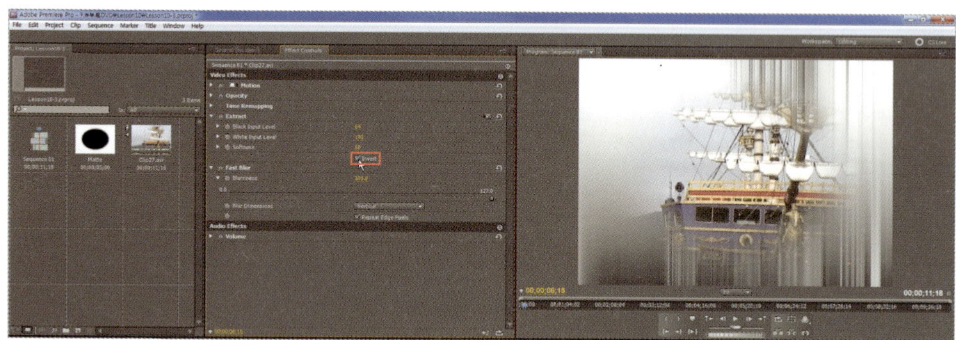

❻ 결과 화면입니다.

6. 수평/수직 이외의 Blur 패턴(Directional Blur)

동일 계열의 Blur 이펙트를 적용할 때 수평/수직 방향 이외의 앵글을 필요로 한다면 Directional Blur 이펙트를 사용하면 표현이 가능합니다. 또한, 그레이스케일 이미지의 매트 영역이 역전되어 있을 때에도 트랙을 변경한 상태에서 Image Matte Key의 Reverse 속성을 체크하면 매트 영역이 반전되므로 같은 차원으로 활용이 가능합니다.

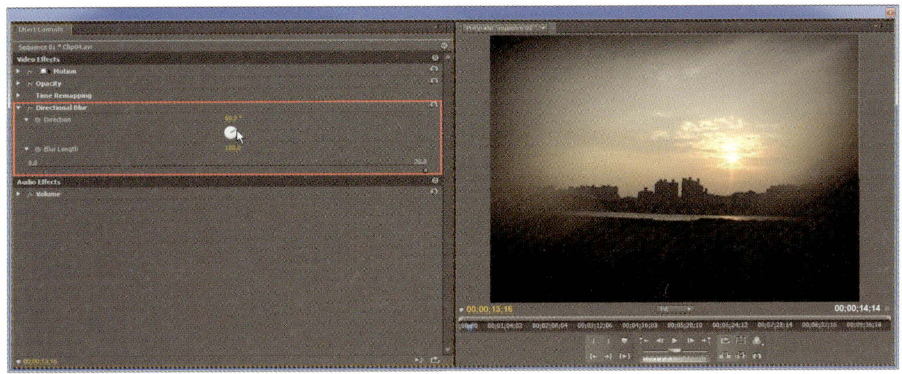

Blur & Sharpen → Directional Blur 이펙트를 적용하고 Direction 속성으로부터 앵글을 조정하면 흐림 효과의 방향을 자유자재로 설정할 수 있습니다. Blur Length 속성은 슬라이더 상에서 최대값이 20으로 한정되어 있지만 보다 부드러운 터치를 원한다면 수동으로 그 이상의 값을 입력할 수 있습니다.

❶ 부록 DVD의 Lesson10 폴더에서 'Lesson10-4.prproj'를 불러옵니다. Lesson10-4.prproj는 이전 과정과 기본 맥락이 동일한 환경으로 구성되어 있습니다. 상, 하위 트랙의 수직으로 동일한 위치에 같은 클립(Clip04.avi)이 배치되어 있고, 상위 트랙은 Image Matte Key가 적용되어 있는 상태입니다.

이펙트 패널에서 Video Effects\Blur & Sharpen\Directional Blur 이펙트를 선택하고 Video 1 트랙의 Clip04.avi 클립에 드래그하여 적용합니다.

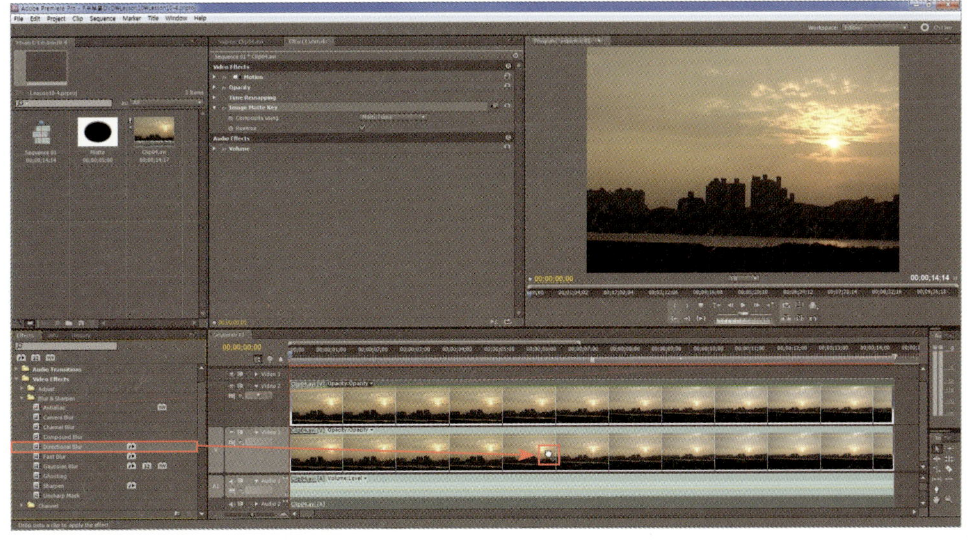

❷ 이펙트 조절 패널에서 Directional Blur 이펙트의 Direction 속성을 60도로 변경하고, Blur Length 속성 슬라이더를 오른쪽으로 드래그하여 20으로 변경합니다. 매트 영역을 제외한 나머지 영역이 원하는 각도에 의해 흐림 효과로 나타납니다.

❸ Blur Length 속성은 슬라이더 상에서 최대값이 20으로 한정되어 있지만 수동으로 최대 '1000.0'까지 입력할 수 있습니다. 속성 값을 클릭하고 '100'으로 타이핑하여 값을 수정하면 보다 부드러운 형태의 Blur 효과가 나타납니다. 미리보기로 확인합니다.

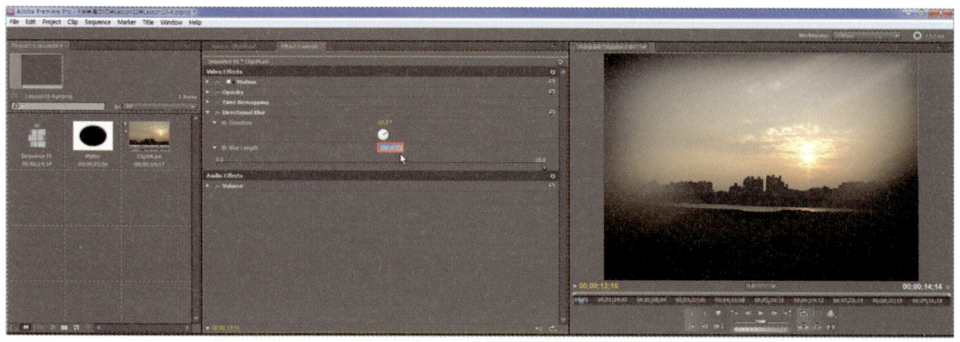

매트 이미지와 Ramp Effect의 활용에 대해 익힙니다.

Blur 계열의 이펙트 아이템을 가미하여 역동적인 흐름의 화면으로 변경함과 동시에, 컬러 패턴의 Ramp 이 펙트를 합성하여 부분 영역을 다양하게 표현할 수 있는 방법을 알아봅니다.

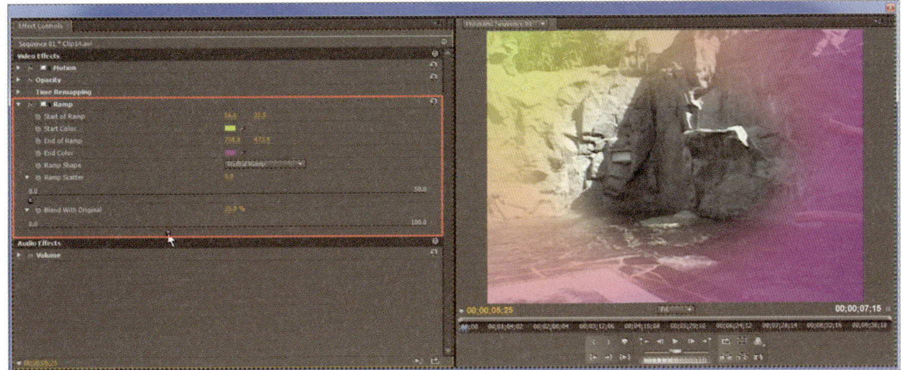

❶ 부록 DVD의 Lesson10 폴더에서 'Lesson10-5.prproj'를 불러옵니다. Lesson10-5.prproj는 이전 과 정과 기본 맥락이 동일한 환경으로 구성되어 있습니다. 상, 하위 트랙의 수직으로 동일한 위치에 같은 클립 (Clip14.avi)이 배치되어 있고, 상위 트랙은 Image Matte Key가 적용되어 있는 상태입니다.

이펙트 패널에서 Video Effects\Generate\Ramp 이펙트를 선택하고 Video 1 트랙의 Clip14.avi 클립에 드 래그하여 적용합니다.

❷ 이펙트 조절 패널의 Ramp 이펙트 이름을 1회 클릭하면 반전 상태로 전환되고 프로그램 모니터에는 Start Color와 End Color의 좌표 설정을 위한 서클이 나타납니다. 2개의 서클을 드래그하면서 그라디언트의 형태를 확인하고 매트 이미지 외곽에 반영될 시작 램프와 종료 램프의 위치를 설정합니다.

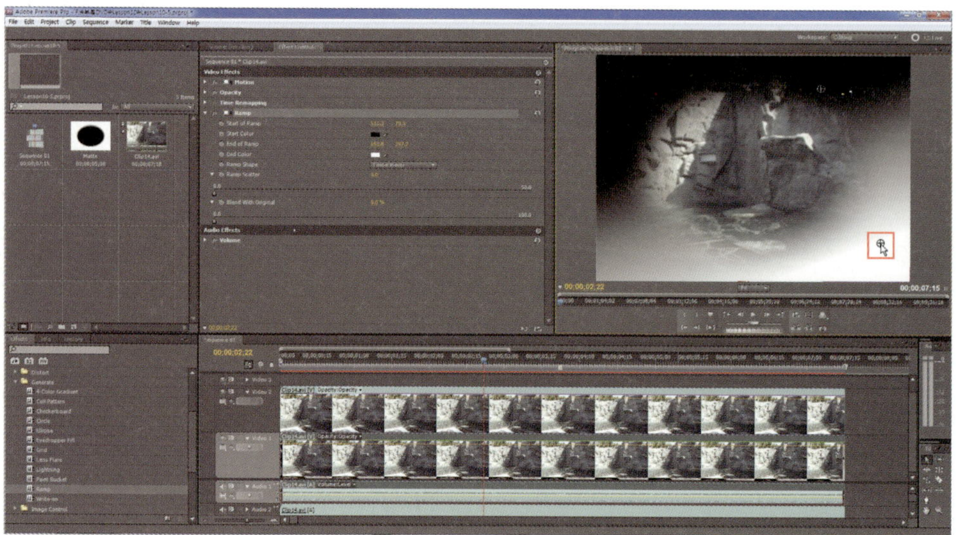

❸ Ramp 이펙트의 Start of Ramp와 End of Ramp의 색상은 Start Color와 End Color 속성의 색상 설정 버튼을 누르면 나타나는 [Color Picker] 대화상자에서 즉시 변경이 가능합니다.
Start Color를 Yellow 톤으로, End Color를 Pink 톤으로 각각 변경합니다.

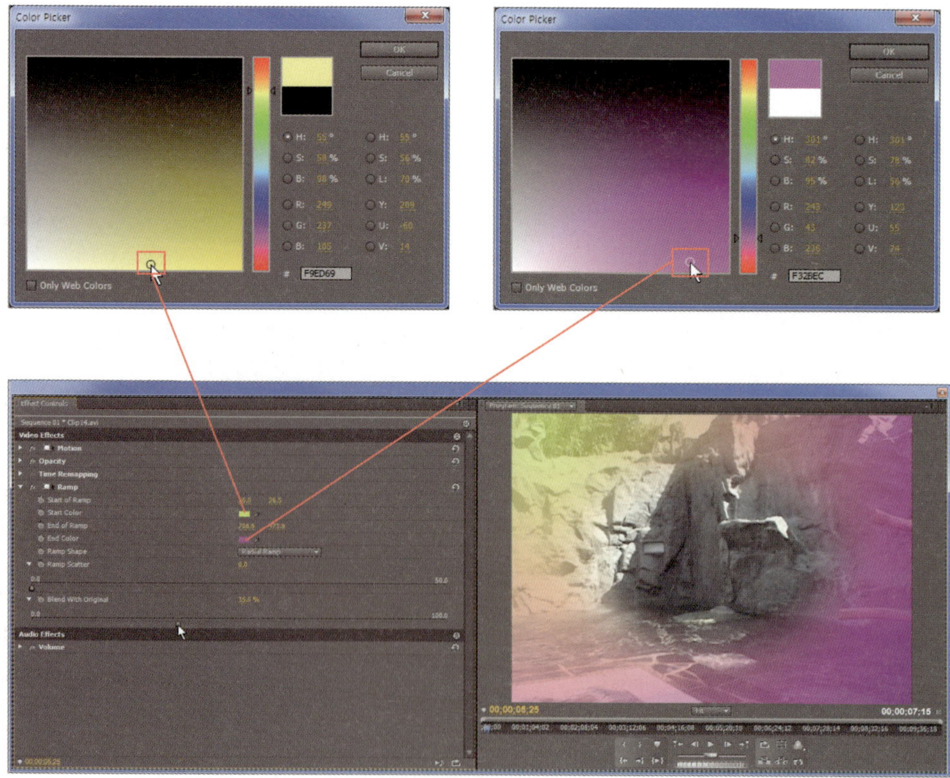

❹ 프로그램 모니터의 화면을 확인하면서 Ramp Shape 속성을 Radial Ramp로 변경하여 Ramp 이펙트의 색상 적용 방식을 선형에서 방사형으로 변경합니다.

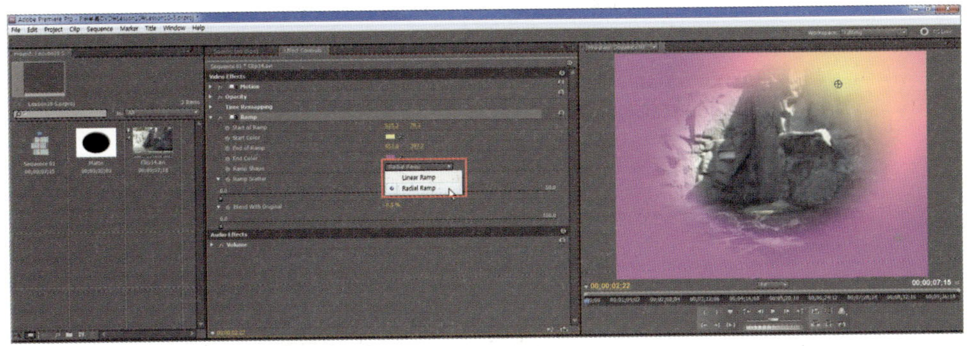

❺ 프로그램 모니터의 서클을 드래그하여 Start of Ramp와 End of Ramp의 좌표를 변경하고 Blend With Original 속성의 슬라이더를 우측으로 드래그하여 35%로 변경하면서 매트 이미지 외곽 영역의 투명도를 조절합니다.

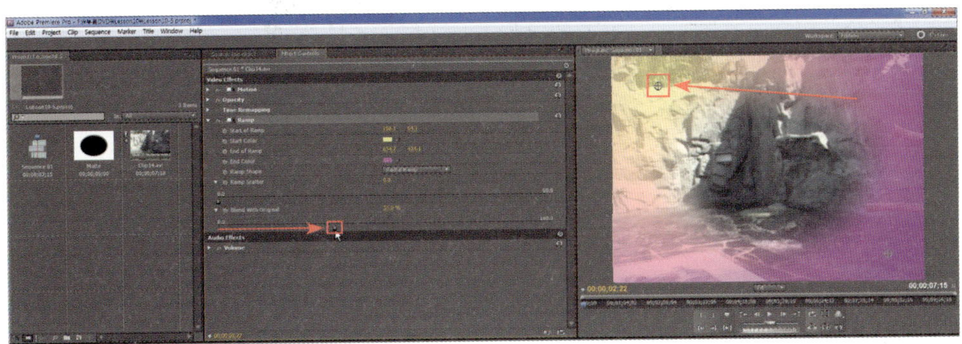

❻ 미리보기로 확인합니다. 상위 트랙의 매트 이미지를 교체해 가면서 하위 트랙에는 Blur 계열의 이펙트 아이템을 가미하여 역동적인 흐름의 화면으로 변경하거나, 컬러 패턴의 Ramp 이펙트를 합성하여 부분 영역을 다양하게 표현할 수 있는 방법 중 하나입니다.

영상 편집 테크닉 학습하기

타임라인 패널의 세부적인 기능들을 파악하고 대상 트랙과 트랙 동기 및 트랙 잠금 기능을 이용한 중급 편집 기능들을 예제와 함께 정리하면서 사용자 정의 이펙트 프리셋을 만들어 자신만의 이펙트 노하우를 만들어내는 테크닉을 겸비하는 과정입니다.

Title Designer의 Logo 삽입 기능을 통해 롤/크롤 타이틀 제작 기능을 정리한 다음, 앨범 재킷을 만들고 타이틀 객체를 합성하면서 시퀀스 클립 교체 기능을 자유자재로 운영하는 능력을 기릅니다. Texture 이미지와 결합된 키프레임 애니메이션과 앨범 타이틀링 제작 기법에 이르기까지 완성도를 높이는 과정들을 연계하여 학습합니다.

PART 01

PART 02

PART 03

PART 04

클립의 배치 방식은 크게 덮어쓰기 모드와 삽입 모드가 있고, 기능키와 함께 활용하는 재배열 모드가 활용되는데, 특히 Premiere Pro CS5.5에서 새롭게 추가된 프로그램 모니터의 덮어쓰기 및 삽입 모드에 대해 중점적으로 학습하고, 이펙트 조절 패널에서 Snap 기능의 활용 방식까지 학습합니다.

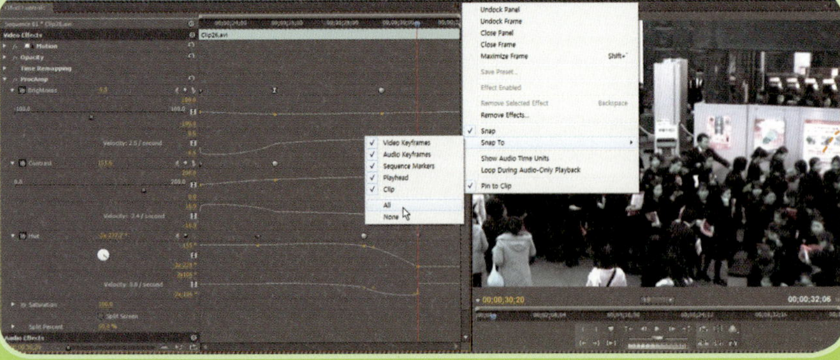

프로그램 모니터의 편집 기능과 이펙트 조절 패널의 키프레임 스냅 기능은 실전에서 많이 활용하는 기능이므로 필수적으로 알아두어야 할 핵심 내용입니다.

예제 파일 Lesson11-1.prproj ~ Lesson11-6.prproj
완성 파일 Lesson11-1-Q.prproj ~ Lesson11-6-Q.prproj

CHAPTER 01

타임라인 패널의
세부 기능과 이동 및 스냅

Premiere Pro CS5.5의 타임라인 패널에서 실제로 활용되는 세부 기능들 중에서 가장 중요한 Clip의 배치와 이동시 대입되는 주요 개념들을 익힌 다음 프로그램 모니터의 편집 기능과 이펙트 조절 패널의 키프레임 스냅 기능을 포함하여 포괄적인 Snap 기능을 활용하는 방식에 대해 알아보기로 합니다.

시퀀스 작업에 있어서 가장 기본적인 사항이라고 할 수 있는 타임라인 패널의 시퀀스에서 트랙에 Clip을 배치하는 바람직한 방식에 대해 알아봅니다. 주로 드래그 앤 드롭 기능으로 마우스만을 이용하여 클립을 배치할 때 발생하는 차이점에 대해 사용자들의 질문이 많이 나오고 있는 부분이므로 정확히 학습해 두어야 할 부분입니다.

타임라인 패널의 시퀀스에 드래그 앤 드롭 기능으로 Clip을 배치하면 기본적으로 삽입 편집 모드가 아닌 덮어쓰기 편집 모드로 작동한다는 점을 알고 있어야 합니다. 이미 Clip이 배치되어 있고 겹쳐지는 영역으로 드래그할 경우 기존 Clip이 밀려나지 않고 그 자리를 새로운 Clip이 덮어쓰면서 배치되기 때문에 주의해야 합니다. 즉 이미 배치되어 있던 Clip이 잘려 나가기 때문에 무심코 클립을 부주의하게 끌어서 배치할 경우 한 번 배치한 클립은 실행 취소 명령 이외에는 원상 복귀시킬 수가 없다는 점을 특히 주의해야 합니다.

1. 편집 아이콘을 구별하는 법

드래그 앤 드롭 기능으로 시퀀스와 프로그램 모니터를 활용하여 클립을 배치할 때에는 편집 아이콘의 모양으로 각각의 모드를 구분할 수 있습니다. 편집 아이콘은 평상시에는 나타나지 않으며, 드래그하는 동안 나타나는 아이콘의 표시로 구별합니다.

즉 덮어쓰기 편집 모드와 삽입 편집 모드, 그리고 재배열 편집 모드는 드래그하는 동안 나타나는 편집 아이콘에 따라 3가지 모드로 분류됩니다.

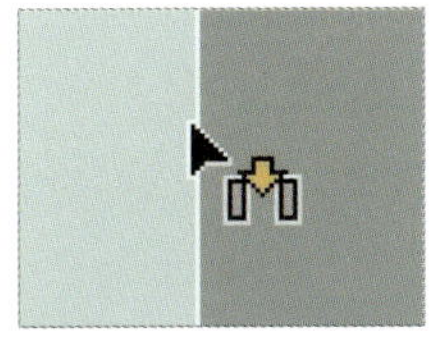

▲ 덮어쓰기 편집 아이콘

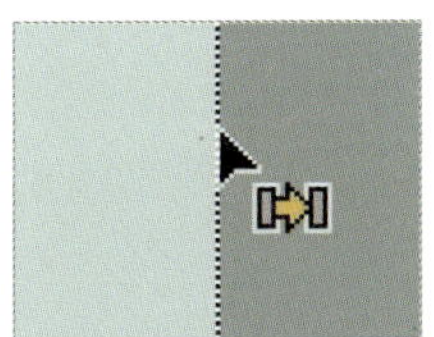

▲ 삽입 편집 아이콘

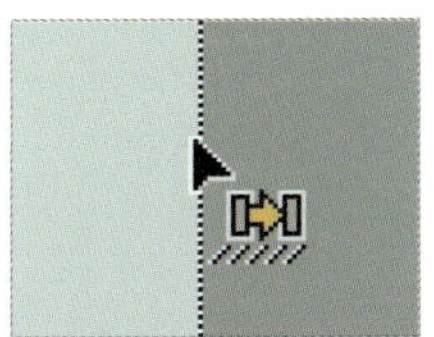

▲ 재배열 편집 아이콘

▲ 프로그램 모니터의 덮어쓰기 편집 아이콘

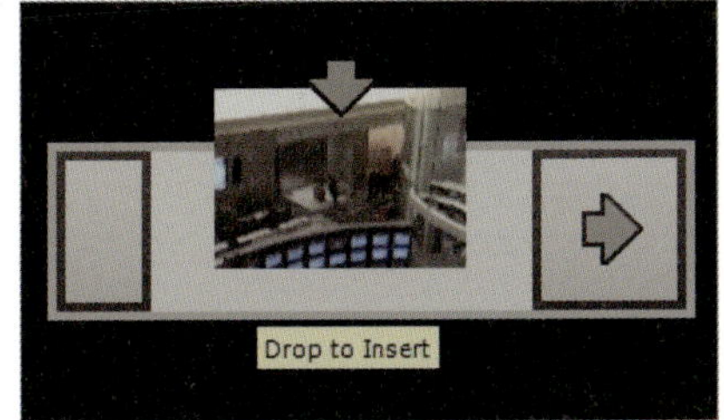

▲ 프로그램 모니터의 삽입 편집 아이콘

2. 덮어쓰기 모드로 배치하기(기본 값)

덮어쓰기 모드로 배치하는 방식은 Premiere Pro CS5.5의 기본 값으로 소스 모니터의 덮어쓰기 버튼 기능과 같습니다. 프로젝트 패널이나 소스 모니터에서 드래그 앤 드롭 기능으로 클립을 배치할 때 같은 트랙에 이미 클립이 배치되어 있다면 새로운 클립이 기존 클립과 겹쳐지는 부분, 즉 오버랩 영역에 덮어쓰기 되면서 배치됩니다.

❶ 부록 DVD의 Lesson11 폴더에서 'Lesson11-1.prproj'를 불러옵니다.
프로젝트 패널에서 Clip07.avi 클립을 시퀀스의 Video 1 트랙에 배치되어 있는 Clip52.avi 클립의 중앙으로 드래그합니다. 드래그하는 동안 나타나는 아이콘의 모양은 소스 모니터 조절기의 덮어쓰기 버튼 형태와 비슷하며 덮어쓰기 편집 아이콘이라고 합니다.

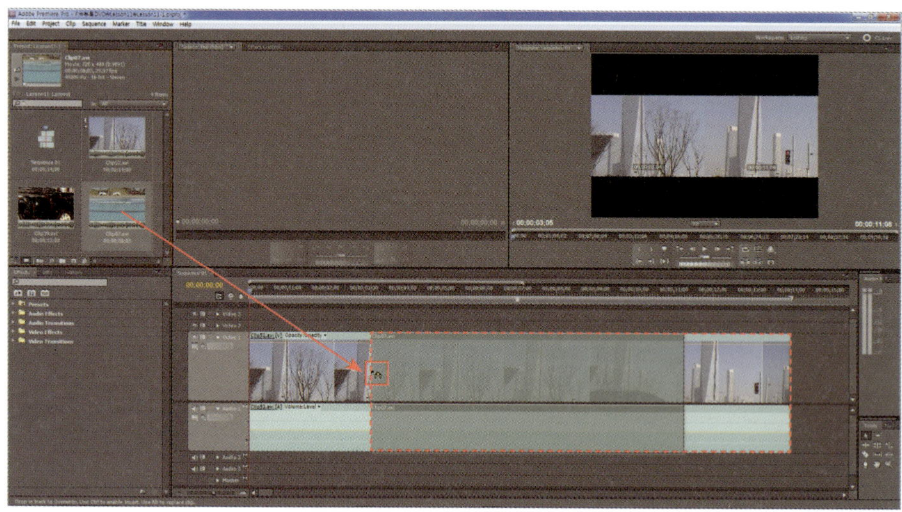

❷ 겹쳐진 영역에 덮어쓰기 모드로 새로운 클립이 배치되었습니다. 즉 겹쳐진 부분이 잘려 나가면서 새로운 클립이 배치되는 형태를 의미합니다.

❸ Premiere Pro CS5.5는 소스 모니터에서 설정한 인 아웃 영역을 드래그 앤 드롭 기능으로 시퀀스의 트랙에 배치할 때에도 동일하게 덮어쓰기 모드를 적용합니다.

프로젝트 패널의 Clip39.avi 클립을 소스 모니터에 열고 인 아웃 영역을 5초 이내로 짧게 설정한 다음 소스 모니터의 미리보기 영역에서 곧바로 Video 1 트랙의 중앙으로 드래그합니다. 프로그램 모니터는 드래그하는 동안 2분할 화면으로 출력하며 새로운 클립이 삽입될 위치의 앞뒤 프레임을 타임코드와 함께 표시하므로 정확한 위치에 배치할 수 있도록 합니다.

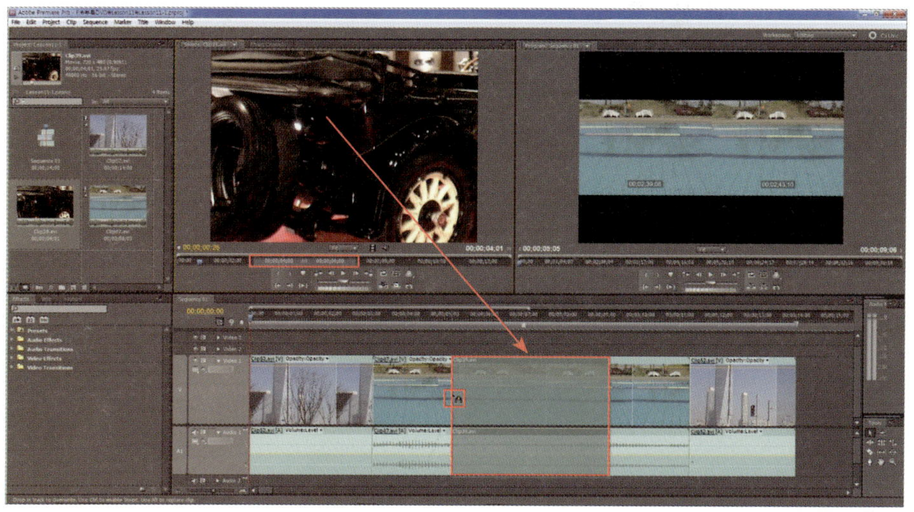

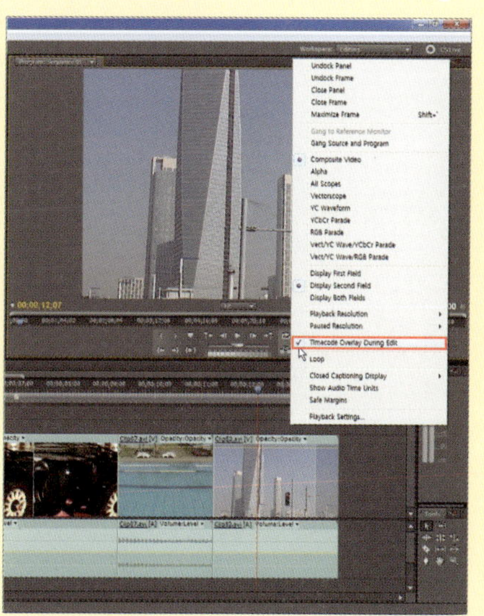

❹ 겹쳐진 부분이 잘려 나가면서 덮어쓰기로 새로운 클립이 배치되었습니다. 전체 지속시간은 변동되지 않습니다.

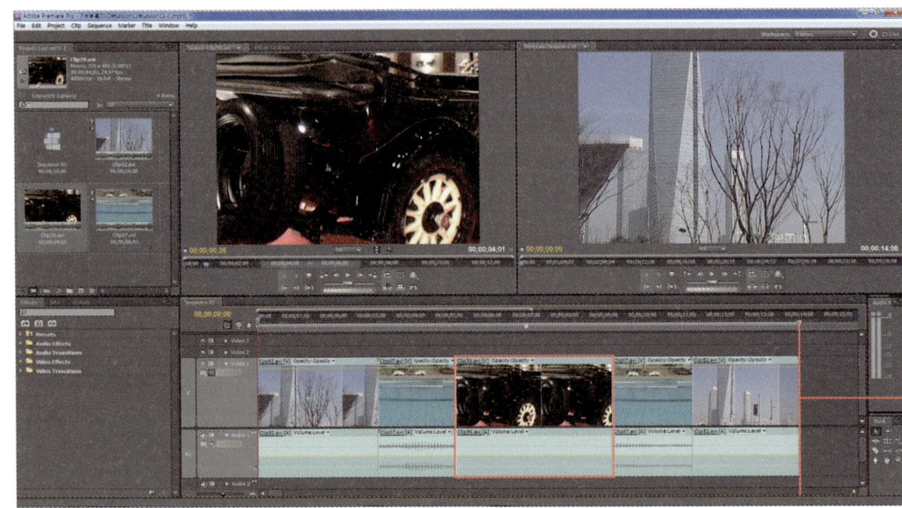

3. 삽입 모드로 배치하기(Ctrl + 드래그)

삽입 모드로 배치하는 방식은 소스 모니터 조절기에 있는 삽입 버튼의 기능과 개념이 같지만, Ctrl을 누른 상태에서 드래그 앤 드롭 기능으로 배치할 때 사용하는 방식으로 안내선과 아이콘에 의해 삽입 기점을 구별합니다.

❶ 부록 DVD의 Lesson11 폴더에서 'Lesson11-2.prproj'를 불러옵니다. 프로젝트 패널에서 Clip37.avi 클립을 소스 모니터에 열고 인 점(00;00;01;07)과 아웃 점(00;00;04;19)을 끊어 인 아웃 영역을 만듭니다.

❷ [Ctrl]을 누른 상태에서 소스 모니터의 인 아웃 영역을 Video 1 트랙에 이미 배치되어 있는 클립의 중간 부분으로 드래그합니다. 이때 드래그하는 동안 삽입 편집의 형태로 배치될 영역을 삽입 기점 안내선과 함께 반전 상태로 표시하고 삽입 편집 아이콘이 동시에 나타납니다.

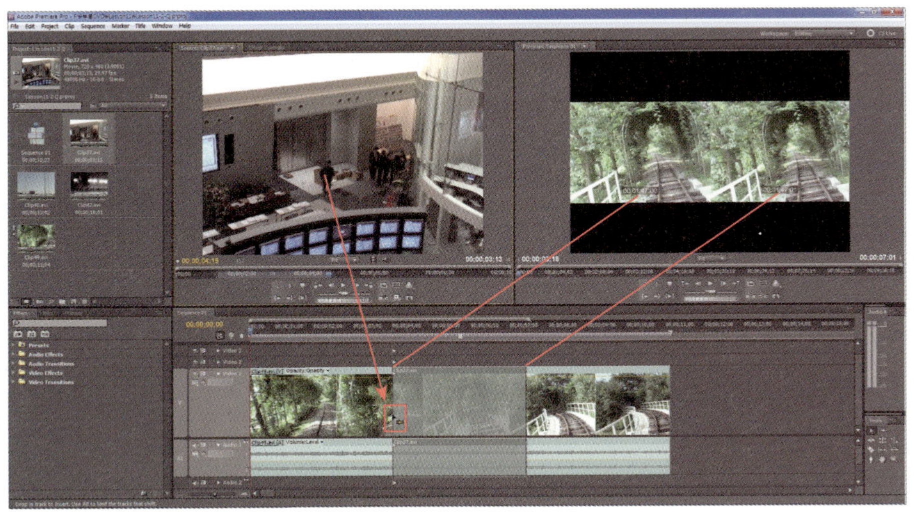

덮어쓰기 모드와 상반된 모양의 삽입 편집 아이콘이 나타나고 덮어쓰기 모드와 달리 삽입 기점 안내선이 나타나는 점이 다릅니다.

❸ 기존에 배치되어 있던 Clip49.avi 클립은 분할되지만 새로운 클립을 삽입함과 동시에 조각난 뒷부분의 클립은 없어지지 않고 뒤로 이동합니다. 결과적으로 삽입한 클립의 길이만큼 전체 지속시간은 증가합니다.

4. 특정 트랙만 삽입 모드로 배치하고 시퀀스를 재배열하기(Ctrl + Alt +드래그)

Ctrl + Alt 를 누른 상태에서 클립을 드래그하면 특정 트랙에만 클립을 삽입 모드로 배치하면서 시퀀스를 재배열합니다. 이것을 재배열 모드라고 합니다. 이때 삽입 모드로 클립을 배치하면서 다른 트랙에는 영향을 미치지 않는다는 점이 재배열 모드의 특징이라고 할 수 있습니다.

즉 시퀀스에서 다중 트랙이 사용 중일 때 클립을 삽입 모드로 배치하면 다른 트랙을 포함하여 전체 지속시간에 영향을 미치지만, Ctrl + Alt 를 누른 상태에서 특정 트랙으로 클립을 드래그하면 해당 트랙만 삽입 모드로 인식되고 다른 트랙의 클립들은 이동하지 않는다는 뜻입니다. 재배열 편집 모드의 아이콘 모양은 삽입/덮어쓰기 편집 아이콘과 달리 밑줄로 구분하고 있습니다.

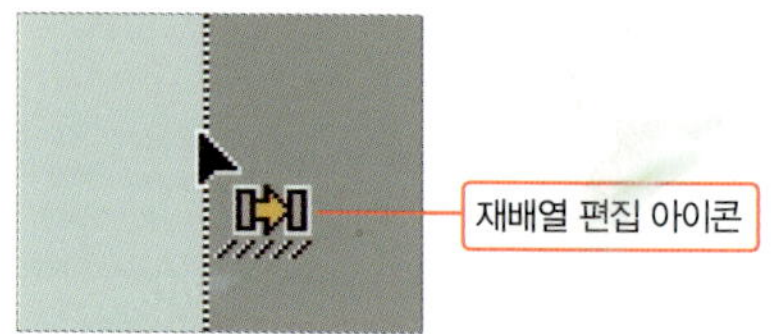

❶ 부록 DVD의 Lesson11 폴더에서 'Lesson11-3.prproj'를 불러옵니다. 프로젝트 패널에서 Clip41.avi 클립을 소스 모니터에 열고 인 점(00;00;01;22)과 아웃 점(00;00;05;12)을 끊어 인 아웃 영역을 만듭니다.

> **TIP**
> 재배열 모드는 특정 트랙만 삽입 모드로 재배열하며, 이외의 트랙은 영향을 주지 않습니다.
> Premiere Pro CS5.5에서는 Ctrl + Alt 를 누른 상태에서 특정 트랙으로 드래그하면 해당 트랙만 삽입 편집 모드로 배치한 다음 시퀀스를 재배열합니다. 반대로 대상 트랙과 상관없이 Ctrl 을 누른 상태에서 일반적인 삽입 모드로 배치하면 모든 트랙이 재배열된다는 점에서 유의해야 합니다.
> 이 기능을 이용하면 특정 트랙만 신속하게 재배열하기 위한 용도로 새로운 클립을 배치할 때 시퀀스의 배치 구조를 침해하지 않으면서 활용할 수 있습니다.

❷ Ctrl + Alt 를 누른 상태에서 소스 모니터의 인 아웃 영역을 Video 1 트랙에 이미 배치되어 있는 Clip41.
avi 클립의 1/3 부분으로 드래그합니다. 이때 드래그하는 동안 재배열 편집의 형태로 배치될 영역이 안내선
과 함께 반전되어 표시되고 재배열 편집 아이콘이 나타납니다.

❸ Video 1 트랙의 Clip40.avi 클립은 분할되고 새로운 클립을 삽입하면서 뒷부분의 클립은 오른쪽으로 이
동합니다. 결과적으로 삽입한 클립의 길이만큼 전체 지속시간은 증가합니다. 여기까지는 삽입 편집 모드와
동일하지만 차이점이 있습니다. Video 1 트랙이외의 트랙에 배치되어 있는 클립은 예전 위치를 그대로 유지
하며 이동하지 않습니다.

5. 재배열 모드와 삽입 모드의 차이점

단일 트랙이 아닌 다중 트랙에 클립이 배치되어 있을 경우, Ctrl 을 이용하여 일반적인 삽입 편집 모드로 새로운 클립을 배치했을 때에는 Ctrl + Alt 를 이용한 재배열 편집 모드와 달리 전체 트랙이 영향을 받아 모든 트랙의 클립들이 이동한다는 점에서 차이가 있습니다.

❶ 프로젝트는 Lesson11-3.prproj를 그대로 사용합니다. Ctrl + Z 을 누르거나 (Edit) → Undo를 실행하여 한 단계 이전으로 복귀합니다.

이번에는 Ctrl 만을 이용하여 일반적인 삽입 편집 모드로 소스 모니터의 인 아웃 영역을 Video 1 트랙에 이미 배치되어 있는 Clip41.avi 클립의 1/3 부분으로 드래그합니다.

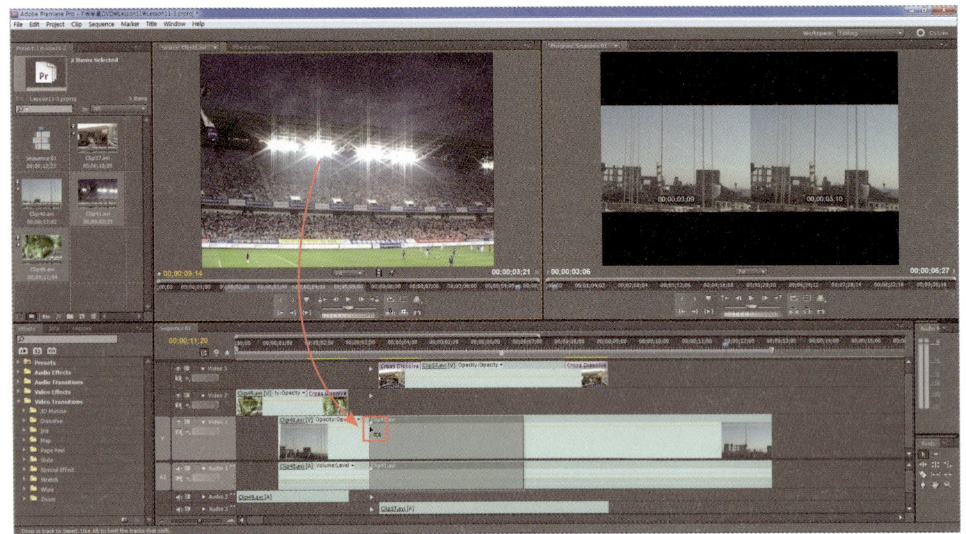

❷ Video 1 트랙의 클립이 분할되는 것은 물론, 인 아웃 영역이 삽입된 지점 이후에 있는 모든 트랙의 클립이 영향을 받아 클립이 새롭게 삽입된 만큼 모든 트랙의 뒷부분이 오른쪽으로 이동합니다.

프로그램 모니터에서의 덮어쓰기 편집 기능에 대해 알아봅니다. 프로그램 모니터에서의 덮어쓰기 편집 기능은 프로젝트 패널과 소스 모니터, 미디어 브라우저 패널에서 모두 공통적으로 사용할 수 있습니다.

1. 프로젝트 패널에서 프로그램 모니터로 덮어쓰기

❶ 부록 DVD의 Lesson11 폴더에서 'Lesson11-4.prproj'를 불러온 다음 시퀀스의 편집 기준선을 00;00;03;23의 위치에 고정시킵니다.

❷ 프로젝트 패널에서 Clip32.avi 클립을 선택한 다음 프로그램 모니터로 직접 드래그하면 프로그램 모니터의 미리보기 영역에 덮어쓰기 편집 아이콘이 나타납니다.

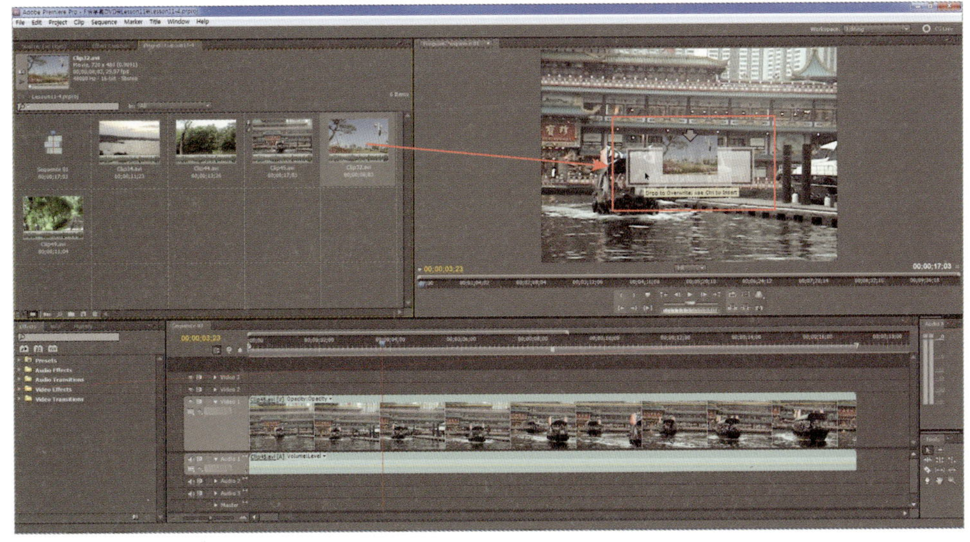

❸ 마우스 버튼을 놓으면 Clip32.avi 클립이 편집 기준선이 있는 위치부터 덮어쓰기 모드로 시퀀스에 배치되고 편집 기준선은 Clip32.avi 클립 길이만큼 오른쪽으로 이동합니다. 시퀀스의 총 지속시간은 변화가 일어나지 않습니다.

2. 소스 모니터에서 프로그램 모니터로 덮어쓰기

소스 모니터에서 인 아웃 영역을 설정한 다음, 시퀀스가 아닌 프로그램 모니터로 직접 덮어쓰기 모드로 배치하는 방법입니다. 덮어쓰기 모드로 배치할 때 프로그램 모니터에서는 현재 시간 표시자를 기준으로 하며, 시퀀스의 편집 기준선과 동일한 역할을 합니다.

❶ 부록 DVD의 Lesson11 폴더에서 'Lesson11-5.prproj'를 불러온 다음 시퀀스의 편집 기준선을 00;00;08;07의 위치에 고정하고 소스 모니터에 Clip34.avi 클립을 열어 인 점(00;00;02;29)과 아웃 점(00;00;08;28)을 설정합니다.

❷ 소스 모니터의 미리보기 영역에서 프로그램 모니터로 드래그하면 덮어쓰기 편집 아이콘이 미리보기 영역에 나타납니다.

❸ 타임라인 패널의 시퀀스를 관찰하면 편집 기준선이 있는 위치부터 Clip34.avi 클립의 인 아웃 영역이 덮어쓰기 모드로 배치되어 있는 것을 확인할 수 있습니다. 시퀀스의 전체 지속시간은 변화가 일어나지 않습니다.

프로젝트 패널에서 타임라인 패널의 시퀀스로 배치하는 기능과 동일하게 프로그램 모니터에 덮어쓰기 기능으로 배치하는 기능도 여러 개의 클립을 사용할 수 있습니다. 단, 복수 클립을 선택하고 프로그램 모니터로 드래그하는 덮어쓰기 기능은 시퀀스의 대상 트랙을 기준으로 배치합니다. 사전에 배치할 트랙이 대상 트랙으로 설정되어 있는지 미리 확인해야 합니다.

3. 프로그램 모니터에 삽입 모드로 배치하기

소스 모니터와 프로그램 모니터만을 이용하여 타임라인 패널의 시퀀스에 삽입 모드로 클립을 배치하는 방법입니다. 이때는 프로그램 모니터의 현재 시간 표시자를 기준으로 삽입합니다.

❶ 프로젝트는 Lesson11-5.prproj를 그대로 사용합니다. Ctrl+Z을 누르거나 [Edit] → Undo를 실행하여 한 단계 이전으로 복귀합니다.

프로그램 모니터의 현재 시간 표시자를 00;00;08;07의 위치에 두고, Ctrl을 누른 상태에서 소스 모니터의 클립을 프로그램 모니터로 드래그하면 미리보기 영역에 이번에는 삽입 편집 아이콘이 나타납니다.

❷ 마우스 버튼을 놓고 시퀀스를 확인하면 편집 기준선이 있는 위치부터 Clip34.avi 클립의 인 아웃 영역이 삽입 모드로 배치되고 이후의 클립과 편집 내역들은 오른쪽으로 이동합니다.

스냅 기능을 알아봅니다.

타임라인 패널의 스냅 버튼은 단축키 $\boxed{S}$를 사용하고 (Sequence) → Snap 명령과 연동되어 있습니다. 스냅 기능은 기본 값으로 체크되어 있으며 편집 내역의 정확한 이동과 배치를 위해 사용합니다.

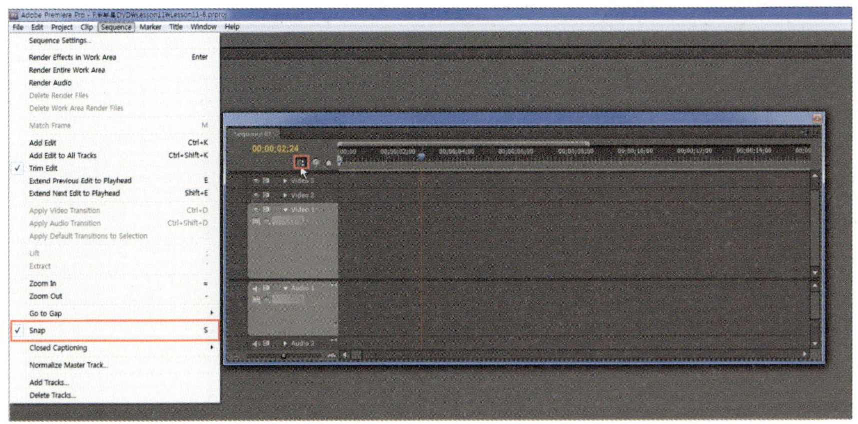

Snap 명령은 이펙트 조절 패널에서도 사용하며 (이펙트 조절 패널 메뉴) → Snap 명령이 체크된 상태에서, Snap to 옵션에 따라 이펙트 조절 패널의 타임라인 뷰에서 Video/Audio 키프레임, 시퀀스 마커, 편집 기준선, 클립의 인 점과 아웃 점을 지정하여 정확한 편집을 위해 사용합니다.

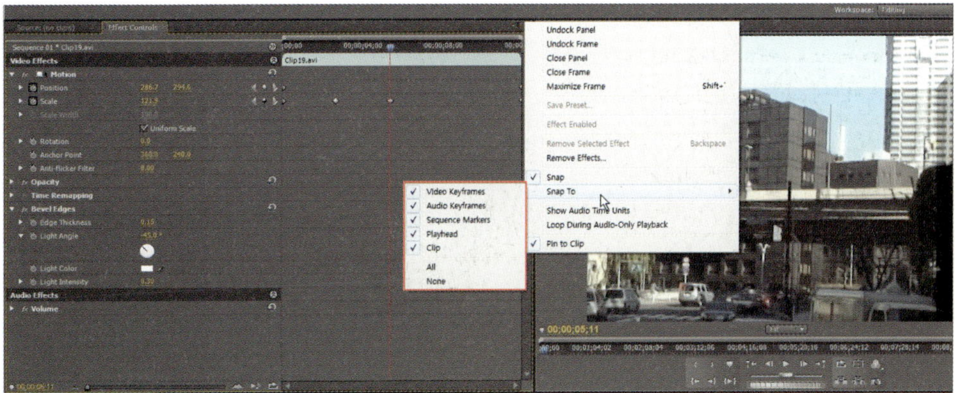

- **스냅 마커** : 클립의 경계에서 비디오 트랙과 오디오 트랙 상단에 삼각형 모양의 스냅 마커를 표시합니다.
- **스냅 지시선** : 스냅 버튼이 체크되어 있으면 항상 두 클립의 경계에서 수직의 스냅 지시선이 나타납니다. 스냅 지시선이 나타나면 클립의 경계에서 자석으로 끌어당기듯이 멈추는 기능이 작동합니다.

1. 기본적인 스냅 기능

클립과 클립이 맞물리는 경계로 특정 클립을 드래그하여 이동하면 스냅 마커와 스냅 지시선이 나타나면서 정확하게 두 클립을 이어 붙일 수 있습니다.

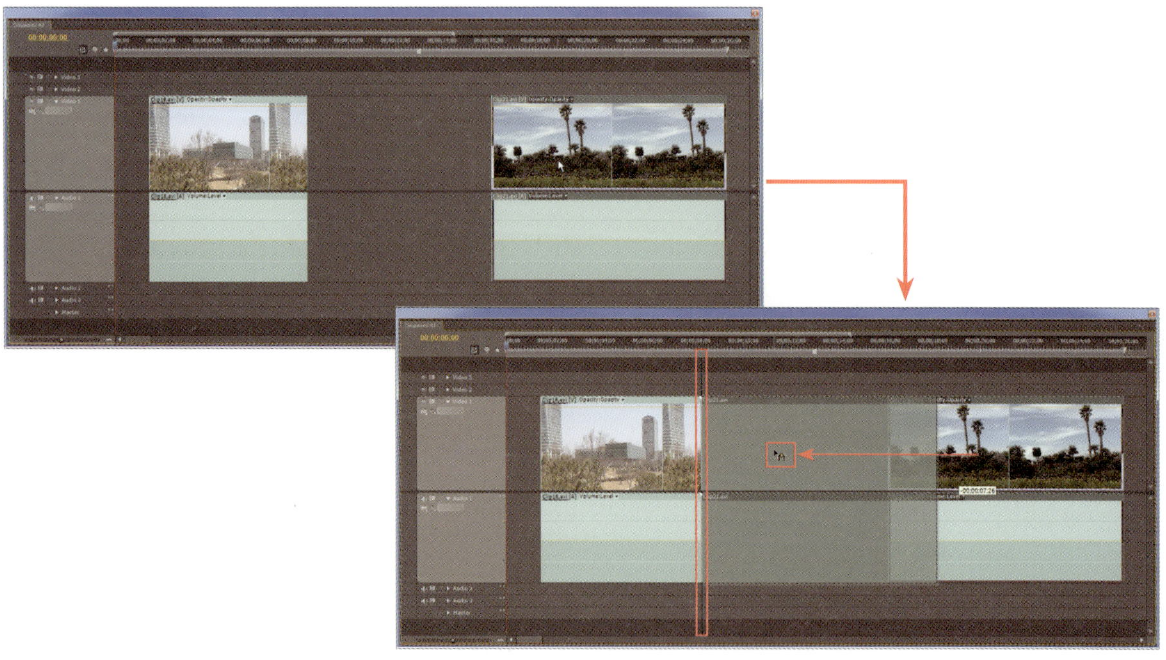

편집 기준선이 있는 위치로 정확히 클립을 이동하려면 상하단에 삼각형 모양의 스냅 마커가 나타나고 수직으로 스냅 지시선이 안내되면서 편집 기준선에 클립을 자동으로 일치시킬 수 있습니다.

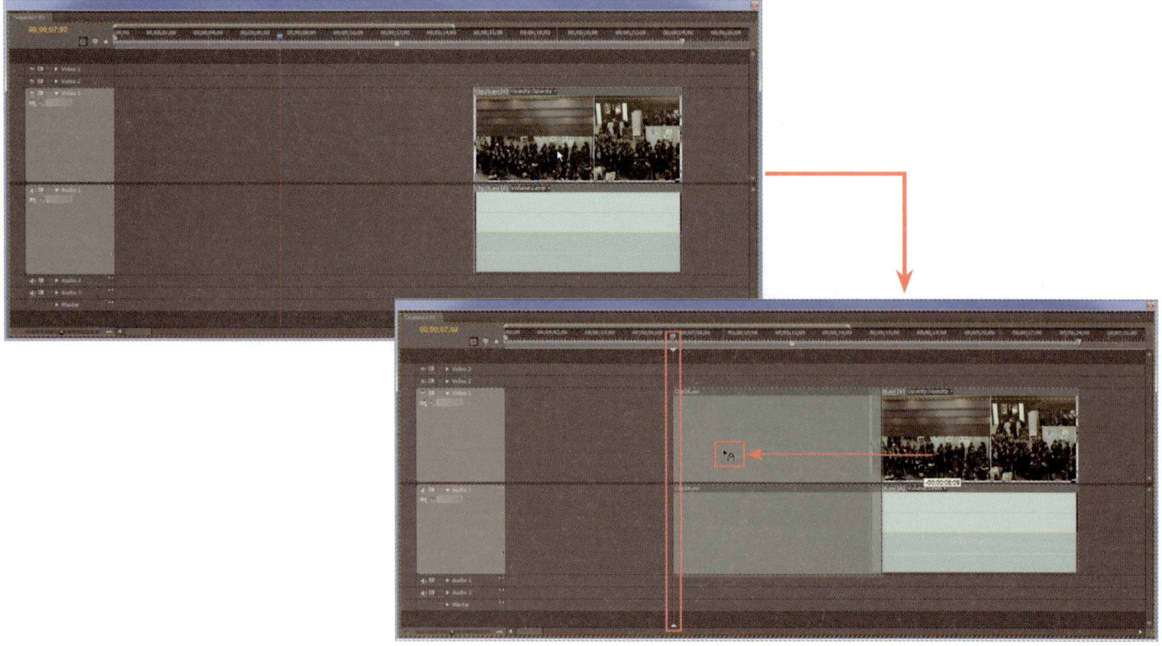

클립을 시퀀스 제로 점까지 맞닿도록 드래그하면 타임룰러 하단에 삼각형 모양의 스냅 마커가 나타나고 수직으로 스냅 지시선이 안내되면서 시퀀스 시작부(제로 점)에 클립이 자동으로 일치되는 것을 확인할 수 있습니다.

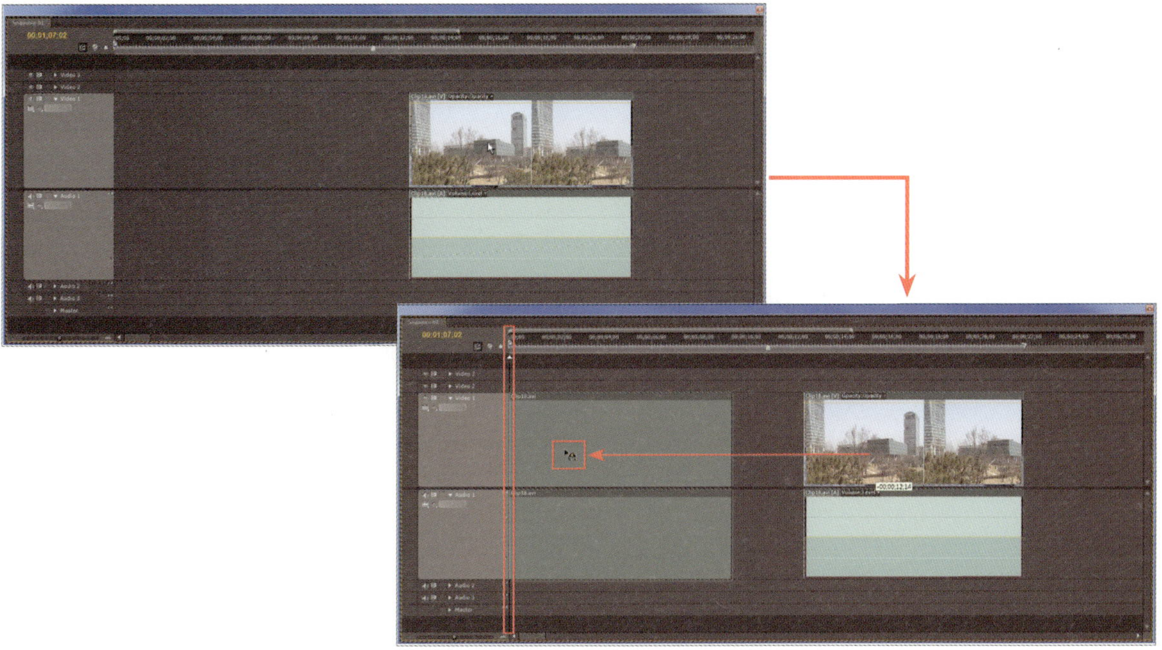

2. 편집 기준선의 빠른 스냅 기능

스냅 버튼의 체크 여부와 관계없이 편집 기준선만으로 각종 마커(Marker)를 스냅하는 기능을 알아봅니다.

클립을 이동할 때 사용하는 스냅 기능과 달리 편집 기준선만으로 마커의 위치를 판별하는 데 사용하는 기능입니다.

편집 기준선은 타임룰러의 편집 기준선 마커 또는 트랙 영역의 이동 아이콘을 좌우로 드래그하면 자유롭게 이동할 수 있습니다.

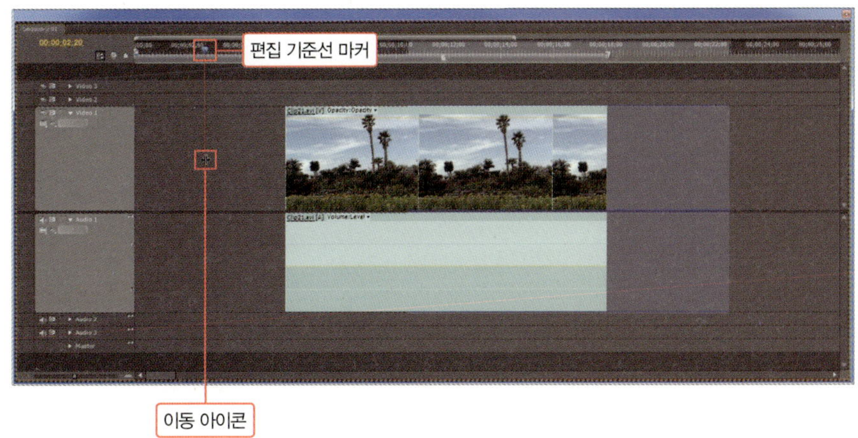

Shift 를 누른 상태에서 편집 기준선을 좌우로 드래그하면 마커가 있는 위치에 스냅 마커가 표시되어 나타납니다. 즉 Shift 를 누른 상태에서 스크러빙하면 마커 유형이 있는 위치에서 빠짐없이 스냅 마커를 표시하므로 편리합니다.

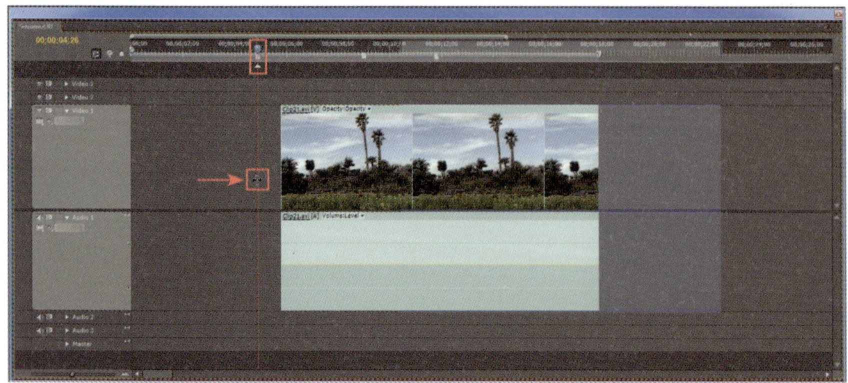

백색의 삼각형으로 타임룰러 바로 아래에 표시되어 나타나는 스냅 마커는 편집 기준선이 마커를 지나갈 때마다 표시하므로 위치 판별이 수월합니다.

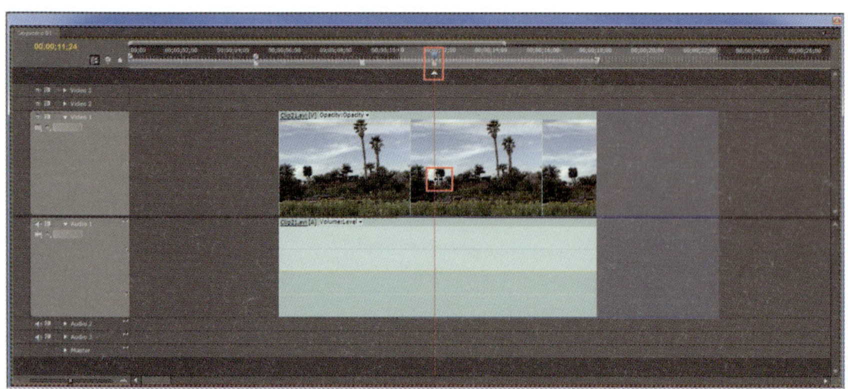

편집 기준선이 지나갈 때 나타나는 스냅 마커는 클립 마커(숫자 마커, 비숫자 마커), 시퀀스 마커(숫자 마커, 비숫자 마커), 시퀀스의 인 점과 아웃 점, 클립의 인 점과 아웃 점, 작업 영역 인 점 마커, 작업 영역 아웃 점 마커의 위치에서 모두 표시되어 나타나는 것이 특징입니다.

3. 마커 단위의 스냅 기능

마커(Marker)는 편집자만이 알 수 있는 표기일 뿐, 내보내기나 미리보기 상에서는 나타나지 않는 신호입니다. 즉 마커(Marker)는 편집자를 배려한 일종의 편의 기능이라고 할 수 있습니다. 클립과 클립의 스냅 기능 이외에 마커와 마커의 스냅 기능을 익혀두면 편집 시간을 절약할 수 있습니다. 1차로 편집이 완료된 상태에서 후반 작업으로 새로운 장면이나 수정 컷을 넣어야 할 경우가 발생하는데, 이때 사전에 설정해 둔 마커를 기준으로 스냅 기능을 이용하면 편리하게 작업할 수 있습니다.

❶ 부록 DVD의 Lesson11 폴더에서 'Lesson11-6.prproj'를 불러옵니다. 시퀀스에 배치되어 있고 클립 마커가 설정되어 있는 Clip26.avi, Clip21.avi 두 클립에서 마커와 마커의 위치를 일치시키면서 이동할 때 스냅 기능을 활용하면 손쉽게 조정할 수 있으므로 편리합니다. Clip21.avi 클립을 선택합니다.

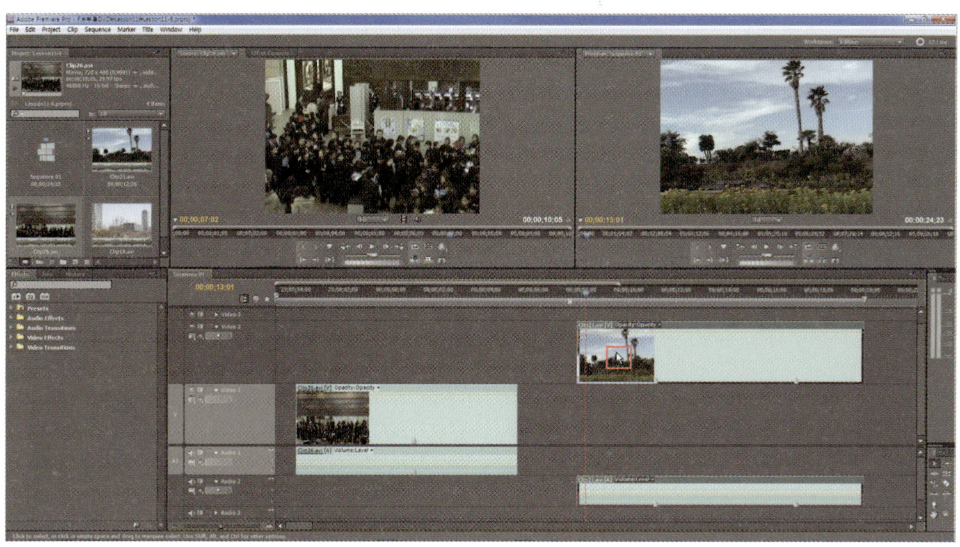

❷ Video 1 트랙의 Clip26.avi 클립의 숫자 마커가 있는 위치까지 왼쪽으로 드래그한 다음 스냅 지시선이 나타나는 지점에서 마우스 버튼을 놓습니다.

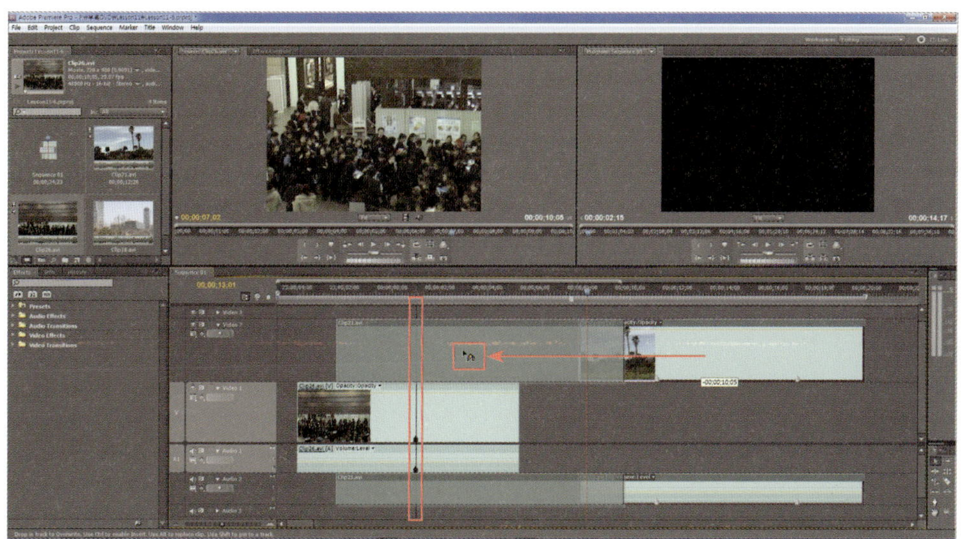

❸ 상위 트랙의 클립 비숫자 마커와 하위 트랙의 클립 숫자 마커가 수직으로 일치된 상태로 이동이 완료되었습니다.

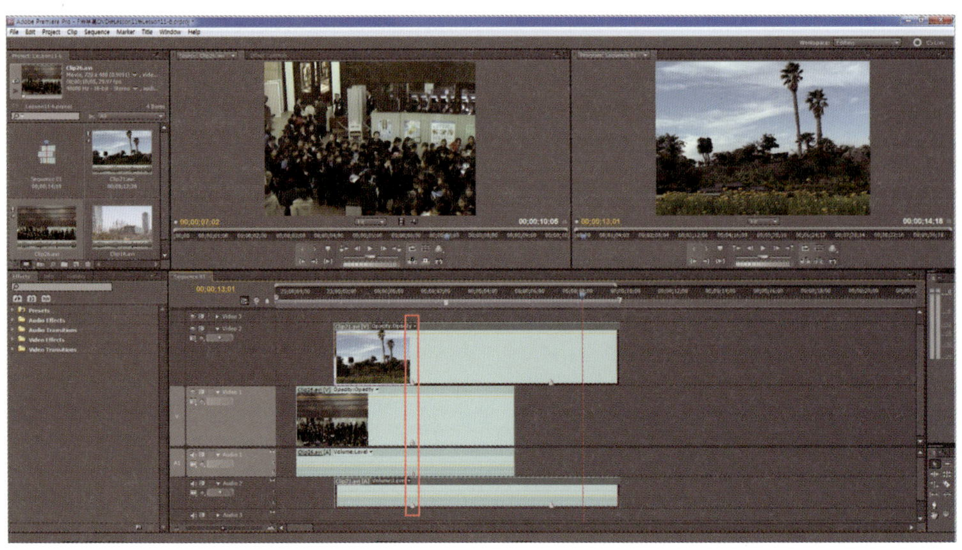

> **TIP** 특히 마커(Marker)를 기준으로 스냅(Snap) 기능을 활용하면 싱크(Sync)를 맞추는 작업이나 세밀한 컷에 대한 효과를 프레임 단위로 조율할 때 정확한 편집을 할 수 있습니다.

4. 다른 유형의 마커와 마커를 일치시킬 때

스냅 기능은 시퀀스 마커, 클립 마커, 작업 영역 마커, 편집 기준선 마커 등 모든 유형의 마커를 활용할 수 있습니다. 마커와 마커가 수직으로 일치하는 지점에 이르면 항상 수직의 스냅 지시선이 나타나므로 이동할 위치를 미리 파악할 수 있습니다.

❶ 프로젝트는 Lesson11-6.prproj를 그대로 사용합니다. 작업 영역 마커와 클립을 일치시키는 방법입니다. 타임룰러의 작업 영역 바를 확인한 다음, 시퀀스에서 Clip21.avi 클립을 선택합니다.

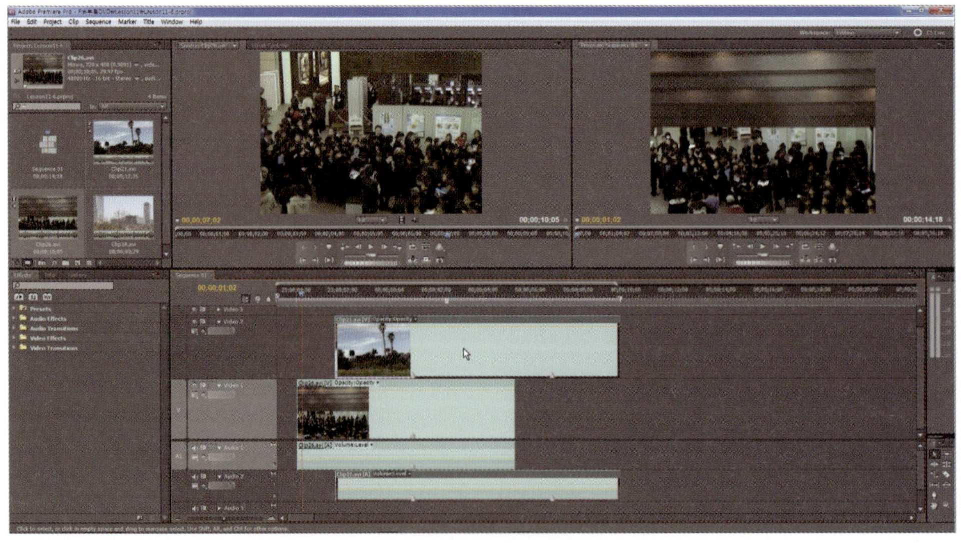

❷ Clip21.avi 클립을 작업 영역의 종료부까지 드래그하면 드래그하는 동안 작업 영역 아웃 점 마커 하단에 삼각형 모양의 스냅 마커가 표시되고 수직의 스냅 지시선이 나타나므로 정확히 구분할 수 있습니다.

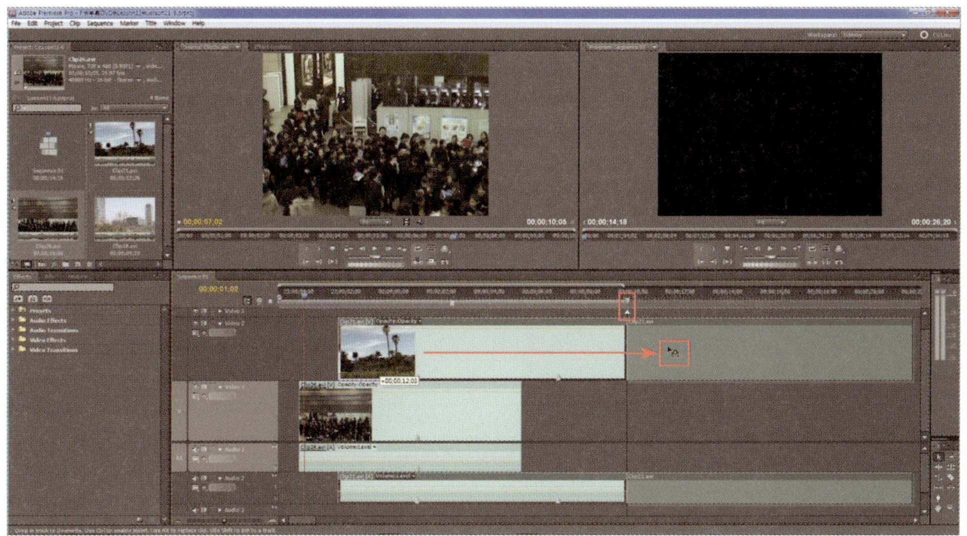

❸ 마우스 버튼을 놓으면 정확히 작업 영역의 아웃 점 마커가 있던 위치로 클립의 인 점이 이동합니다.

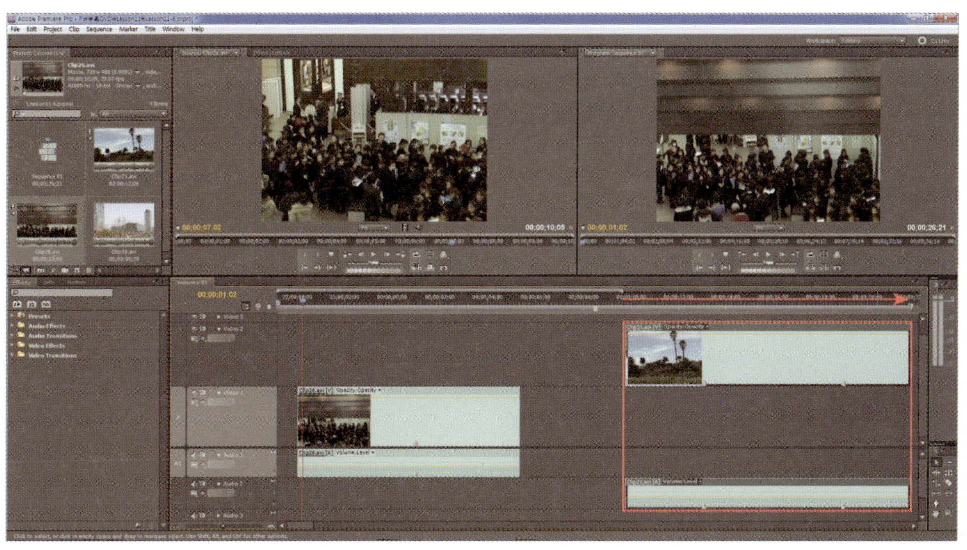

❹ 이번에는 시퀀스 마커와 클립을 일치시키는 스냅 기능입니다.
타임룰러에 생성된 시퀀스 마커의 위치를 확인한 다음 Video 1 트랙의 Clip26.avi 클립을 선택하고 시퀀스 비숫자 마커가 있는 위치까지 오른쪽으로 드래그하면 스냅 마커와 스냅 지시선이 나타납니다.

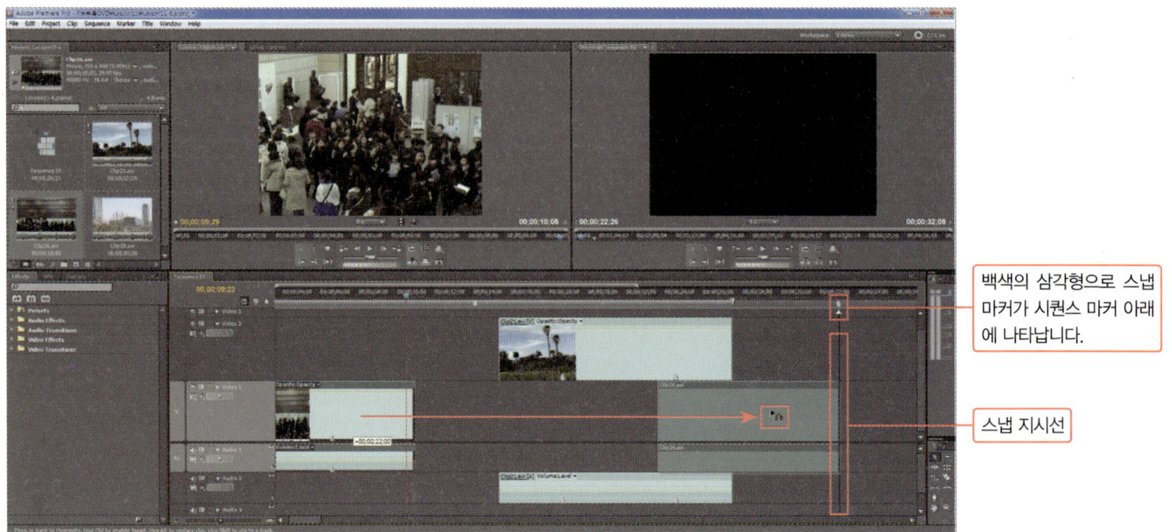

❺ 마우스 버튼을 놓으면 정확히 시퀀스 숫자 마커가 있는 위치와 수직으로 일치된 지점에 클립의 인 점이 자리 잡습니다.

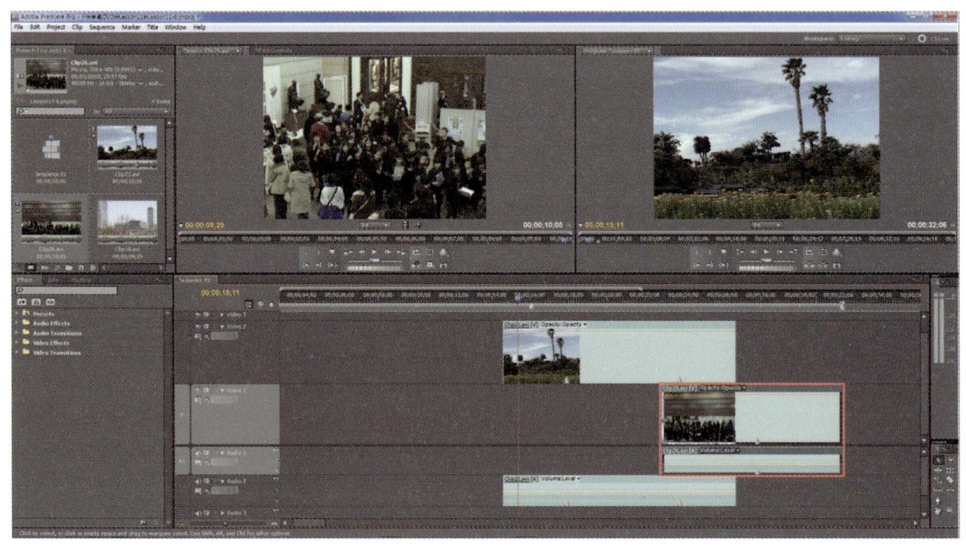

> **TIP** 단축키 **S**를 활용하면 더욱 신속하게 스냅 기능을 이용할 수 있는데, 작업 패널에 관계없이 어디서나 **S**를 누르면 체크 상태를 전환할 수 있습니다. Premiere Pro CS5.5 입문자는 기본 값으로 항상 스냅 기능을 활성화하고 타임라인 패널을 사용하기 바랍니다. 특히, 여러 개의 시퀀스를 만들어 작업할 때 스냅 버튼의 체크 상태는 자동으로 모든 시퀀스에 동일하게 적용하기 때문에 유의해야 합니다. 클립의 경계에 맞물릴 필요가 없고 세밀한 클립의 이동이 필요할 때에만 스냅 기능을 해제하고 사용할 수 있습니다.

 이펙트 조절 패널에서의 Snap 기능

이펙트 조절 패널에서 사용하는 스냅 기능에 대해 알아봅니다.

01 클립에 Motion 또는 이펙트 키프레임이 추가되어 있을 때, 이펙트 조절 패널 메뉴에서 Snap 명령의 체크 여부와 Snap To 옵션의 체크 항목을 확인합니다. Snap To → All을 선택하면 전체 선택, Snap To → None을 선택하면 전체 해제로 일괄 전환됩니다.

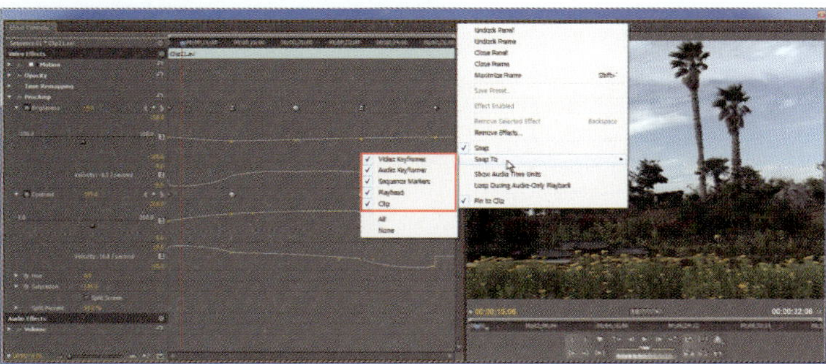

02 이펙트 조절 패널의 타임라인 뷰에서 이동할 특정 키프레임을 선택합니다.

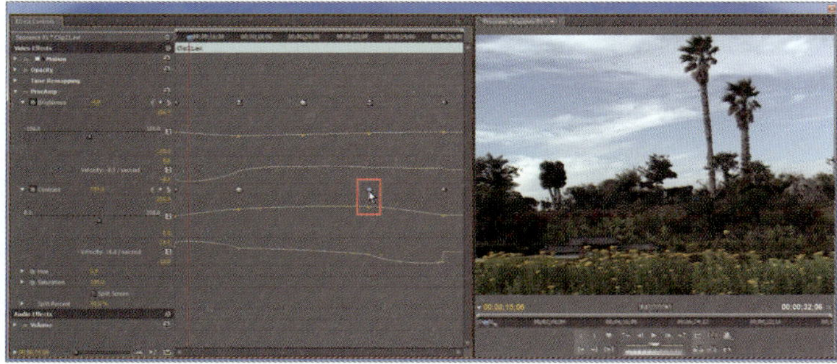

03 키프레임을 왼쪽으로 드래그하면 가장 인접한 키프레임과 수직으로 동일한 위치에 백색의 스냅 지시선이 나타납니다. 마우스 버튼을 놓으면 해당 키프레임과 수직으로 동일한 위치에 정확히 키프레임이 이동됩니다.

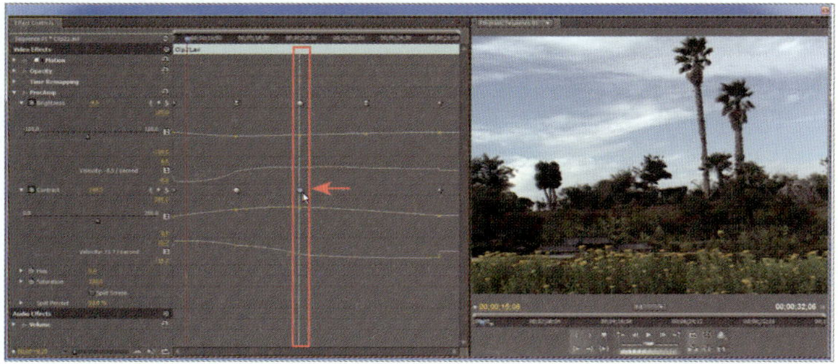

TIP 이펙트 조절 패널의 스냅 기능은 키프레임을 정확히 이동할 때 편리하게 사용할 수 있습니다.

CHAPTER
02

Premiere Pro CS5.5의 사용자 정의 이펙트 프리셋(Effect Preset)은 Motion과 키프레임을 포함하여 모든 이펙트의 사전 설정 값을 미리 만들고 이펙트 패널에 등록하여 재활용할 수 있는 기능입니다.

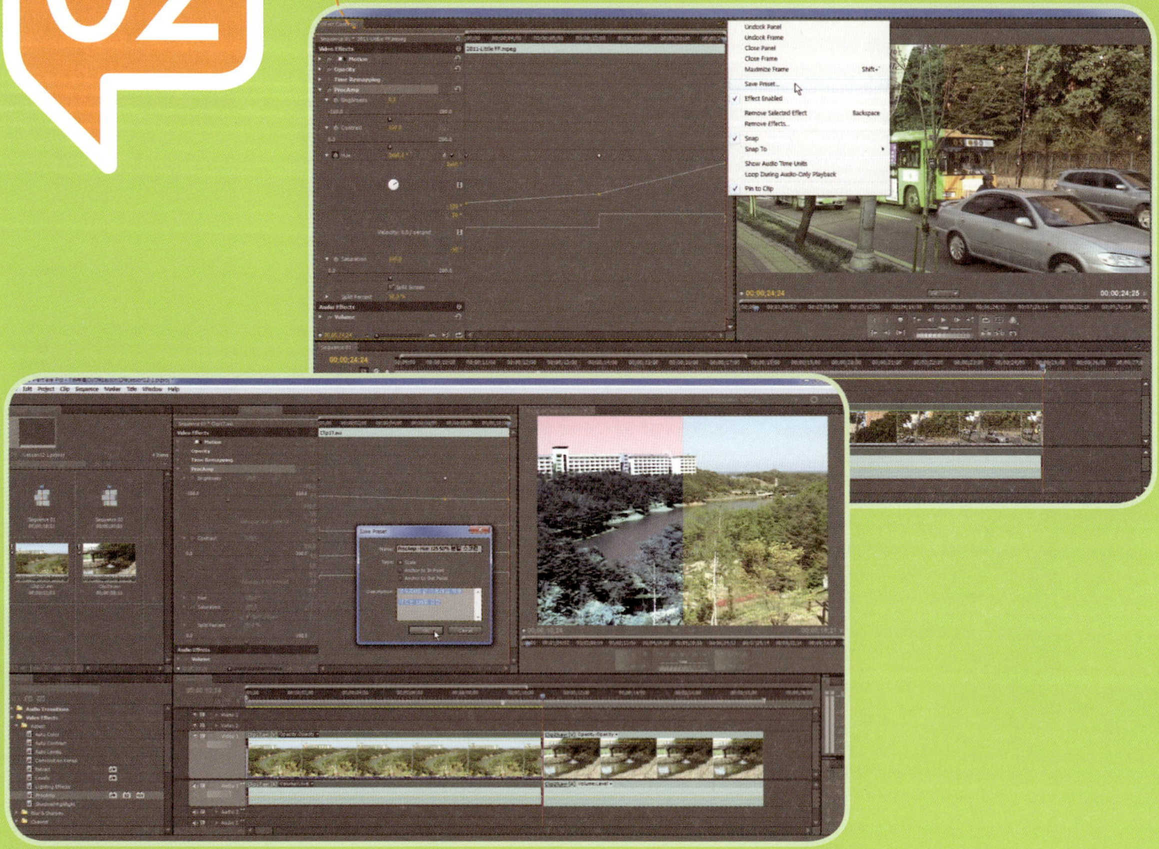

예제 파일 Lesson12-1.prproj
완성 파일 Lesson12-1-Q.prproj

CHAPTER 02

사용자 정의 **이펙트 프리셋** 만들기

자주 사용하는 패턴의 이펙트 속성과 Motion 효과를 만들어 둔 다음 이펙트 패널에 등록한 뒤에 반복적으로 활용할 수 있는 이펙트 프리셋에 대해 익히는 과정입니다. 또 PRFPSET 파일로 하드디스크에 저장하는 방법과 이펙트 프리셋(Effect Preset)의 차이점에 대해서도 알아봅니다.

이펙트 프리셋의 차이점과 사용자 정의 이펙트 프리셋에 대해 알아봅니다.

이펙트 패널에 만들어 둔 다음 활용하는 사용자 정의 이펙트 프리셋은 평소에 즐겨 사용하는 기법의 이펙트 속성과 키프레임 연결 속성 및 모션 이펙트 속성에 이르기까지 다양한 '자신만의 프리셋'을 이펙트 패널에 등록시켜 차후 신속하게 반복적으로 사용할 수 있고, 또 그 내용을 파일로 저장하여 영구 보관해 둘 수 있는 기능입니다.

프리미어를 초기 버전부터 접해 온 사용자라면 [Motion Control Settings] 대화상자로부터 PMT(Premiere Motion Control) 파일로 저장하여 모션(Motion) 정보를 보관하고 재활용했던 방식을 기억할 것입니다.

Premiere Pro CS5.5의 사용자 정의 이펙트 프리셋(Effect Preset)은 Motion은 물론이고 모든 이펙트의 사전 설정 값을 미리 만들고 이펙트 패널에 등록하여 재활용할 수 있는 포괄적으로 진화된 기능이라고 할 수 있습니다.

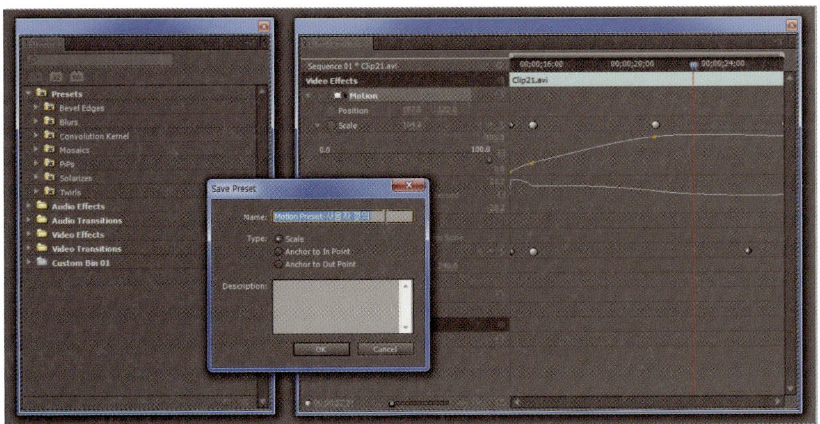

이펙트 조절 패널에서 속성을 복사하고 붙이기 하는 단순 기능에 비해 이펙트 패널의 빈(Bin)에 사용자 정의 프리셋을 분류별로 생성하고 보관한 뒤 반복적으로 사용할 수 있어서 이펙트의 작업 능률을 향상시키는 편리한 기능입니다.

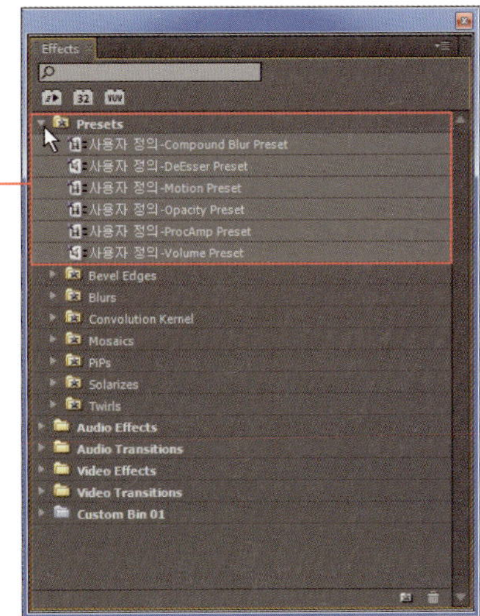

이펙트 패널의 Presets 빈에 등록된 사용자 정의 이펙트 프리셋 목록

1. 사용자 정의 이펙트 프리셋 등록하기

효과와 모션을 직접 만들고 새로운 사용자 정의 이펙트 프리셋을 이펙트 패널에 등록하는 방법에 대해 익힙니다.

❶ 부록 DVD의 Lesson12 폴더에서 'Lesson12-1.prproj'를 불러옵니다. 시퀀스의 Video 1 트랙에 배치되어 있는 Clip17.avi 클립을 선택 상태로 놓고 이펙트 패널에서 Video Effects → Adjust → ProcAmp 아이템을 이펙트 조절 패널에 드래그하여 적용합니다.

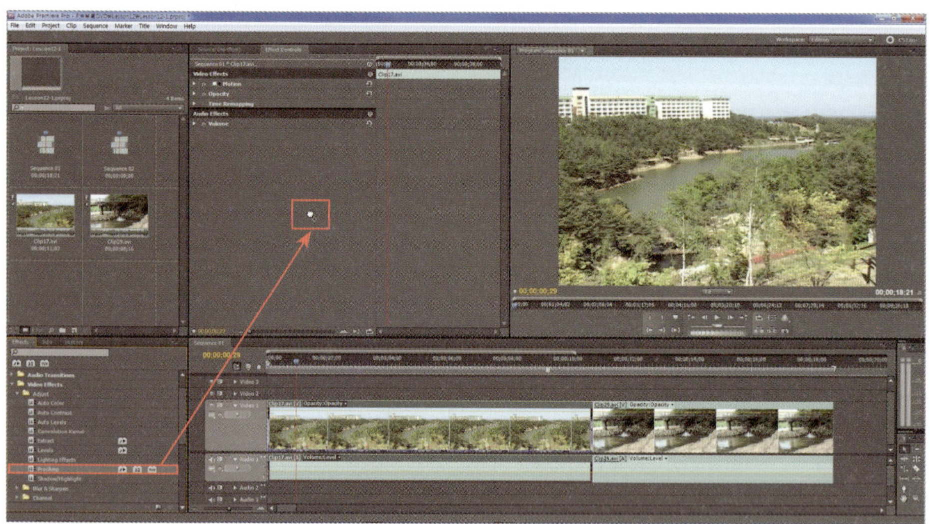

❷ ProcAmp 이펙트의 모든 속성을 확장하고 타임라인의 편집 기준선이 클립의 인 점에 위치하고 있는지 확인합니다. Split Percent 속성 상단의 Split Screen 옵션을 체크하고 Brightness, Contrast 속성의 〈Toggle animation〉 버튼을 차례대로 클릭하면 클립의 인 점에 1번 키프레임이 이펙트 조절 패널의 타임라인에 각각 생성됩니다.

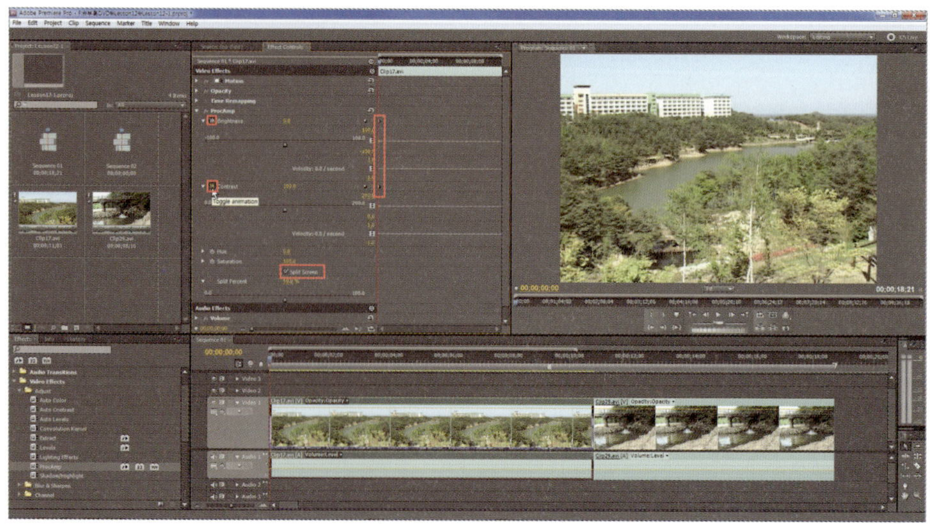

❸ 이펙트 조절 패널 하단의 현재 타임코드를 보면서 편집 기준선을 00;00;07;05의 위치에 두고 Brightness 속성 값을 '−25.0', Contrast 속성 값을 '120.0'으로 설정하면 타임라인에 2번 키프레임이 각각 차례대로 생성됩니다.

❹ 이펙트 조절 패널의 타임라인에서 편집 기준선을 클립의 아웃 점에 위치시키고 Brightness 속성 값을 '−30.0', Contrast 속성 값을 '135.0'으로 설정하면 타임라인에 3번 키프레임이 차례대로 생성됩니다.

❺ Hue 속성의 각도를 시계 방향으로 돌리면서 드래그하여 125도로 변경하면 프로그램 모니터의 분할 화면 중 왼쪽 화면의 색조가 변경되어 나타납니다.

❻ 이펙트 조절 패널에서 ProcAmp 이펙트 이름을 1회 클릭하여 반전 상태로 놓은 다음 〔컨텍스트 메뉴〕→ Save Preset을 선택합니다.

❼ 〔Save Preset〕 대화상자가 나타납니다. 〔Save Preset〕 대화상자는 Preset의 이름과 Type 옵션 및 프리셋 설명을 요약하여 입력할 수 있는 Description 옵션으로 구성되어 있습니다. 프리셋 이름을 비교적 상세하게 한글 혼용 이름인 'ProcAmp – Hue 125 50% 분할 스크린'으로 수정 입력합니다.

❽ Type 옵션은 기본 값인 Scale로 두고, 바로 아래의 Description 상자에는 프리셋 아이템에 대한 현재 속성과 특징을 그림과 같이 요약하여 입력하고 〈OK〉 버튼을 클릭합니다.

❾ 이펙트 패널의 Presets 빈을 확장하고 목록을 확인하면 사용자 정의로 설정한 'ProcAmp – Hue 125 50% 분할 스크린' Preset이 등록되어 있는 것을 확인할 수 있습니다.

❿ 이번에는 이펙트 패널에서 Presets\'ProcAmp – Hue 125 50% 분할 스크린' Preset을 선택하고 〔컨텍스트 메뉴〕 → Preset Properties를 선택합니다. 다른 방법으로는 이펙트 프리셋 아이콘을 더블클릭해도 동일합니다.

⓫ 〔Save Preset〕 대화상자와 내용은 동일하지만 〔Preset Properties〕 대화상자가 나타나면서 프리셋의 모
든 정보를 출력합니다. 〈Cancel〉 버튼을 누릅니다.

⓬ 이번에는 사용자 정의 이펙트 프리셋을 활용할 차례입니다.
이펙트 패널에서 Presets\'ProcAmp – Hue 125 50% 분할 스크린' Preset을 선택하고 Video 1 트랙의
Clip29.avi 클립으로 드래그하여 사용자 정의 이펙트 프리셋을 적용합니다.

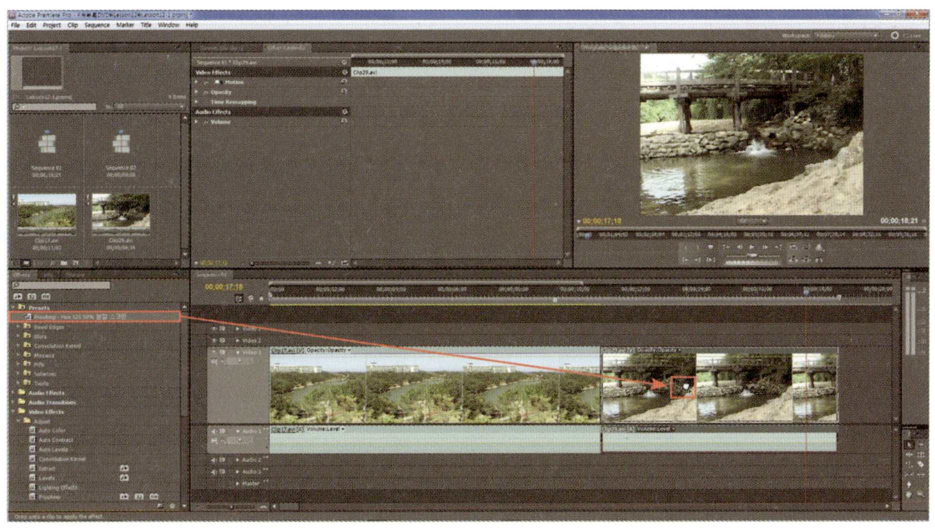

⑬ 이펙트 조절 패널의 이펙트 목록과 타임라인을 확인하면 ProcAmp 이펙트가 이전 클립인 Clip17.avi에 적용했던 속성을 그대로 유지한 상태로 Clip29.avi 클립에 적용되어 있는 것을 확인할 수 있습니다.

※단, Type 옵션이 Scale로 설정되어 있으므로 Clip17.avi 클립과 Clip29.avi 클립의 지속시간이 달라도 키프레임 간격은 균등한 상태로 배치됩니다.

> **TIP** 사용자 정의 이펙트 프리셋의 키프레임이 배치되는 유형을 설정할 때 Type 옵션을 사용합니다. 클립의 키프레임 배치 상태와 프리셋의 이름 및 주석은 차후 언제든지 수정하고 변경할 수 있습니다.

NOTE [Preset Properties] 대화상자 불러오기

Preset Properties 명령은 사용자 정의 이펙트 프리셋에서만 나타나고 Premiere Pro CS5.5에서 기본 제공하는 이펙트 프리셋에서는 사용할 수 없게 비활성화 되어 있습니다. 그러나 방법이 있습니다. 이펙트 프리셋 아이콘을 더블클릭하면 [Preset Properties] 대화상자를 불러올 수 있습니다.

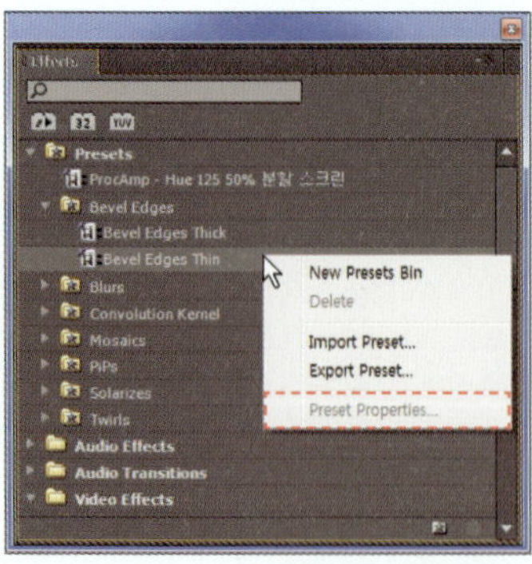
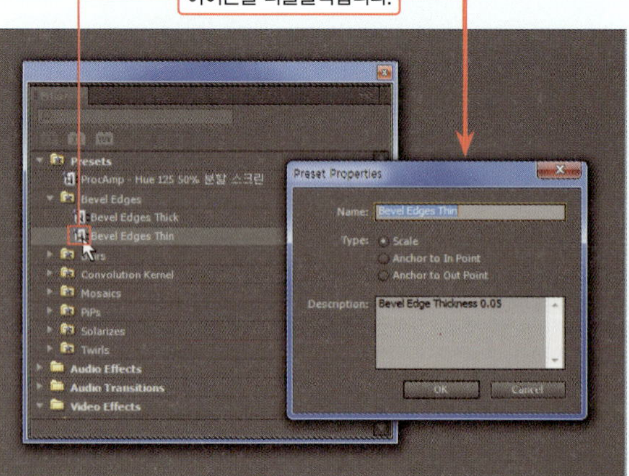

기본 이펙트 프리셋은 사용자 정의 이펙트 프리셋과 달리 삭제할 수 없습니다.

사용자 정의 이펙트 프리셋은 프리셋의 이름과 Type 옵션(Scale, Anchor to In/Out Point)을 변경할 수 있고 언제든지 수정과 삭제가 가능하다는 점에서 차이가 있습니다.

2. 이펙트 프리셋의 보관

Time Remapping 이펙트는 사용자 정의 이펙트 프리셋으로 저장이 불가능하지만, 이를 제외한 이펙트 조절 패널의 기본 이펙트(Motion, Opacity, Volume)는 사용자가 창의적으로 만든 고유의 속성들을 사용자 정의 이펙트 프리셋으로 이펙트 패널의 Presets 빈에 목록으로 저장하여 재활용할 수 있습니다.

※Motion 이펙트를 프리셋으로 저장하여 활용하는 사례는 타이틀의 움직임을 독창적으로 적용할 때 가장 많이 사용하고 있습니다.

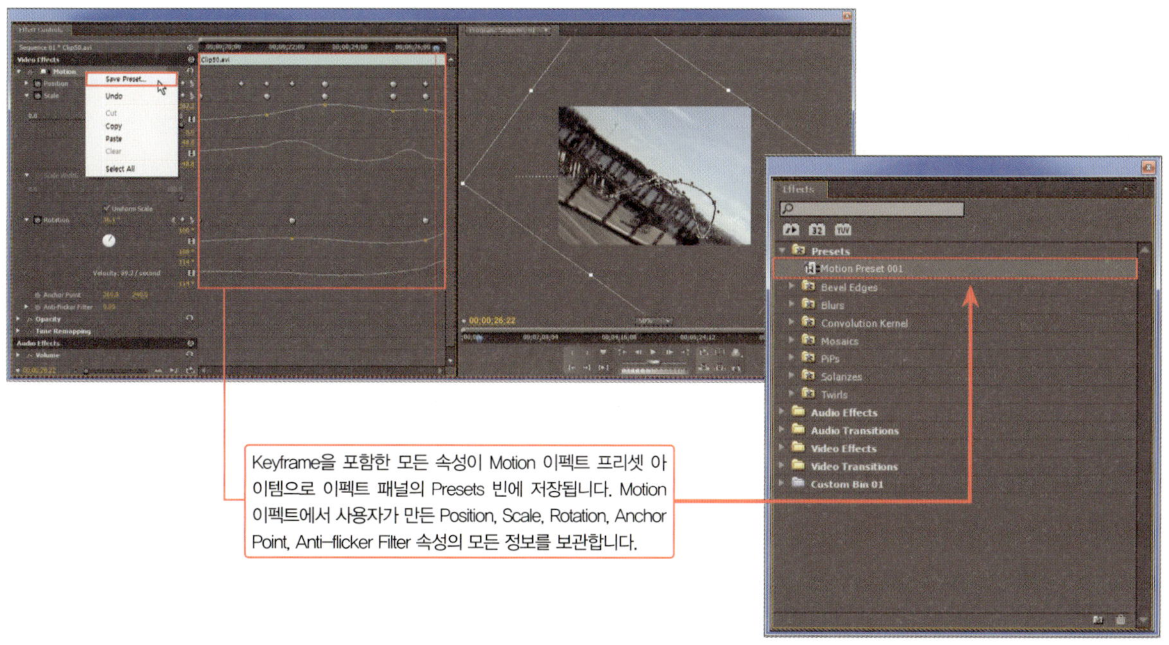

Keyframe을 포함한 모든 속성이 Motion 이펙트 프리셋 아이템으로 이펙트 패널의 Presets 빈에 저장됩니다. Motion 이펙트에서 사용자가 만든 Position, Scale, Rotation, Anchor Point, Anti-flicker Filter 속성의 모든 정보를 보관합니다.

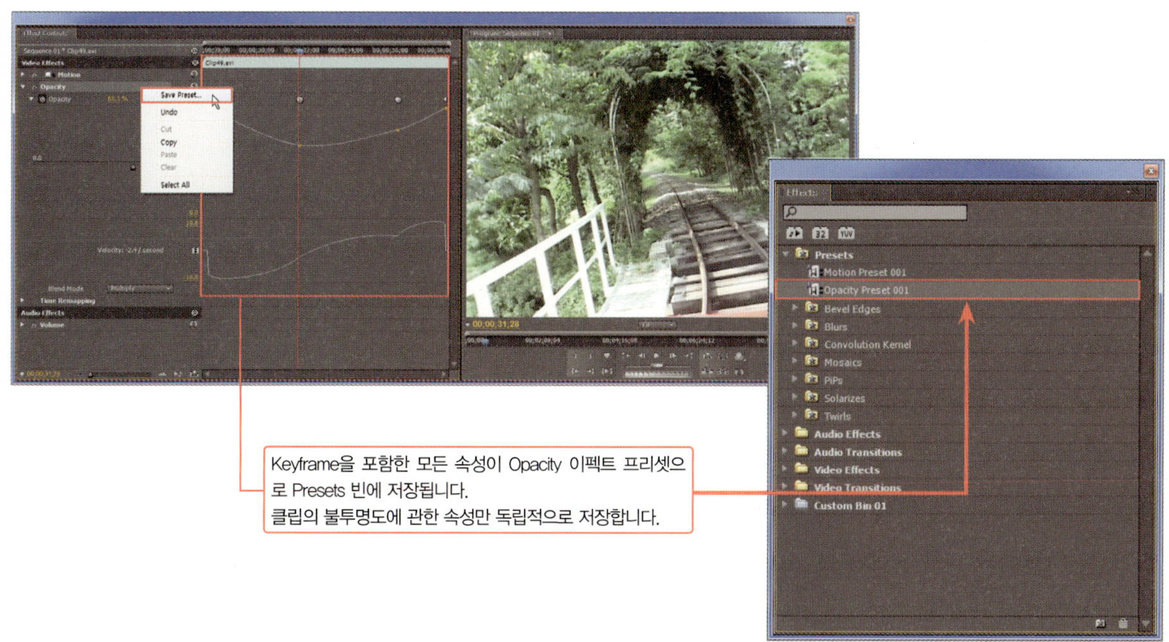

Keyframe을 포함한 모든 속성이 Opacity 이펙트 프리셋으로 Presets 빈에 저장됩니다.
클립의 불투명도에 관한 속성만 독립적으로 저장합니다.

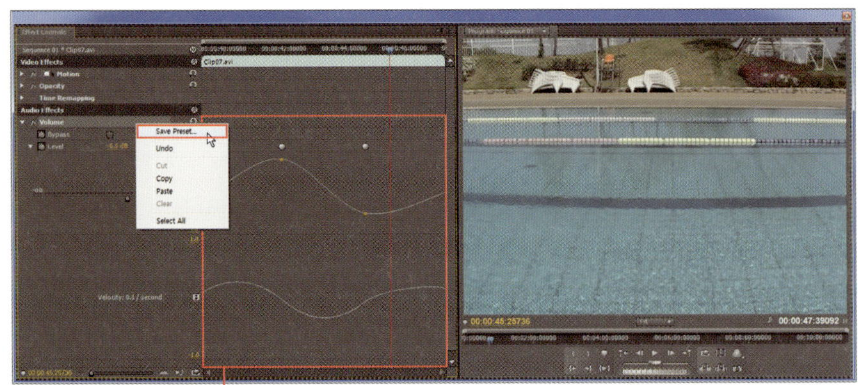

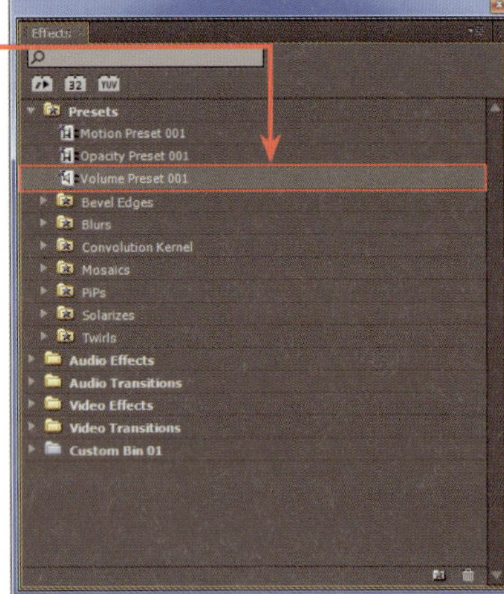

3. 이펙트 프리셋을 외부 파일로 저장하기

기본적으로 이펙트 패널의 빈에 등록되어 보관된 이펙트 프리셋은 프로젝트를 닫아도 그 정보가 사라지지 않고 Premiere Pro CS5.5를 재실행하면 다시 사용할 수 있습니다.

더욱 안전한 방식으로 Motion Effect의 속성은 물론, Opacity와 Volume Effect를 포함하여 일반 이펙트의 모든 내용을 프리셋으로 저장하여 PRFPSET(Premiere Pro Filter Preset) 형식의 외부 파일로 보관할 수도 있고, 이를 다시 임포트하여 사용할 수 있습니다.

이펙트 패널 메뉴의 Import Preset과 Export Preset 명령은 사용자 정의 이펙트 프리셋을 파일로 저장하고 또 불러올 때 사용하는 명령입니다.

사용자 정의 이펙트 프리셋을 선택한 다음, [이펙트 패널 메뉴] → Export Preset을 실행하면 [Export Preset] 대화상자가 나타납니다. 세트로 저장할 파일 이름을 입력하고 〈저장〉 버튼을 누르면 PRFPSET(Premiere Pro Filter Preset) 형식의 외부 파일로 저장할 수 있습니다.

이렇게 모든 프리셋을 외부 파일로 저장한 다음에는 언제든지 [이펙트 패널 메뉴] → Import Preset을 실행 하면 다시 불러와 재활용이 가능합니다.

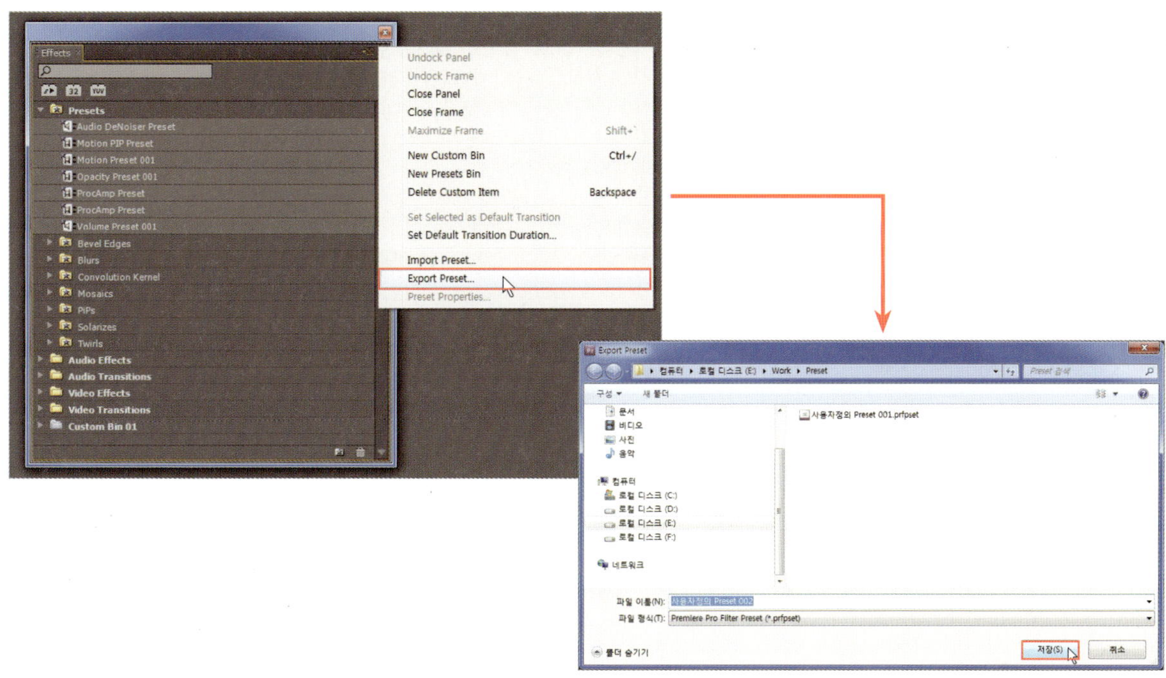

4. 기본 이펙트를 프리셋으로 사용할 때 유의할 점

이펙트 조절 패널의 기본 이펙트인 Motion, Opacity, Volume 이펙트는 복수의 이펙트가 적용되지 않습니다.

일반 이펙트 프리셋은 동일한 프리셋 아이템을 반복적으로 적용하면 이펙트 조절 패널의 이펙트 목록에 복수로 적용할 수 있습니다.

즉 동일 이펙트를 두 번 이상 자유롭게 적용할 수 있지만 Motion, Opacity, Volume 이펙트의 사용자 정의 이펙트 프리셋은 클립에 이미 키프레임을 포함하여 속성이 변경되어 있을 때 모든 속성이 삭제되고 새롭게 부여하는 프리셋의 속성으로 대체되므로 이 점을 특히 유의해야 합니다.

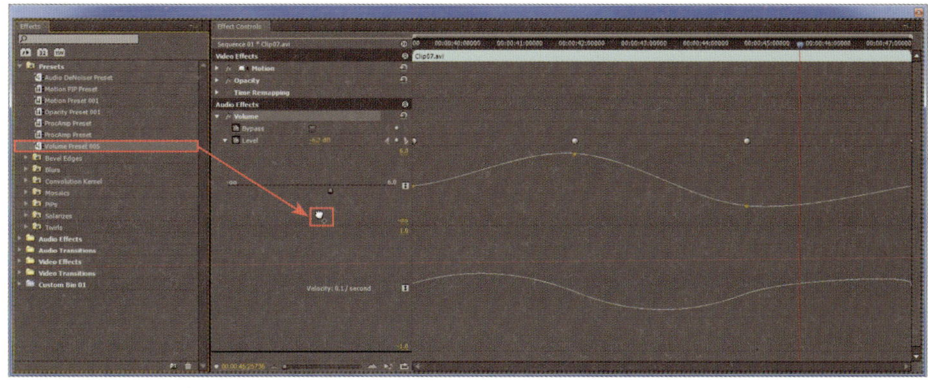

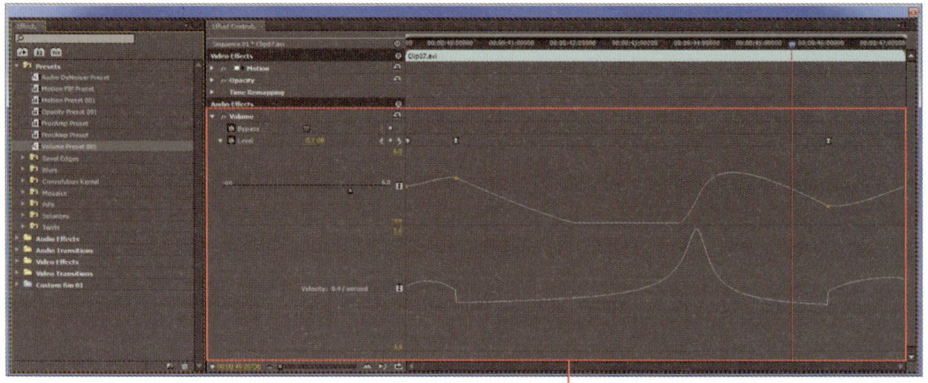

기존에 적용되어 있던 모든 속성은 제거되고 새로운 프리셋의 속성으로 대체됩니다.

Motion 이펙트 프리셋과 일반 이펙트 프리셋의 다른 점

이펙트 패널의 Presets 빈에 포함되어 있는 기본 이펙트 프리셋 모음 중에서 Bevel Edges, Blurs, Convolution Kernel, Mosaics, Solarizes, Twirls 등 6개 유형의 이펙트 프리셋 아이템들은 이펙트의 속성과 키프레임을 저장하고 있습니다. 즉 이펙트의 각 속성이 키프레임을 포함하고 있지만 Motion 속성은 부여되어 있지 않습니다. 이러한 프리셋들은 복수로 적용한 다음 속성과 키프레임 간격을 조금씩 수정하여 사용자 정의 이펙트 프리셋을 만들수 있고 또 추가로 저장하여 활용할 수 있는 이점을 가지고 있습니다.

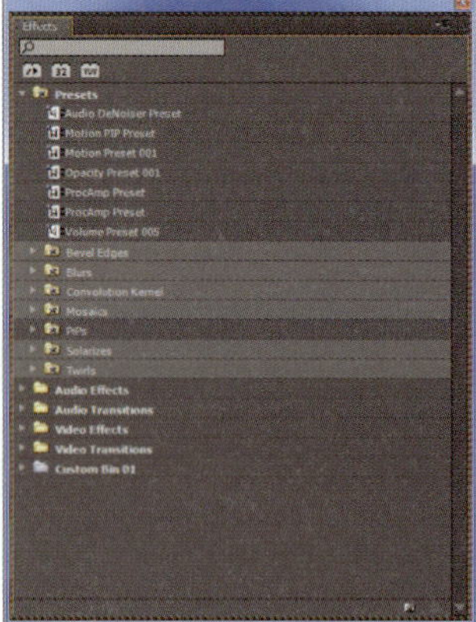

그러나 PiPs 빈에 포함된 아이템들은 Motion 이펙트 프리셋으로 저장되어 있습니다. 이펙트 조절 패널에 포함되는 방식은 같지만, 기본 이펙트인 Motion Effect 안에 속성들이 저장되어 있으므로 차이가 있습니다. 특정 모션의 형태에 따라 속성과 키프레임을 부여하여 사전에 저장해 놓은 아이템이라는 의미입니다. Motion 이펙트 프리셋은 클립의 크기나 위치의 변화, 이동 및 회전 속성이 미리 정의되어 있어서 유형에 따라 클립의 움직임을 표현합니다.

PiPs 모션 이펙트 프리셋 중에서도 25% Motion 빈의 프리셋 아이템들은 화면의 이동이 포함된 프리셋입니다.

Motion 이펙트 프리셋은 일반 이펙트 프리셋과는 달리 효과는 포함되어 있지 않으므로 구별해야 합니다.

Motion 이펙트 프리셋과 일반 이펙트 프리셋은 복수로 함께 적용할 수 있지만 일반 이펙트 프리셋은 효과만 포함되어 있고 모션 이펙트 프리셋은 Motion만 포함되어 있으므로 활용할 때 이 점을 구분해야 합니다.

Type 옵션의 개념을 익힙니다.

〔Save Preset〕 대화상자 또는 〔Preset Properties〕 대화상자에서 사용자 정의 이펙트 프리셋으로 저장하거나 수정할 때, 3가지의 Type 옵션 별로 각각 저장하여 클립에 적용시킨 결과를 그림으로 나타내면 아래와 같습니다. 이펙트 조절 패널의 타임라인에 나타난 키프레임 배치 상태를 알기 쉽게 설명한 그림입니다.

> **TIP** Type 옵션의 Anchor to In Point, Anchor to Out Point 속성은 기본 값인 Scale 속성과 달리 클립의 지속시간을 감안하여 자동 조절하지 않고 키프레임 간격을 유지하면서 인 점과 아웃 점만을 기준으로 배치하기 때문에 클립의 길이가 맞지 않을 때에는 오차가 발생하므로 특히 유의해야 합니다. 특별한 경우가 아니면 Type 옵션은 기본 값인 Scale로 설정하는 것이 바람직합니다.

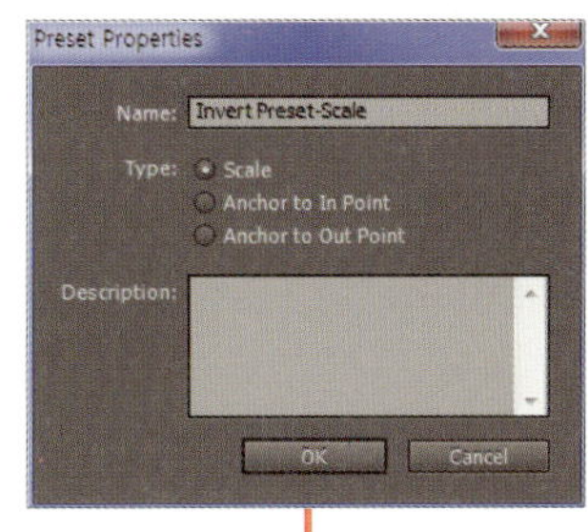

❶ 〔Edit〕 → Copy, Paste Attributes 명령 또는 이펙트 조절 패널의 이펙트 목록에서 Copy, Paste 명령을 실행했을 때의 결과입니다. 복사한 클립의 속성이 정직하게 그대로 배치됩니다.

❷ 사용자 정의 이펙트 프리셋으로 저장할 때 Type 옵션을 기본 값인 Scale로 설정한 뒤 새로운 클립에 적용한 결과입니다. 클립의 지속시간을 자동 환산하여 시작 키프레임과 종료 키프레임을 기준으로 클립의 길이에 맞게 균등한 간격으로 배치합니다.

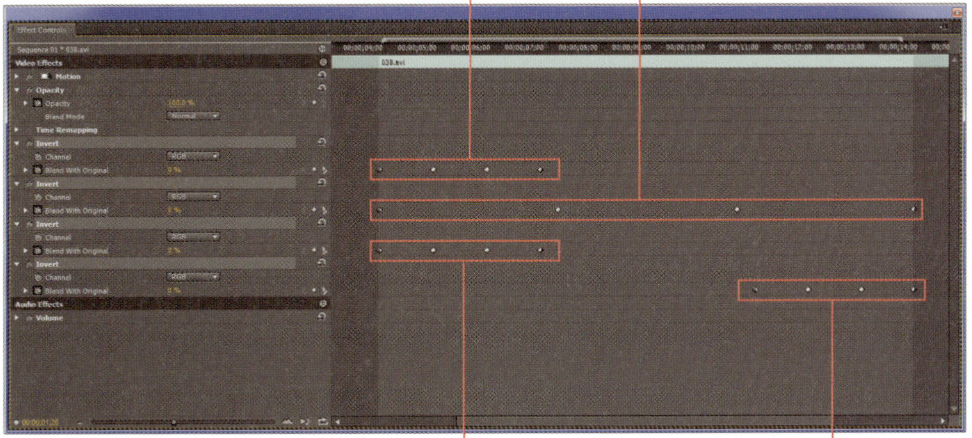

❸ Type 옵션을 Anchor to In Point로 설정한 뒤 사용자 정의 이펙트 프리셋으로 저장하여 클립에 적용한 결과입니다. 클립의 인 점을 기준으로 키프레임 구간을 배치하므로 결과적으로는 ❶과 유사한 형태로 적용합니다.

❹ Type 옵션을 Anchor to Out Point로 설정한 다음 사용자 정의 이펙트 프리셋으로 저장하여 클립에 적용한 결과입니다. 클립의 아웃 점을 기준으로 키프레임 구간을 배치합니다. 결과적으로는 클립의 뒤쪽에 키프레임 그래프가 배치되어 나타납니다.

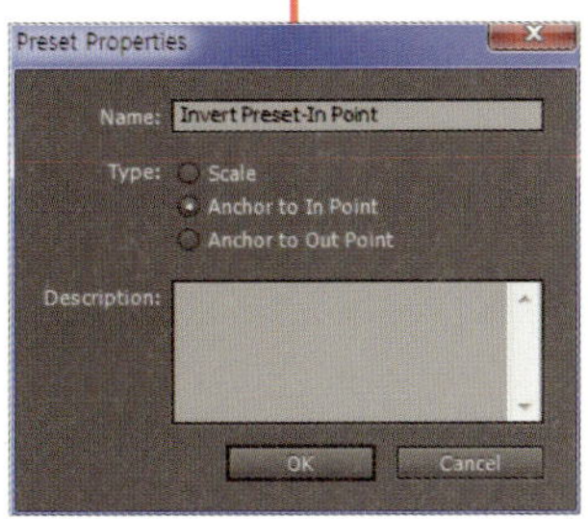

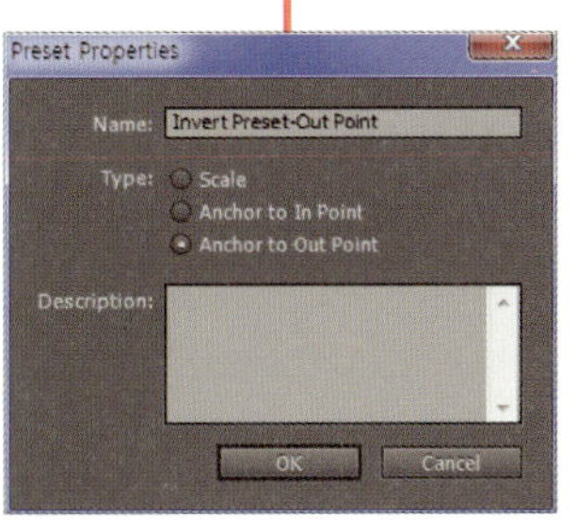

대상 트랙에 대한 개념을 명확히 이해하고 또 관련 기능들과의 협업 과정에
대해서도 충분히 학습해 두어야만 중급 사용자로 올라설 수 있습니다.

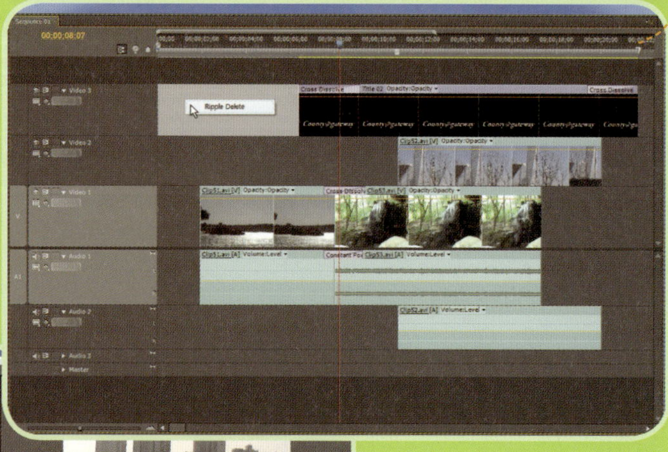

예제 파일 Lesson13-1.prproj ~ Lesson13-7.prproj
완성 파일 Lesson13-1-Q.prproj ~ Lesson13-7-Q.prproj

CHAPTER 03

대상 트랙과 트랙 동기를 이용한 편집 기능들

Premiere Pro CS5.5의 타임라인 패널에서 대상 트랙은 Video와 Audio 트랙을 포함하여 편집 제어 기능의 기준으로 중요한 역할을 합니다. 대상 트랙과 밀접하게 연관되어 있고 편집 제어에 영향을 미치는 복합적인 기능들에 대해 중점적으로 알아봅니다.

대상 트랙은 편집 과정에 있어서 필수적으로 알아두어야 할 중요한 기능입니다. 대상 트랙의 개념을 익히고 자동 배치 기능에 대상 트랙을 활용하는 방법에 대해 학습합니다.

1. 대상 트랙의 설정과 용도

대상 트랙의 용도는 클립의 배치 기준으로 활용하는 단순 기능을 포함하여 다양한 범주에서 활용할 수 있습니다. 대상 트랙은 시퀀스의 거의 모든 편집 행위에 영향을 미치는 필수적인 기능이라고 할 수 있습니다.

Premiere Pro CS5.5에서는 대상 트랙의 개수 제한이 없기 때문에 대상 트랙을 자유롭게 복수로 할당할 수 있고 편집의 응용 면에서 다각적인 활용이 가능하기 때문에 필수적으로 개념을 익혀두어야 합니다.

대상 트랙은 Premiere Pro CS5.5의 기본 값으로 시퀀스의 기본 트랙인 Video 1 트랙과 Audio 1 트랙이 할당되어 있습니다. 그러나 편집 상황에 따라 제한 없이 대상 트랙을 지정하여 사용할 수 있기 때문에 편리합니다.

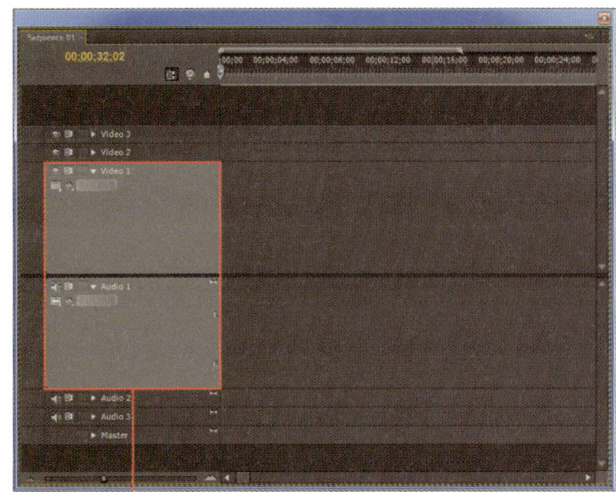

대상 트랙은 트랙 헤더 영역의 트랙 표시 부분이 반전된 상태를 가리키며, Premiere Pro CS5.5의 기본 값으로 시퀀스의 기본 트랙(Video 1, Audio 1 트랙)이 할당되어 있습니다.

대상 트랙은 트랙 헤더 영역의 트랙 표시부를 클릭하면 반전된 상태로 변경되고 대상 트랙으로 설정됩니다. 다시 클릭하면 반전 상태가 해제되고 대상 트랙 설정 기능이 즉시 해제됩니다. 대상 트랙은 언제든지 트랙 표시부를 클릭하여 설정과 해제를 반복할 수 있습니다.

대상 트랙을 이용하면 다양한 편집 상황에서 짜임새 있고 효율적인 편집 기반을 구축할 수 있습니다.

클립의 복사와 붙이기, 기본 트랜지션의 적용 및 클립 분할 기능, 트랙 잠금 기능을 포함하여 편집 점을 단축키로 이동할 때, 그리고 자동 배치 기능의 기준 트랙을 정할 때 필수적인 요소로 대상 트랙을 사용합니다.

2. 대상 트랙과 트랙 잠금 기능

트랙 잠금 기능은 편집 도중에 발생할 수 있는 실수를 예방하기 위해 특정 트랙의 수정을 방지하고 보호하기 위한 기능을 가리킵니다. 그러나 미리보기와 내보내기 단계에서는 트랙의 편집 내역이 반영됩니다.

수많은 편집 요소가 적용되는 타임라인 패널의 다중 트랙 환경은 마우스 버튼을 한 번만 잘못 눌러도 쉽게 영향을 받기 때문에 트랙 잠금 기능은 편리하게 사용할 수 있습니다. 일부 트랙을 잠그면 해당 트랙은 접근 불가능 상태로 전환되어 다른 트랙의 편집에만 전념할 수 있게 해주기 때문에 편리하게 사용할 수 있습니다.

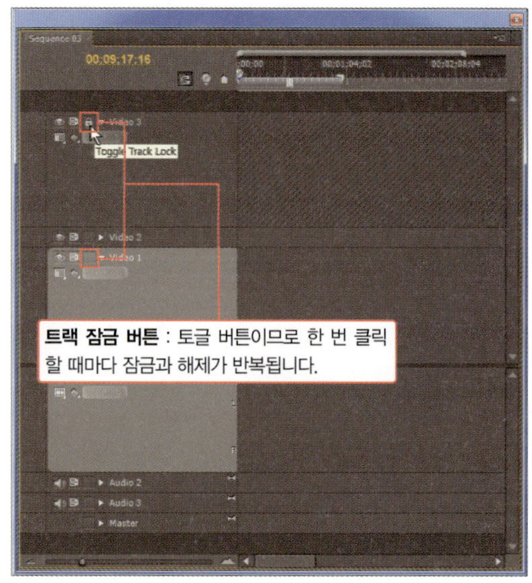

트랙 잠금 버튼을 클릭하면 자물쇠 아이콘으로 변경되고 트랙 전체 구간이 빗금으로 표시되면서 잠금 상태로 전환되어 나타납니다.

이때, 트랙 잠금 기능과 대상 트랙은 밀접한 관계가 있는데, 대상 트랙으로 지정되어 있는 트랙을 잠글 경우에는 대상 트랙 상태가 즉시 해제되면서 트랙이 잠긴다는 점을 유의해야 합니다.

대상 트랙의 트랙 잠금 버튼을 활성화하면 대상 트랙 지정 상태가 해제되면서 트랙이 잠금 상태로 전환됩니다.

비디오와 오디오가 동기화되어 있는 무비 클립일 때 비디오 트랙을 잠그면 비디오 트랙만 잠금 상태로 전환되고 오디오 트랙은 편집 가능한 상태로 남아 있지만 동기화된 클립을 완전하게 보호하려면 비디오와 오디오 트랙을 모두 잠금 상태로 전환하는 것이 바람직합니다.

트랙 잠금 기능과 달리 트랙 자체의 미리보기와 내보내기 자체를 중지시킬 때에는 트랙 헤더 영역의 눈 아이콘(비디오 출력/해제)과 스피커 아이콘(오디오 출력/해제)을 활용하면 해결할 수 있습니다.

이것은 트랙을 출력하지 않겠다는 의미로 간주하며 해당 트랙의 모든 편집 요소를 무시합니다. 눈 아이콘과 스피커 아이콘은 트랙의 출력과 해제를 위한 토글 버튼이므로 편집 도중 언제든지 전환할 수 있습니다.

이 기능은 다중 트랙을 사용한 시퀀스에서 트랙별로 이펙트의 적용 상태를 확인할 때 일부 트랙의 출력을 제한하여 레이아웃 결과를 미리보기 할 때 많이 사용하는 기능입니다.

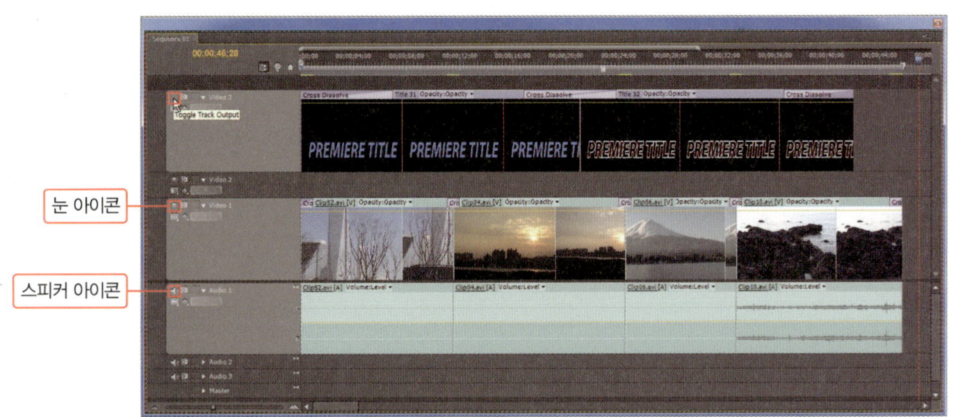

대상 트랙과 소스 트랙의 관계에 대해 알아봅니다.

1. 대상 트랙과 소스 트랙의 이해

타임라인 패널의 트랙 헤더 영역 왼쪽에 나타나는 소스 트랙 표시 기능은 소스 모니터에서 시퀀스로 배치하는 클립의 배치 구조를 보다 명확하게 해 주는 역할을 합니다. 이것은 삽입 편집과 덮어쓰기 편집에 대한 편집 내역을 시퀀스에서 보다 논리적으로 처리할 수 있게 해주는 기능입니다.

소스 트랙(V, A1) 표시는 소스 모니터와 연동되어 있으므로, 시퀀스에서 트랙의 클립 배치 여부와 관계없이 소스 모니터에 클립이 열려 있을 때에만 표시합니다. 소스 모니터가 비어 있을 때에는 표시가 나타나지 않습니다.

❶ 부록 DVD의 Lesson13 폴더에서 'Lesson13-1.prproj'를 불러옵니다. 프로젝트 패널의 Clip36.avi 클립을 소스 모니터로 드래그합니다.

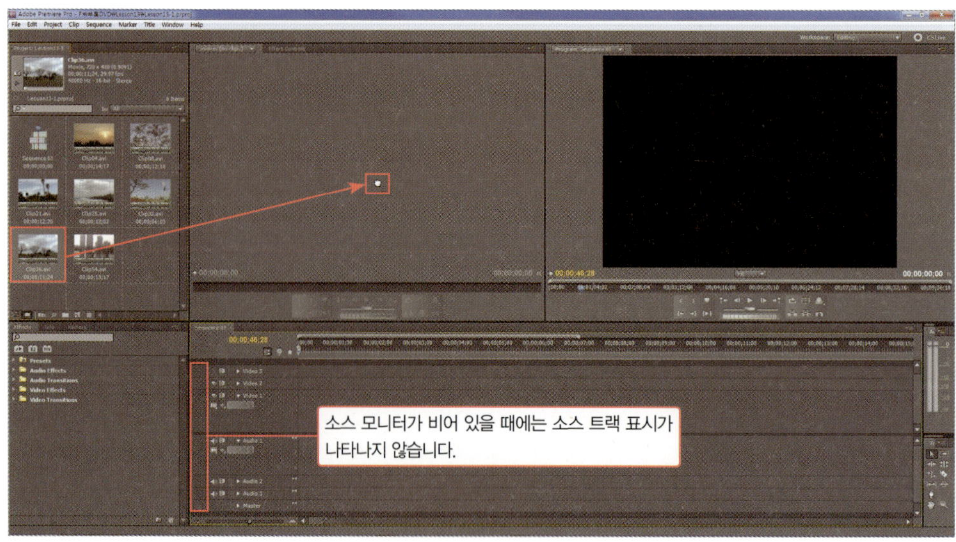

❷ 소스 모니터에 Clip36.avi 클립이 포함되면서 동시에 소스 트랙(V, A1) 표시가 시퀀스의 트랙 헤더 영역 왼쪽에 나타납니다. 소스 트랙(V, A1) 표시는 수직으로 드래그하여 트랙 위치를 직접 변경할 수 있습니다. Video 1 트랙의 소스 트랙 표시(V)를 Video 2 트랙으로 드래그하면 소스 트랙 표시(V)가 Video 2 트랙으로 이동합니다.

2. 대상 트랙과 소스 트랙을 이용한 클립의 배치

소스 트랙 표시 기능은 소스 모니터의 삽입 버튼과 덮어쓰기 버튼을 사용할 때 클립이 배치되는 시퀀스의 트랙을 결정합니다. 이때, 2가지 요건을 충족해야 하는데, 대상 트랙과 소스 트랙 표시 기능이 병행되어야 한다는 전제가 따릅니다.

❶ 소스 모니터에서 인 아웃 영역을 임의로 설정하고 시퀀스의 편집 기준선을 시퀀스 시작부에 고정한 다음, Video 2 트랙과 Audio 1 트랙의 트랙 표시부를 차례대로 클릭하여 대상 트랙으로 설정합니다.

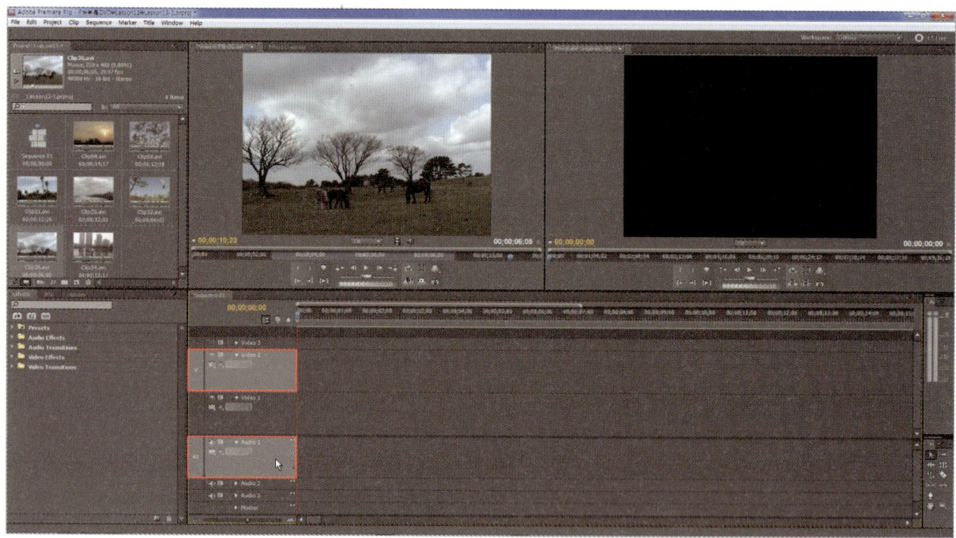

❷ 소스 모니터 조절기의 삽입 버튼을 클릭하면 Clip36.avi 클립의 인 아웃 영역이 Video 2 트랙과 Audio 1 트랙에 배치되는 것을 확인할 수 있습니다.

NOTE **트랙 분리 배치 기능**

소스 모니터의 조절기 상단에 위치하고 있는 Drag Video Only/Drag Audio Only 아이콘을 사용하면 트랙 헤더 영역의 소스 트랙 표시
와 대상 트랙 설정 여부에 관계없이 수동으로 소스 모니터에서 소스 클립을 원하는 모든 트랙에 자유롭게 배치할 수 있습니다.

단, 오디오 소스는 소스 클립의 채널 정보(stereo/mono/5.1)와 동일한 오디오 트랙에만 배치할 수 있습니다.

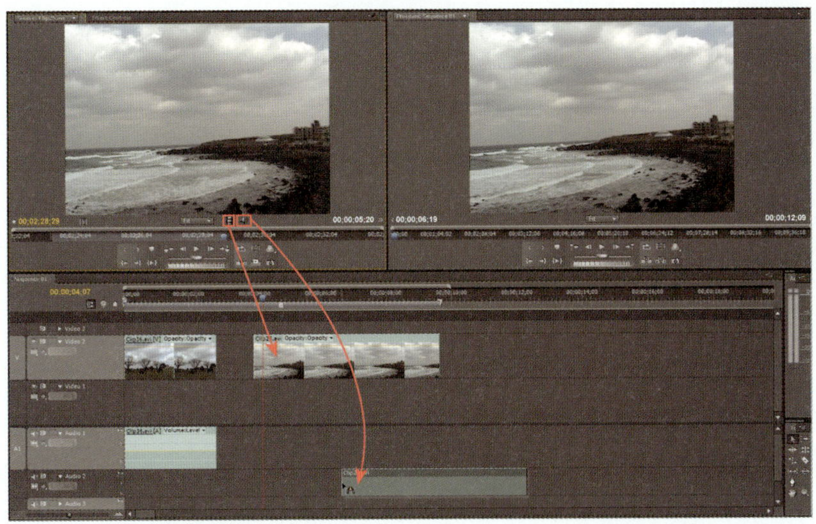

- **Drag Video Only 아이콘** : 소스 클립의 비디오 트랙만 드래그하여 시퀀스의 원하는 트랙과 위치에 자유롭게 배치합니다.
- **Drag Audio Only 아이콘** : 소스 클립의 오디오 트랙만 드래그하여 시퀀스의 원하는 트랙과 위치에 자유롭게 배치합니다.

03 대상 트랙과 자동 배치 기능

대상 트랙과 Automate To Sequence 기능을 이용한 자동 배치 방식의 관계에 대해 알아봅니다.

1. 대상 트랙과 자동 배치 기능

트랙 잠금 기능을 사용했을 때 시퀀스 자동 배치 명령인 Automate to Sequence 기능은 현재 시퀀스 배치
상태 중에서 사용 가능한 최하위 트랙의 비디오와 오디오 트랙을 사용합니다.

즉 현재 작업 시퀀스의 사용 가능한 트랙 중에서 가장 아래 트랙에 배치한다는 뜻입니다.

프리미어의 초기 버전과 달리 Premiere Pro CS5.5의 자동 배치 기능은 대상 트랙과 기본 트랙(Video 1,
Audio 1)을 기준으로 삼지 않으므로 트랙 잠금 기능을 활용하여 자동 배치 트랙을 임의로 조절할 수 있습니
다. 이 기능을 응용하면 Automate to Sequence 명령으로 자동 배치 기능을 다중 트랙 환경에서 복합적으
로 구성할 수 있습니다.

❶ 부록 DVD의 Lesson13 폴더에서 'Lesson13-2.prproj'를 불러옵니다. 프로젝트 패널의 Bin 01 빈을 더블클릭하여 엽니다. 프로젝트 패널과 빈 패널의 표시 형태는 Icon 뷰 상태로 설정해야 합니다.

❷ 편집 기준선을 00;00;02;01의 위치에 두고 Video 1 트랙의 트랙 잠금 버튼을 클릭하면 대상 트랙이 해제되고 Video 1 트랙의 모든 영역이 빗금 처리되면서 트랙 잠금 상태로 변경됩니다.

❸ Bin 01 패널에서 **Ctrl**+**A**를 눌러 모든 클립을 선택하고 빈 패널 하단의 Automate to Sequence 버튼을 누르면 나타나는 〔Automate To Sequence〕 대화상자에서 Placement 옵션이 Sequentially로 설정되어 있는지 확인한 다음 나머지 옵션을 기본 값으로 두고 〈OK〉 버튼을 클릭합니다.

❹ Bin 01 패널의 모든 클립이 자동 배치 기능으로 Video 2 트랙과 Audio 1 트랙에 일괄 배치되어 나타납니다. 이때, Video 1 트랙은 트랙 잠금 상태이므로, 비디오 클립은 Video 2 트랙에 배치되고, 동기화된 오디오 클립은 Audio 1 트랙에 덮어쓰기 편집 모드로 배치되는 것을 확인할 수 있습니다.

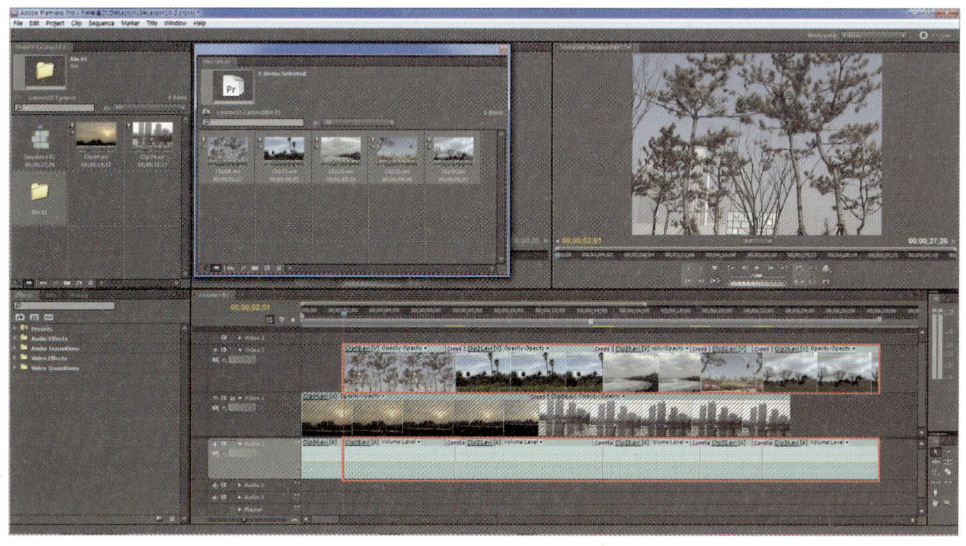

2. 대상 트랙과 편집 점 이동

소스 모니터와 프로그램 모니터에서 편집 점을 이동할 때 편집 점 이동 버튼을 사용할 수 있지만, 실제 편집 작업에서는 타임라인 패널에서 단축키 [Page Up], [Page Down] 을 많이 사용합니다. 단축키만으로 빠른 이동이 가능하기 때문에 왼 손은 단축키, 오른 손은 마우스를 이용하는 프리미어의 작업 패턴에 적합한 방식이라고 할 수 있습니다.

단, 편집 점 이동 단축키인 [Page Up], [Page Down] 은 대상 트랙으로 설정된 트랙에서만 이용이 가능합니다. 이 기능을 이용하면 특정 트랙을 제외한 상태에서 편집 순서에 따라 빠른 편집 점을 찾아낼 수 있습니다.

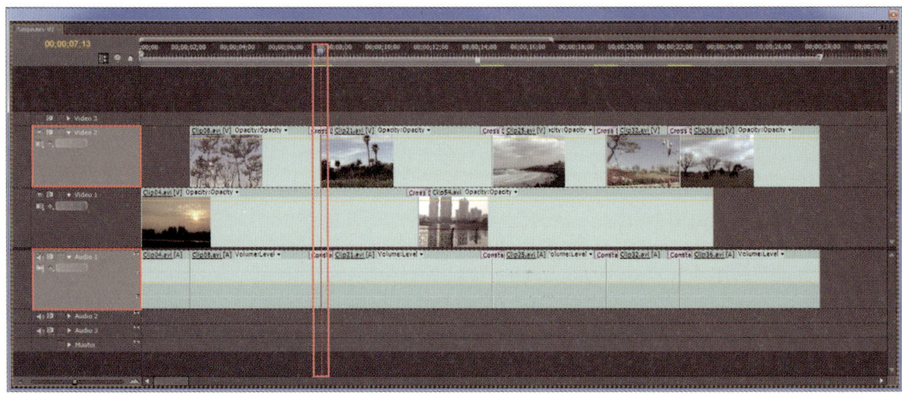

[Page Up] 을 누르면 이전 편집 점으로, [Page Down] 을 누르면 다음 편집 점으로 즉시 이동합니다.
이때, 대상 트랙으로 설정된 트랙의 편집 점만을 찾아 이동하며 그 이외의 트랙에 있는 편집 점은 건너뜁니다.

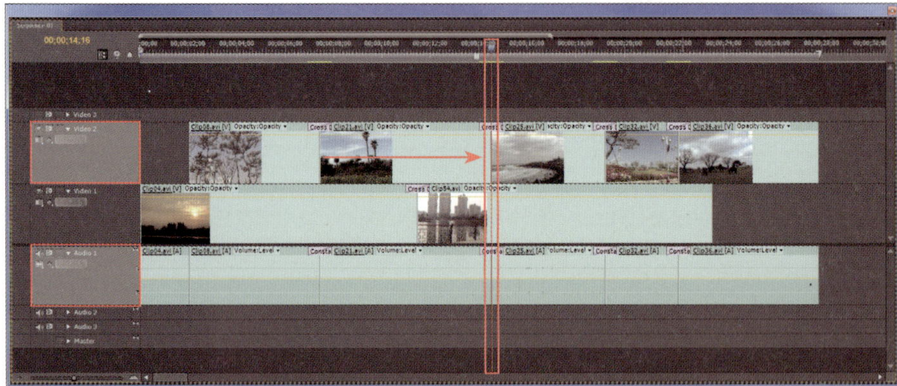

시퀀스의 선택된 모든 트랙에 기본 트랜지션 아이템을 일괄 적용하는 기능을 알아봅니다.

1. 기본 트랜지션의 일괄 적용

시퀀스 안의 모든 트랙에 기본 트랜지션 아이템을 일괄 적용하는 기능은 〔Sequence〕 → Apply Default Transitions to Selection 명령을 사용합니다.

이 기능은 대상 트랙과 무관하게 적용된다는 점이 특징입니다. 즉 대상 트랙 지정 여부와 관계없이 시퀀스 안에서 선택된 트랙의 모든 편집 점에 기본 트랜지션 아이템이 일괄 적용된다는 점에서 차이가 있습니다.

❶ 부록 DVD의 Lesson13 폴더에서 'Lesson13-3.prproj'를 불러옵니다.

타임라인 패널을 활성화하고 Ctrl + A 를 누르거나, 시퀀스 안에서 대각선으로 드래그하여 블록을 설정하면 모든 클립이 선택 상태로 전환됩니다.

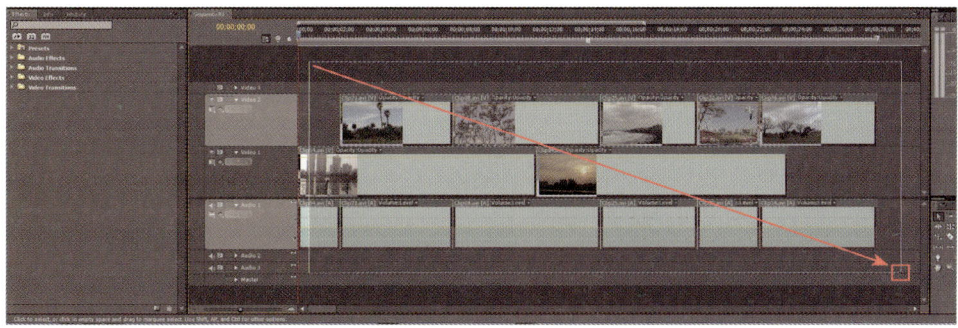

❷ 〔Sequence〕 → Apply Default Transitions to Selection 명령을 실행합니다.

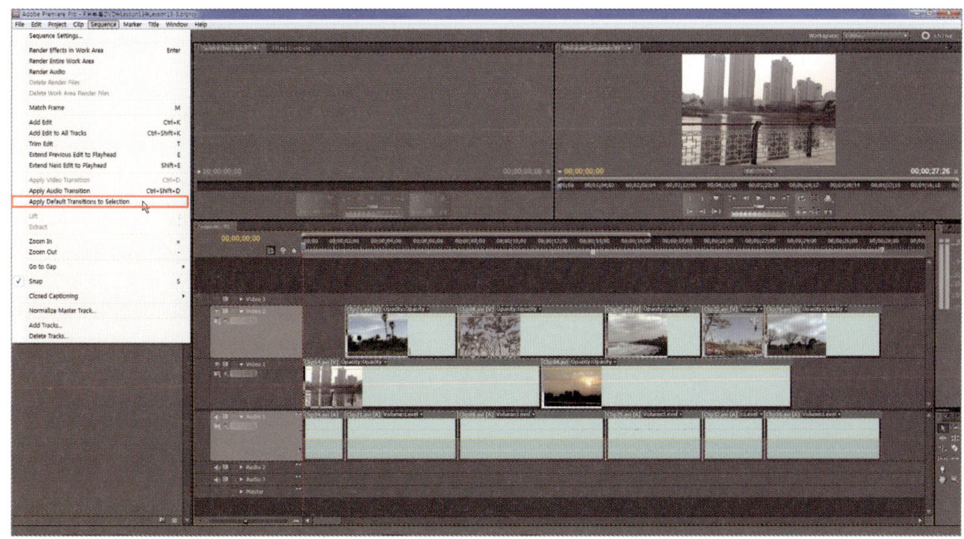

❸ 시퀀스 안에서 선택 상태로 전환되어 있는 모든 클립의 편집 점에 비디오와 오디오 기본 트랜지션 아이템이 한 번에 적용되어 나타납니다.

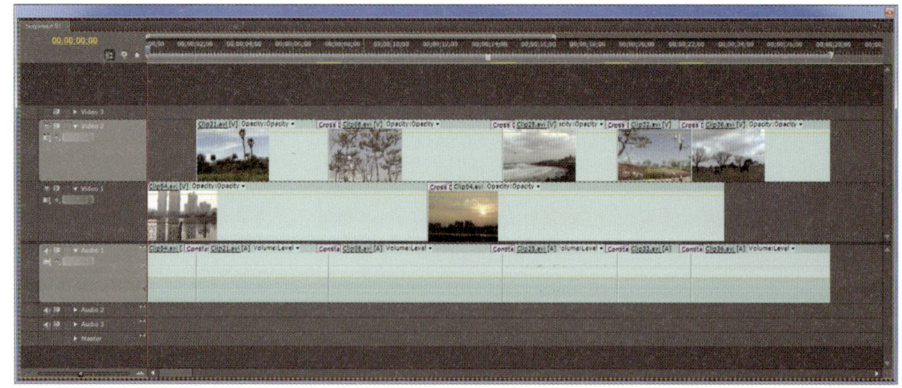

2. 대상 트랙과 트랜지션의 복사/붙이기

타임라인 패널에서 대상 트랙을 설정하는 핵심 요인은 복사와 붙이기를 수행할 때입니다.

트랜지션을 포함하여 일반 클립의 복사와 붙이기 기능은 대상 트랙의 활용도에 있어서 가장 많은 비중을 차지하는 부분으로 특히 수직으로 다른 트랙 간의 복사와 붙이기를 수행할 때 대상 트랙은 필수적인 요건으로 작용합니다. 트랜지션의 복사와 붙이기 기능은 기본적으로 (Edit) → Copy, Paste 명령을 사용하면 가능합니다. 단, 트랜지션을 복사한 뒤 다른 트랙에 있는 클립에 붙이기 하려면 해당 트랙이 대상 트랙으로 설정되어 있을 때에만 가능합니다.

❶ 부록 DVD의 Lesson13 폴더에서 'Lesson13-4.prproj'를 불러옵니다. Video 1 트랙의 편집 점에서 트랜지션 영역을 1회 클릭하여 선택 상태로 반전시킵니다.

❷ 〔Edit〕 → Copy를 실행합니다. Video 2 트랙의 트랙 표시부를 1회 클릭하여 대상 트랙으로 설정하고 편집 기준선을 Video 2 트랙의 편집 점 근처에 위치시킵니다.

> **TIP** 복사한 트랜지션은 대상 트랙으로 설정된 트랙의 편집 점에서만 붙이기가 가능하며 트랜지션을 복사하고 붙일 때에는 컨텍스트 명령을 사용할 수 없습니다.

❸ 〔Edit〕 → Paste를 실행합니다.

❹ Video 1 트랙의 트랜지션인 Sliding Boxes 아이템이 속성과 지속시간을 보존한 상태 그대로 Video 2 트랙의 편집 점에 붙이기 되는 것을 확인할 수 있습니다.

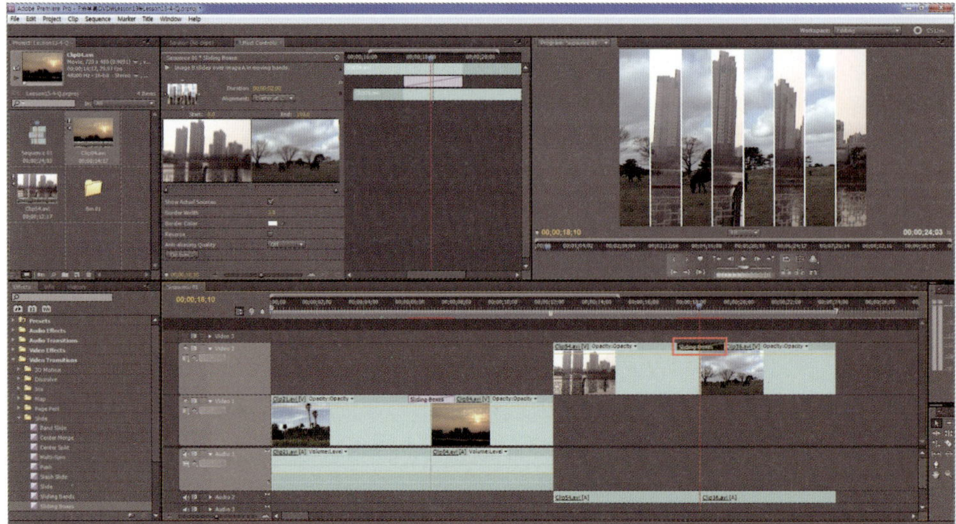

시퀀스에 배치되어 있는 클립 중에서 원하는 트랙의 클립만 분할하는 선택 분할 기능에 대해 알아봅니다.

1. 선택 분할 기능

다중 트랙 환경에서 원하는 트랙의 클립을 분할하려면 대상 트랙을 활용한 선택 분할 기능을 사용하면 됩니다. 트랙 잠금 기능을 사용하지 않고 대상 트랙을 활용하면 선택적인 분할 기능을 간편하게 구현할 수 있습니다.

❶ 부록 DVD의 Lesson13 폴더에서 'Lesson13-5.prproj'를 불러옵니다.

다중 트랙의 클립을 2분할하기 위해 시퀀스의 편집 기준선을 클립 배치 영역의 중앙인 00;00;04;22의 위치에 두고 단축키 **Ctrl** + **K** 를 누르거나, [Sequence] → **Add Edit** 명령을 실행합니다.

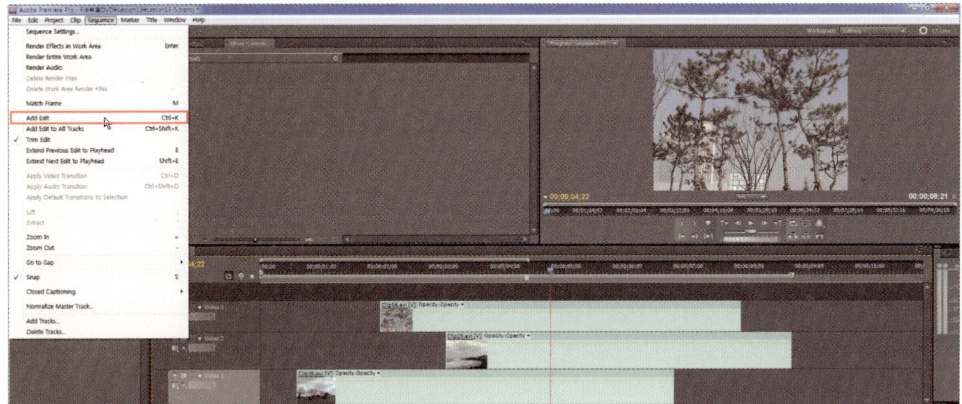

❷ 대상 트랙으로 설정되어 있는 기본 트랙(Video 1, Audio 1)의 클립들만 편집 기준선의 위치에서 2분할됩니다.

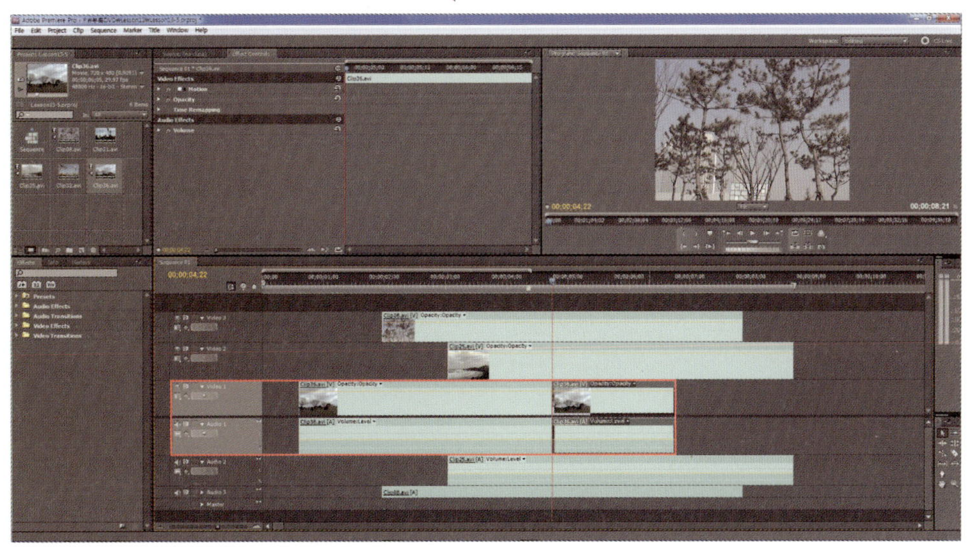

❸ 이번에는 편집 기준선을 00;00;03;17의 위치에 고정하고, Video 3 트랙과 Audio 3 트랙을 대상 트랙으로 설정하여 복수의 대상 트랙을 추가한 다음 단축키 [Ctrl]+[K]를 누르거나, (Sequence) → Add Edit 명령을 실행합니다.

❹ 대상 트랙으로 설정된 Video 1, Video 3, Audio 1, Audio 3 트랙의 클립들만 선별적으로 2분할됩니다.

> **TIP** 대상 트랙과 관계없이 시퀀스에 배치되어 있는 모든 트랙의 클립을 편집 기준선의 위치에서 분할하려면 단축키 [Ctrl]+[Shift]+[K]를 누르거나, (Sequence) → Add Edit to All Tracks 명령을 실행하면 됩니다.

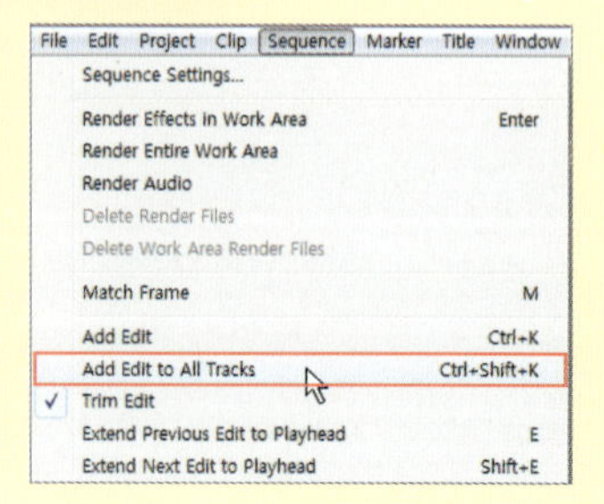

트랙 동기 잠금 기능과 리플 삭제 기능에 대해 학습합니다.

1. 트랙 동기 잠금 버튼

트랙 동기 잠금 버튼은 다중 트랙과 단일 트랙의 동기를 구분할 때 사용합니다. 시퀀스는 트랙과 클립이 일정한 시간 위치에 따라 배열됩니다. 이 규칙이 어긋나면 전체적인 시퀀스의 싱크가 어긋나는 경우가 발생하기 때문에, 전체적인 시퀀스의 동기와 단일 트랙만의 동기를 구분해 줄 필요성이 있기 때문입니다.

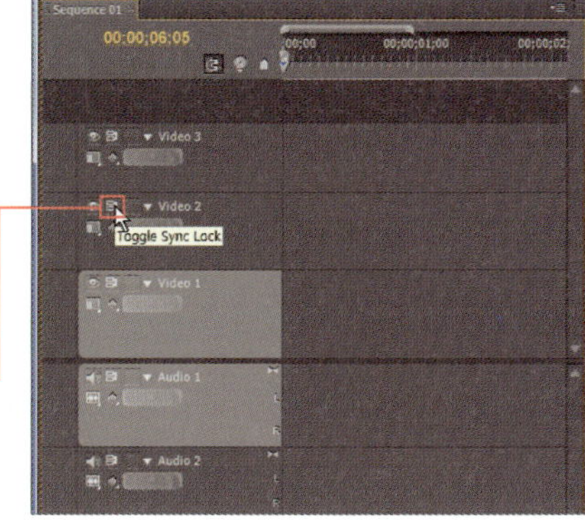

트랙 동기 잠금 버튼

2. 여백의 리플 삭제

트랙 동기 잠금 기능을 효과적으로 이해하려면 리플 삭제 기능과 함께 익혀둘 때 그 원리를 빠른 시간에 익힐 수 있습니다. 트랙 동기 잠금 버튼은 초기 값으로 모든 트랙에 적용되어 있고, 특정 트랙만 동기화 상태를 해제할 때 사용합니다.

❶ 부록 DVD의 Lesson13 폴더에서 'Lesson13-6.prproj'를 불러옵니다. 프로젝트의 작업 시퀀스는 다중 트랙 환경에서 시퀀스 시작부의 여백이 공통적으로 남게 되는 편집 내역이 발생한 상태입니다.
이때 최상위 트랙인 Video 3 트랙의 여백에 1회 클릭하고 〔컨텍스트 메뉴〕→ Ripple Delete 명령을 실행합니다.

❷ Video 3 트랙만 앞으로 당겨지면서 채워지는 것이 아니라, 시퀀스의 전체 트랙이 동일한 배열을 유지한 상태에서 한 번에 앞으로 이동되고 시퀀스 앞부분의 여백만 없애는 편집 형태로 나타납니다.

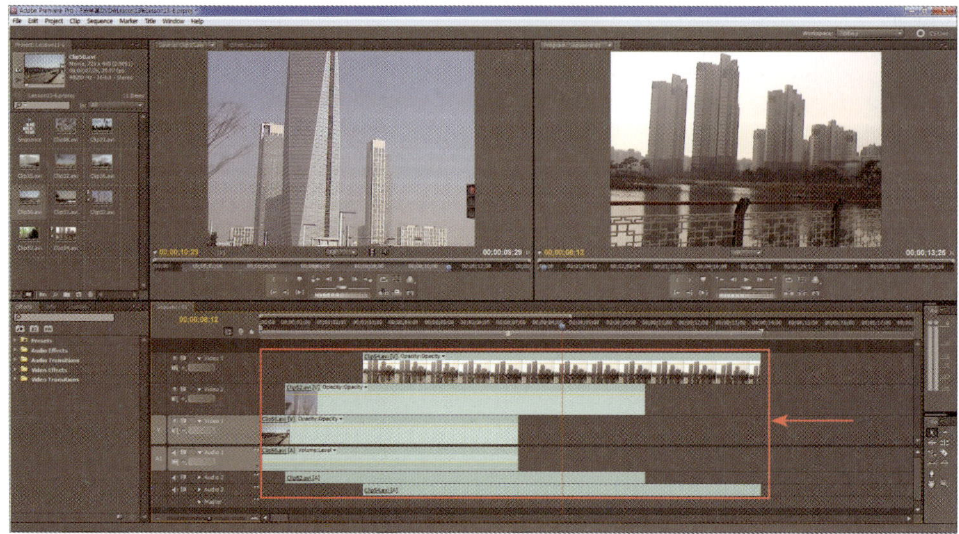

❸ Ctrl + Z 을 눌러 원상태로 복귀시키고, 이번에는 Video 1 트랙의 동기 잠금 버튼을 클릭하여 트랙 동기를 해제합니다.

❹ Video 3 트랙의 앞쪽 여백에 1회 클릭하고 [컨텍스트 메뉴] → Ripple Delete 명령을 실행합니다.

❺ 동기가 해제된 Video 1 트랙은 고정되고 나머지 트랙들만 앞으로 이동합니다.

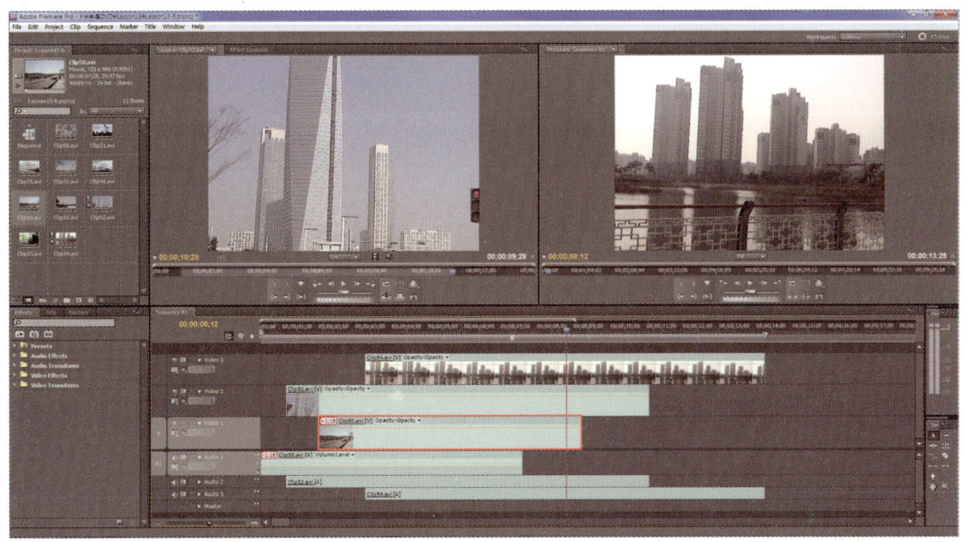

이때, 동기가 해제된 Video 1 트랙과 상, 하위 트랙들의 클립 배열에 균형이 깨지면서 싱크의 차이가 발생하는데, 프레임 가감에 대한 값을 클립 상단 모서리에 빨간색 텍스트 정보로 표시해 주므로 기존 배열 상태에서 이동된 프레임과 배열 상태를 확인할 수 있습니다.

즉 특정 트랙의 트랙 동기 잠금 버튼을 클릭하여 트랙 동기 상태를 해제한 다음 리플 삭제를 실행하면 해당 트랙을 제외한 나머지 트랙들만 앞으로 이동합니다. 리플 삭제는 여백이 트랙에 미치는 영향을 편집 요소에 지장을 주지 않기 위해 배려된 기능이라고 설명할 수 있습니다. 상, 하위 트랙과의 연관성이 깨지거나 편집의 의미를 잃어버리는 오류를 방지하고 편집의 균형을 유지하기 위한 기능입니다. Ripple Delete 명령은 시퀀스 편집 작업에서 자주 사용하는 명령 중의 하나입니다.

3. 특정 클립의 리플 삭제

리플 삭제는 여백뿐만 아니라 연속 배열되어 있는 시퀀스에서 특정 클립을 삭제할 때에도 사용합니다. 특정 클립의 리플 삭제는 클립을 삭제함과 동시에 전체 트랙의 배열을 유지한 상태에서 리플 편집을 수행하는 결과를 가져오기 때문에 리플 편집과 클립 삭제 기능을 한 번에 처리하는 기능을 의미합니다.

❶ 부록 DVD의 Lesson13 폴더에서 'Lesson13-7.prproj'를 불러옵니다.

타임라인 패널의 트랙 잠금 기능을 기본 값으로 두고 시퀀스의 Video 1 트랙에서 리플 삭제로 처리할 Clip36.avi 클립을 선택 상태로 놓습니다.

❷ 단축키 [Shift] + [Delete]을 누르거나, (Edit) → Ripple Delete를 실행합니다.

❸ Clip36.avi 클립이 삭제 처리됨과 동시에 뒤에 있는 클립이 여백 없이 당겨지면서 앞으로 이동합니다. 이때, 삭제된 클립의 이후 시간대에 위치한 모든 트랙의 클립들이 동시에 이동하므로 시퀀스의 편집 내역을 그대로 유지시킬 수 있습니다.

그러나 편집 도중 단일 트랙 상에서만 특정 클립의 리플 삭제를 처리할 경우도 발생하는데, 이때는 해당 트랙만 트랙 동기 잠금 기능을 해제하면 다른 트랙에 영향을 미치지 않으면서 해당 클립의 삭제와 동시에 리플 편집을 수행할 수 있습니다.

리플 삭제와 트랙 동기 잠금 기능이 중요한 이유는 상, 하위 트랙의 배열 상태와 규칙을 침해하지 않고 시간 흐름의 전체적인 틀을 깨지 않고 지속적으로 운영해 나갈 수 있게 해 주는 기능이기 때문입니다.

클립 교체 기능인 Replace With Clip 명령과 함께 앨범 타이틀링과 Ramp 이펙트의
키프레임 애니메이션으로 제작하는 배경을 합성해 나가는 과정을 학습합니다.

예제 파일 Lesson14.prproj
완성 파일 Lesson14-Q.prproj

CHAPTER 04

키프레임 애니메이션과
앨범 타이틀링

Premiere Pro CS5.5의 Title Designer를 통해 Texture 이미지를 구성하고, 그래픽 디자인 객체의 앨범 재킷을
제작한 다음, Ramp, Basic 3D 이펙트 및 Motion으로 표현하는 시퀀스를 단계별 예제로 학습합니다.

Premiere Pro CS5.5의 Title Designer를 이용하면 그래픽 객체를 통한 앨범 재킷의 표현이 가능합니다. Fill 옵션의 Texture 속성을 통해 이미지 자체를 자유자재로 구사할 수 있기 때문입니다. Title Designer 를 이용하여 앨범 재킷을 만드는 방법에 대해 알아봅니다.

1. Title에 Texture 속성 부여하기

❶ 부록 DVD의 Lesson14 폴더에서 'Lesson14.prproj'를 불러옵니다. 타이틀 디자이너를 띄우고 사각형 도 구를 이용하여 사각형 객체를 대각선으로 드래그하여 그립니다.

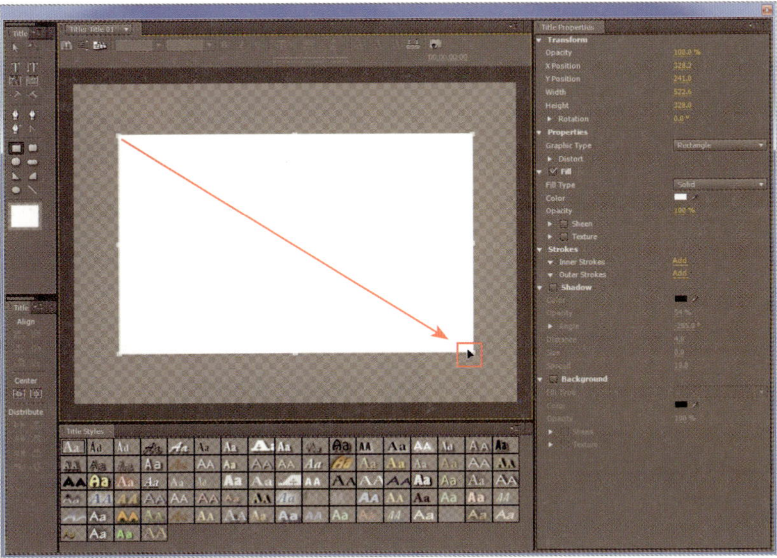

❷ Properties 옵션의 Graphic Type 속성을 Rectangle에서 Rounded Corner Rectangle로 설정합니다.

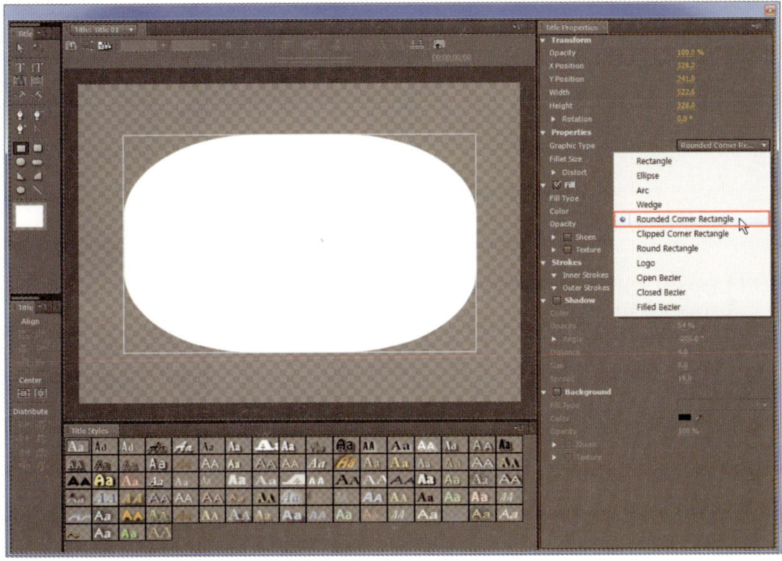

❸ Fill 옵션의 Fill Type 속성을 Solid에서 4 Color Gradient로 변경하고 4 모서리의 Color 값을 〔Color Picker〕 대화상자에서 각각 (R:250, G:250, B:70), (R:240, G:120, B:60), (R:255, G:150, B:30), (R:245, G:170, B:50)으로 설정합니다. Color Stop Opacity 속성은 4가지 색상을 모두 100%로 유지합니다.

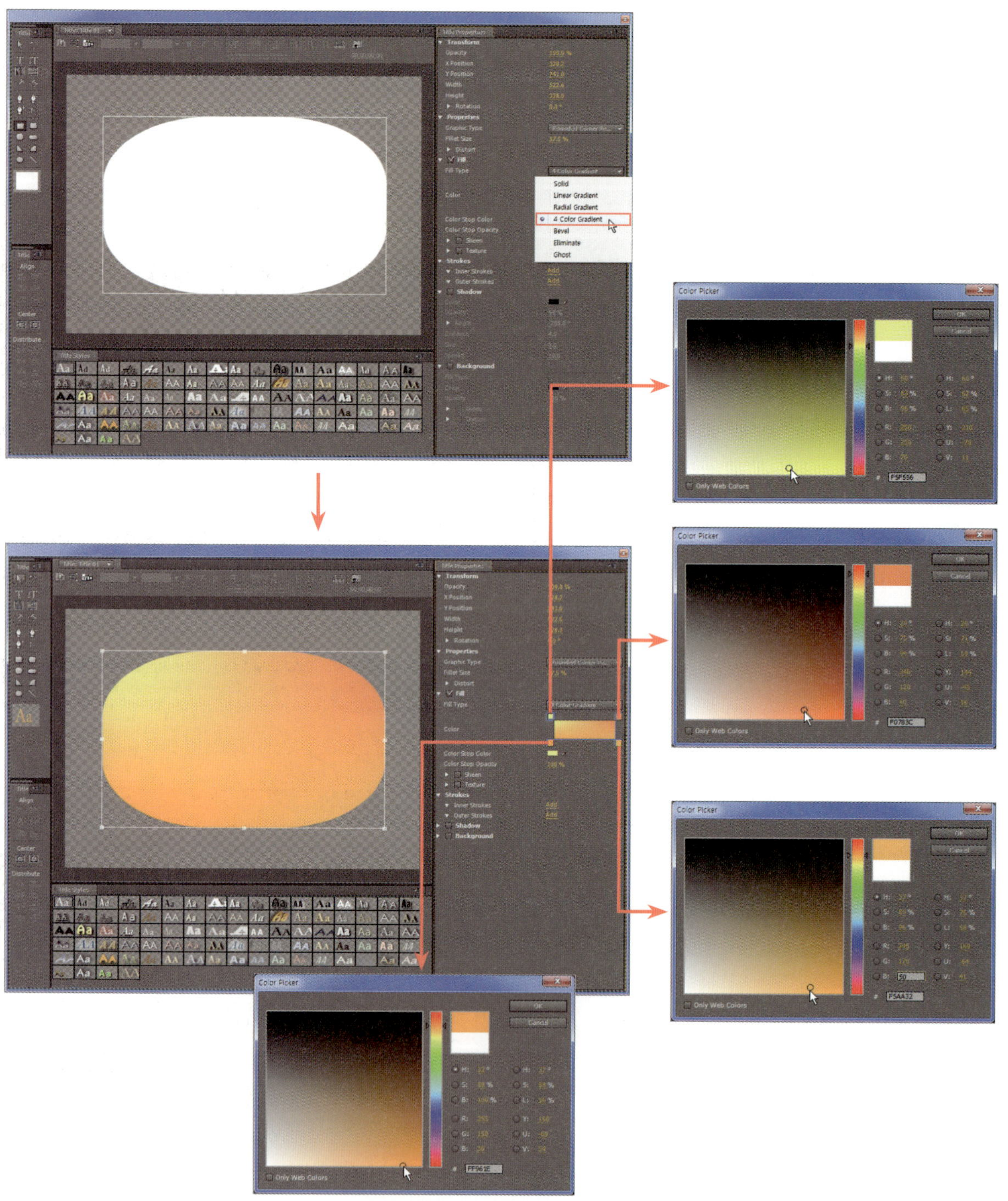

TIP 4 Color Gradient로 표현하면 앨범 재킷의 형태를 갖출 수 있습니다. 4 Color Gradient는 Face가 아닌 Strokes를 염두에 둔 포석입니다.

❹ 재킷을 위한 윤곽과 틀을 구성할 차례입니다. Transform 옵션의 Rotation 속성을 10도로, Properties 옵션의 Fillet Size를 10%로 설정한 다음, Distort 속성을 확장하고 왜곡 좌표를 X=10%, Y=−20%로 설정하면 Rotation과 Fillet Size, Distort 속성에 따라 재킷의 기본 형태가 완성됩니다.

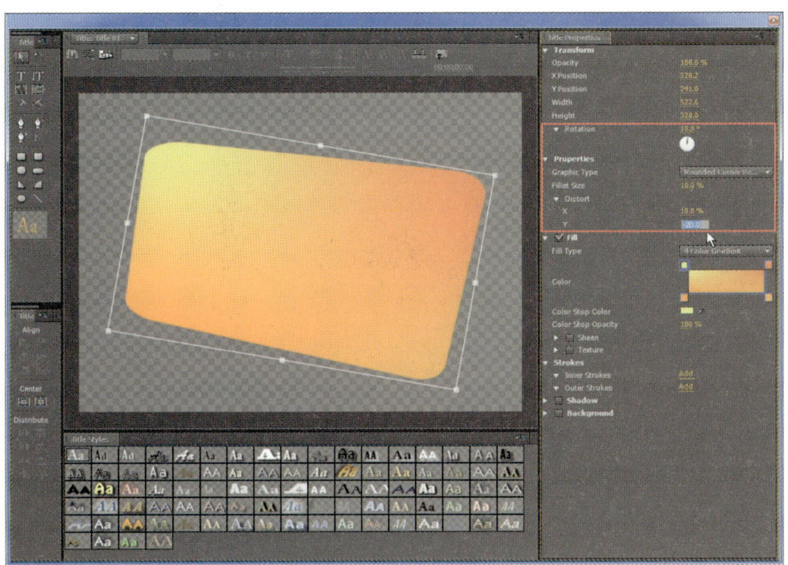

❺ Texture 이미지를 포함시키기 이전 단계에서는 Strokes 옵션 적용이 가장 중요합니다. 다중 Strokes 속성으로 재킷 윤곽과 두께를 입체적인 디자인으로 표현하기 위해서는 복수 속성을 가미해 주는 것이 무난합니다. Strokes 옵션의 Outer Strokes 속성을 확장하고 〈Add〉 버튼을 눌러 Outer Strokes 속성을 추가한 다음, Edge Type의 외곽선을 두께 20의 크기로 그림과 같이 설정합니다.

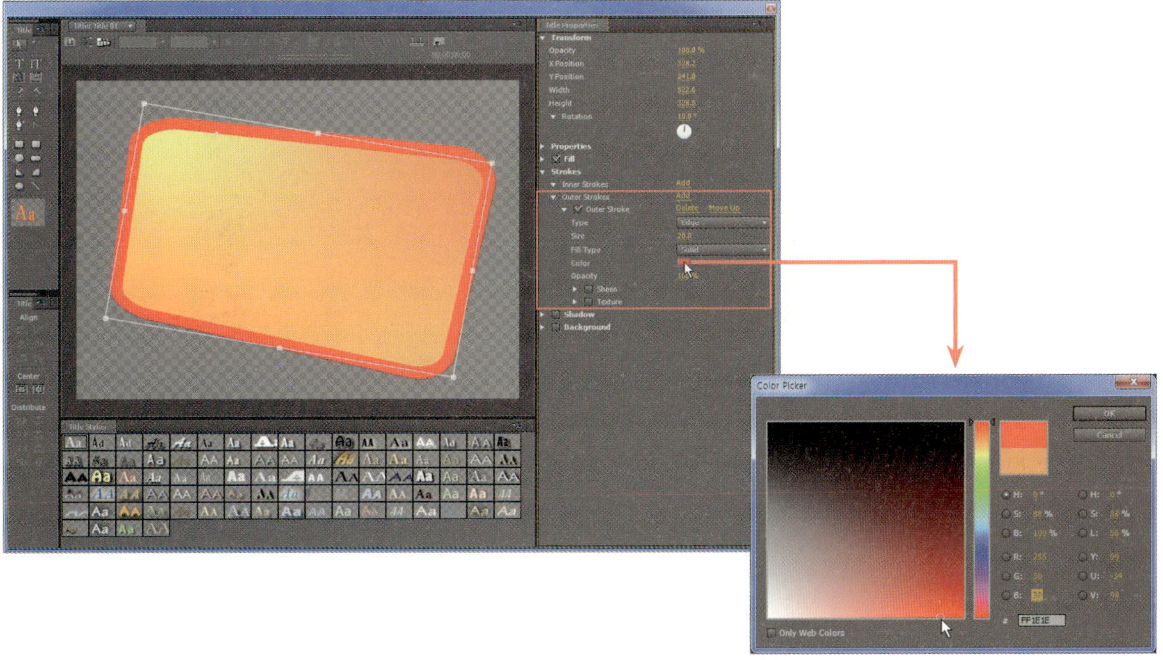

❻ 〈Add〉 버튼을 눌러 Edge Type으로 Outer Stroke 속성을 2단계 추가해 나가면서, Fill Type은 4 Color Gradient로 Fill 옵션과 같은 색상을 부여한 다음, 3단계 Outer Stroke 속성은 Black 톤을 대비시키면서 마무리합니다. Stroke Size는 2가지 모두 10으로 설정합니다.

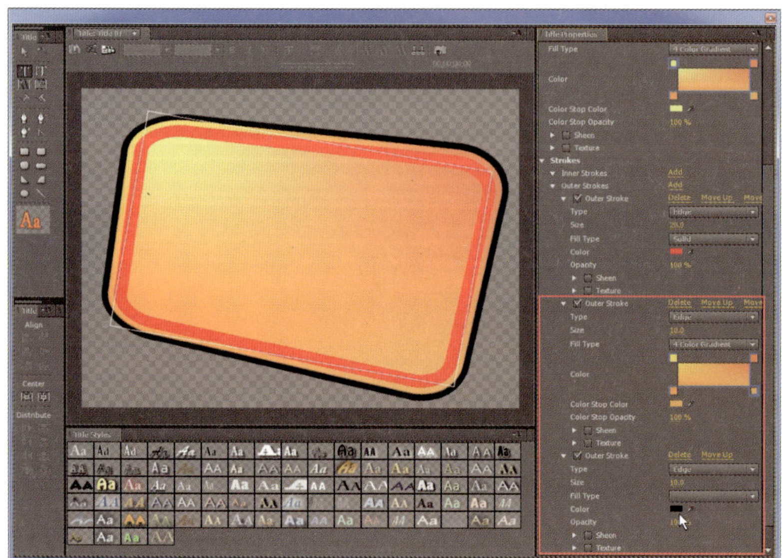

❼ Shadow 옵션을 체크한 다음 모든 속성을 확장하고 속성 값을 아래와 같이 설정합니다(Color : Black, Opacity : 80%, Angle : −200, Distance : 10, Size : 0, Spread : 55).

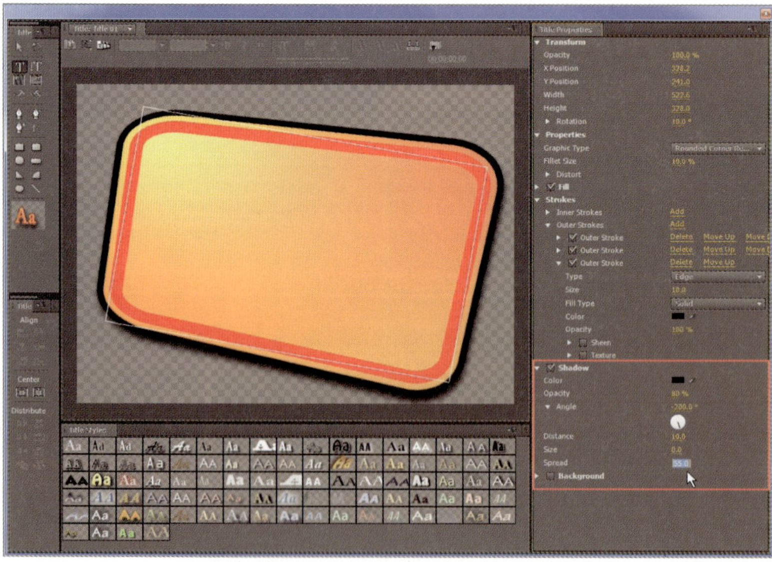

❽ Fill 옵션의 Texture 속성을 체크한 다음 확장하고 Texture Image 설정 버튼을 클릭합니다. 〔Choose a Texture Image〕 대화상자가 나타나면 부록 DVD의 Lesson14 폴더에서 'Image001.jpg'를 선택하고 〈열기〉 버튼을 누릅니다.

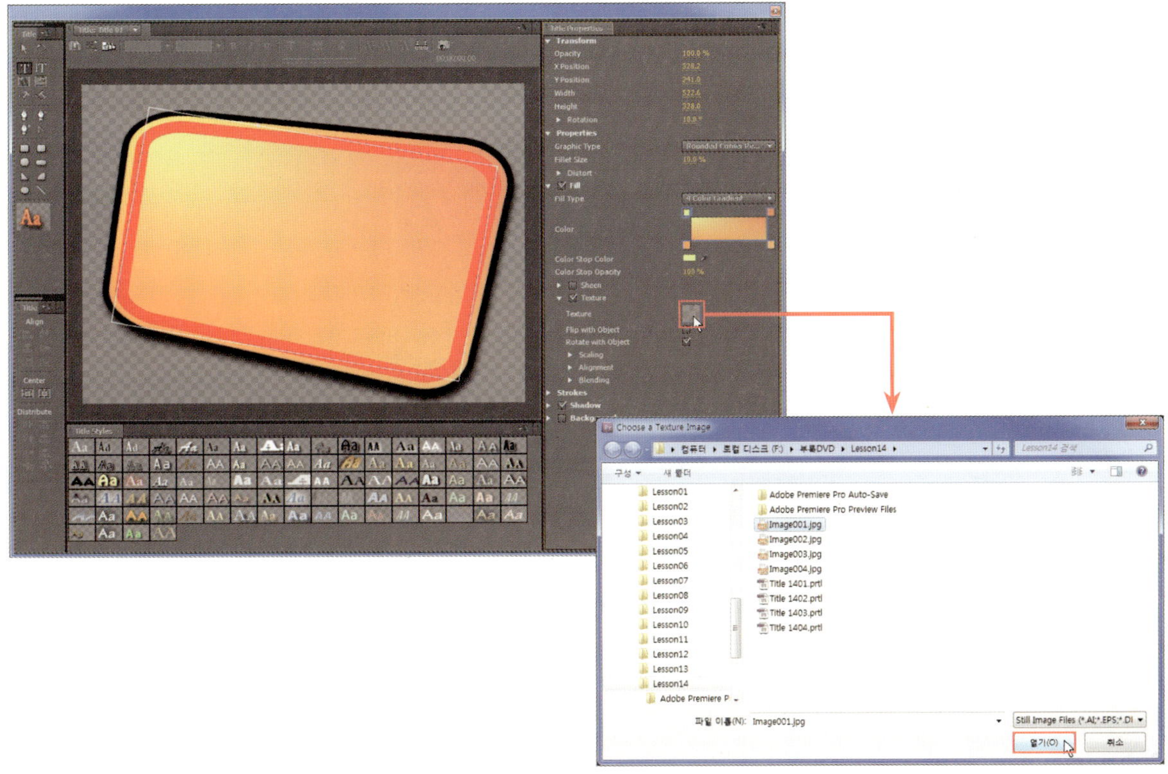

❾ 타이틀의 외곽인 Strokes와 Shadow 속성만 남고 Texture 이미지(Image001.jpg)가 포함된 타이틀이 완성되어 나타납니다.

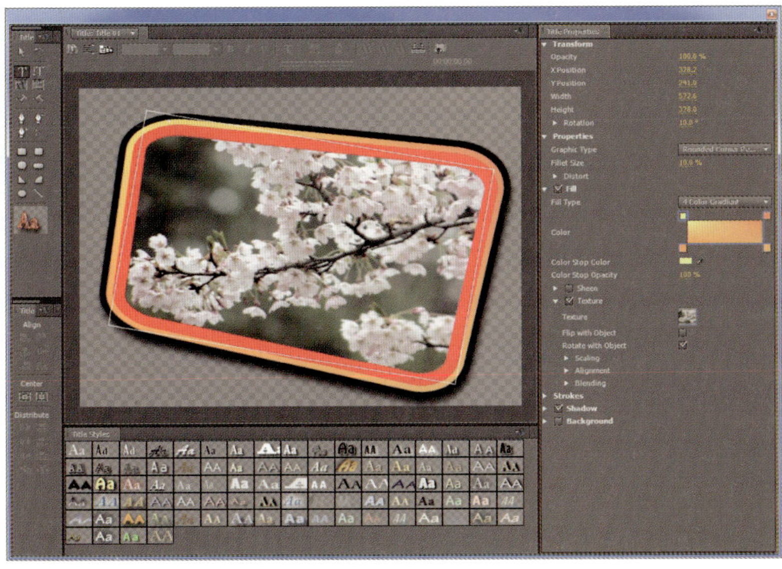

❿ 선택 도구를 이용하여 모서리의 핸들을 드래그하면 객체 전체의 크기가 축소되어 나타납니다. 오른쪽으로 이동한 다음, **Ctrl**+**C**를 눌러 Texture Image가 부여된 타이틀 객체를 복사합니다.

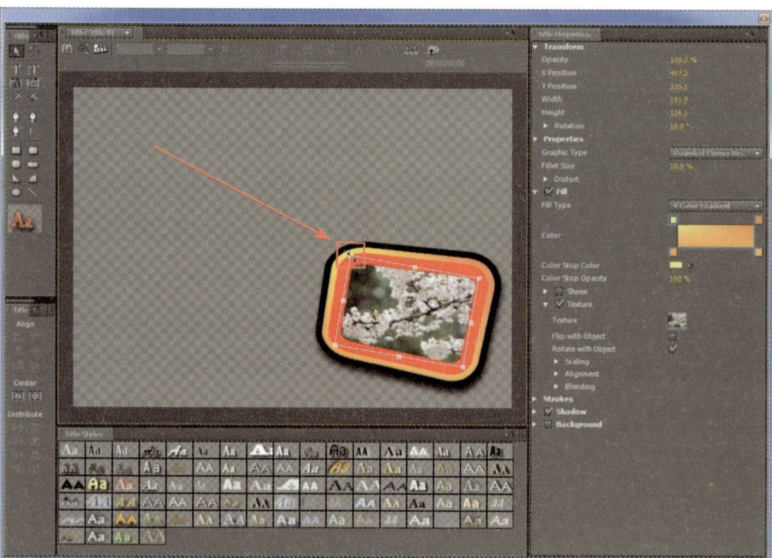

⓫ **Ctrl**+**V**로 붙인 다음, 붙인 객체를 왼쪽으로 드래그하여 대칭 구조로 배치합니다.

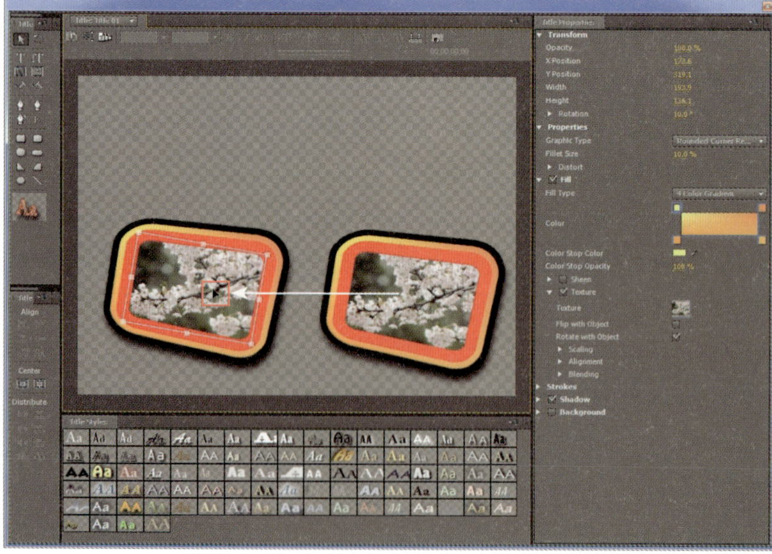

⓬ Rotation과 Distort의 X, Y 속성을 변경하면 수직으로 대칭되는 형태를 만들 수 있습니다.
Transform 옵션의 Rotation 속성을 350도로 변경하고, Properties 옵션의 Distort 속성의 X 좌표를
−10%, Y 좌표를 20%로 변경하면 좌우 객체가 대칭되는 값으로 변경되어 나타납니다.

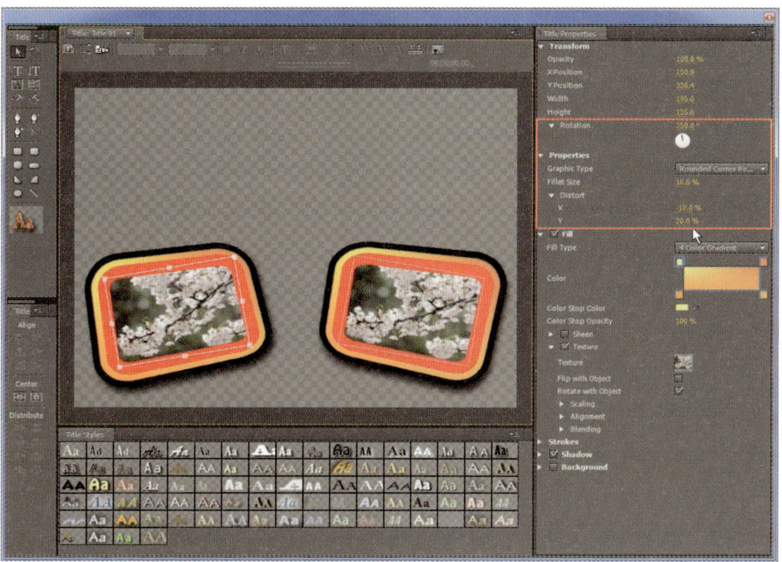

⓭ 왼쪽 타이틀 객체를 선택하고 Texture 속성의 Texture Image 설정 버튼을 클릭합니다. [Choose a
Texture Image] 대화상자가 나타나면 부록 DVD의 Lesson14 폴더에서 'Image002.jpg'를 선택하고 〈열기〉
버튼을 눌러 새로운 텍스처 이미지로 변경합니다.

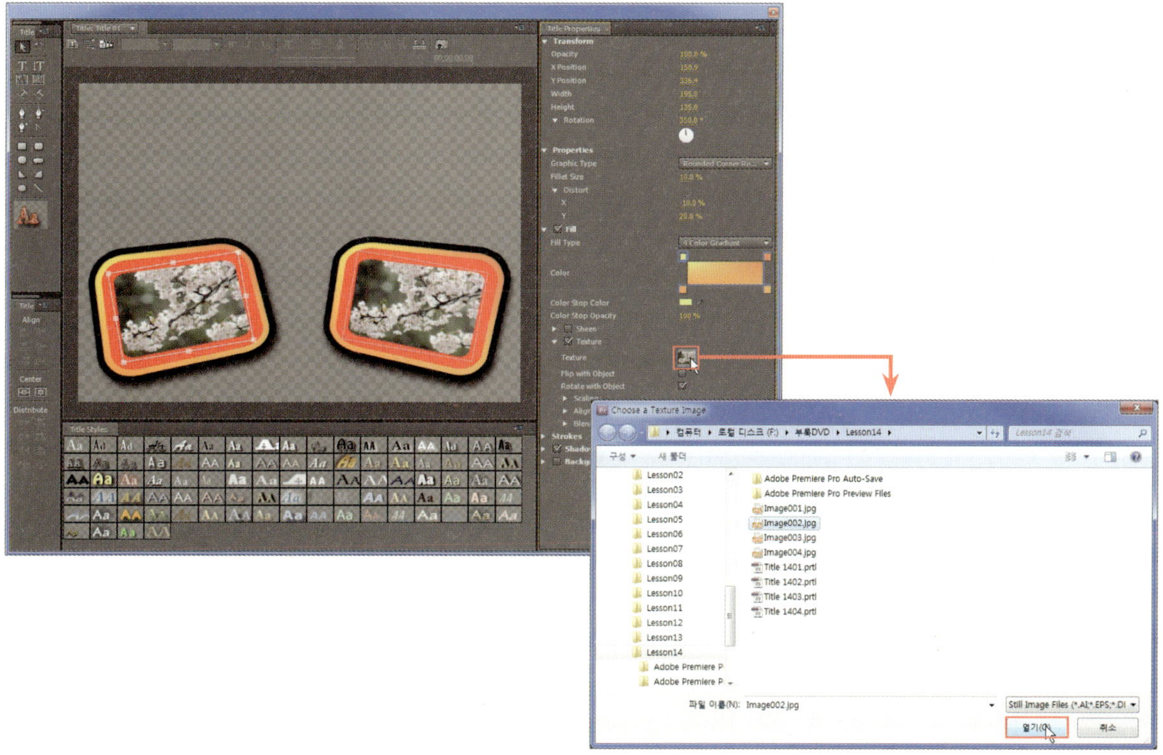

⑭ 좌우 대칭의 그래픽 객체에 서로 다른 Texture Image가 반영된 타이틀이 완성되었습니다.

⑮ 메인 패널의 〈New Title Based on Current Title〉 버튼을 클릭한 다음 〔New Title〕 대화상자에서 새 타이틀의 이름을 'Title 02'로 수정하고 〈OK〉 버튼을 누르면 현재 속성을 유지한 새 타이틀을 빠르게 복사할 수 있습니다.

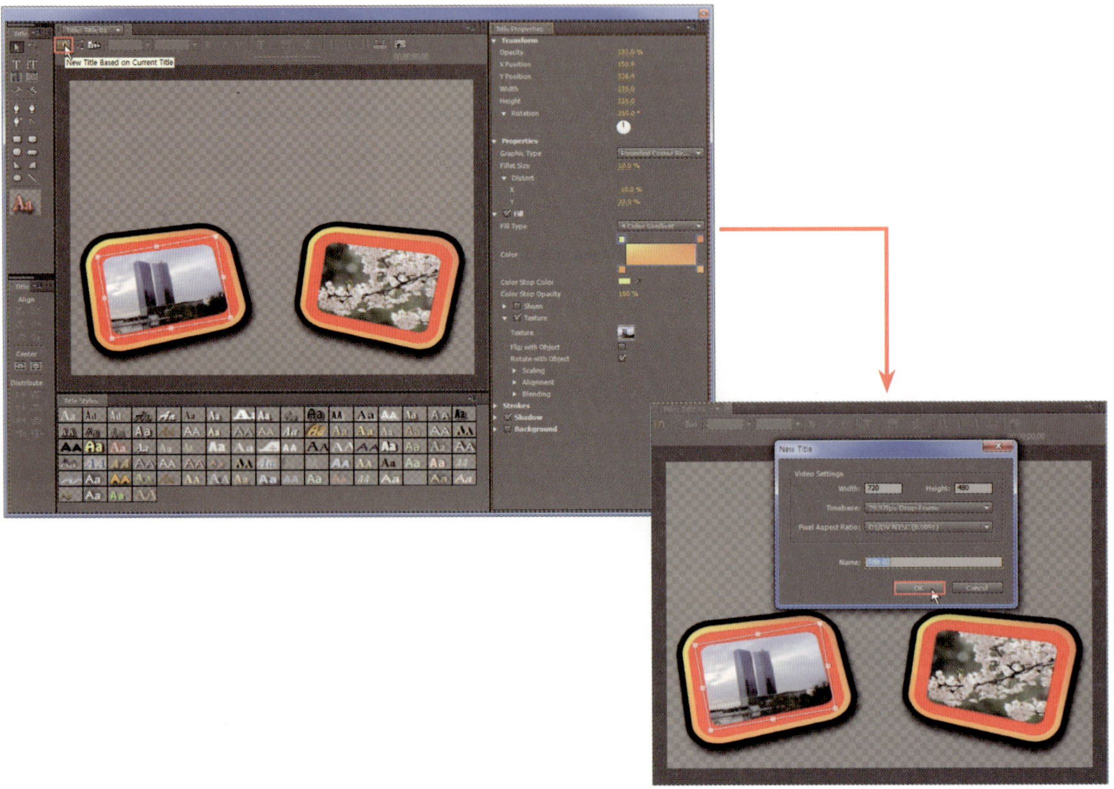

⑯ 좌측 상단의 타이틀 선택 메뉴를 확인하면 타이틀이 Title 02로 변경되어 있는 것을 확인할 수 있습니다. 복사된 새 타이틀의 속성은 그대로 유지한 상태에서 두 객체의 Texture 이미지만 변경할 차례입니다. 같은 요령으로 왼쪽 객체를 선택하고 Texture Image 설정 버튼을 클릭한 다음 [Choose a Texture Image] 대화상자에서 부록 DVD의 Lesson14 폴더에서 'Image003.jpg'를 선택하고 〈열기〉 버튼을 눌러 새로운 텍스처 이미지로 변경합니다.

⑰ 이번에는 오른쪽 객체를 선택하고 Texture Image 설정 버튼을 클릭한 다음 [Choose a Texture Image] 대화상자에서 부록 DVD의 Lesson14 폴더에서 'Image004.jpg'를 선택하고 〈열기〉 버튼을 눌러 새로운 텍스처 이미지로 변경합니다. Title 02 타이틀의 두 객체가 새로운 Texture Image로 변경되어 나타납니다.

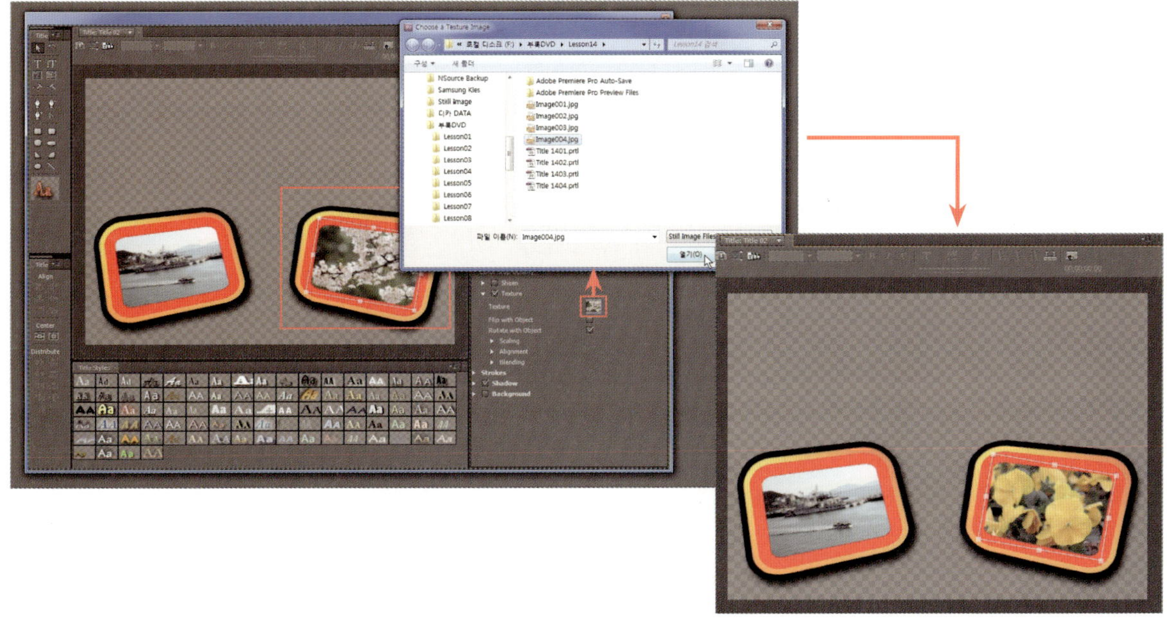

⓲ 추가적으로 앨범 재킷의 보조 객체로 활용할 타이틀을 그림과 같이 2개 제작하고 메인 패널의 〈New Title Based on Current Title〉 버튼을 눌러 타이틀의 이름을 각각 'Title 03', 'Title 04'로 완성합니다.

⓳ Texture Image가 반영된 2개의 타이틀과 2개의 보조 타이틀이 완성되었습니다.
프로젝트 패널에 자동 임포트 된 Title 01 ~ Title 04 타이틀의 이름을 각각 Title 1401, Title 1402, Title 1403, Title 1404로 변경합니다.

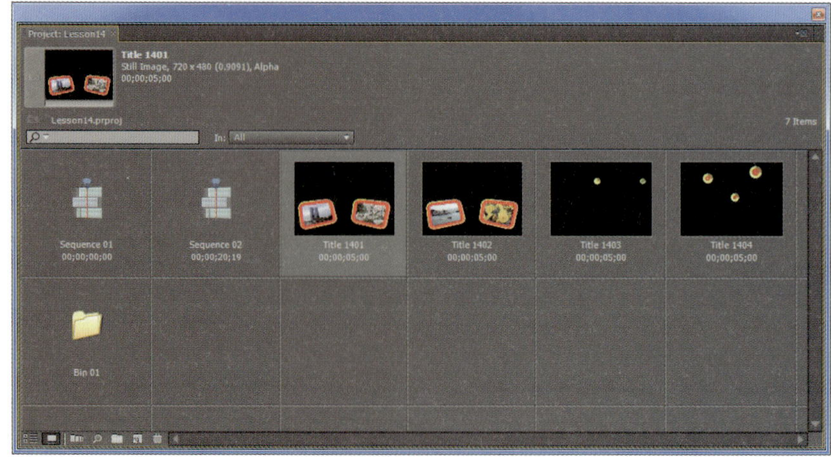

02 시퀀스 클립 교체 기능

타임라인 패널의 시퀀스에서 신속하게 클립을 교체하는 기능에 대해 학습합니다.

클립 교체 기능은 Replace Footage 명령과 Replace With Clip 명령이 있고 두 가지는 프로젝트 패널과 타임라인 패널의 시퀀스에서 상반된 기능으로 적용됩니다.

1. Replace With Clip

Replace With Clip 명령은 반복적인 시퀀스를 구성하는 작업에 특화된 기능이라고 할 수 있는데, 작업 중인 시퀀스의 편집 요소를 그대로 유지시키면서 부분적인 클립만 교체해 주는 명령이기 때문에 편리하게 사용할 수 있습니다.

클립 교체 대상은 일반 클립은 물론, 정지 이미지와 타이틀 클립, 그리고 Dynamic Link 기능으로 임포트 한 After Effects 클립에 이르기까지 자유롭게 적용할 수 있어서 편리합니다. 또 교체할 클립의 선택 역시 소스 모니터와 일치된 프레임, 그리고 프로젝트 패널과 빈 패널 등 적지 적소에서 해결할 수 있도록 배려하고 있습니다.

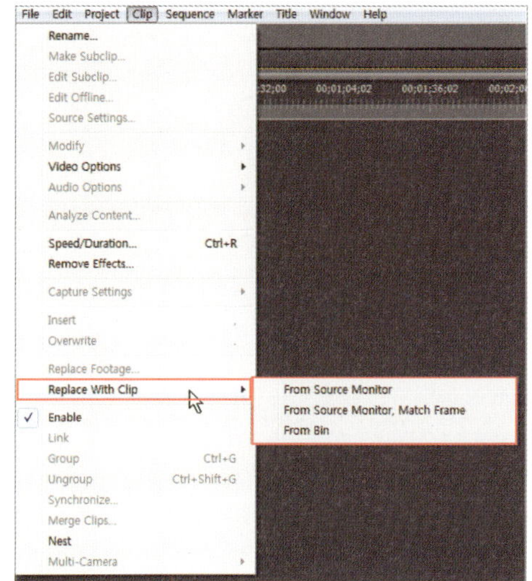

2. Replace Footage

〔Clip〕 → Replace With Clip 명령과 상반되는 기능인 〔Clip〕 → Replace Footage 명령을 통해 현재 편집 요소가 시퀀스에 적용된 상태로 마스터 클립을 대체할 수 있습니다.

❶ 부록 DVD의 Lesson14 폴더에서 'Lesson14. prproj'를 불러옵니다. **Ctrl**을 누른 상태에서 Bin 01 빈을 클릭합니다.

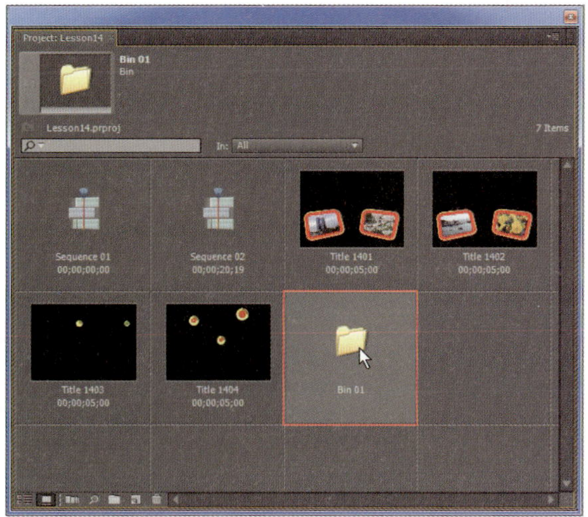

❷ 프로젝트 패널의 계층 구조가 Bin 01 패널로 변경되어 나타납니다. 타임라인 패널에서 Sequence 02 탭을 클릭하여 작업 시퀀스를 Sequence 02로 변경하고 Bin 01 패널에서 마스터 클립인 Clip02.avi 클립을 선택한 다음 (Clip) → **Replace Footage**를 실행합니다.

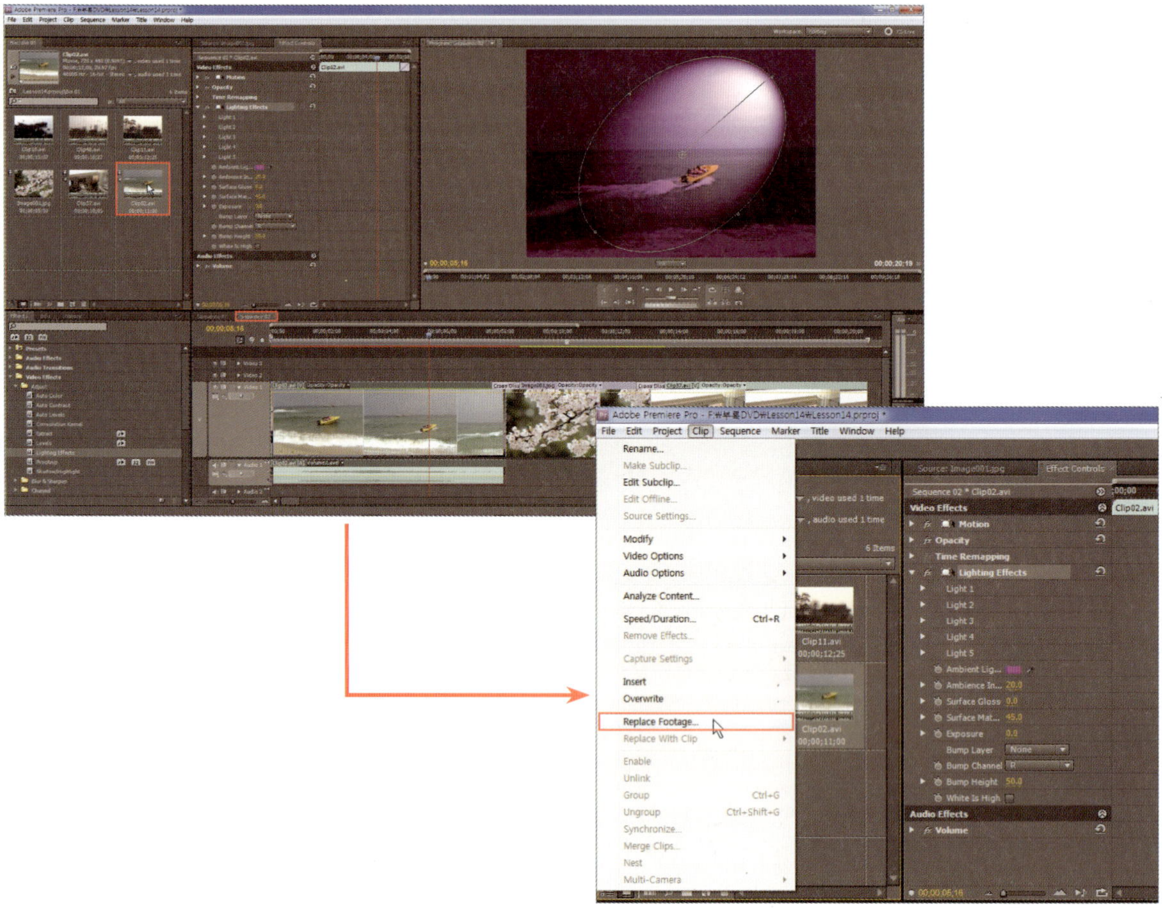

❸ (Replace Footage for) 대화상자가 나타납니다. 부록 DVD의 Source Clip 폴더에서 대체할 클립으로 Clip33.avi 클립을 선택하고 〈Select〉 버튼을 누릅니다.

❹ 프로젝트 패널과 타임라인 패널의 시퀀스에 배치되어 있는 Clip02.avi 클립이 동시에 새로운 마스터 클립인 Clip33.avi 클립으로 한 번에 변경되어 나타납니다. 그러나 시퀀스에서 기존에 적용된 효과와 클립의 배치 상태를 그대로 유지하고 있는 것이 특징입니다.

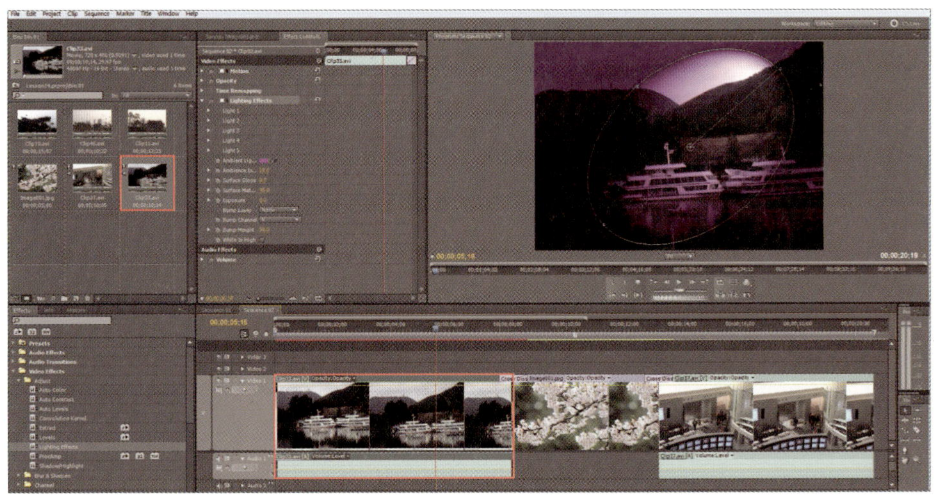

> **TIP** 〔Clip〕 → Replace Footage 명령에 의해 마스터 클립이 변경되면, 현재 편집 내역의 클립은 물론 하위 클립의 모든 참조 정보가 프로젝트 패널과 시퀀스에서 유지되고 이펙트가 동일하게 보존된다는 점에서 〔Clip〕 → Replace With Clip 명령과 대비되어 나타납니다. 편집 요소는 대체되지 않고 마스터 클립만 변경하는 기능이기 때문입니다. 단, 실행 취소 명령이 적용되지 않으므로 주의해야 합니다. 이때에는 〔Clip〕 → Replace Footage 명령을 반복 실행하여 해당 클립으로 변경하면 해결됩니다.

3. Clip → From Source Monitor

시퀀스의 트랙에 배치되어 있는 클립을 소스 모니터의 클립으로 변경할 때 〔Clip〕 → Replace With Clip → From Source Monitor 명령을 사용합니다.

❶ 프로젝트는 Lesson14.prproj를 그대로 사용합니다. 프로젝트 패널에서 Clip11.avi 클립을 소스 모니터에 포함시킨 다음, 인 아웃 영역을 임의로 설정합니다. 시퀀스의 Video 1 트랙에서 Image001.jpg 클립을 선택합니다.

❷ 〔Clip〕 → Replace With Clip → From Source Monitor 또는 〔컨텍스트 메뉴〕 → Replace With Clip → From Source Monitor를 실행합니다.

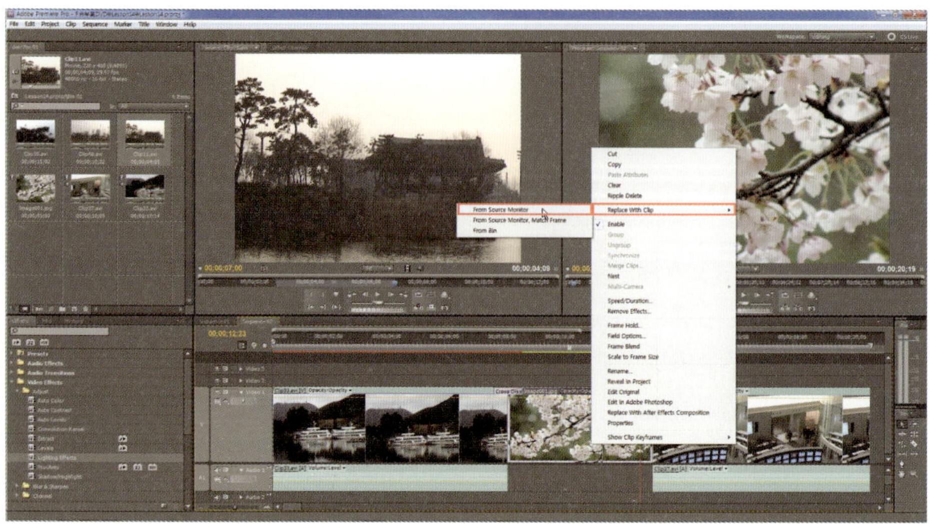

❸ 시퀀스에서 선택했던 Image001.jpg 클립이 소스 모니터에 열려 있는 Clip11.avi 클립으로 교체되어 나타납니다.

이때, 기존 클립에 적용되어 있는 이펙트와 편집 요소는 제거되지 않고 그대로 적용된 상태로 유지되는 것을 확인할 수 있습니다. 앞뒤 클립과 연결된 트랜지션 아이템 내역도 그대로 보존됩니다. 또한, Clip11.avi 클립의 비디오 트랙만 교체됩니다.

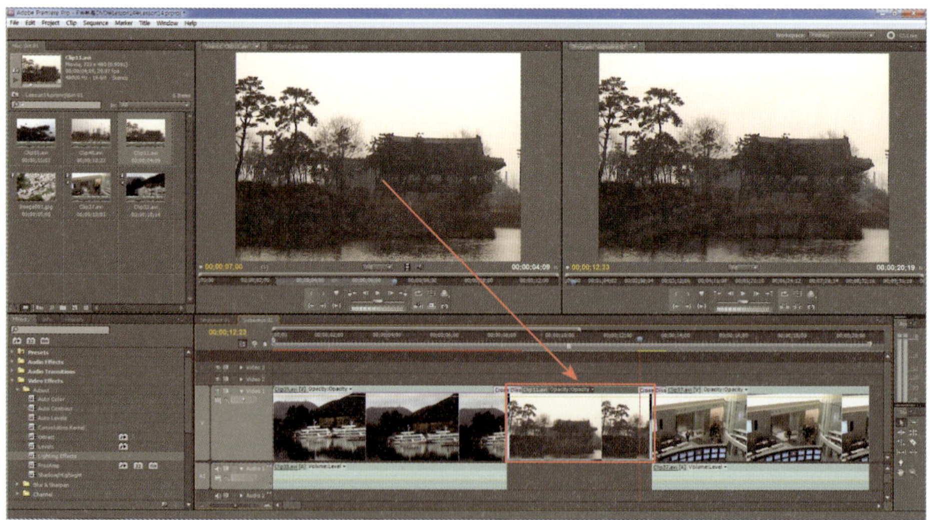

4. From Source Monitor, Match Frame

〔Clip〕 → Replace With Clip → From Source Monitor, Match Frame 명령은 클립을 교체할 때 현재 시퀀스의 편집 기준선이 고정된 위치와 소스 모니터의 현재 시간 표시자가 가리키는 프레임을 일치시키면서 교체하는 기능입니다.

❶ Lesson14.prproj 프로젝트의 최상위 패널로 복귀한 다음 Sequence 02를 선택하고 〔컨텍스트 메뉴〕 → Duplicate를 실행합니다.

❷ 프로젝트 패널에 Sequence 02 클립이 Sequence 02 Copy 클립으로 복제되어 생성됩니다. Sequence 02 Copy 클립을 더블클릭하면 타임라인 패널에 Sequence 02 Copy 시퀀스가 새롭게 열립니다.

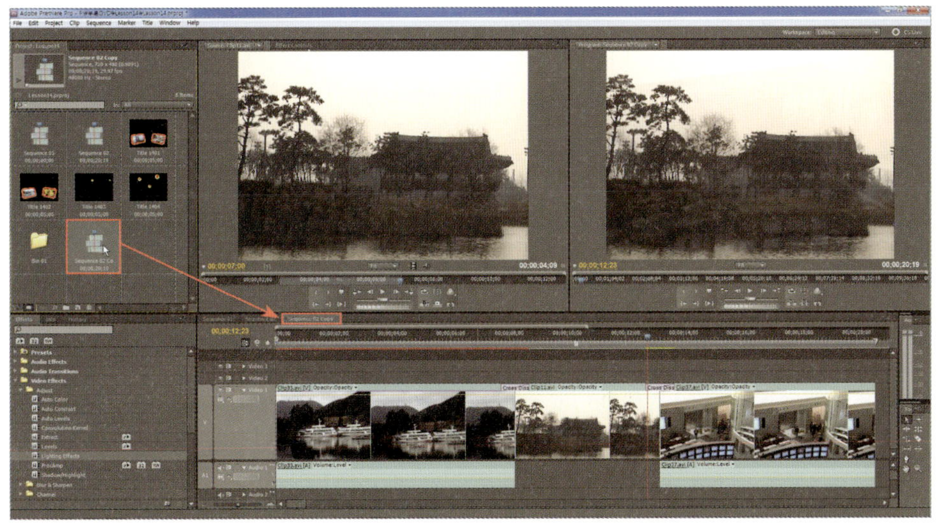

> **TIP** 프로젝트 패널에서는 시퀀스도 클립으로 취급합니다. 다중 시퀀스로 구성된 프로젝트에서는 해당 시퀀스 클립을 더블클릭하면 타임라인 패널에 열립니다. 타임라인 패널에서 특정 시퀀스가 사라졌을 때에는 프로젝트 패널에서 해당 시퀀스 클립을 더블클릭하면 언제든지 다시 열 수 있습니다.

❸ 이번에는 Bin 01 패널의 Clip10.avi 클립을 소스 모니터에 열고 현재 시간 표시자를 00;00;03;03의 위치에 고정합니다. 시퀀스의 편집 기준선은 00;00;15;11의 위치로 이동합니다.

❹ 시퀀스의 Video 1 트랙에서 Clip37.avi 클립을 선택하고 〔컨텍스트 메뉴〕 → Replace With Clip → From Source Monitor, Match Frame을 실행합니다.

❺ 시퀀스의 트랙과 프로그램 모니터를 확인하면 편집 기준선이 있던 위치에 소스 모니터의 현재 시간 표시 자가 가리키는 프레임이 일치된 상태로 교체되어 있는 것을 확인할 수 있습니다.

5. From Bin

작업 중인 시퀀스에서 특정 클립을 프로젝트 패널과 빈 패널에 있는 클립으로 신속하게 교체할 때에는 〔Clip〕→ Replace With Clip → From Bin 명령을 사용하지만, 이 기능은 인 아웃 영역 설정이 필요 없을 때 한정적으로 활용해야 합니다.

❶ Lesson14.prproj\Bin 01 패널의 Image001.jpg 클립을 선택합니다.

❷ 시퀀스의 Video 1 트랙에서 Clip11.avi 클립을 선택하고 〔컨텍스트 메뉴〕→ Replace With Clip → From Bin을 실행합니다.

❸ Video 1 트랙의 Clip11.avi 클립이 곧바로 Bin 01 패널의 Image001.jpg 클립으로 교체되어 나타납니다. 마찬가지로 시퀀스의 편집 내역은 그대로 유지되면서 클립만 신속하게 교체됩니다.

> **TIP** 〔Clip〕→ Replace Footage 명령은 프로젝트 패널에서, 〔Clip〕→ Replace With Clip 명령은 타임라인 패널의 시퀀스에서 사용한다는 점에서 용도가 다릅니다.
>
> 〔Clip〕→ Replace With Clip → From Bin 명령은 다른 형식의 클립을 대체할 때 사용하면 효율적인데, 그 중에서도 〔File〕→ Adobe Dynamic Link → Import After Effects Composition 명령으로 임포트한 After Effects 클립을 협업 과정으로 활용할 때 효과적인 기능입니다.

Ramp 이펙트의 키프레임만으로 타이틀의 움직이는 배경을 만드는 방법에 대해 학습합니다.

타이틀 롤이나 크레딧 타이틀에 많이 사용되는 배경의 조합은 그라디언트 계열의 애니메이션 기법이 많이 사용되지만, Premiere Pro CS5.5에서는 이펙트 패널의 Video Effects\Generate\Ramp 이펙트 아이템의 키프레임만으로 다양성을 추구할 수 있습니다.

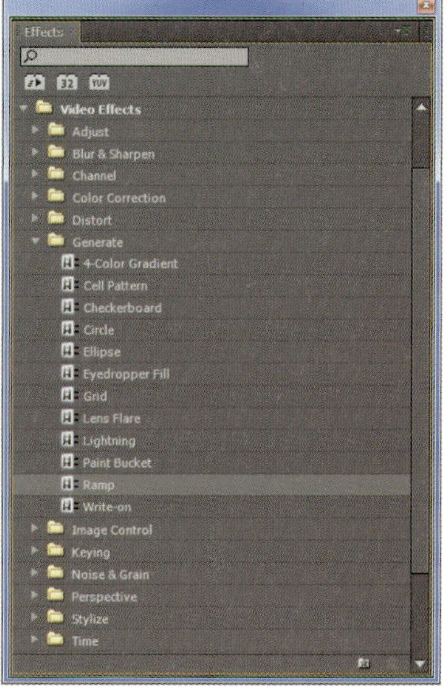

❶ 프로젝트는 부록 DVD의 Lesson14 폴더에서 'Lesson14.prproj'를 그대로 사용합니다.

Red 색상의 Color Matte 클립을 새로 만든 다음, 타임라인 패널의 Sequence 01 탭을 클릭하여 작업 시퀀스를 Sequence 01로 변경합니다. 프로젝트 패널에서 Color Matte 클립을 Video 1 트랙에 배치하고 클립의 지속시간을 1분으로 늘입니다.

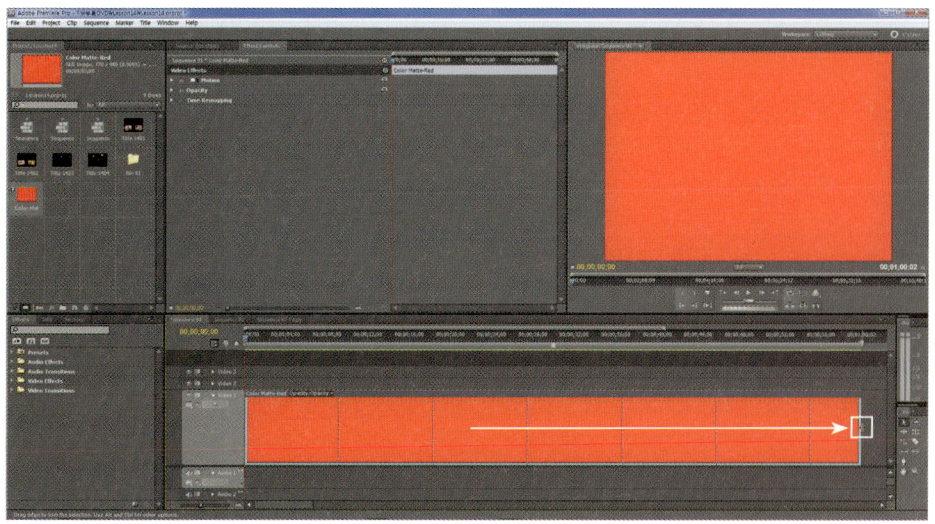

TIP Ramp 이펙트를 클립에 적용한 다음 Ramp 이펙트 자체의 Start Color와 End Color를 불투명한 상태로 활용할 예정이므로 Color Matte 이외의 Transparent Video, Black Video 등의 내부 클립을 하나 만들거나 또는 임의의 클립을 배치해도 무방합니다.

❷ 이펙트 패널에서 Video Effects\Generate\Ramp 이펙트 아이템을 Video 1 트랙의 Color Matte 클립에 드래그하여 적용합니다.

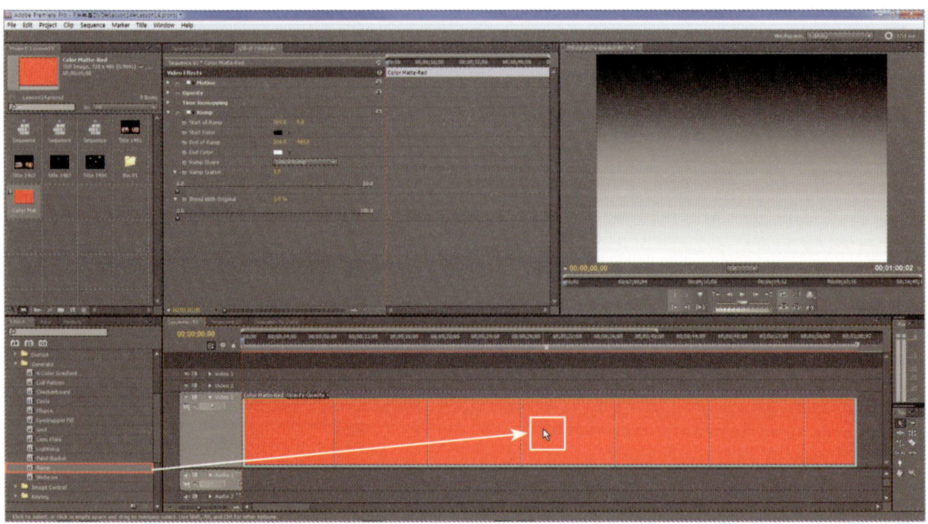

❸ 이펙트 조절 패널의 Ramp 이펙트 이름을 선택하면 프로그램 모니터의 상단과 하단에 Start of Ramp 서클과 End of Ramp 서클이 나타납니다.
편집 기준선을 클립의 인 점에 고정하고 Start of Ramp, End of Ramp, Start Color, End Color, Ramp Shape 속성의 〈Toggle animation〉 버튼을 차례대로 클릭하여 1번 키프레임을 생성합니다.

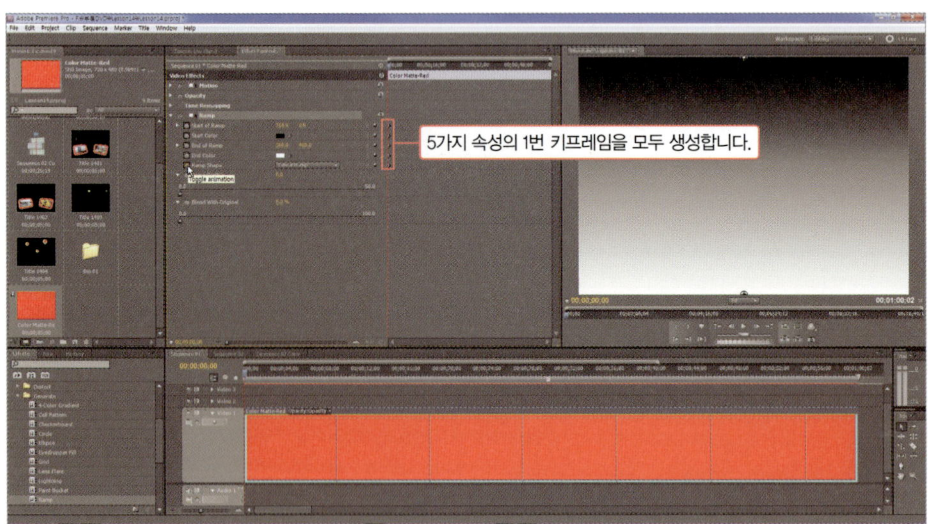

❹ Start Color : White, End Color : Black으로 변경한 다음 Ramp Shape 속성을 Radial Ramp로 설정하고 Start of Ramp 서클을 좌측 모퉁이로 드래그하여 이동합니다.

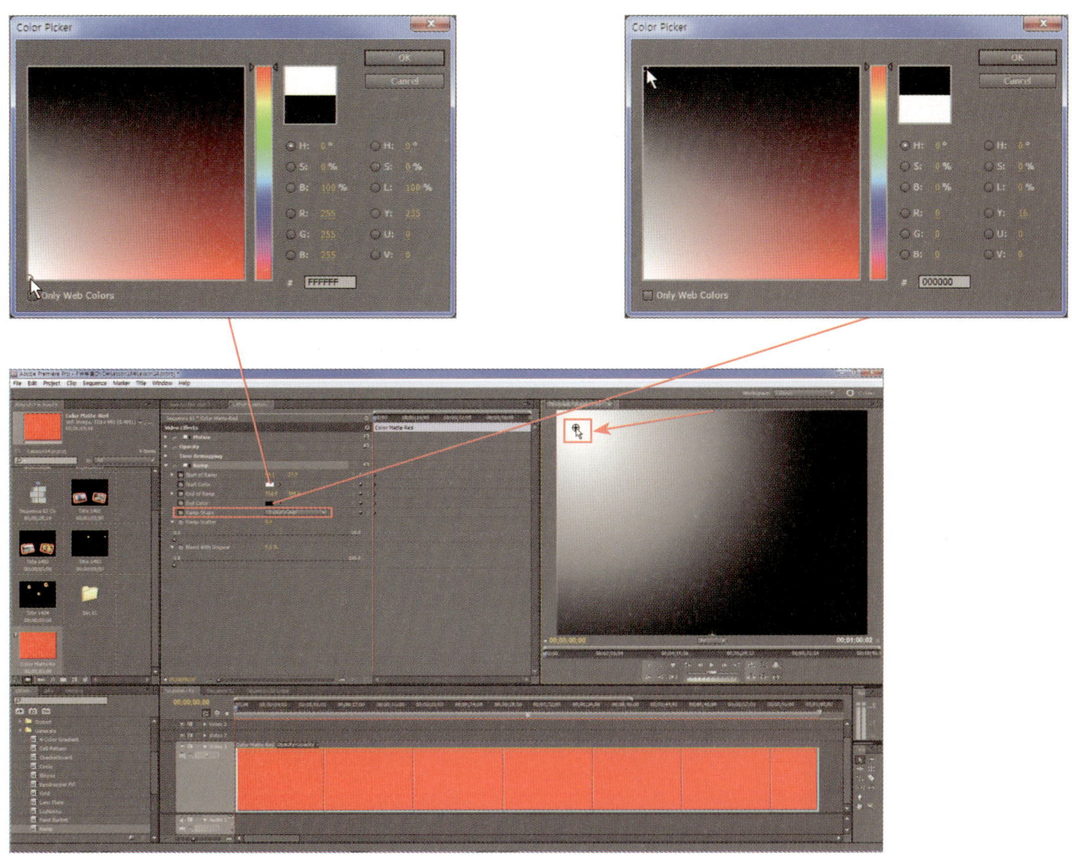

❺ 편집 기준선을 조금씩 이동하면서 프로그램 모니터의 시작 Ramp 서클을 그림과 같이 단계적으로 드래그하면 Start of Ramp 좌표가 변경되면서 키프레임이 지속적으로 생성됩니다. 같은 요령으로 방사형 그라디언트의 움직임을 만들어 나갑니다.

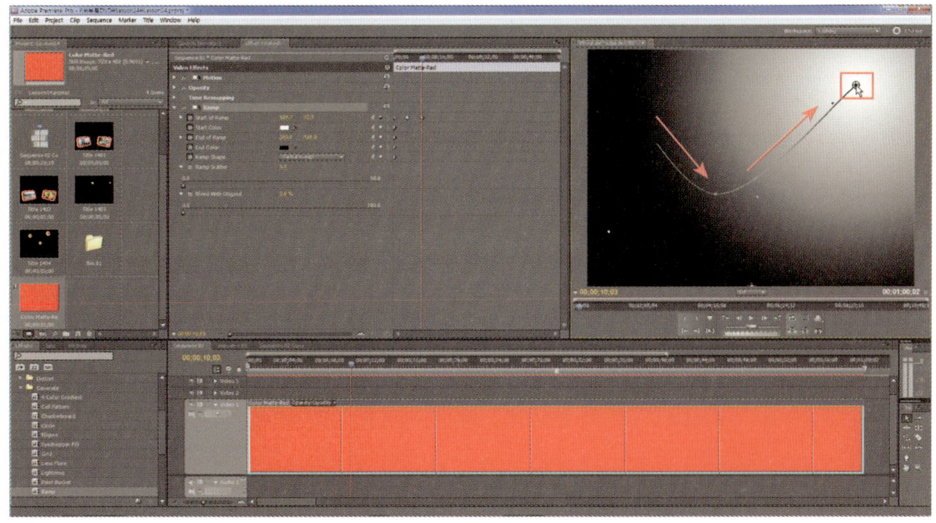

❻ Start Color와 End Color 속성의 키프레임을 구간별로 끊어서 색상을 구분해 주는 것이 핵심 포인트입니다.

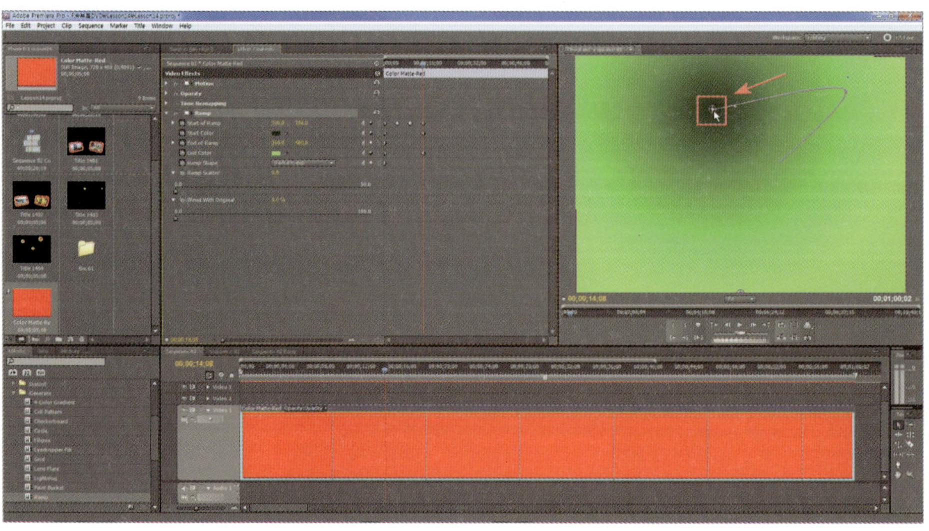

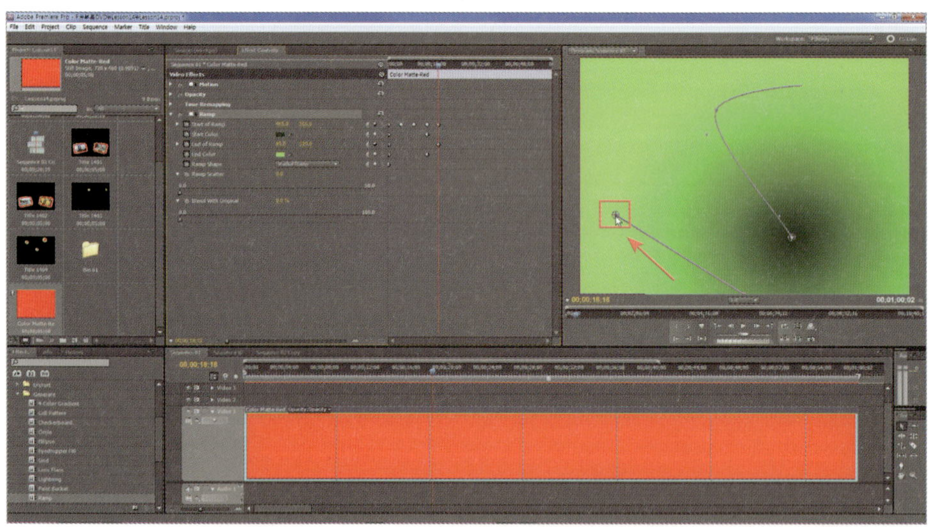

❼ 프로그램 모니터에서 가시영역 외곽의 지점을 활용할 때에는 화면 확대/축소 메뉴를 이용하여 상황에 따라 화면을 축소한 다음 Start of Ramp, End of Ramp 서클을 바깥쪽으로 드래그하여 보다 확장된 움직임을 창출할 수도 있습니다.

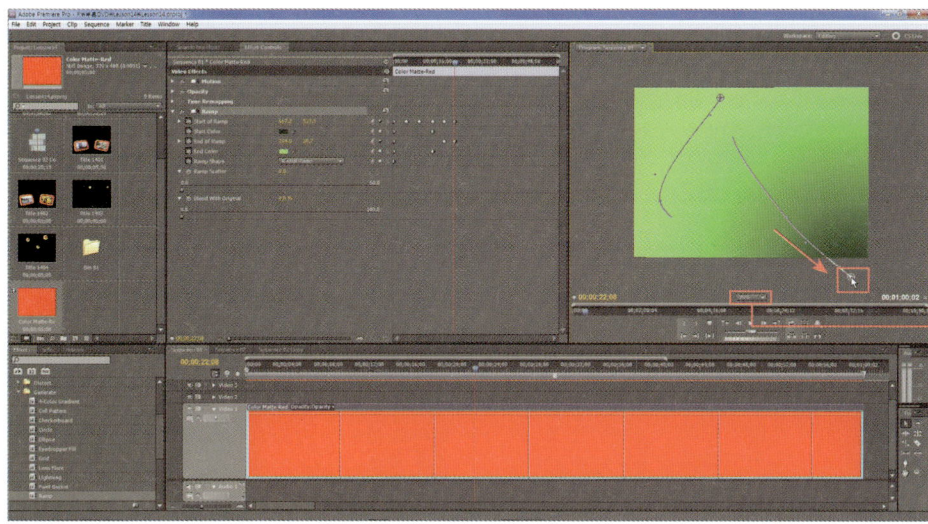

화면 배율을 축소하면 가시영역 외곽으로 서클의 좌표를 이동할 수 있습니다.

❽ Linear Ramp 속성과 달리 Radial Ramp는 방사형으로 이루어지므로, Start of Ramp와 End of Ramp 좌표 값의 거리에 상응하는 값으로 배경 클립의 애니메이션을 기획할 수 있습니다.
요령은 동일하므로 Ramp 좌표를 지속적으로 변경하고 키프레임을 할당해 주면서 일정 구간별로 Start Color와 End Color를 반복적으로 변경해 나갑니다.

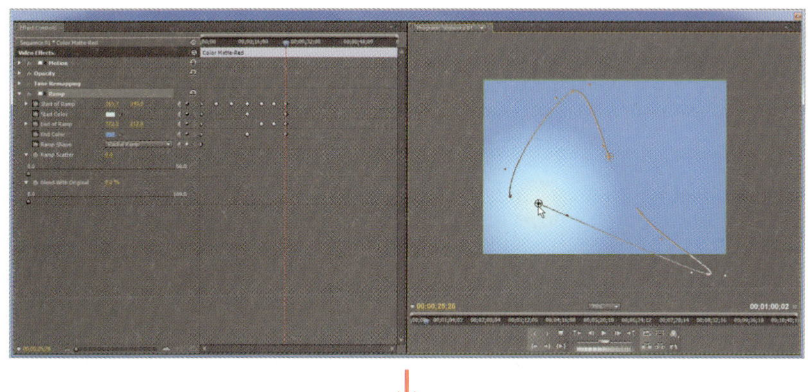

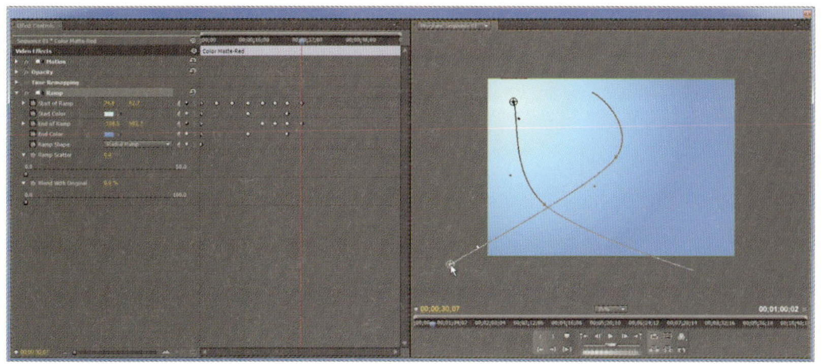

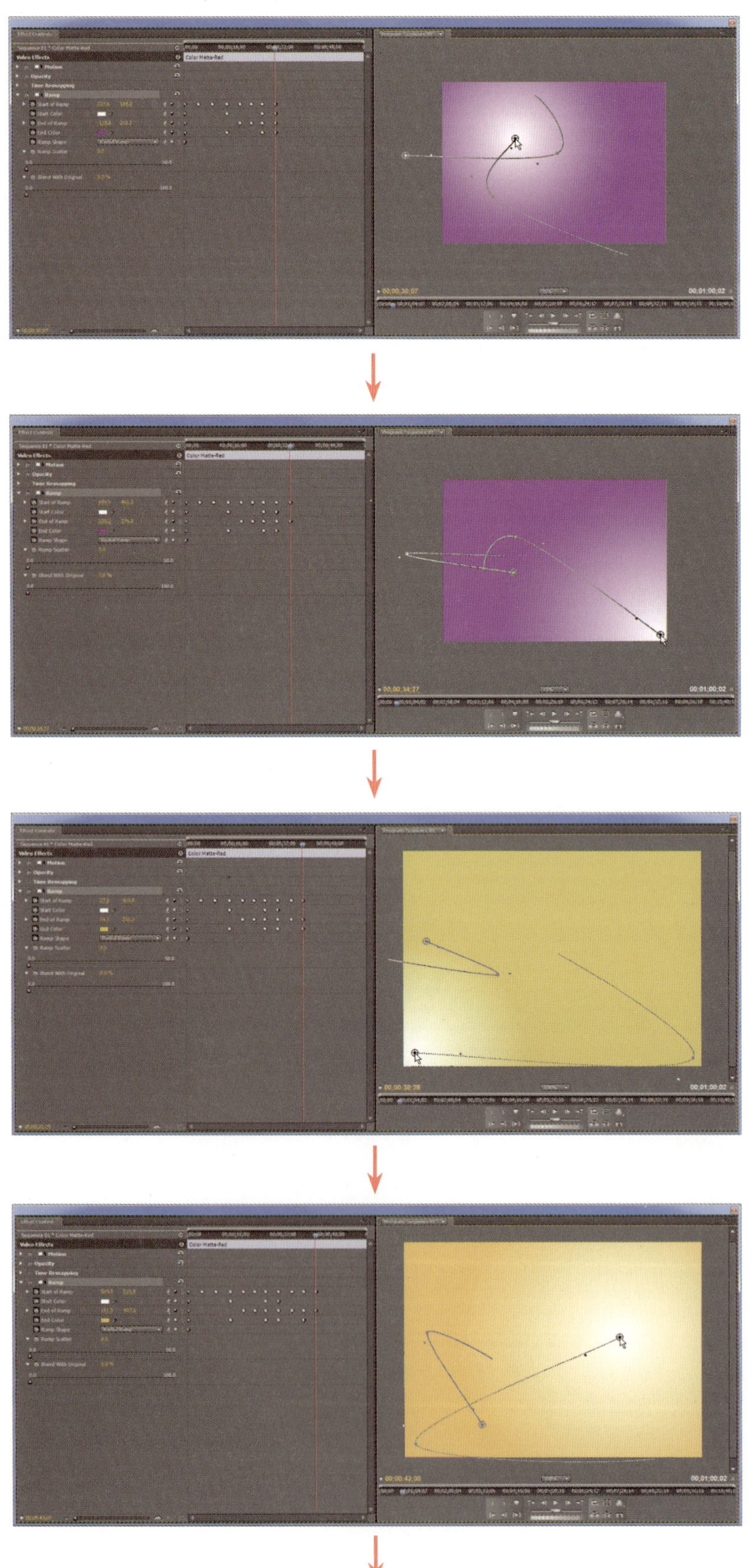

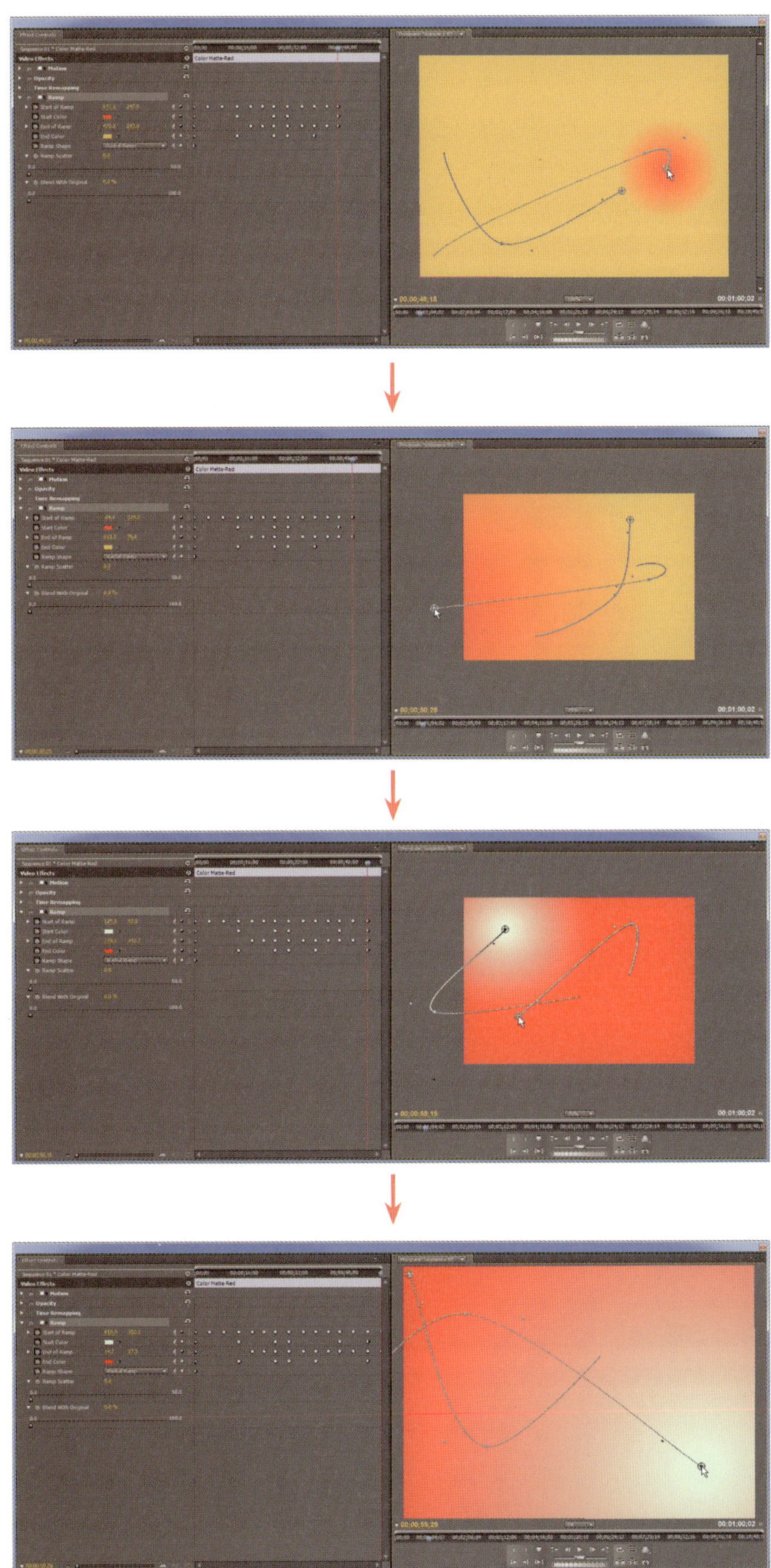

❾ Start of Ramp, End of Ramp 속성의 모든 키프레임을 선택 상태로 놓고 〔컨텍스트 메뉴〕→ Temporal
Interpolation → Auto Bezier로 설정하여 키프레임 보간법을 Auto Bezier 옵션으로 적용합니다.

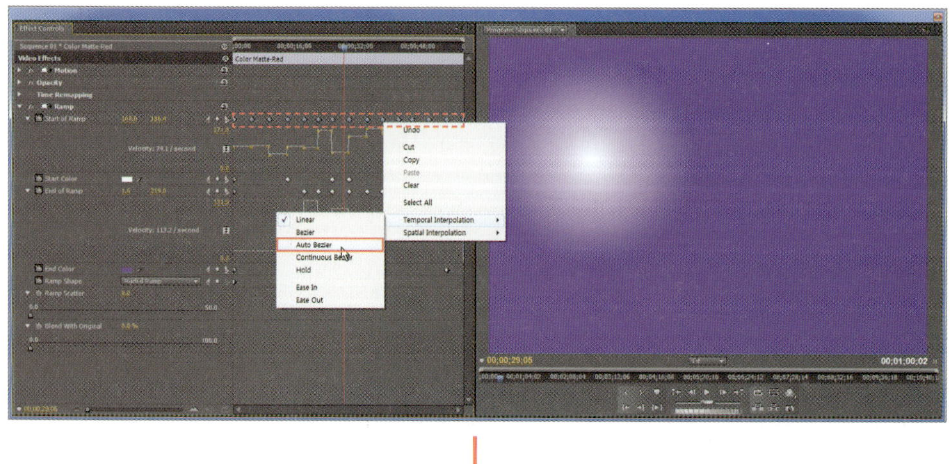

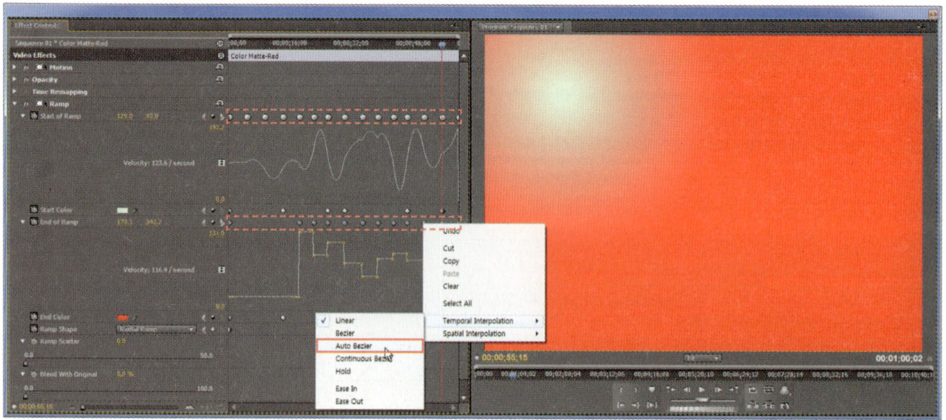

❿ 지금까지의 과정을 스크러빙하거나 미리보기로 확인합니다.

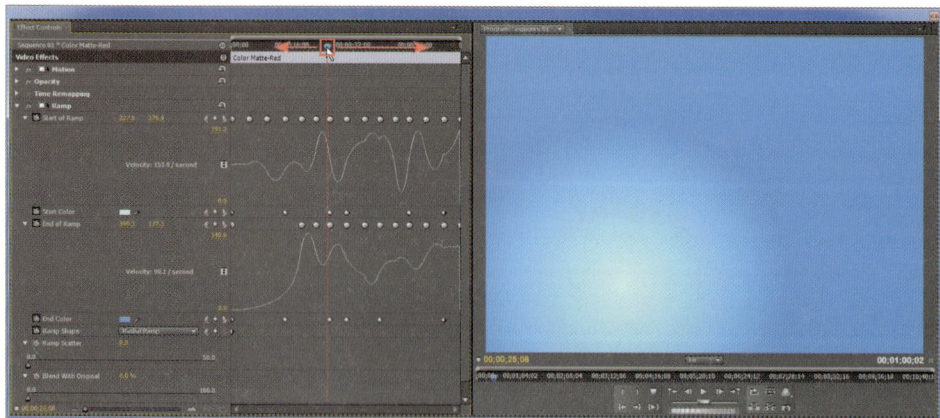

Motion과 위치 좌표의 보간법

이펙트 조절 패널에서 키프레임에 할당하는 Temporal Interpolation과 Spatial Interpolation 옵션은 시간적, 공간적 보간법을 의미합니다. 시간적, 공간적 보간법은 Motion 이펙트와 각 이펙트의 위치 좌표에 적용할 수 있습니다.

Motion 이펙트에서 Position과 Scale 속성의 키프레임을 만들면 자동으로 보간법이 적용되는데, Temporal Interpolation 속성의 기본 값은 Linear로 설정되어 있어도 필히 Spatial Interpolation 옵션을 확인해야만 합니다. Spatial Interpolation 옵션은 초기 값이 Linear로 고정되어 있지 않다는 점을 간과하기 때문에 Motion의 움직임에 불특정한 움직임이 삽입되는 부작용이 일어날 수 있습니다.

즉 이 옵션을 일일이 확인하지 않으면 Premiere Pro CS5.5가 자동으로 Auto Bezier로 설정해 버리기 때문입니다.

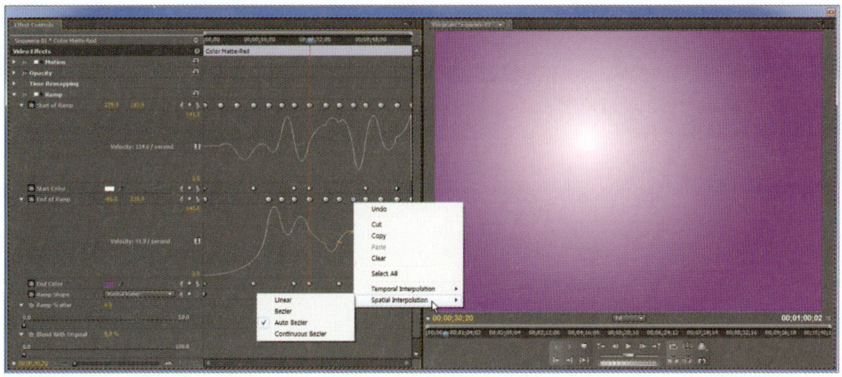

이것은 일반적인 영상 제작을 위해 Motion을 활용할 때에는 이득이 되는 옵션이지만, PC 화면을 저장하여 정밀한 이동을 표현하는 스크린 캡처 강의 화면을 표현할 때에는 적합하지 않기 때문에 유의해야 합니다. 일례로, 정지 화면에서 수평, 수직 방향만을 위해 단 방향으로 이동시킬 때 Temporal Interpolation 속성을 Linear로 설정해주어도 고정적인 선형의 움직임이 창출되지 않고, Premiere Pro CS5.5가 Motion에 보간법을 적용해 버리기 때문에 움직임이 끊기는 것처럼 보이는 부작용을 낳을 수 있습니다. 간혹 프레임이 끊어지면서 부드럽게 연결되지 않는 경우가 발생한다면 이 사항을 필히 확인해야만 합니다.

대부분의 이펙트 속성은 시간적, 공간적 보간법 중에서 한 가지만을 설정할 수 있고 Temporal Interpolation과 Spatial Interpolation 옵션 2가지를 모두 사용하는 속성은 Motion 이펙트의 Position 속성입니다.

지금까지 학습한 내용을 통해 작품을 완성하는 종합적인 단계로 앨범 재킷과 타이틀 객체를 Ramp 이 펙트로 만든 배경과 합성하는 과정을 익힙니다.

❶ Ramp 이펙트가 적용된 Color Matte 배경 클립의 상위 트랙인 Video 2 트랙에 재킷용 타이틀인 Title 1401 클립을 배치하고, Video 3 트랙에 보조 타이틀인 Title 1403 클립을 배치한 다음 두 클립의 지속시간 을 Video 1 트랙의 Color Matte과 수직으로 동일하게 맞춥니다.
또 하나의 보조 타이틀인 Title 1404 클립을 Video 3 트랙 상단의 여백으로 드래그합니다.

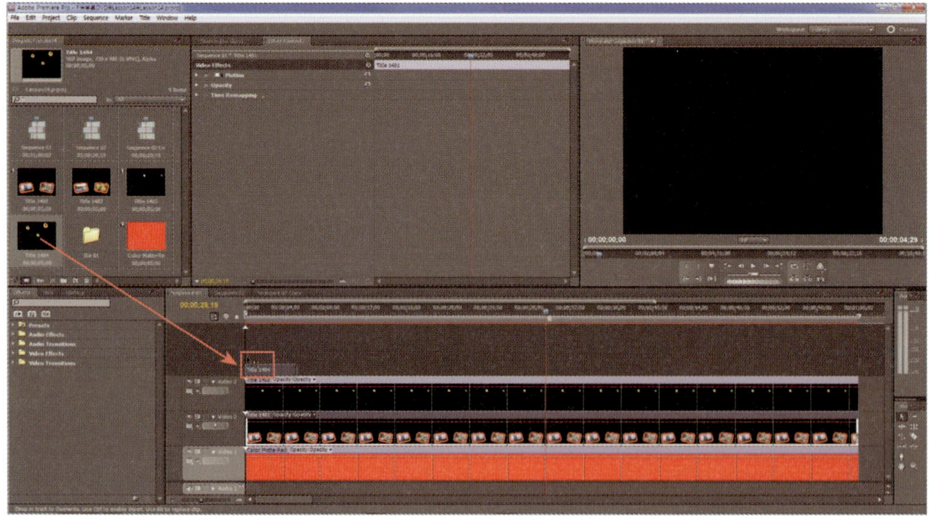

❷ Video 4 트랙이 자동 추가되면서 Title 1404 클립이 배치됩니다. 지속시간을 연장하여 하위 트랙과 동일 하게 수직으로 일치시킵니다.

❸ 편집 기준선을 시퀀스 시작부(00;00;00;00)에 고정하고 Video 2 트랙의 타이틀 클립을 선택한 다음, 이펙트 조절 패널에서 Motion 이펙트의 Scale 속성에서 키프레임을 2초 간격으로 2개 끊어서 생성하고, 1번 키프레임(00;00;00;00)은 500%로, 2번 키프레임(00;00;02;00)은 100%로 설정하여 도입부에 확대(500%) → 축소(100%) Motion을 적용합니다.

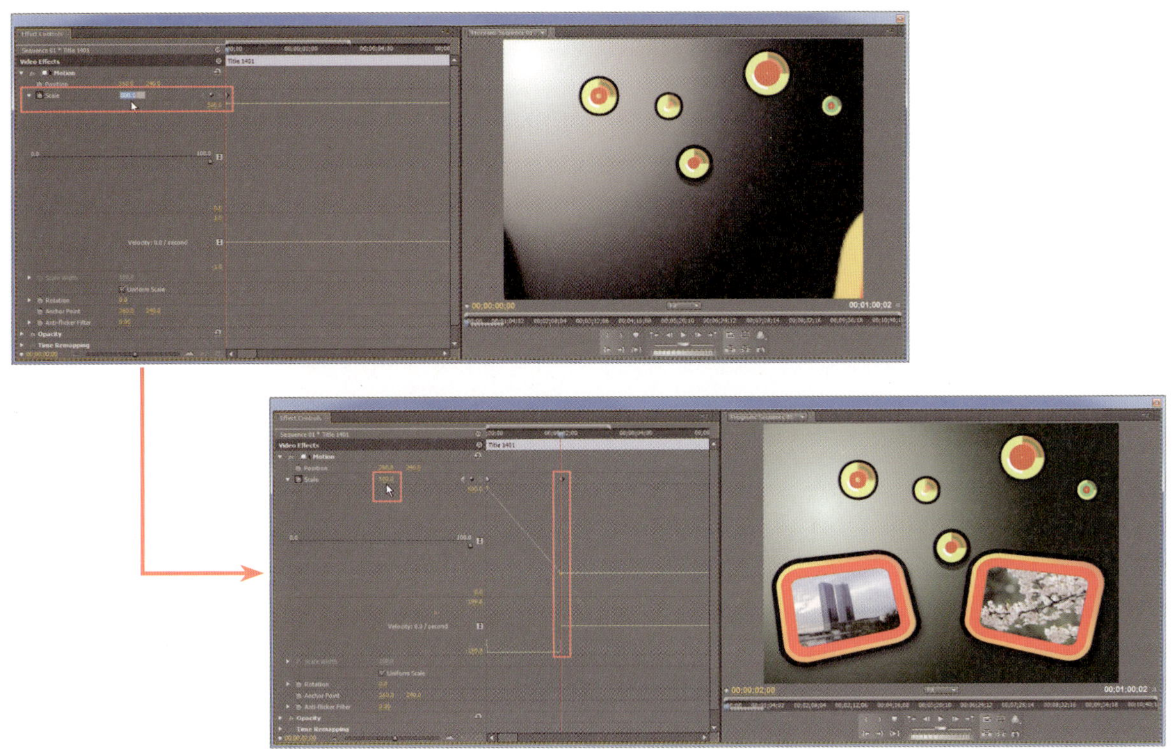

❹ 시퀀스 마커를 생성하는 단계입니다. 타임라인 패널의 현재 타임코드 값을 확인하면서 편집 기준선을 약 5초 간격으로 이동해 나갑니다. 동시에 시퀀스 비숫자 마커 설정 버튼 또는 ＊를 단계적으로 눌러 일정하게 시퀀스 비숫자 마커를 만듭니다.

❺ 이펙트 패널에서 Video Effects\Perspective\Basic 3D 이펙트를 Video 2 트랙의 타이틀 클립에 드래그
하여 적용하고, 편집 기준선을 00;00;05;25의 위치에 고정한 뒤 이펙트 조절 패널에서 Basic 3D 이펙트의
모든 속성을 확장합니다.
Swivel, Tilt, Distance to Image 속성의 〈Toggle animation〉 버튼을 차례대로 눌러 00;00;05;25의 위치
에 1번 키프레임을 생성합니다.

❻ 편집 기준선을 00;00;07;05의 위치로 이동한 다음, Swivel, Tilt, Distance to Image 속성의 2번 키프레
임을 차례대로 만들고 Swivel : 30도, Tilt : −10도, Distance to Image : 45로 속성 값을 각각 변경합니다.

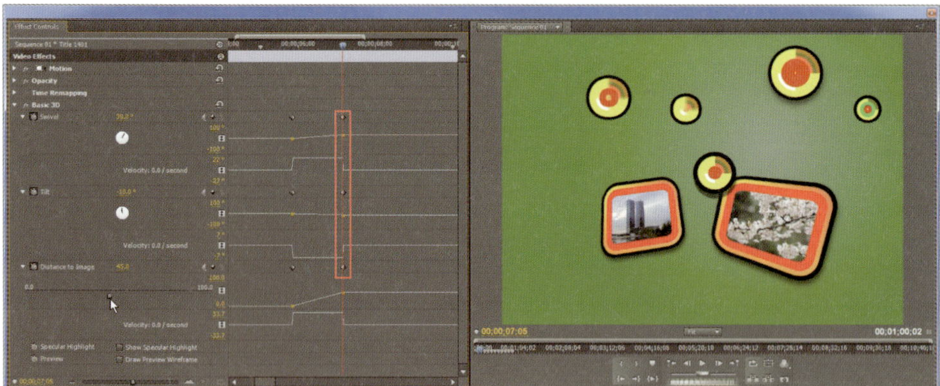

❼ 편집 기준선을 00;00;07;20의 위치로 이동한 다음, Swivel, Tilt, Distance to Image 속성의 3번 키프
레임을 차례대로 만들고 Swivel : 0도, Tilt : 0도, Distance to Image : 15로 속성 값을 각각 변경합니다.
키프레임은 최종 3개를 만들어 3구간으로 끊어준 다음, Show Specular Highlight 옵션을 체크하여 회전각
에 따라 나타나는 섬광 효과를 추가하고 마무리합니다.

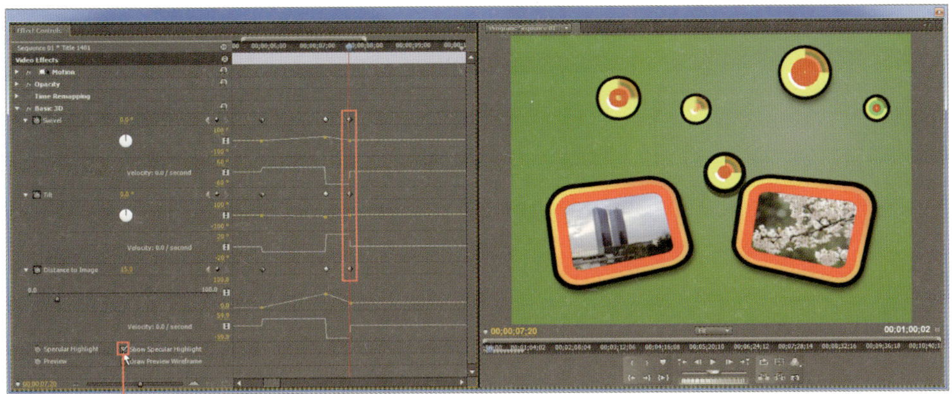

❽ Basic 3D 이펙트의 모든 키프레임을 블록으로 설정하여 선택 상태로 전환한 다음〔컨텍스트 메뉴〕→ Copy
를 실행하여 Swivel, Tilt, Distance to Image 속성의 3개 키프레임 구간을 그룹으로 일괄 복사합니다.

TIP 이펙트 조절 패널에서 타임라인 뷰의 여백에 커서를 두고〔컨텍스트 메뉴〕→ Select All을 선택하면 이펙트 조절 패널에 등록된 모든 이펙트의 키
프레임 아이콘을 일괄 선택 상태로 변경할 수 있습니다. 선택 상태로 전환된 키프레임은 파란색 아이콘으로 표시합니다.

⑨ 타임라인 뷰 상단의 시퀀스 마커 구간을 확인하면서 모든 마커와 마커 사이에 일률적으로 붙이기 할 차례입니다. 편집 기준선을 두 번째 시퀀스 마커 우측의 근접 영역으로 이동한 다음 〔컨텍스트 메뉴〕→ Paste를 실행하여 붙이기 합니다.

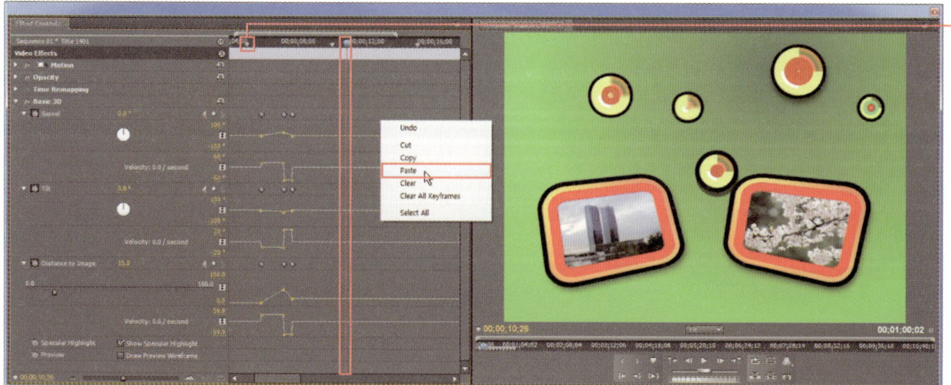

⑩ 편집 기준선이 있는 위치에 키프레임 그룹이 붙이기 되어 나타납니다.

같은 요령으로 마커 구간을 확인하면서 편집 기준선을 이동한 다음 〔컨텍스트 메뉴〕→ Paste를 실행하여 붙이기를 반복합니다. 즉 모든 마커와 마커 사이에 일률적으로 붙이기를 완료합니다.

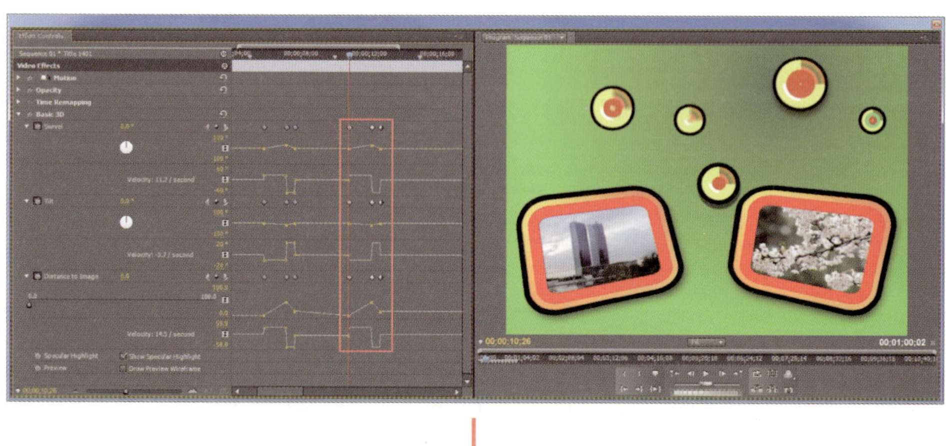

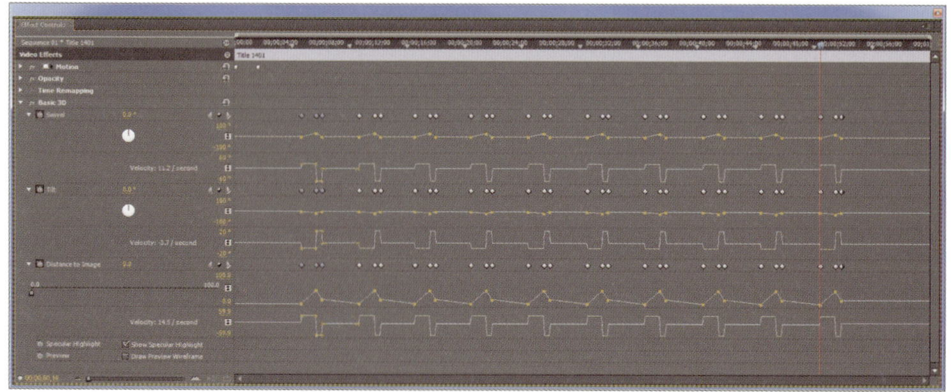

⑪ Basic 3D 이펙트의 모든 키프레임 아이콘을 선택하고 [컨텍스트 메뉴] → Auto Bezier를 실행하여 키프
레임 보간 옵션을 Auto Bezier로 설정합니다.

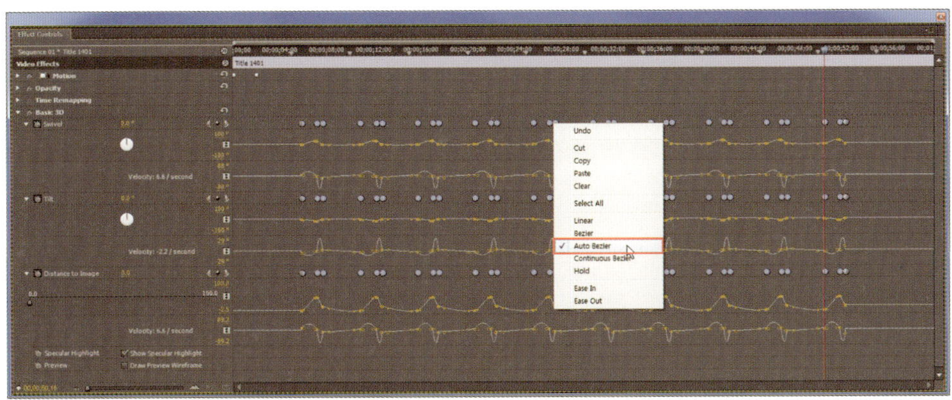

⑫ 지금까지의 과정을 스크러빙 또는 미리보기로 확인합니다.

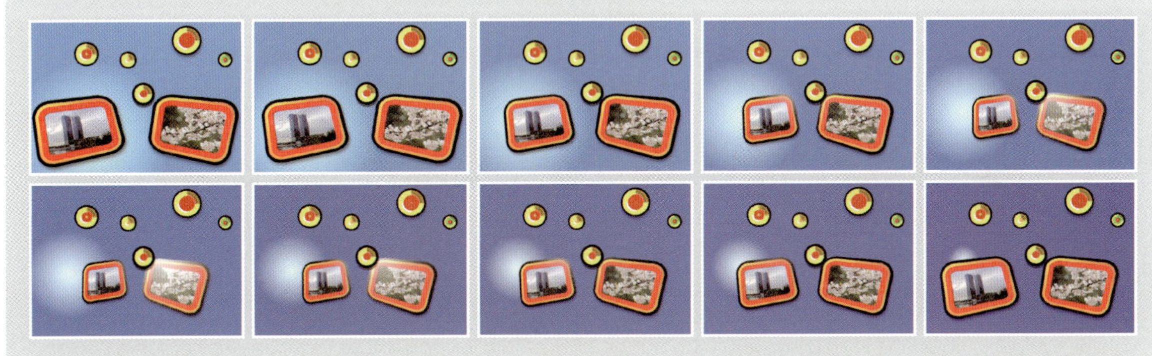

Basic 3D 이펙트

Basic 3D 이펙트는 특정 클립에 원근법을 도입하여 3차원으로 표현할 때 주로 사용하는 이펙트 아이템입니다.

이펙트의 특성상 Drop Shadow 계열의 이펙트와 혼합하여 사용할 때가 많은데, 표면에 반사광을 적용하여 수평/수직 축의 회전과 원거리 및 근거리 조절이 가능하므로 짧은 키프레임 간격으로 구성하면 완성도를 높일 수 있습니다.

- **Swivel** : 수직축을 중심으로 회전각을 설정합니다. 90도 이상을 적용하면 뒤쪽 화면을 표현할 수 있습니다.
- **Tilt** : 기울기 속성으로 수평축을 중심으로 회전각을 설정합니다.
- **Distance to Image** : 관객의 시점을 기준으로 원, 근거리를 표현할 때 사용하는 속성입니다. 값을 높일수록 화면에서 멀어져 보이는 효과를 나타낼 수 있습니다.
- **Show Specular Highlight** : 체크하면 회전각에 따라 표면에 반사되는 섬광을 삽입합니다.
- **Draw Preview Wireframe** : 체크하면 와이어 프레임만으로 3차원 이미지의 외곽선을 표시합니다. 렌더링 부하를 줄일 때 한시적으로 사용하는 옵션입니다.

Drop Shadow 이펙트

Drop Shadow 이펙트는 원근법을 사용할 수 있는 이펙트 계열에 함께 사용하는 Shadow 이펙트 아이템입니다.

그림자의 형태는 클립의 Alpha 채널 영역에 의해 결정되지만, 주로 클립의 후면 그림자 효과를 위해 활용하는 이펙트입니다. 다중 이펙트를 함께 사용했을 때에는 클립의 투명도를 고려하여 후순위로 등록해야 하며 그림자 영역만으로도 표현이 가능합니다.

- **Shadow Color** : 그림자의 색상을 설정합니다.
- **Opacity** : 그림자의 불투명도를 설정합니다.
- **Direction** : 그림자의 각도를 설정합니다.
- **Distance** : 그림자의 거리 값을 설정합니다.
- **Softness** : 그림자의 번짐 농도를 설정합니다.
- **Shadow Only** : 체크 옵션으로 그림자 색상만 표시합니다. 옵션 적용을 위해 미리보기 할 때만 체크하고 실제 내보내기 할 때에는 체크를 해제해야 합니다.

⓭ 보조 타이틀 클립에 이펙트를 적용할 순서입니다.

이펙트 패널에서 Video Effects\Distort\Wave Wrap 이펙트 아이템을 선택하고 Video 3 트랙의 Title 1403 클립에 드래그하여 적용한 다음, 타임라인 패널의 Video 4 트랙의 눈 아이콘을 클릭하여 최상위 트랙의 비디오 출력 상태를 끕니다.

이펙트 조절 패널에서 Wave Warp 이펙트의 모든 속성을 확장하고 속성 값을 Wave Type : Semicircle, Wave Height : 15, Wave Width : 40, Direction : 90도로 설정하고 Wave Speed 속성 값은 2.0으로 설정하되 스크러빙하면서 적절한 속도 값으로 조절합니다.

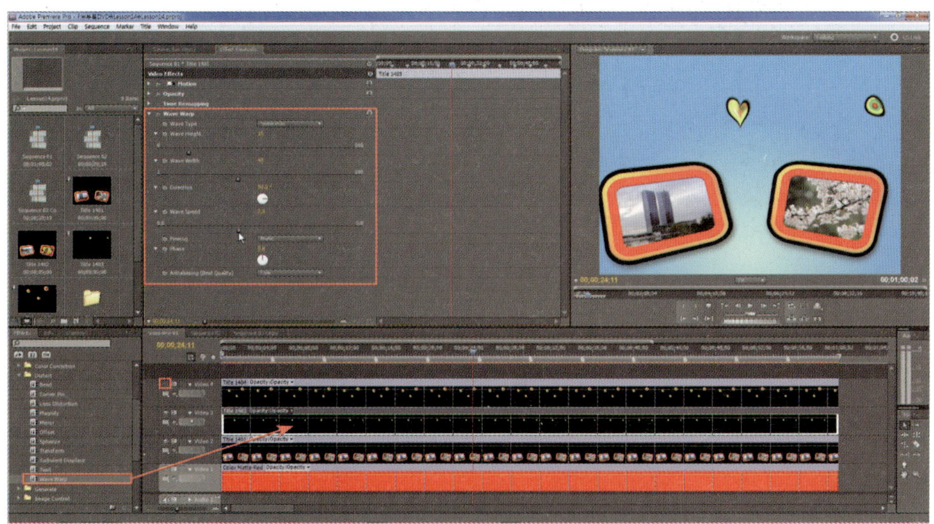

⓮ 타임라인 패널의 트랙 헤더 영역에서 Video 4 트랙의 눈 아이콘을 클릭하여 On 상태로 환원시키고, 이펙트 패널에서 Video Effects\Distort\Bend 이펙트 아이템을 선택한 다음 Video 4 트랙의 보조 타이틀인 Title 1404 클립에 드래그하여 적용한 뒤, Bend 이펙트의 모든 속성을 확장하고 〈Setup〉 버튼을 클릭합니다.

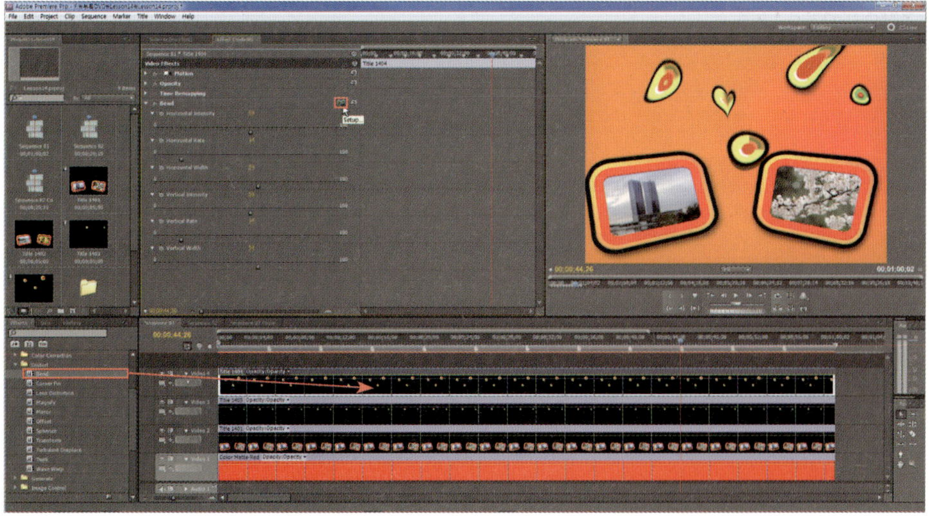

⑮ 〔Bend Settings〕대화상자가 나타나면 수평 속성은 Horizontal : Left, Circle로 설정하고 수직 속성은
Vertical : Up, Circle로 설정한 다음 〈OK〉 버튼을 클릭합니다. 나머지 세부 속성은 그대로 둡니다.

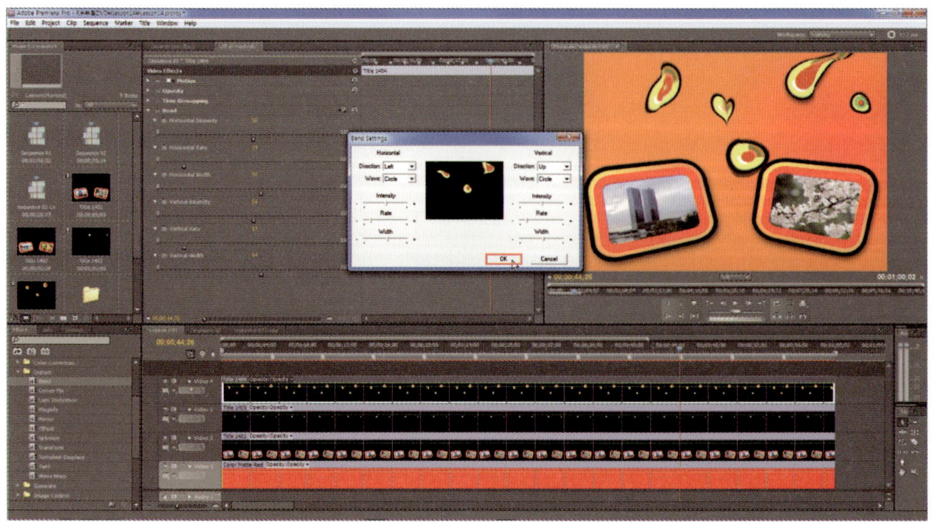

⑯ Video 2 트랙의 눈 아이콘을 클릭하여 트랙 출력 버튼을 끄고 각각 Video 3 트랙과 Video 4 트랙의 적
용 상태를 미리보기로 확인합니다.

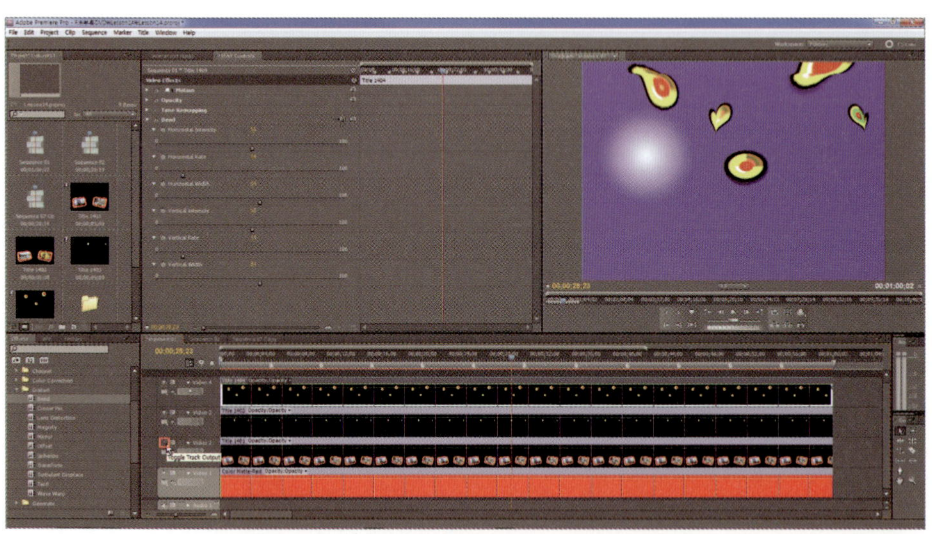

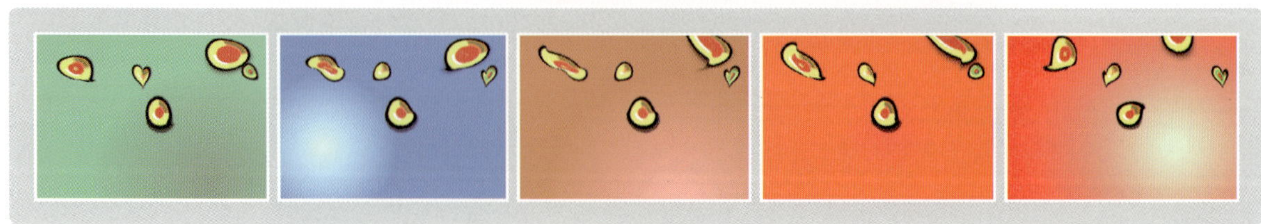

⑰ Video 2 트랙의 눈 아이콘을 클릭하여 On 상태로 환원시키고, 타임라인 패널의 도구 패널에서 자르기 도구로 전환한 다음, 정확히 비슷자 마커의 위치에서 Video 2 트랙의 Title 1401 클립을 빠짐없이 분할해 나갑니다.

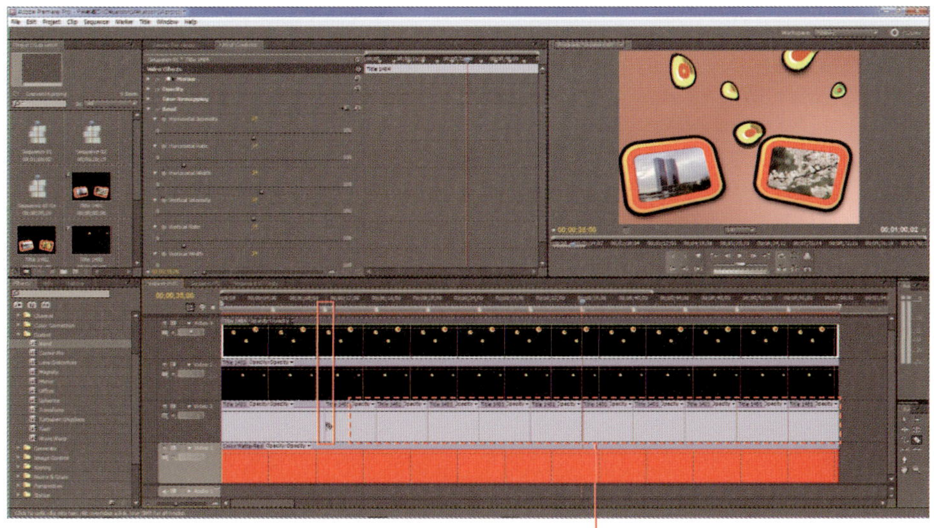

자르기 도구를 이용하여 비슷자 마커와 수직으로 동일한 위치에서 Video 2 트랙의 Title 1401 클립을 빠짐없이 분할해 나갑니다.

⑱ 프로젝트 패널에서 Title 1402 클립을 선택 상태로 놓습니다.

타임라인 패널의 도구 패널에서 선택 도구로 변경한 다음, Video 2 트랙의 두 번째 분할된 조각 클립을 선택하고, 〔컨텍스트 메뉴〕 → Replace With Clip → From Bin을 실행합니다.

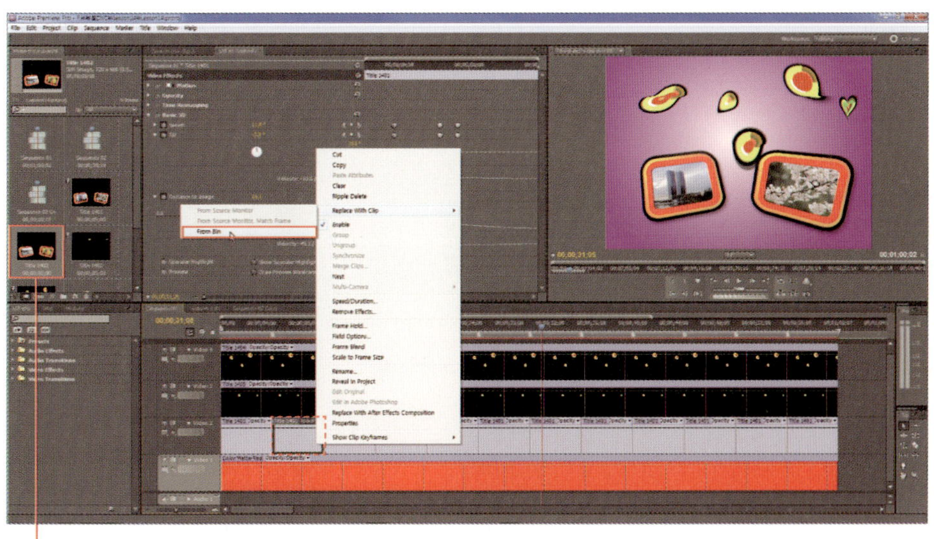

프로젝트 패널의 Title 1402 클립이 사전 선택 상태로 놓여 있어야 합니다.

❶❾ 2번째 조각 클립이 Title 1401 클립에서 Title 1402 클립으로 교체되어 나타납니다.

같은 요령으로 4번째 조각 클립부터 모든 짝수 번째 클립을 선택하고 클립 교체 기능인 〔Clip〕 → Replace With Clip → From Bin 명령 또는 〔컨텍스트 메뉴〕 → Replace With Clip → From Bin 명령을 반복 실행하여 Title 1402 클립으로 교체합니다.

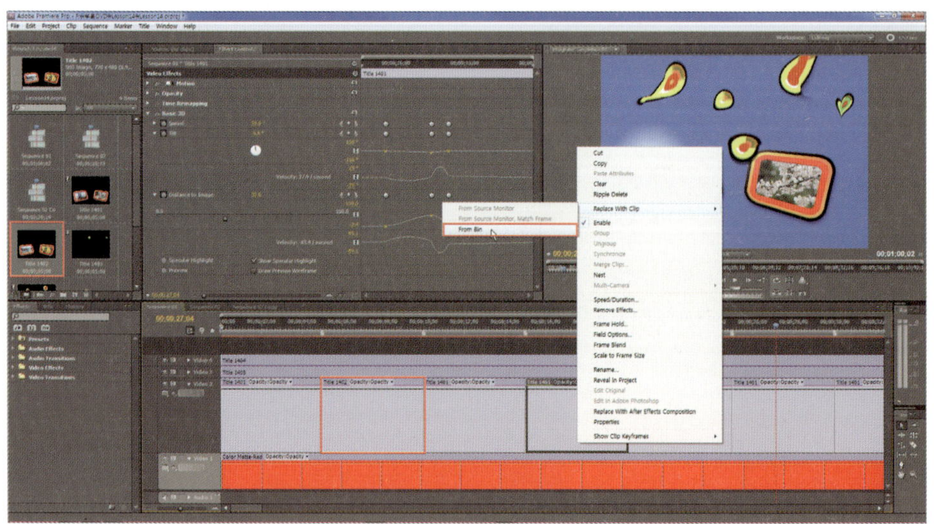

❷⓿ 이펙트 속성과 지속시간 및 클립의 배치 구조가 보존된 상태에서 모든 짝수 번째 조각 클립이 Title 1401 클립에서 Title 1402 클립으로 교체되었습니다.

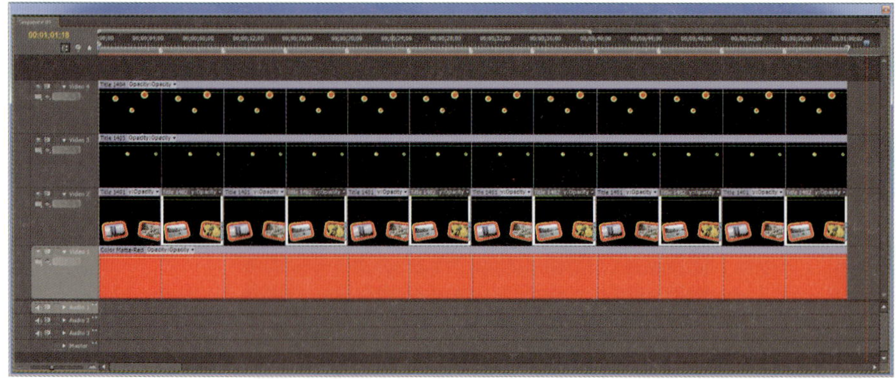

㉑ 지금까지의 과정을 렌더 미리보기로 확인합니다.

예제와 같이 Premiere Pro CS5.5의 타이틀러와 Ramp 이펙트만으로도 그래픽 객체화된 시퀀스의 표현이 가능합니다. 앨범 재킷 형태의 표현은 Title 1401, Title 1402와 같은 Texture 이미지 타이틀을 사전 구성해 놓으면 앨범 형식으로 손쉽게 추가해 나갈 수 있고, 앞뒤에 연관된 자막을 삽입하면 프롤로그 및 에필로그 화면으로도 구성할 수 있습니다. 또한 전후로 구분되는 시퀀스의 연결을 Nesting 기능으로 처리하면 트랙의 불필요한 소모를 줄일 수 있습니다.

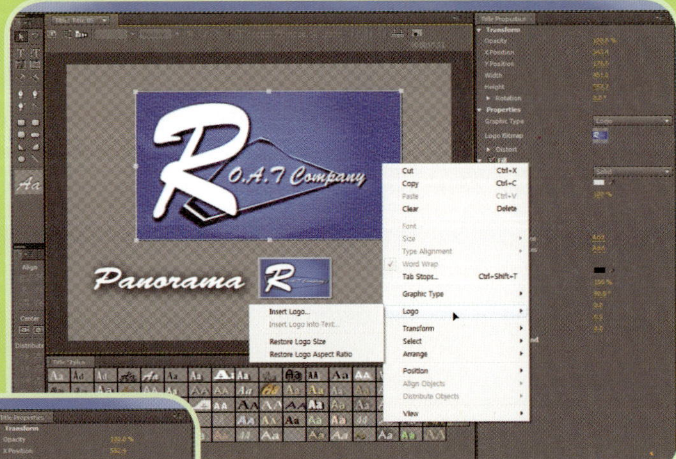

Logo 삽입 기능을 이용하여 로고와 수평 흐름 자막인
Crawl Title을 동시에 만드는 과정을 학습합니다.

Logo 삽입 기능은 타이틀 안에 그래픽 이미지를
2가지 방식으로 자유롭게 삽입하여 자막과 동일
한 속성으로 표현할 때 활용하는 기능입니다.

예제 파일 Lesson15.prproj
완성 파일 Lesson15-Q.prproj

CHAPTER 05

롤/크롤 타이틀과
Logo 삽입 기능

Premiere Pro CS 5.5의 타이틀 제작 도구인 Title Designer에서 제공하는 Roll/Crawl Title 제작과 Title에 Logo
를 삽입하는 방식에 대해 알아봅니다.

Premiere의 초기 버전부터 제공하고 있는 흐름 자막 제작 기능에 대해 설명할 차례입니다. 기본적인 개념부터 익힌 다음 기초적인 구현 방식에 이르기까지 예제와 함께 정리해 보기로 합니다.

1. 흐름 자막의 유형

흐름 자막은 외부 이펙트의 도움 없이 자체적으로 상하, 좌우로 움직이는 타이틀을 의미하며, Roll Title과 Crawl Title의 2가지 유형이 있습니다.

Roll Title과 Crawl Title은 정지 이미지 형식의 일반 타이틀 클립과 달리 프로젝트 패널에서 비디오 형식으로 취급합니다. 동일한 타이틀 클립이지만, 프로젝트 패널에서 일반 타이틀은 미디어 유형이 Still Image로 표시되고, 롤/크롤 타이틀은 Video 클립으로 구분되는데, 아이콘도 일반 타이틀 클립과 구분하여 무비 클립과 동일한 형태로 나타나는 것이 다릅니다.

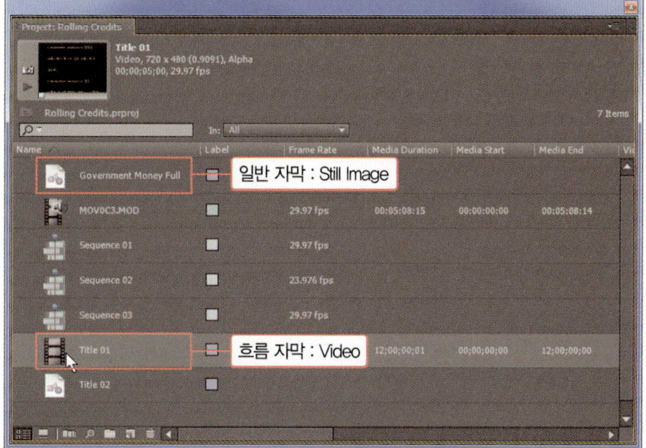

Roll Title과 Crawl Title은 Premiere Pro CS5.5의 Title Designer에서 메인 패널의 〈Roll/Crawl Options〉 버튼을 사용하여 제작합니다.

2. Roll Title

하단에서 상단으로 움직이는 타이틀을 Roll Title, 또는 수직 흐름 자막이라고도 합니다. Roll Title은 작품 종료부에 End Credits로 많이 사용하는 타이틀 유형입니다. Staff 소개와 제작진 등의 내용을 아래에서 위로 올라가는 Title로 구성하는 것이 특징입니다.

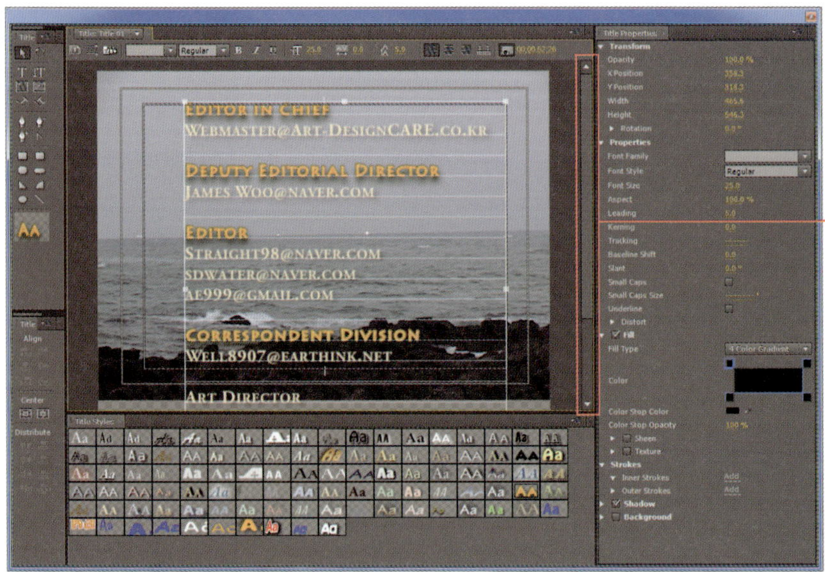

Roll Title은 수직 방향으로 흐르는 Title이라는 뜻에서 비롯된 용어로 Title Designer 안의 미리보기 영역 우측에 수직 스크롤바가 나타납니다.

3. Crawl Title

좌에서 우로 흘러가는 타이틀을 Crawl Title, 또는 수평 흐름 자막이라고도 합니다. Crawl Title은 보조 자막이나 화면 하단의 광고 용도로 사용하는 경향이 많고, 대부분 오른쪽에서 왼쪽으로 흐르는 Title로 구성하는 것이 일반적입니다.

Crawl Title은 수평 방향으로 흐르는 Title이라는 뜻에서 비롯된 용어로 Title Designer 안의 미리보기 영역 하단에 수평 스크롤바가 나타납니다.

4. Roll/Crawl Title 제작

Roll/Crawl Title을 만드는 방식은 2가지 방식으로 나뉩니다.

첫째, 정지 자막, 롤/크롤 자막, 템플릿 적용 자막은 타이틀 메뉴에서 자막 유형을 미리 설정한 다음 Title Designer가 실행되도록 하여 작업 과정을 처음부터 결정할 수 있습니다.

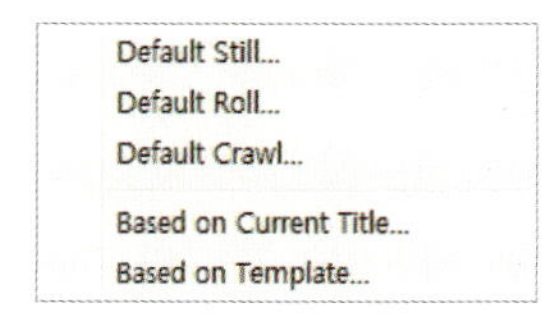

- **Default Still** : 일반 정지 자막을 만듭니다.
- **Default Roll** : 수직 흐름 자막인 Rolling Title을 만듭니다.
- **Default Crawl** : 수평 흐름 자막인 Crawling Title을 만듭니다.
- **Based on Current Title** : Title Designer가 Open 상태일 경우 현재 작업 중인 Title을 복사합니다.
- **Based on Template** : 템플릿 기반의 Title을 만듭니다.

둘째, Title Designer가 실행된 상태에서 메인 패널의 〈Roll/Crawl Options〉 버튼을 클릭하면 〔Roll/Crawl Options〕 대화상자가 나타나고, 세부 옵션은 물론 타이틀의 유형(Still, Roll, Crawl)을 언제든지 변경할 수 있습니다.

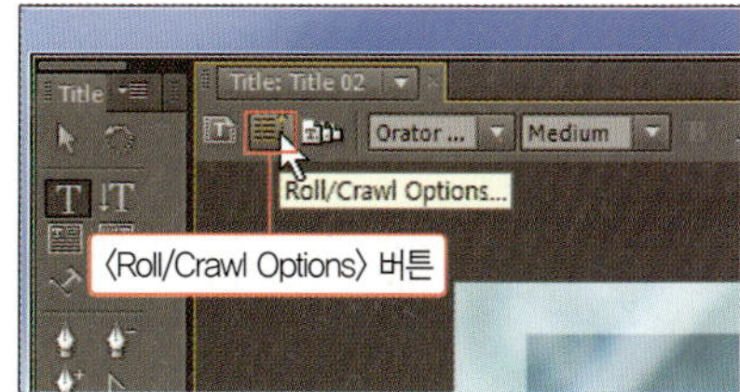

5. Roll/Crawl Options 대화상자

Title Designer의 〔Roll/Crawl Options〕 대화상자는 Title의 흐름과 멈춤을 설정하기 위한 시간 옵션들로 구성되어 있습니다. 하단의 Timing 옵션은 타이틀의 시간차를 이용한 등장과 퇴장의 움직임을 세밀하게 조절할 때 사용합니다.

- **Title Type** : 타이틀의 유형을 설정합니다.

  3가지(Still, Roll, Crawl) 중에서 선택할 수 있고 언제든지 변경이 가능하지만 Crawl Left는 오른쪽에서 왼쪽으로 움직이는 수평 흐름 Title을, Crawl Right는 반대로 왼쪽에서 오른쪽으로 움직이는 수평 흐름 Title을 의미합니다.

  ※Crawl Title은 방향을 택일할 수 있지만 Roll Title은 하단에서 상단으로 올라가는 단 방향으로 통일됩니다.

- **Start Off Screen** : 체크하면 첫 문자 이전의 화면 여백과 무관하게 화면을 전체적으로 비운 상태에서 자연스럽게 Title의 움직임이 시작되도록 합니다.
- **End Off Screen** : 체크하면 Title이 끝나는 시점에서 Title의 움직임이 모두 완료된 뒤에 화면을 비웁니다.
- **Preroll** : 입력한 숫자의 프레임만큼 Title의 움직임이 멈추었다가 Title이 시작되도록 합니다.
- **Ease-In** : 입력한 숫자의 프레임을 기점으로 하여 Title의 움직임에 가속도가 붙게 설정합니다.
- **Ease-Out** : 입력한 숫자의 프레임을 기점으로 하여 점차적으로 속도가 줄어들면서 Title이 정지하도록 합니다.
- **Postroll** : Title이 종료될 때 입력한 숫자의 프레임만큼 정지 상태로 멈추도록 설정하는 옵션입니다.

고전적으로 프리미어 초기 버전부터 많이 사용하는 타이틀 제작 기법이지만 전형적으로 가장 많이 사용되는 방법이므로 End Credits 제작 과정을 알아봅니다.

TV 프로그램의 종료부 또는 영화의 Last Scene에서 접할 수 있는 Rolling Title은 에필로그 스타일의 End Credit에 자주 사용되는데, Title Designer의 Properties 옵션에서 Leading 속성과 정렬 속성, 그리고 문자 객체의 Style만 창의적으로 설정하면 누구나 자신만의 Rolling Title을 제작할 수 있습니다.

> **TIP** 작품의 하이라이트 장면을 배경 클립으로 사용한 다음 Motion 기법을 이용하여 작은 화면으로 구성하는 에필로그 방식도 많이 사용하고 있습니다.

1. End Credits 제작 요령

일반적인 End Credits 제작 요령은 아래와 같습니다.

❶ Title Designer의 메인 패널에서 〈Roll/Crawl Options〉 버튼을 클릭하여 [Roll/Crawl Options] 대화상자를 띄운 다음, Title Type을 Roll로 체크하고 〈OK〉 버튼을 누르면 Rolling Title 입력 대기 상태로 전환됩니다.

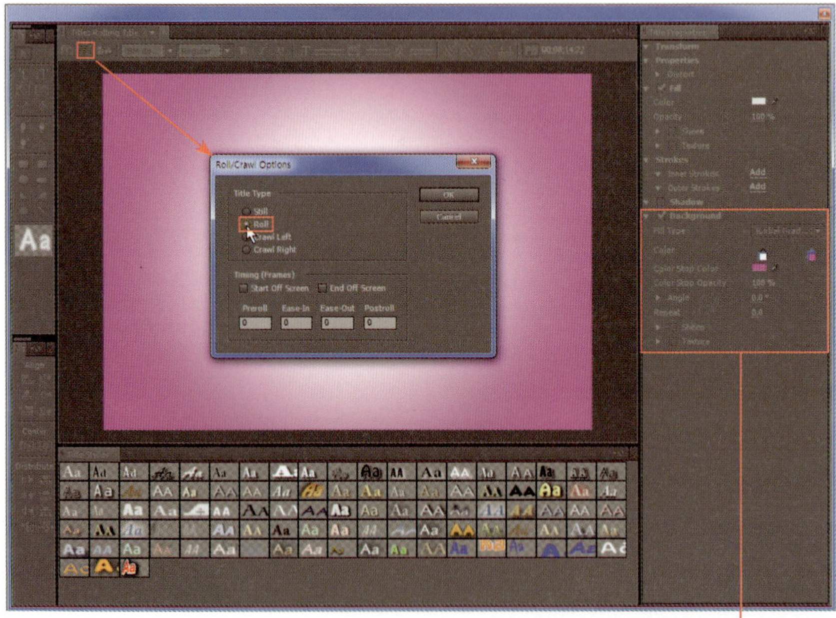

Background 옵션을 체크하여 타이틀 배경과 색상을 일시적으로 설정합니다. 롤링 타이틀이 완성되면 체크 해제 후 메인 패널의 〈Show Background Video〉 버튼을 클릭하여 실사 영상과 합성할 수 있습니다.

❷ Title Designer의 도구 패널에서 가로 글상자 도구를 선택하고 대각선으로 드래그하여 Rolling Title을 위한 글상자 영역을 만듭니다. 글상자 영역의 세로 크기는 Transform 옵션의 Height 속성 값을 좌우로 드래그하여 세밀하게 조정할 수 있습니다.

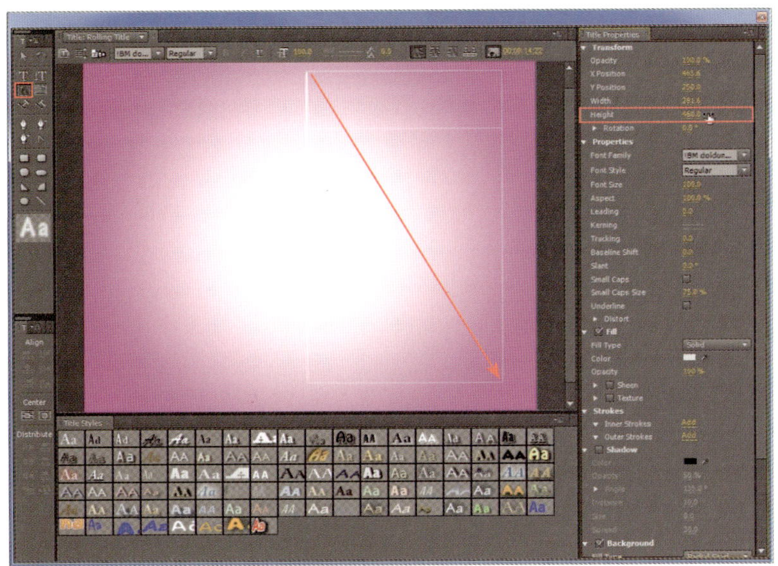

❸ 메모장이나 일반 문서 편집기에서 미리 텍스트를 제작한 다음 Staff 내역을 복사하여 붙이기 하거나 직접 타이핑해 나갑니다.

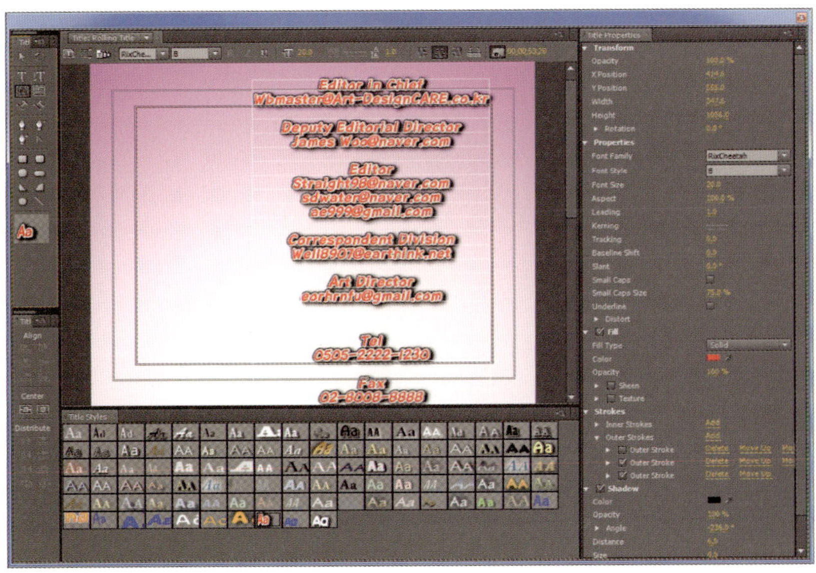

④ 문자 객체의 스타일과 색상, 줄 간격, 정렬 방식 등의 세부 속성을 Properties 옵션에서 의도에 부합하는 형태로 변경합니다.

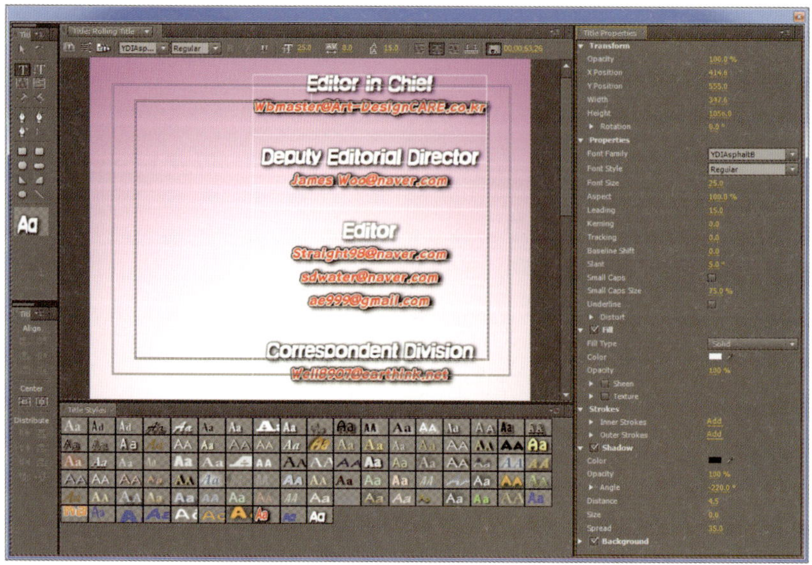

> **TIP** Staff 목록에서 스타일을 2종류로 구분해 주는 방법은 문자 객체의 부분 블록 설정만으로 가능합니다. 다른 방법으로는 글상자를 2개 복사하여 붙여 넣은 뒤에 각각의 Style을 일괄 적용해 주는 방식도 있습니다.

⑤ Background 옵션의 체크를 해제하고 메인 패널의 〈Show Background Video〉 버튼을 클릭하여 미리보기 영역에 나타나는 실사 영상과 합성 상태를 확인합니다.

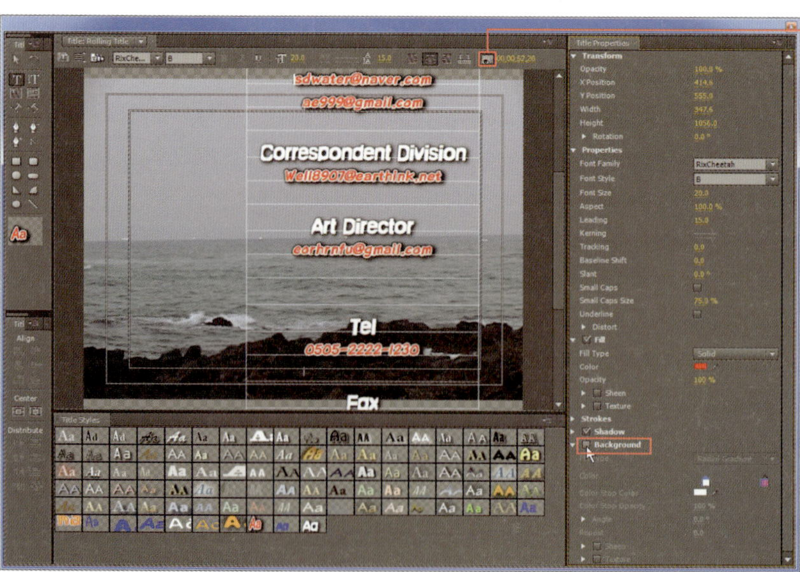

> 〈Show Background Video〉 버튼을 클릭하기 이전에 시퀀스의 트랙에 배경 클립이 배치되어 있어야만 합니다.

❻ 〔Roll/Crawl Options〕 대화상자에서 Timing(Frames) 옵션의 Start Off Screen과 End Off Screen을 모두 체크합니다.

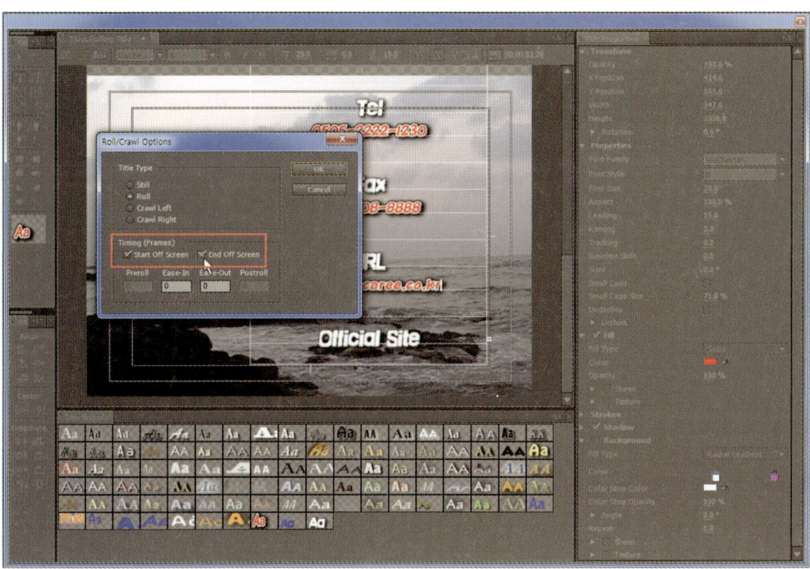

❼ 타이틀 클립을 시퀀스의 배경 트랙보다 상위 트랙에 배치하고 지속시간을 조절합니다.

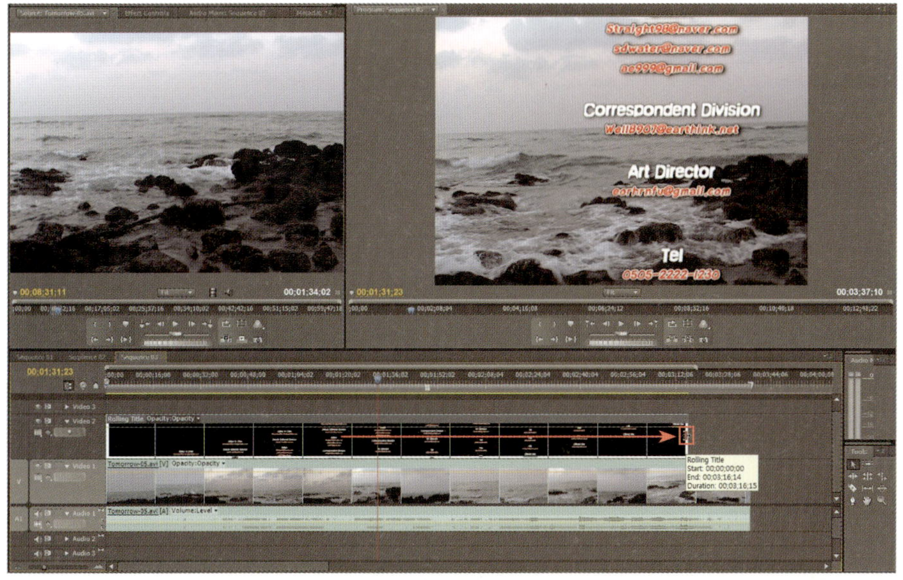

TIP Roll/Crawl Title의 재생 속도는 클립의 지속시간에 반비례하여 나타납니다. 즉 흐름 자막을 느린 속도로 움직이게 하려면 지속시간을 충분히 할애하고, 반대로 빠른 속도로 움직이게 설정하려면 지속시간을 줄이면 상대적으로 자막의 움직임을 조절할 수 있습니다.

2. End Credits의 응용

이번 예제는 교과서적인 크레딧 타이틀을 벗어나 이펙트적인 요소를 가미하여 응용된 패턴의 End Credits 타이틀을 만들어보기로 합니다.

❶ 부록 DVD의 Lesson15 폴더에서 'Lesson15.prproj'를 불러옵니다.

이펙트 패널에서 Video Effects\Adjust\ProcAmp 이펙트 아이템을 선택하고 시퀀스의 Video 1 트랙에 첫 번째로 배치되어 있는 48.avi 클립에 적용한 다음 이펙트 조절 패널에서 속성 값을 다음과 같이 설정합니다. (Brightness : −30, Contrast : 80, Hue : 270도, Saturation : 50)

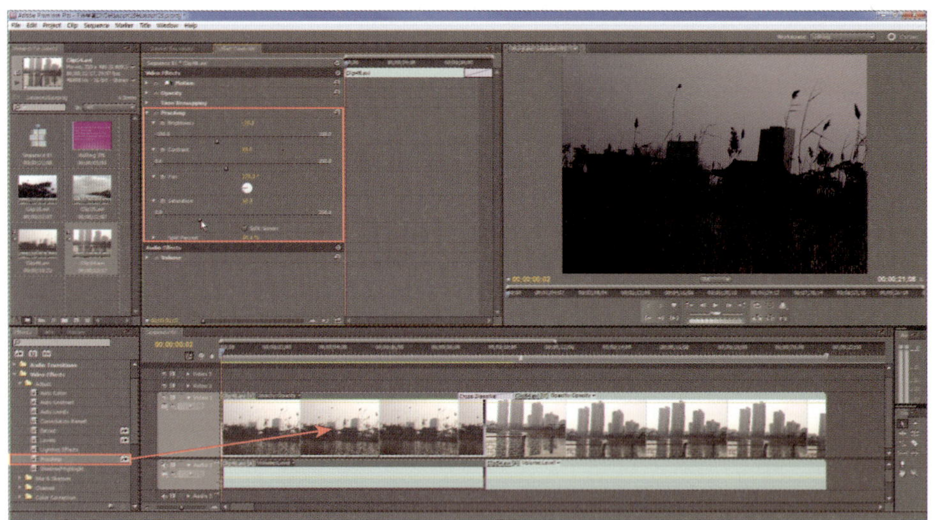

❷ 이펙트 조절 패널에서 ProcAmp 이펙트 이름을 클릭하고 〔컨텍스트 메뉴〕 → Copy를 눌러 복사합니다.

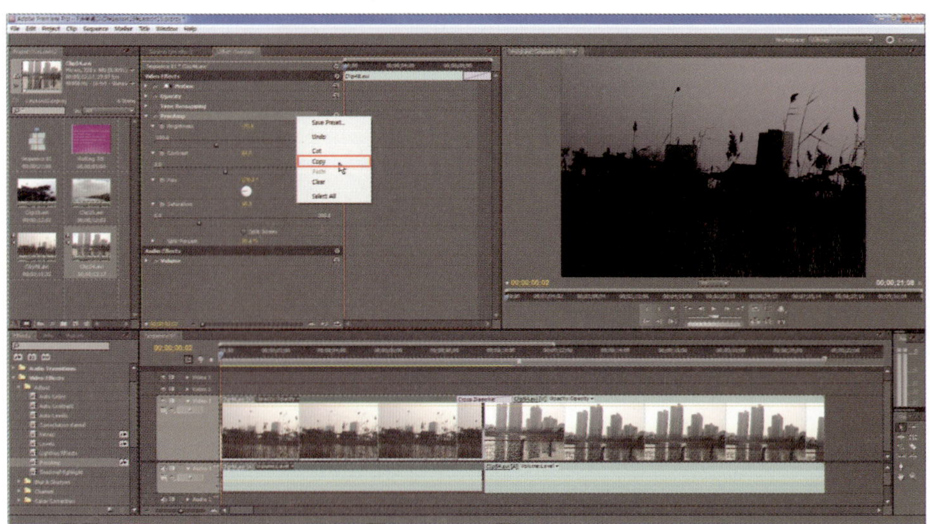

❸ 시퀀스에서 Video 1 트랙의 54.avi 클립을 선택하고 이펙트 조절 패널의 여백에 커서를 두고 〔컨텍스트 메뉴〕→ Paste를 실행하여 붙이기 합니다.

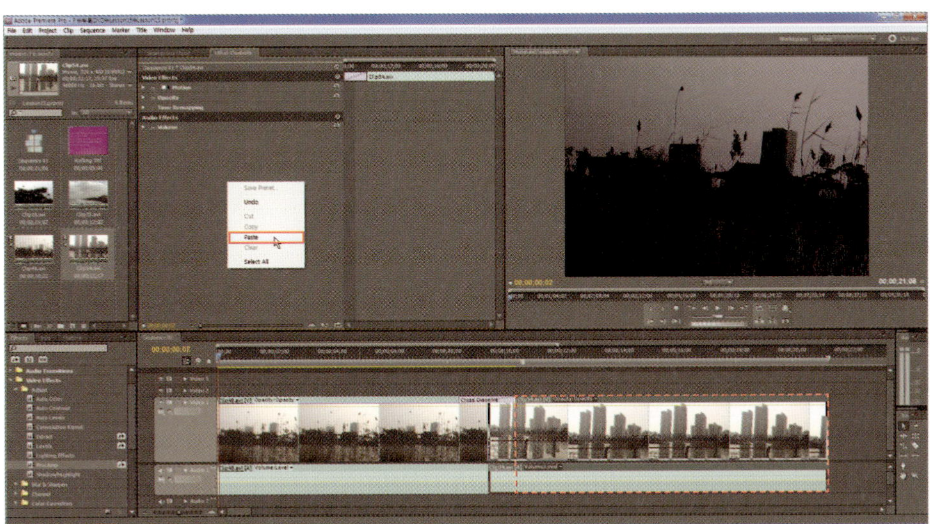

❹ 프로젝트 패널에서 'Rolling Title' 클립을 더블클릭하면 타이틀이 곧바로 Title Designer에 열립니다. 우측의 Title Properties 패널을 확인하면 Background 옵션이 체크되어 있고 Fill Type 속성이 Radial Gradient 유형으로 Pink 톤의 배경으로 설정된 예비 타이틀입니다.

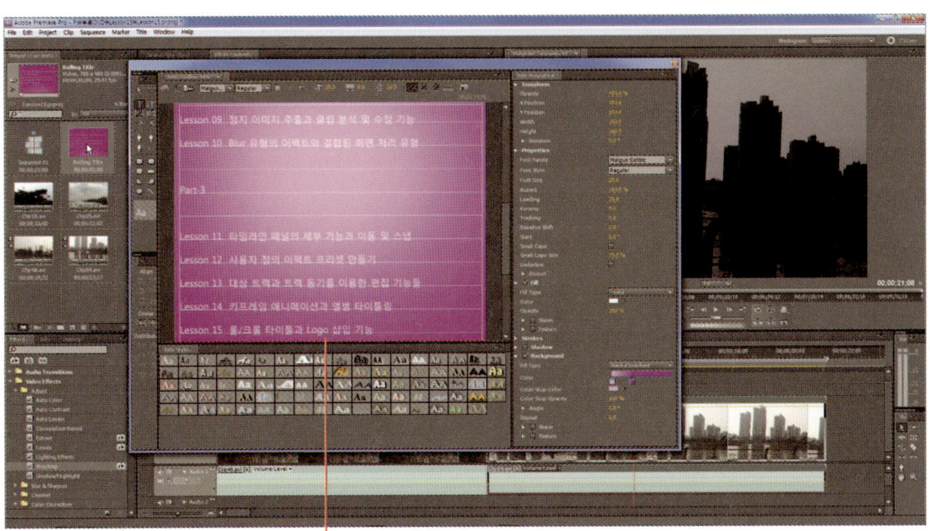

텍스트 내용은 본서의 목차를 이용하였고, 한글 글꼴은 맑은 고딕(Malgun Gothic)체를 사용하였으므로, 타이틀의 글꼴이 깨지거나 정상적으로 출력되지 않을 경우 맑은 고딕체를 설치해 주어야 합니다.

❺ Title Designer의 도구 패널에서 Type Tool을 선택하고 스크롤바를 위로 이동하여 'Part-1' 영역만 블록으로 설정하고 Properties 옵션의 Font Size를 20에서 50으로 변경합니다. 같은 방법으로 스크롤바를 내리면서 'Part-2' ~ 'Part-4'까지 해당 영역만의 글꼴 크기를 50으로 확대합니다.

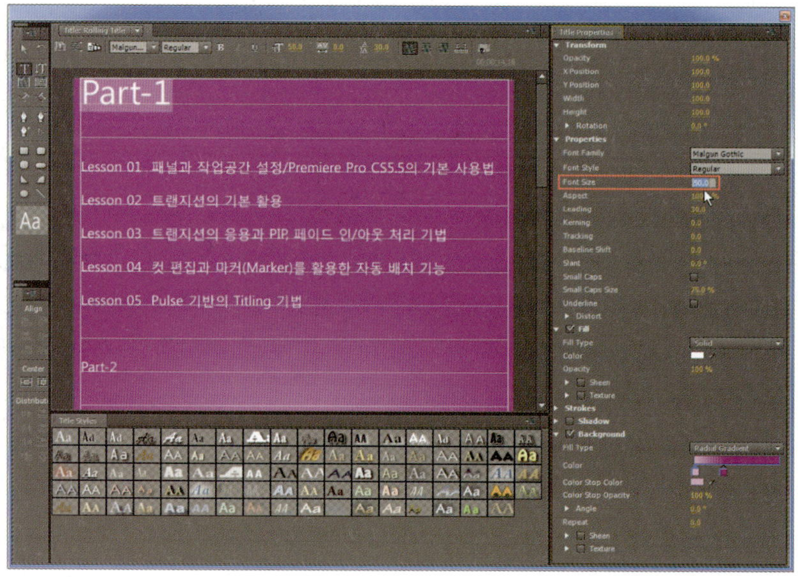

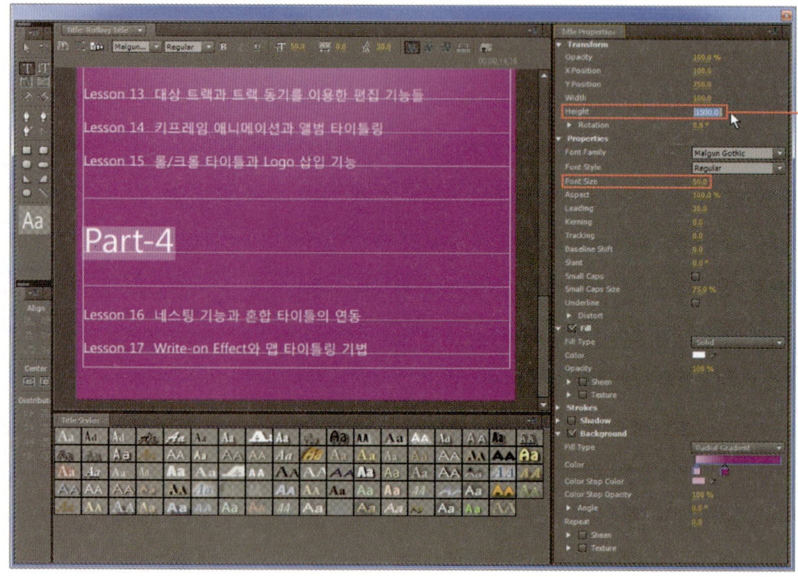

부분 블록으로 설정한 영역의 글꼴 크기가 확대되면서 글상자의 세로 크기도 늘어나므로 텍스트가 나타나지 않는 부분을 확장해 주어야 합니다.
Transform 옵션의 Height 속성 값을 오른쪽으로 드래그하여 값을 증가시키면 세로 크기가 늘어납니다.

❻ Properties 패널의 Background 옵션을 체크 해제하고 메인 패널의 〈Show Background Video〉 버튼을 클릭하면 Video 1 트랙의 클립이 배경으로 미리보기 영역에 나타납니다.

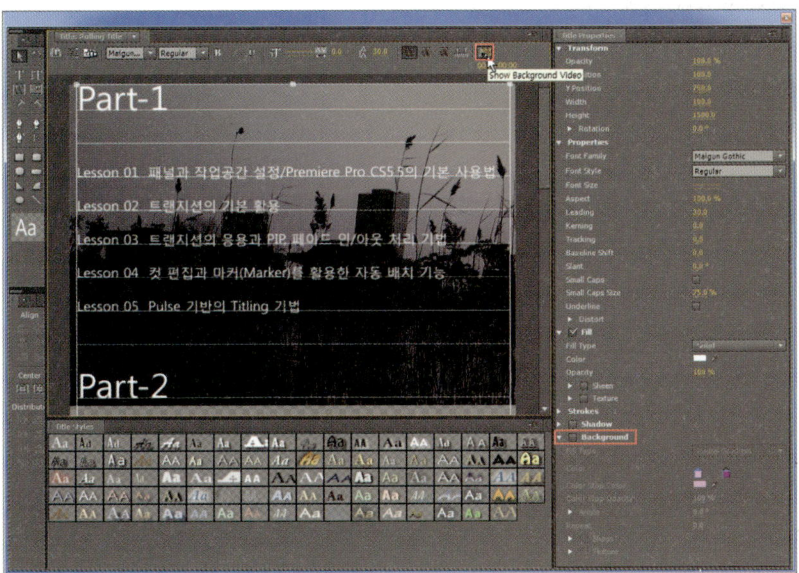

❼ Title Designer를 닫고 시퀀스의 Video 2 트랙에 Rolling Title 클립을 배치한 다음 지속시간을 하위 트랙과 수직으로 동일하게 조절합니다.

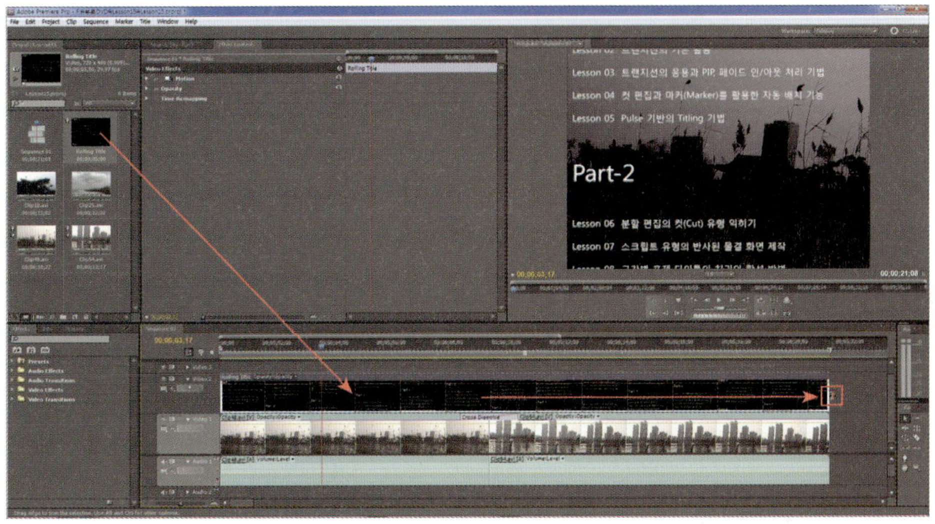

❽ 이펙트 패널에서 Video Effects\Perspective\Drop Shadow 이펙트 아이템을 선택하고 Video 2 트랙의
타이틀 클립에 적용한 다음 속성 값을 다음과 같이 설정합니다(Shadow Color : Black, Opacity : 100%,
Direction : 0도, Distance : 0, Softness : 0, Shadow Only : 체크).

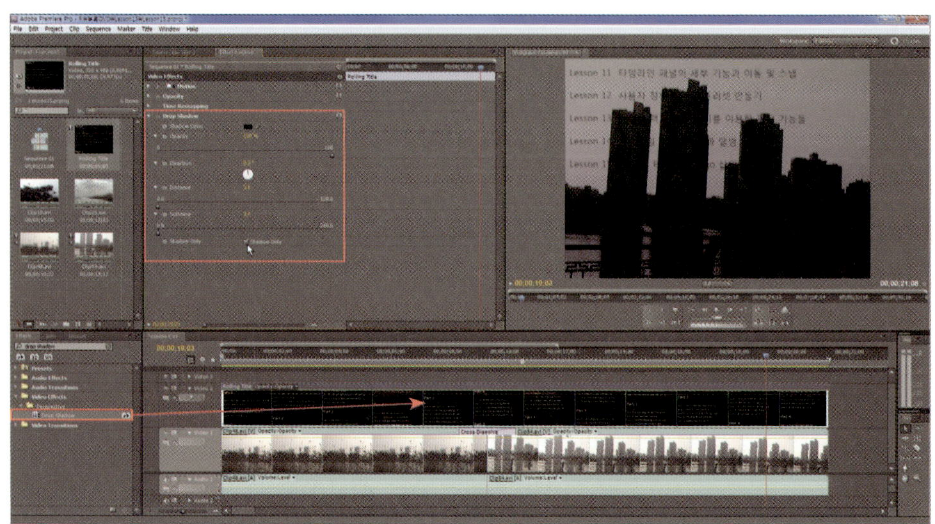

❾ 이펙트 패널에서 Video Effects\Perspective\Basic 3D 이펙트 아이템을 선택하고 Video 2 트랙의 타이
틀 클립에 적용한 다음 속성 값을 다음과 같이 설정합니다(Swivel : 25도, Tilt : −30도, Distance Image :
0, Show Specular Highlight : 체크).

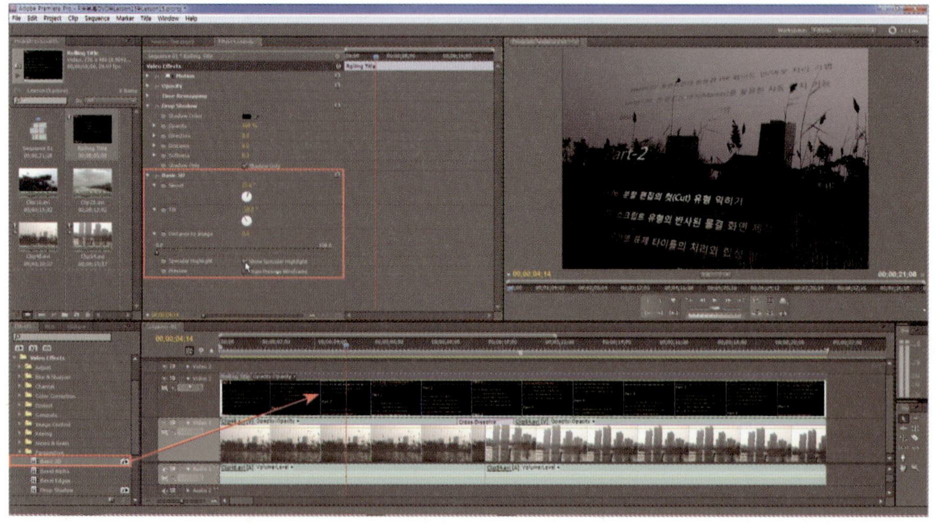

⑩ Video 2 트랙의 Rolling Title 클립을 더블클릭하여 Title Designer를 열고 메인 패널의 〈Roll/Crawl Options〉 버튼을 클릭합니다. 〔Roll/Crawl Options〕 대화상자에서 Timing(Frames) 옵션의 Start Off Screen과 End Off Screen을 모두 체크한 다음 Title Designer를 닫습니다.

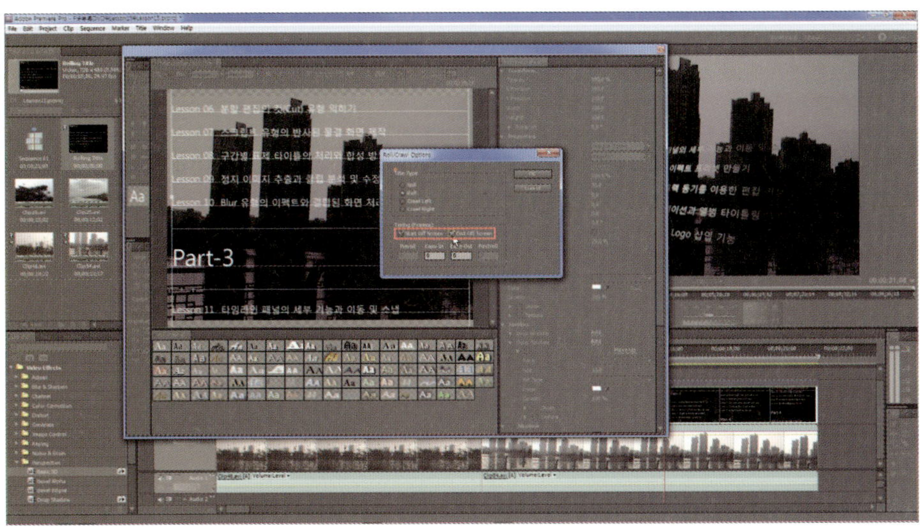

⑪ 미리보기로 확인합니다.

타이틀에 Logo 이미지를 삽입하는 기능을 익히고 Crawl Title에 Logo 이미지를 텍스트 기반으로 삽입하는 과정을 예제로 학습합니다.

1. Logo 삽입 기능

Premiere Pro의 Title Designer에서 빼놓을 수 없는 기능 중의 하나가 바로 그래픽 이미지 형식을 Title에 삽입할 수 있는 Logo 삽입 기능입니다. 도형 객체를 대체할 수 있는 효과와 함께, 다중 트랙과의 합성에 있어서 다양한 활용이 가능하기 때문에 Title의 품격을 높일 수 있는 방식으로 많이 활용하는 기능입니다. 또한 이미지 삽입 기능의 연장선으로 텍스트 기반의 로고 삽입 기능을 지원하므로 다차원 타이틀 제작을 위해 응용의 영역을 넓혀주고 있는 기능이라고 할 수 있습니다.

로고 삽입 기능은 (Title) → Logo 명령 또는 Title Designer의 미리보기 영역 안에서 마우스 오른쪽 버튼을 누르면 나타나는 컨텍스트 메뉴를 사용합니다.

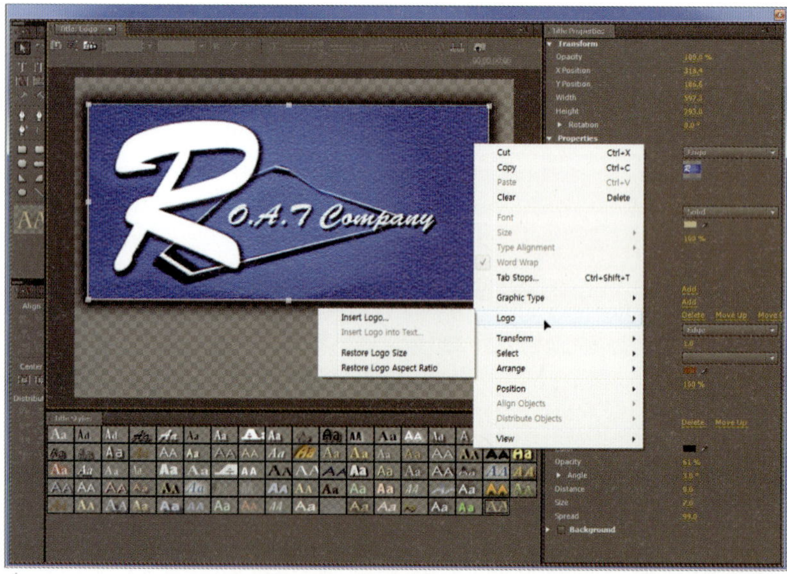

- **Insert Logo** : 그래픽 이미지를 객체로 Tile 안에 삽입합니다.
- **Insert Logo into Text** : 그래픽 이미지를 Title의 문자 객체와 동일한 형태로 삽입합니다. 이때는 텍스트 기반으로 간주하여 그래픽 이미지를 문자 객체로 취급합니다. 문자와 문자 사이에 로고 이미지를 동일한 속성과 크기로 삽입할 때 사용하는 명령입니다.
- **Restore Logo Size** : 그래픽 이미지의 원래 크기로 복귀시킵니다.
- **Restore Logo Aspect Ratio** : 그래픽 이미지의 종횡비를 원상태로 유지시킵니다.

> **TIP** Logo 삽입 기능으로 지원하는 그래픽 이미지 형식은 PSD, PNG, JPG를 포함하여 거의 모든 Still Image 형식과 Premiere Pro CS5.5의 타이틀 형식인 PRTL 형식도 지원하고 있습니다. 즉 PRTL 내에 또 다른 PRTL을 Logo 객체로 삽입할 수도 있습니다.

2. Crawl Title에 Logo 삽입하기

오른쪽에서 왼쪽으로 흐르는 Crawl Title에 Text 기반으로 Logo 이미지를 삽입하는 방법을 예제와 함께 학습합니다.

❶ 프로젝트는 부록 DVD의 Lesson15 폴더에서 'Lesson15.prproj'를 그대로 사용합니다.
프로젝트 패널에서 Sequence 02 클립을 더블클릭하여 타임라인 패널의 작업 시퀀스를 Sequence 02로 변경합니다. 〔Title〕 → New Title → Default Crawl을 실행하면 나타나는 〔New Title〕 대화상자에서 타이틀의 이름을 'Crawl-001'로 수정 입력한 다음 〈OK〉 버튼을 클릭합니다.

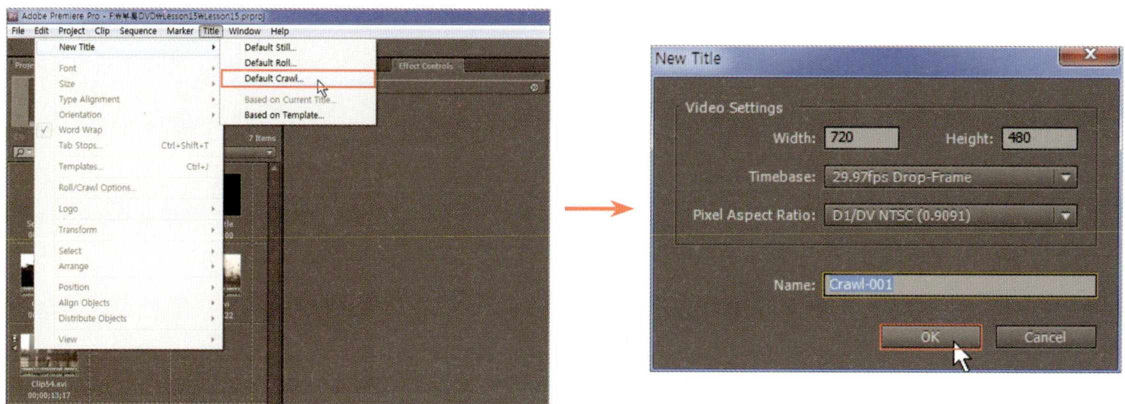

❷ Title Designer가 Crawl Title 입력 대기 상태로 실행됩니다. Title Designer의 도구 패널에서 글상자 도구(가로)를 선택한 다음 미리보기 영역 하단에 드래그하여 글상자 영역을 만듭니다.

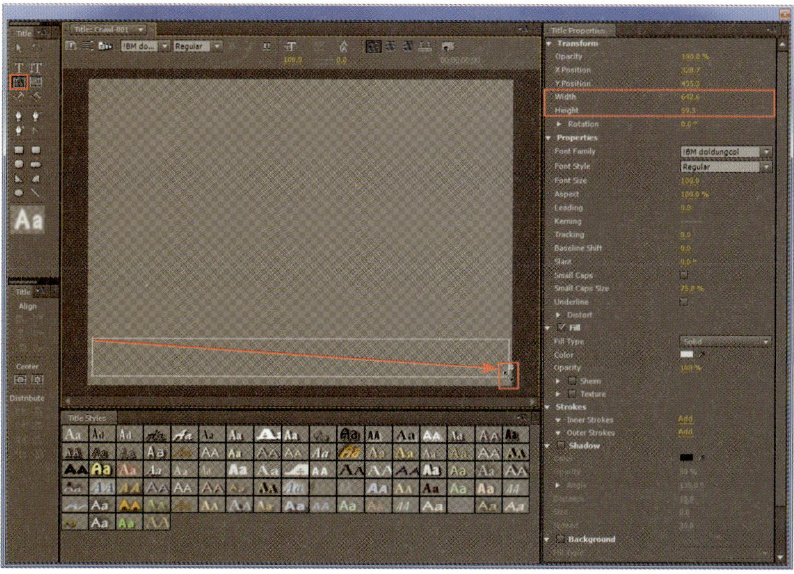

❸ 가장 먼저 한글 글꼴을 설정합니다. 메인 패널의 글꼴 선택 메뉴를 열고 글꼴 목록에서 맑은 고딕(Malgun Gothic)체를 선택합니다. 같은 방법으로 Title Properties 패널의 Properties 옵션에 있는 Font Family 메뉴를 열고 글꼴을 선택할 수도 있습니다.

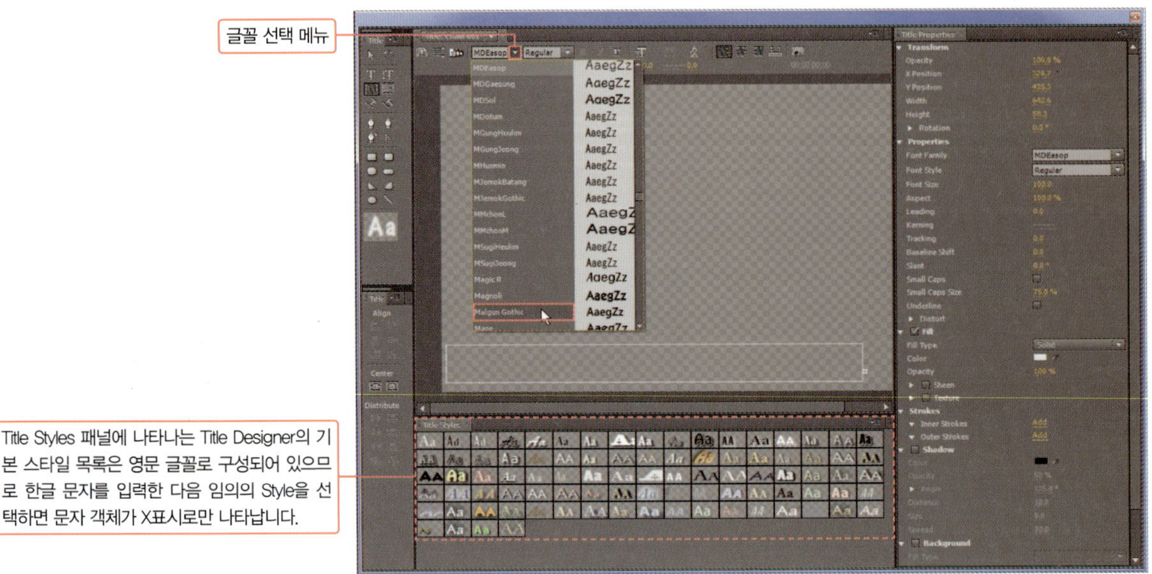

Title Styles 패널에 나타나는 Title Designer의 기본 스타일 목록은 영문 글꼴로 구성되어 있으므로 한글 문자를 입력한 다음 임의의 Style을 선택하면 문자 객체가 X표시로만 나타납니다.

> **TIP** 글꼴 선택 메뉴를 열고 글꼴 목록에서 빠른 검색을 위해 알파벳 **M**을 누르면 글꼴 이름이 M으로 시작하는 글꼴들만을 단계적으로 검색할 수 있습니다.

❹ 하단에 생성한 글상자 영역에 Crawl 기법으로 흘러갈 문자를 직접 타이핑하여 아래와 같이 입력해 나갑니다. Properties 옵션의 Font Size 속성은 '45'로 설정합니다(곧이어 10시 정각부터 특선 다큐멘터리 〈센트럴 파크의 희망〉이 방영될 예정입니다.).

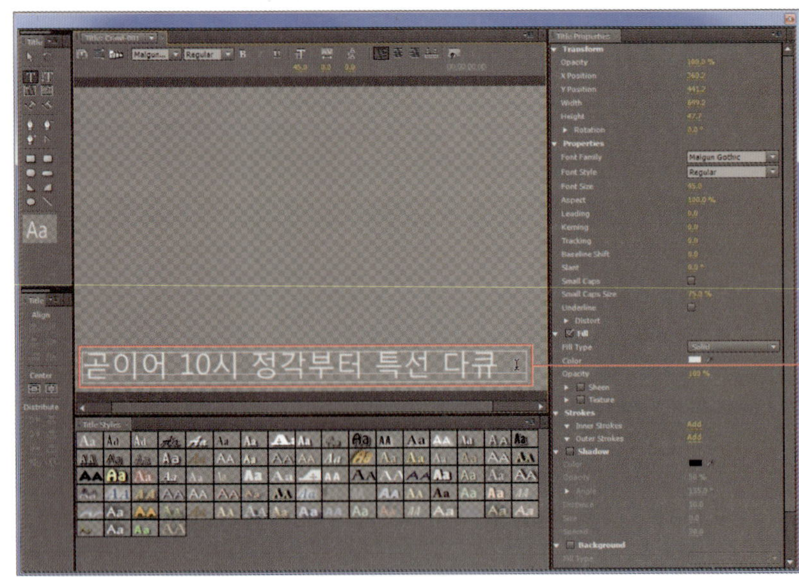

글상자 도구가 선택된 상태에서 문자를 입력하면 타입 도구로 자동 변경됩니다.

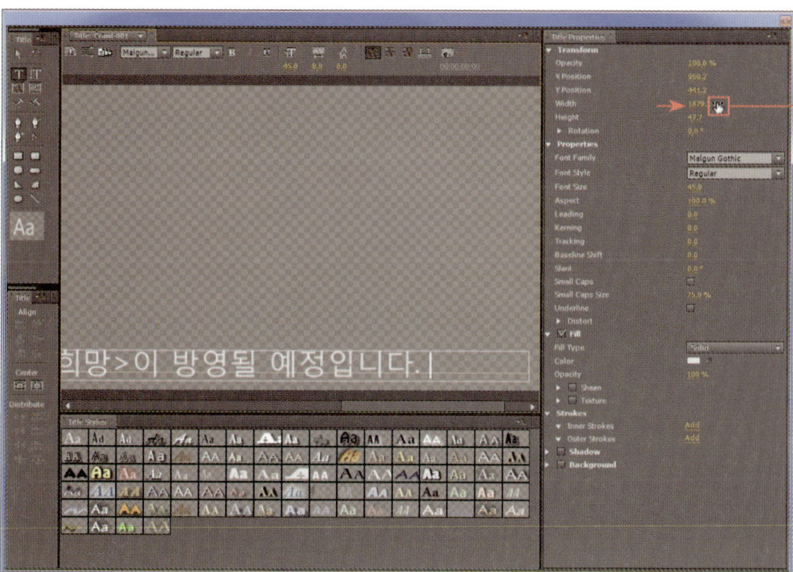

❺ 선택 도구로 변경한 다음 [Alt]를 누른 상태에서 Title Style 패널의 스타일 목록 중 하나를 클릭합니다. 글상자 영역의 모든 텍스트가 일괄 변경되어 나타납니다. 이때, 글꼴과 크기는 변경되지 않은 상태에서 나머지 속성들만 Style과 동일한 속성으로 변경되어 나타납니다.

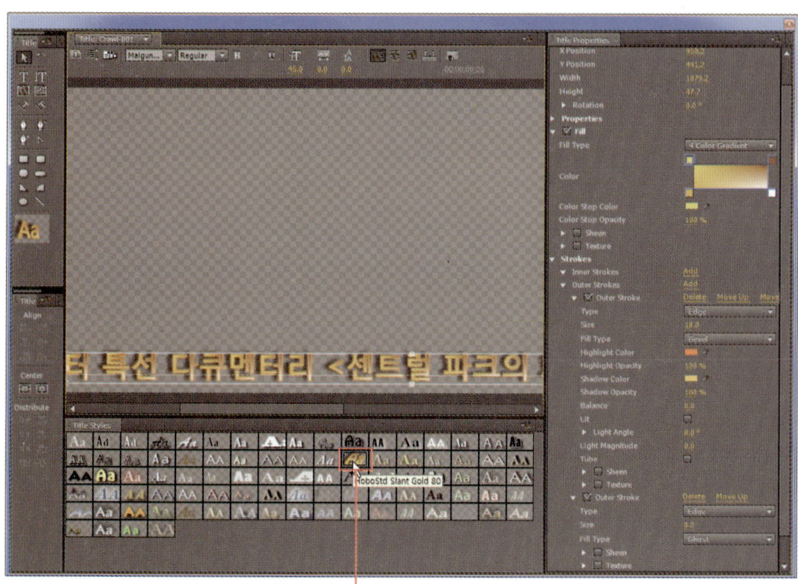

❻ 로고 이미지를 텍스트 기반으로 삽입할 단계입니다.

타입 도구로 변경한 다음 마침표 우측에 커서를 둔 상태에서, 〔Title〕→ Logo → Insert Logo into Text 또는 〔컨텍스트 메뉴〕→ Logo → Insert Logo into Text를 실행합니다.

❼ 〔Import Image as Logo〕 대화상자가 나타나면 부록 DVD의 Lesson15 폴더에서 'Logo001.bmp'를 선택한 다음 〈열기〉 버튼을 클릭합니다.

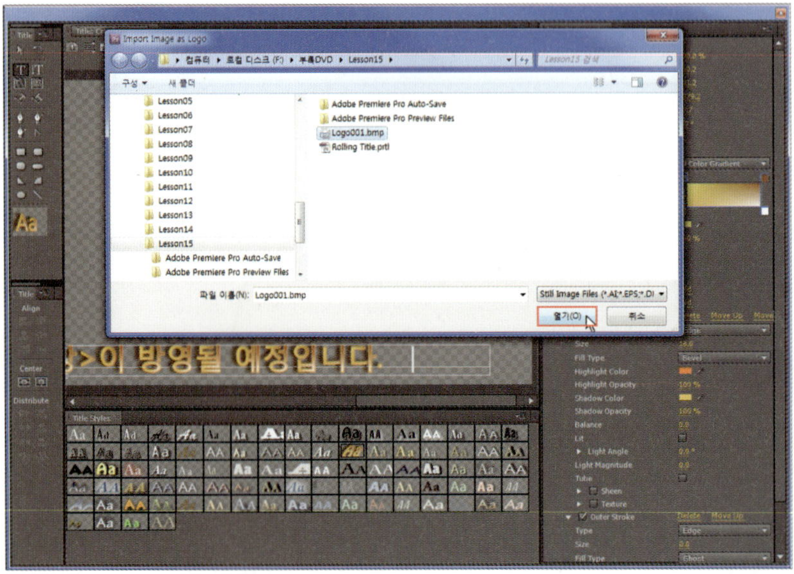

❽ 글상자의 현재 커서 위치에 로고 이미지가 문자 객체와 동일한 속성으로 삽입되는 것을 확인할 수 있습니다. 메인 패널의 〈Roll/Crawl Options〉 버튼을 클릭합니다.

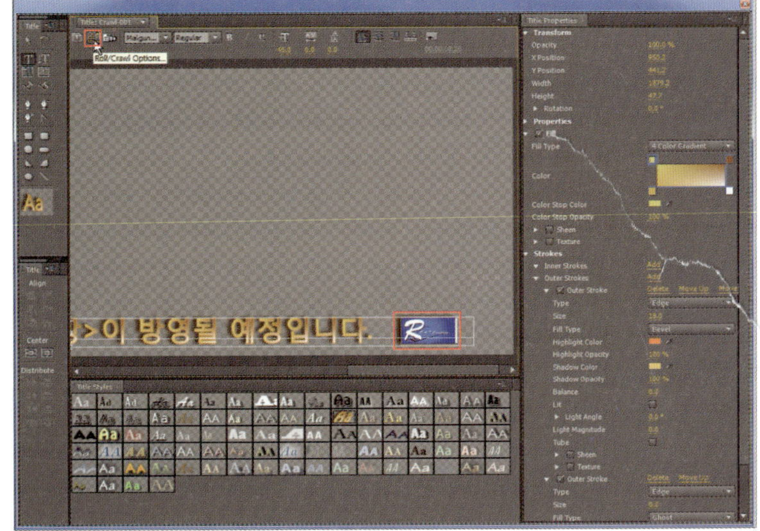

❾ (Roll/Crawl Options) 대화상자에서 Timing(Frames) 옵션의 Start Off Screen을 체크하고 Postroll을 90프레임으로 입력한 다음 〈OK〉 버튼을 누릅니다.

화면을 비운 상태에서 Crawl 타이틀의 움직임을 시작하고 Postroll 값에 따라 끝에서 3초 동안 정지시키게끔 설정하는 옵션입니다.

❿ Title Designer를 닫고 완성된 Crawl-001 Title을 시퀀스의 Video 2 트랙에 드래그하여 00;00;05;11의 위치부터 배치한 다음, 아웃 점을 하위 트랙보다 1초 앞에서 끝나도록 연장합니다.

⓫ Video 2 트랙을 대상 트랙으로 설정하고 편집 기준선을 타이틀 클립의 아웃 점 근처에 두고 `Ctrl`+`D`를 눌러 비디오 기본 트랜지션 아이템을 적용합니다.

⑫ 완성된 결과 Title을 Space Bar를 눌러 미리보기로 확인합니다.

오른쪽에서 왼쪽으로 흐르는 자막이 시작되고 문장이 끝나는 지점에 로고 이미지가 텍스트와 같은 속성으로 포함되어 나타나고, 종료부에서 3초 동안 멈춘 다음 페이드 아웃으로 완료되는 Crawl 타이틀이 완성되었습니다.

TIP 최근에는 End Credits 타이틀을 Crawl 유형으로 제작하는 사례도 흔하게 나타나고 있습니다.

PART 04

영상 제작 기법 & 활용 마스터하기

다중 객체로 이루어진 멀티—레이어 타이틀 제작 기법을 익힌 다음 네스팅(Nesting) 기능을 정리하고, 혼합 타이틀의 애니메이션과 네스팅 시퀀스를 결합하는 과정을 학습합니다. Write—on Effect와 Transparent Video를 이용한 Object Animation과 맵 타이틀링 기법을 통해 다양한 활용 능력을 완성하는 과정입니다.

PART 01

PART 02

PART 03

PART 04

단일 시퀀스 안에서 여러 개의 타이틀을 멀티 트랙에 배치하여 Motion과 함께 구현하는 복합 타이틀 제작 과정을 학습합니다.

예제 파일 Lesson16.prproj
완성 파일 Lesson16-Q.prproj

CHAPTER 01

네스팅 기능과
혼합 타이틀의 연동

다중 객체로 이루어진 타이틀을 객체별로 분리하여 다중 트랙을 활용하면 Motion과 혼합된 애니메이션 타이틀을 만들 수 있습니다. 이번 단원에서는 다중 트랙을 활용한 멀티-레이어 타이틀을 제작하는 방법과 네스팅 기능으로 효율적인 파트 타이틀을 합성하는 과정을 단계별 예제를 통해 학습합니다.

다중 객체 타이틀을 분리 생성하고 네스팅 시퀀스로 혼합하여 최종 타이틀을 완성하는 멀티–레이어 타이틀 제작 기법에 대해 학습합니다.

1. 네스팅 기능

시퀀스를 묶는 방식은 여러 개의 다중 시퀀스를 마스터 시퀀스 안에 배치하여 하위 시퀀스를 포함시키는 고전적인 방식과 Nest 명령으로 다중 트랙을 단일 시퀀스로 병합하면서 새 시퀀스를 생성하는 2가지 방식이 있습니다.

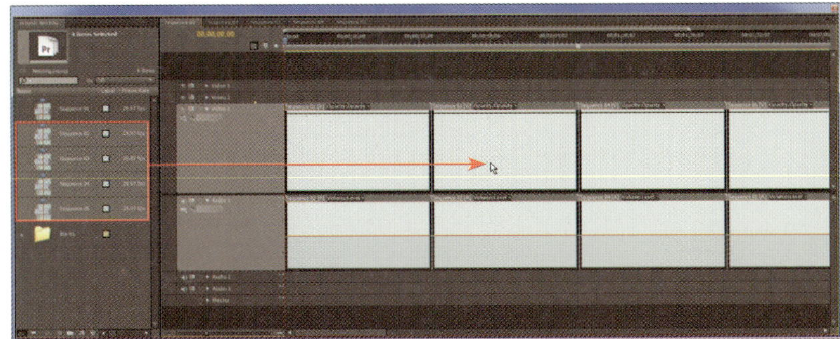

> **TIP** 다중 시퀀스로 구성된 타임라인 패널은 시퀀스 탭으로 구분합니다. 장시간 상영 작품을 제작할 때 주제를 시퀀스별로 구분하여 작업한 뒤 마스터 시퀀스로 규합하여 종합 편집을 진행할 때 사용하는 전통적인 방법입니다.

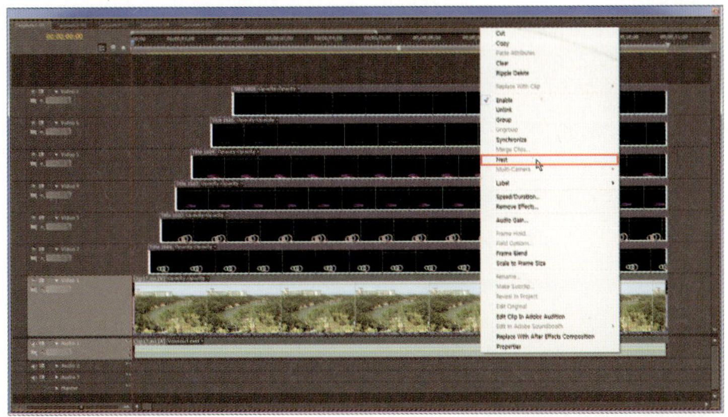

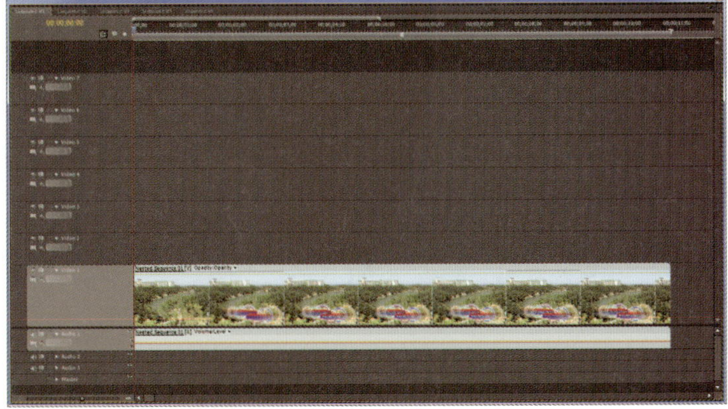

> **TIP** Nest 명령으로 다중 트랙의 모든 비디오 클립이나 선별한 복수의 트랙을 단일 트랙에 하나의 시퀀스로 병합하여 Nested Sequence로 연속 생성할 수 있는 기능을 활용합니다.
> 네스팅 시퀀스는 동시에 프로젝트 패널에 자동 생성되고 일련번호순으로 계속 추가할 수 있어서 이펙트의 일괄 적용 기능을 포함하여 타임라인 패널의 트랙을 보다 효율성 있게 사용할 수 있습니다.

2. 다중 객체 타이틀을 분리 생성하기

그래픽 객체와 문자 객체 등 여러 유형의 혼합된 다중 객체 타이틀을 만든 다음, 속성을 유지한 채 각각의 객체를 분리하여 새로운 타이틀로 분리하는 방법에 대해 익힐 차례입니다.

다중 객체로 이루어진 타이틀을 객체 단위로 활용하면 Photoshop의 Layer 개념과 동일하게 활용할 수 있습니다. 타이틀을 각 객체별로 분리할 때에는 메인 패널의 〈New Title Based on Current Title〉 버튼을 사용하여 현재 타이틀을 복사한 다음 필요한 객체만 남기고 타이틀을 저장하면 새로운 타이틀로 신속하게 생성할 수 있습니다.

❶ 부록 DVD의 Lesson16 폴더에서 'Lesson16.prproj'를 불러옵니다.

이펙트 패널에서 Video Effects\Transform\Edge Feather 이펙트 아이템을 선택하고 Video 1 트랙의 Clip35.avi 클립에 드래그하여 적용한 다음, 이펙트 조절 패널에서 Edge Feather 이펙트의 속성을 확장하고 Amount 속성 값을 45로 설정합니다.

> **TIP** Edge Feather 이펙트는 화면의 테두리를 비네트(Vignette) 형식으로 처리하는 아이템입니다. 사각형 모서리를 기준으로 불투명한 가장자리의 흐림 효과를 표현할 때 사용합니다. 단일 속성으로 Amount 속성 값을 조정하여 Feather 값을 설정합니다. Amount 속성 슬라이더를 오른쪽으로 드래그하면 테두리의 두께가 증가합니다.

❷ 프로젝트 패널의 Title 1607 클립을 더블클릭하면 Title Designer가 실행되면서 다중 객체로 만들어진 타이틀이 열립니다. 메인 패널의 〈New Title Based on Current Title〉 버튼을 클릭합니다.

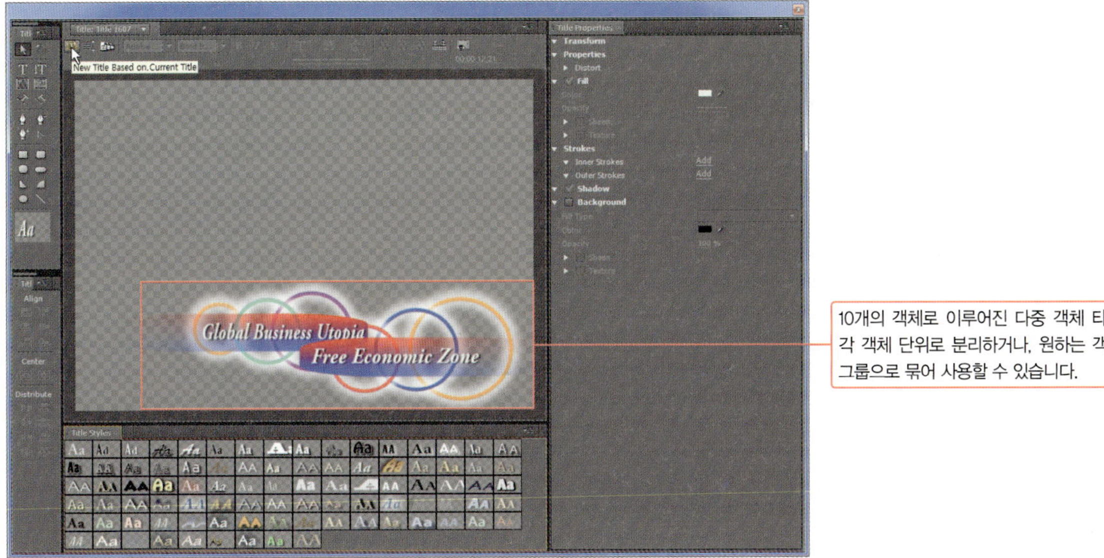

10개의 객체로 이루어진 다중 객체 타이틀은 각 객체 단위로 분리하거나, 원하는 객체들을 그룹으로 묶어 사용할 수 있습니다.

❸ (New Title) 대화상자가 나타나면 Video Settings 옵션은 그대로 두고 타이틀의 이름을 'Title 1601'로 변경한 다음 〈OK〉 버튼을 클릭합니다.

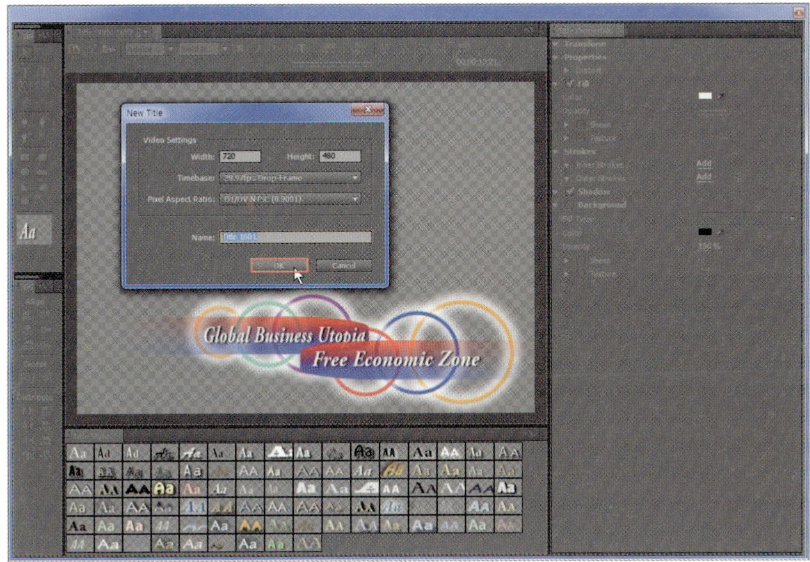

❹ 같은 요령으로 메인 패널의 〈New Title Based on Current Title〉 버튼을 반복하여 누르고 6개의 타이틀을 차례대로 복사하여 'Title 1601' ~ 'Title 1606'까지 새로운 이름으로 저장합니다.

프로젝트 패널을 확인하면 'Title 1601' ~ 'Title 1606'까지 6개의 타이틀이 동일한 속성으로 새롭게 생성되어 나타납니다.

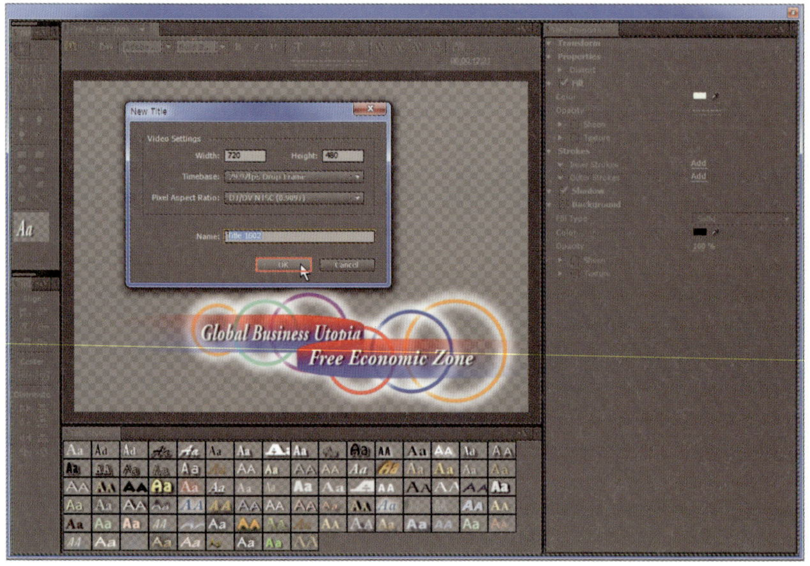

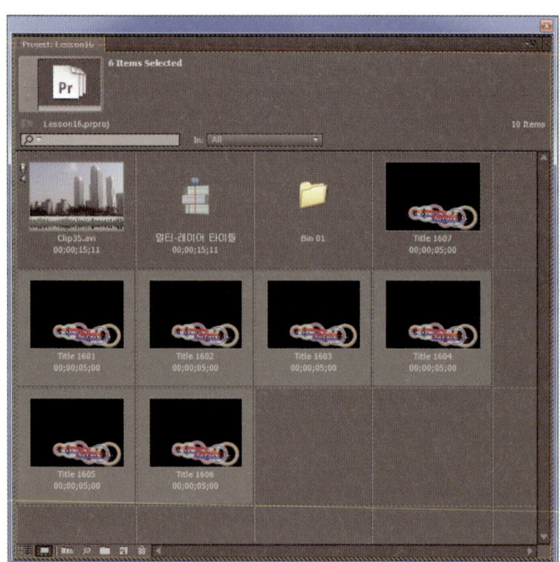

❺ Title Designer 상단의 타이틀 선택 메뉴를 열고 타이틀 목록에서 Title 1601 타이틀을 선택합니다.

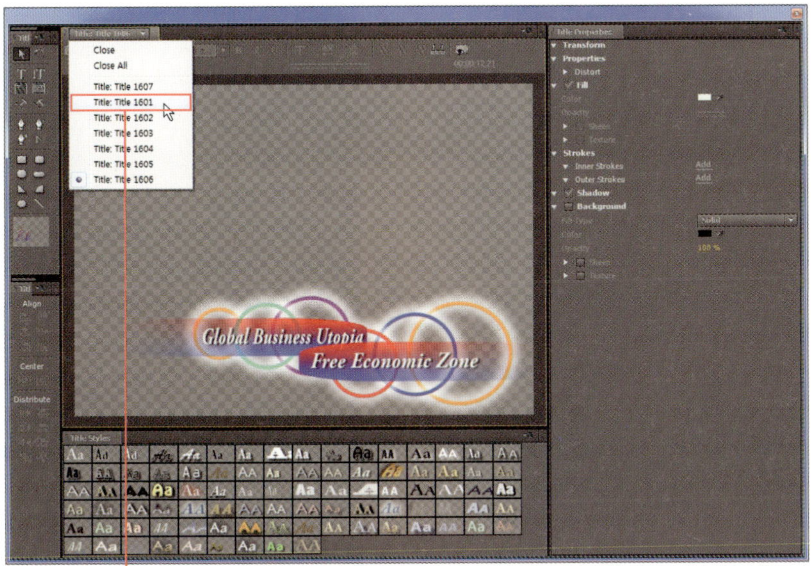

Premiere Pro CS5.5의 Title Designer는 복수의 타이틀을 포함시켜 작업할 수 있습니다. 타이틀 선택 목록에서 원하는 타이틀을 선택하면 즉시 해당 타이틀로 교체되어 나타나며, 소스 모니터 패널과 같이 Close 명령으로 타이틀을 닫을 수 있습니다.

타이틀의 내용이 그림과 동일한 형태로 나타나지 않을 때에는 Title Designer 하단의 Title Styles 패널의 스타일 목록을 초기화시킨 다음 사용해야 합니다. 스타일 목록을 초기화하는 방법은 Title Styles 패널 메뉴를 열고 Reset Style Library를 실행하면 Premiere Pro CS5.5를 설치할 당시의 스타일 목록으로 초기화됩니다.

❻ 미리보기 영역의 타이틀이 Title 1601로 교체되어 나타납니다. Delete를 이용하여 다중 객체로 이루어진 타이틀 중에서 그림과 같이 왼쪽 타원 3개의 객체만을 남기고 나머지 객체들을 하나씩 삭제해 나갑니다.

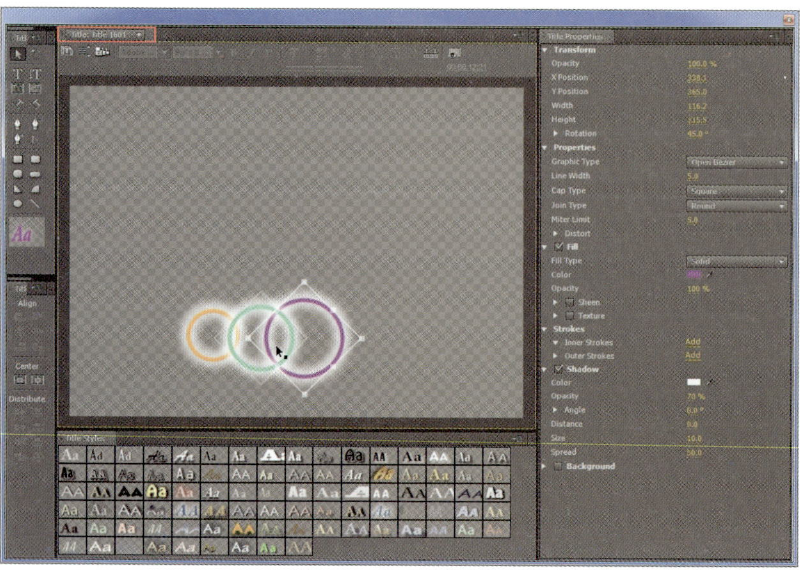

❼ 타이틀 선택 메뉴를 열고 Title 1602로 타이틀을 교체한 다음, 같은 요령으로 Delete를 이용하여 그림과 같이 오른쪽 타원 3개의 객체만을 남기고 나머지 객체들을 삭제합니다.

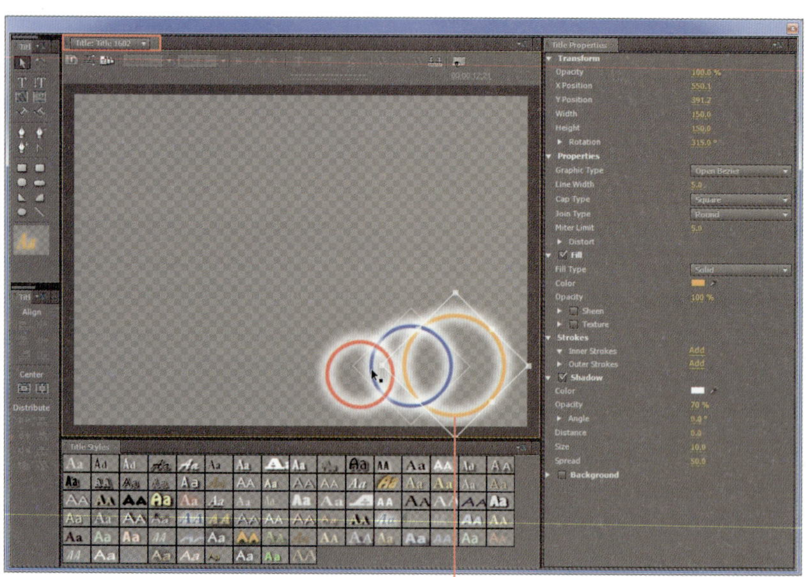

Properties → Graphic Type : Open Bezier, Fill → Fill Type : Solid, Shadow → Opacity : 70%, Size : 10, Spread : 50으로 타원형 객체를 색상만 변경한 상태로 만든 객체들입니다.

❽ 타이틀 선택 메뉴를 열고 Title 1603으로 타이틀을 교체한 다음, 같은 요령으로 Delete 를 이용하여 그림과 같이 왼쪽 박스 객체만을 남기고 나머지 객체들을 모두 삭제합니다.

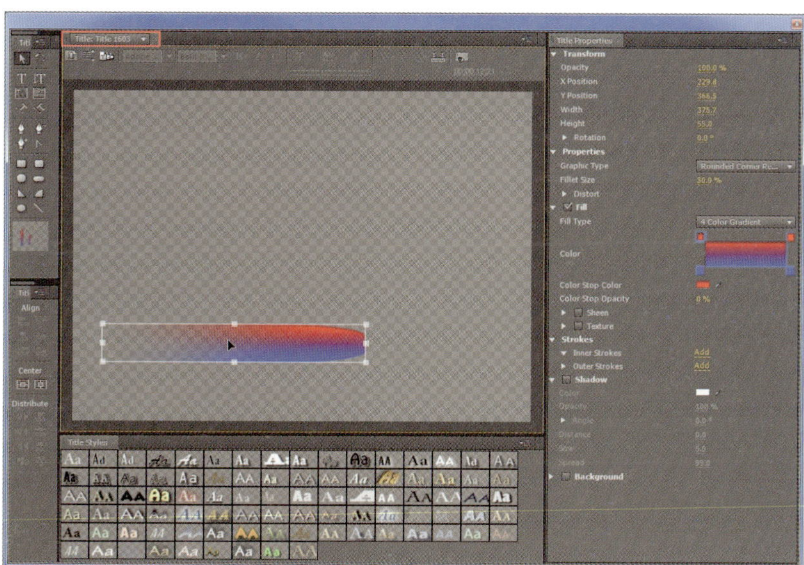

❾ 타이틀 선택 메뉴를 열고 Title 1604로 타이틀을 교체한 다음, 같은 요령으로 Delete 를 이용하여 이번에는 오른쪽 박스 객체만을 남기고 나머지 객체들을 모두 삭제합니다.

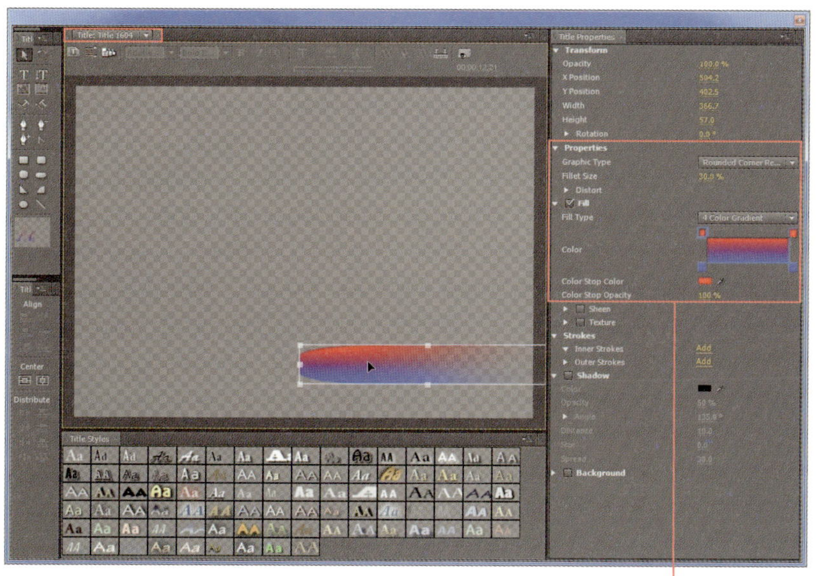

Properties → Graphic Type : Round Coner Rectangle 속성을 설정하여 도형 객체를 만들고 Fill → Fill Type : 4 Color Gradient로 설정한 다음, 좌 우 대칭적으로 Color Stop Opacity를 각기 100% – 0%로 변경하면 오른쪽 가장자리가 투명한 막대 바를 생성할 수 있습니다. 박스 타이틀에 많이 사 용하는 기법입니다.

❿ 타이틀 선택 메뉴를 열고 Title 1605로 타이틀을 교체한 다음, 같은 요령으로 Delete를 이용하여 이번에는 왼쪽 문자 객체만을 남기고 나머지 객체들을 모두 삭제합니다.

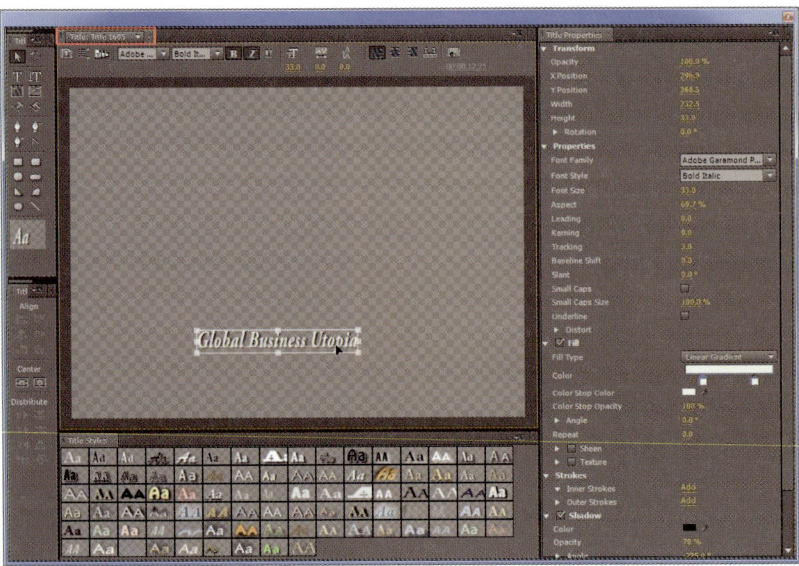

⓫ 타이틀 선택 메뉴를 열고 Title 1606으로 타이틀을 교체한 다음, 같은 요령으로 Delete를 이용하여 이번에는 오른쪽 문자 객체만을 남기고 나머지 객체들을 모두 삭제합니다.

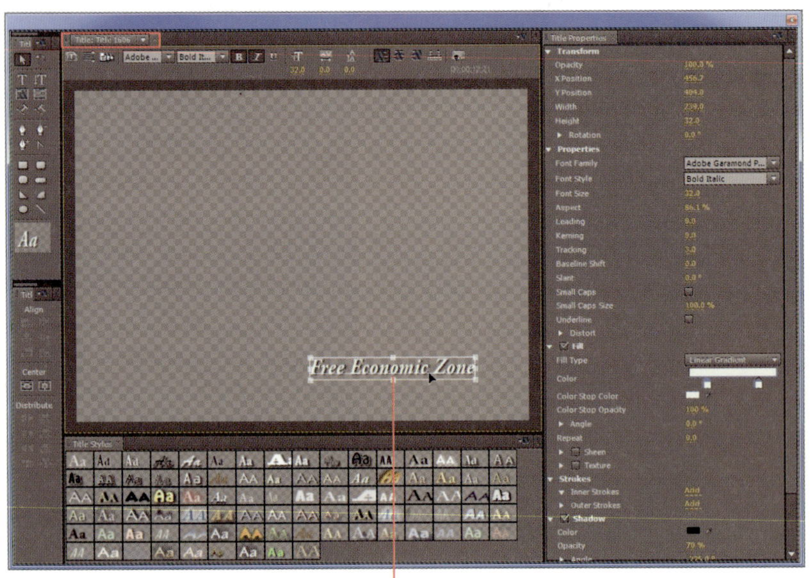

각각의 막대 바에 들어 갈 텍스트 타이틀을 입력하고 문자 객체의 크기와 좌표는 막대 바를 기준으로 정확히 박스 안에 위치하도록 설정해야 합니다. 색상은 White 톤으로 설정합니다.

⑫ 프로젝트 패널의 섬네일을 확인하면 내부 클립으로 각각 분리된 객체 타이틀의 내용이 변경되어 나타납니다. Title Designer를 닫습니다.

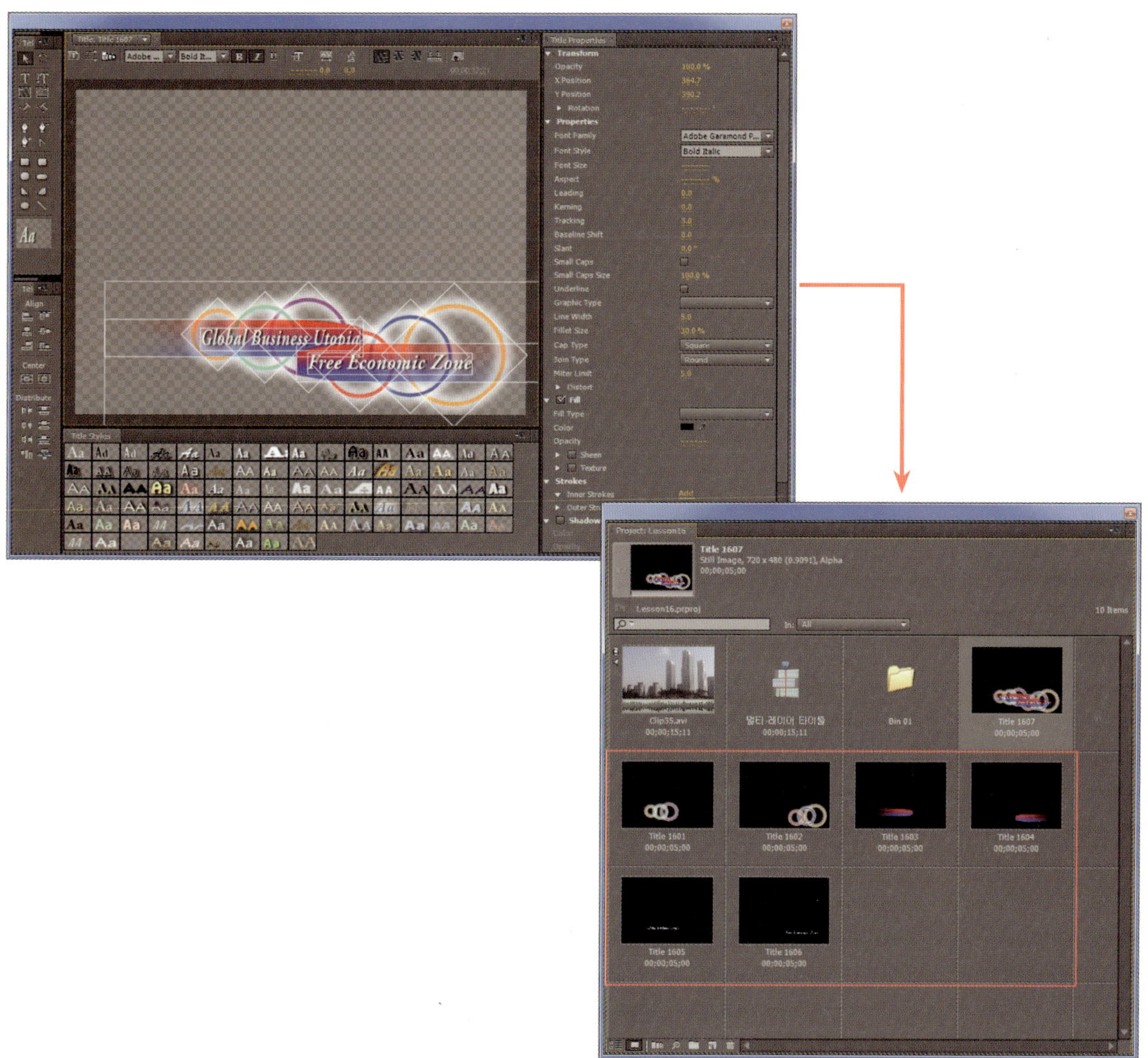

분리된 객체를 다중 트랙에 할당하여 배치하고 네스팅 시퀀스로 병합한 다음 타이틀을 혼합하여 완성하는 과정을 학습할 단계입니다.

1. 다중 객체 타이틀의 배치와 프리셋 적용

단일 타이틀로 분리된 각각의 객체는 시퀀스의 다중 트랙에 배치하여 레이어 개념으로 활용할 수 있고 트랙마다 독립된 Motion과 이펙트를 적용할 수 있어서 다양한 움직임을 혼합할 수 있습니다.

다중 트랙을 네스팅 시퀀스로 묶은 다음 이펙트를 일괄 적용하여 객체와 혼합된 모션 타이틀을 제작하는 과정으로 6개로 분리된 객체 타이틀을 6개의 트랙에 배치하여 레이어 개념으로 독립된 이펙트와 Motion 및 트랜지션 아이템을 적용합니다.

❶ 프로젝트는 부록 DVD의 Lesson16 폴더에서 'Lesson16.prproj'를 그대로 사용합니다.

먼저 Video 2, 3 트랙에 Title 1601, Title 1602 클립을 시퀀스 시작부에서 15프레임 간격을 두고 계단식으로 배치한 다음, 두 클립의 아웃 점을 드래그하여 지속시간을 12초로 연장합니다.

15프레임 간격을 두고 상향 계단식으로 배치합니다.

> **TIP** 각 타이틀의 등장 형태를 자연스러운 흐름으로 만들기 위해 상위 트랙으로 배치해 나가면서 계단 형태로 배치해 나가는 것이 요령입니다.

❷ Video 1 트랙의 대상 트랙을 해제하고 Video 2, 3 트랙을 차례대로 한 트랙씩 대상 트랙으로 설정한 다음 편집 기준선을 각 클립의 인 점에 두고 [Ctrl]+[D]를 눌러 비디오 기본 트랜지션(Cross Dissolve) 아이템을 2초의 지속시간으로 적용합니다.

❸ Video 4, 5 트랙에 Title 1603, Title 1604 클립을 드래그하여 트랙을 생성하면서 배치하고 하위 트랙의 도입부와 15프레임 간격을 두고 계단식으로 배치한 다음, 지속시간을 하위 트랙과 수직으로 동일하게 맞춥니다.

④ 이펙트 패널에서 Video Transitions\Slide\Push 아이템을 Title 1603, Title 1604 클립의 도입부에 각각 드래그하여 적용하고 트랜지션의 지속시간을 20프레임으로 변경한 다음, Video 5 트랙의 트랜지션 영역을 클릭하여 트랜지션 설정 옵션에서 오른쪽 방향으로 변경합니다. Video 4 트랙은 기본 값인 순방향으로 둡니다.

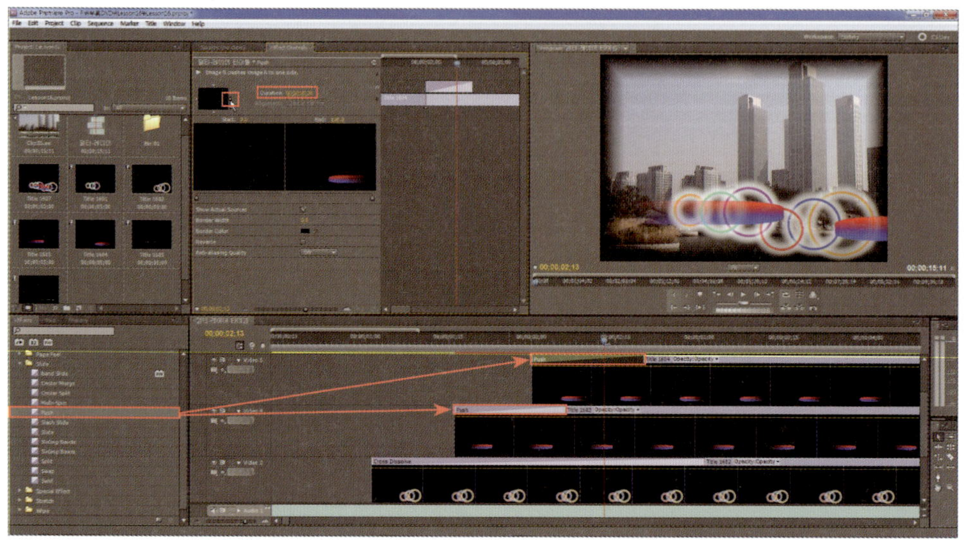

⑤ Video 6, 7 트랙에 Title 1605, Title 1606 클립을 드래그하여 트랙 생성과 함께 배치하고 하위 트랙의 도입부와 15프레임 간격을 두고 계단식으로 배치한 다음 지속시간을 하위 트랙과 수직으로 동일하게 연장합니다.

하위 트랙의 막대 바에 삽입할 텍스트 타이틀 배치를 끝으로 그래픽 객체 타이틀과 문자 객체 타이틀을 계단 형태로 총 6개 트랙을 추가하여 배치를 완료하였습니다.

❻ 지금부터는 사전 작업으로 저장해 놓은 사용자 정의 이펙트 프리셋 파일(Prfpset)을 활용하여 빠르게 Motion과 이펙트를 적용할 단계입니다.

〔이펙트 패널 메뉴〕→ Import Preset을 실행합니다. 〔Import Preset〕 대화상자가 나타나면 부록 DVD에서 Lesson16\Lesson16.prfpset 파일을 선택하고 〈열기〉 버튼을 클릭합니다.

❼ 이펙트 패널의 Presets 빈을 확인하면 사용자 정의 이펙트 프리셋 아이템들이 한 번에 임포트되어 나타납니다. 각 트랙에 맞는 이펙트 프리셋을 적용할 차례입니다.

시퀀스의 대상 트랙을 원상태로 복귀시키고 이펙트 패널에서 Presets\'2 트랙' 아이템을 Video 2 트랙의 Title 1601 클립에 드래그하여 적용하고 Presets\'3 트랙' 아이템을 Video 3 트랙의 Title 1602 클립에 드래그하여 적용합니다.

❽ 스크러빙으로 확인하면 Video 2, 3 트랙에 사용자 정의 이펙트 프리셋 Motion이 적용된 결과가 프로그램 모니터에 나타납니다.

❾ 이펙트 패널에서 Presets\'6 트랙' 아이템을 Video 6 트랙의 Title 1605 클립에 드래그하여 적용하고 Presets\'7 트랙' 아이템을 Video 7 트랙의 Title 1606 클립에 드래그하여 적용합니다.

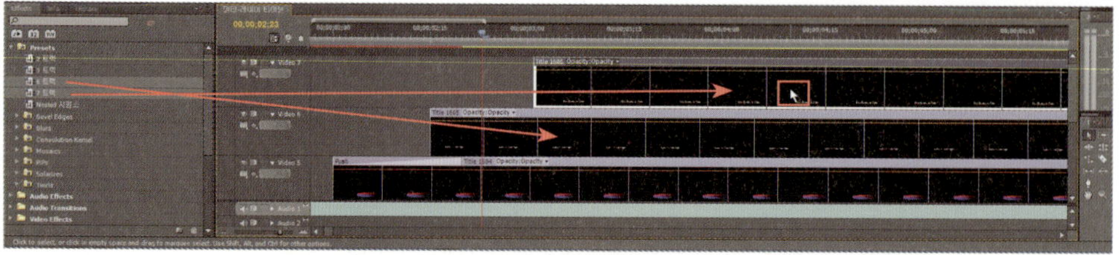

2. 네스팅 시퀀스와 타이틀의 합성

지금까지의 과정을 네스팅 시퀀스로 병합하고 합성 과정을 추가하여 최종적으로 마무리하는 단계입니다.

다중 트랙은 Nest 명령으로 간단히 하나의 시퀀스로 병합할 수 있고, 병합된 시퀀스는 네스팅 시퀀스로 추가되어 나타납니다.

❶ 멀티−레이어 타이틀 시퀀스에서 대각선으로 드래그하여 Video 1 트랙을 제외한 Video 2 ~ Video 7 트랙을 블록으로 설정하고 〔컨텍스트 메뉴〕 → Nest를 실행합니다.

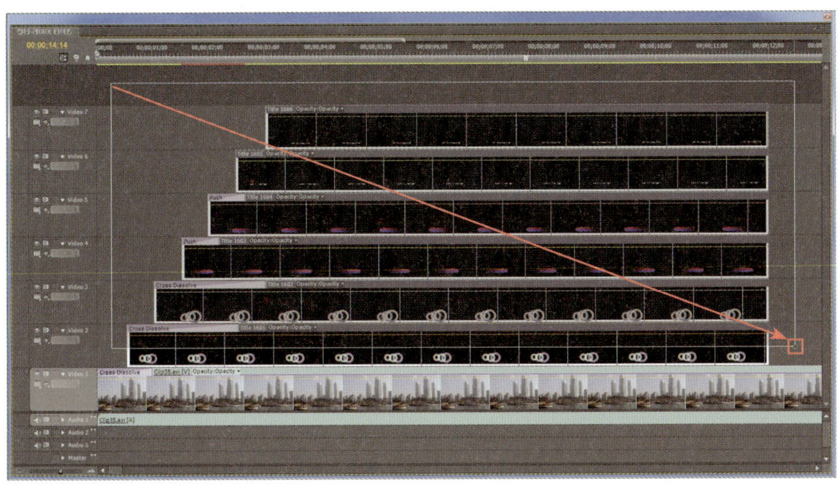

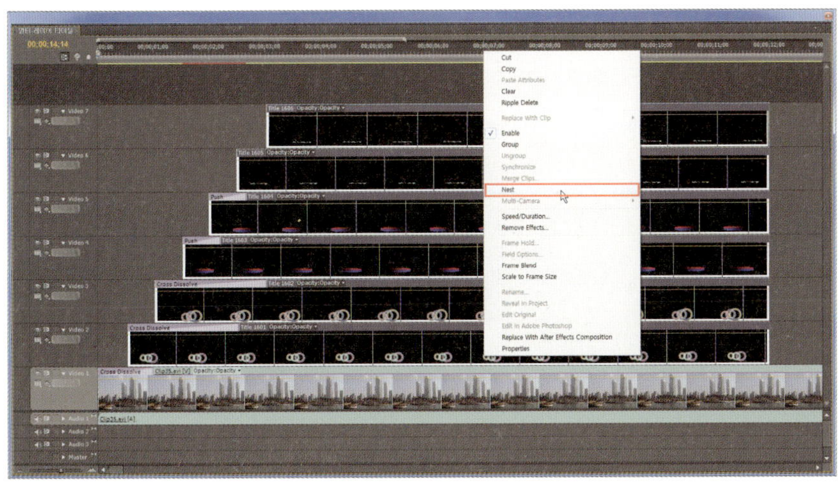

❷ Video 1 트랙과 Audio 트랙을 제외한 시퀀스의 모든 클립이 단일 트랙에 네스팅 시퀀스로 전환되어 나타납니다. 동시에 프로젝트 패널에도 동일한 시퀀스(Nested Sequence 01)가 생성되는 것을 확인할 수 있습니다. Video 2 트랙의 Nested Sequence 01 클립을 더블클릭합니다.

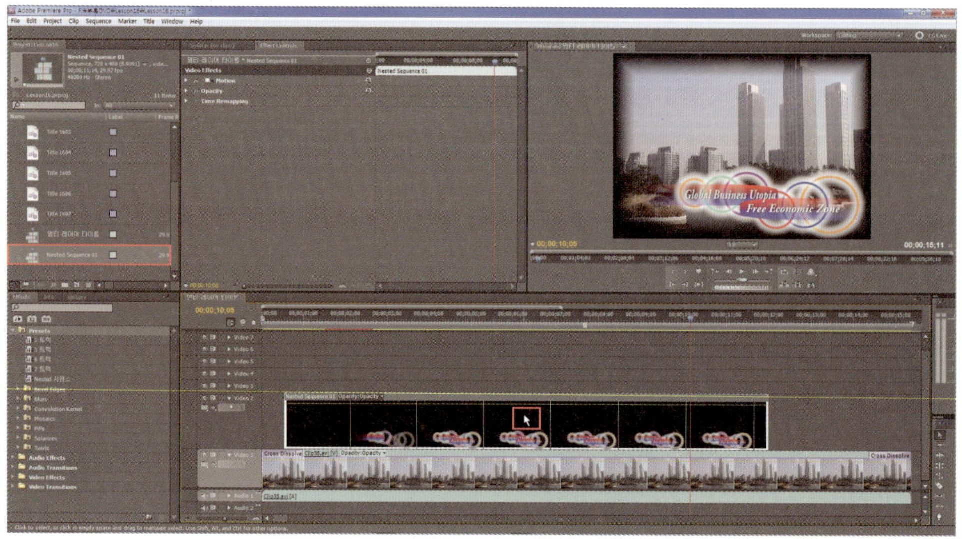

❸ 타임라인 패널 상단에 새로운 시퀀스 탭이 추가되면서 네스팅 된 시퀀스의 영역이 나타납니다. 스크러빙으로 확인하면 곧바로 단일 클립으로 병합된 혼합 타이틀을 출력하는데, 단일 클립으로 이루어져 있지만, 개별 이펙트가 적용된 움직이는 타이틀로 합성되어 나타난다는 점에서 차이가 있습니다.

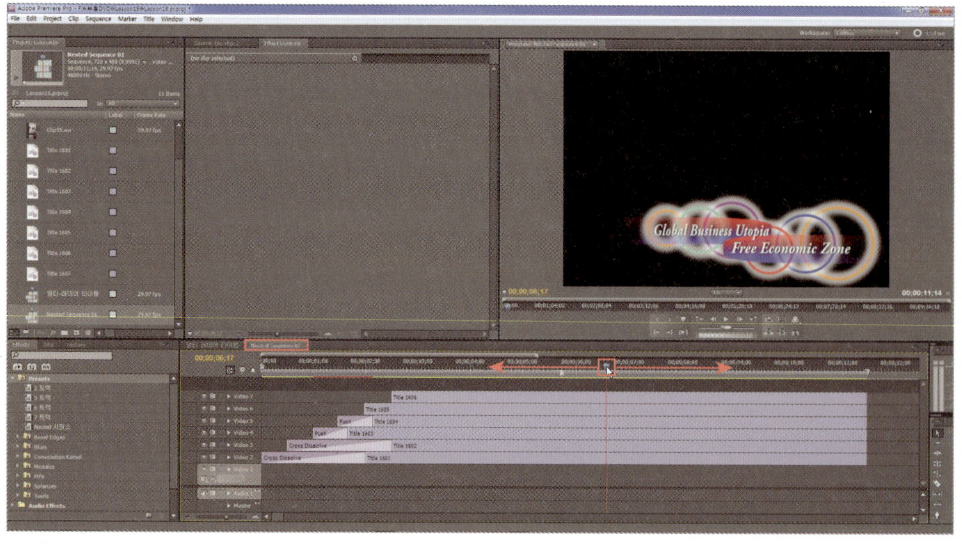

❹ 지금부터의 단계가 네스팅 시퀀스의 활용 과정입니다.

마스터 시퀀스인 멀티-레이어 타이틀 탭을 클릭하여 시퀀스를 전환하고 이펙트 패널에서 Presets\Nested 시퀀스 프리셋 아이템을 Video 2 트랙의 Nested Sequence 01 클립에 드래그하여 적용합니다.

❺ 이펙트 조절 패널에서 Invert 이펙트의 키프레임 영역을 스크러빙으로 확인합니다.

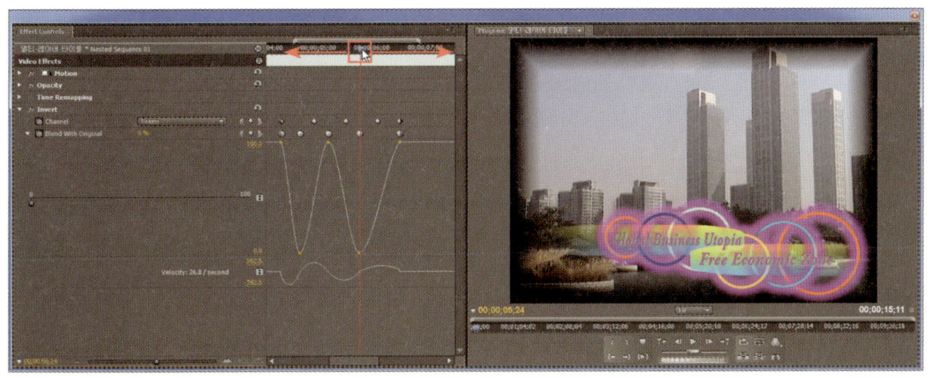

⑥ 이펙트 패널에서 Video Transitions\Dissolve\Dip to White 아이템을 선택하고 Video 2 트랙의 Nested Sequence 01 클립의 종료부에 드래그하여 적용합니다.

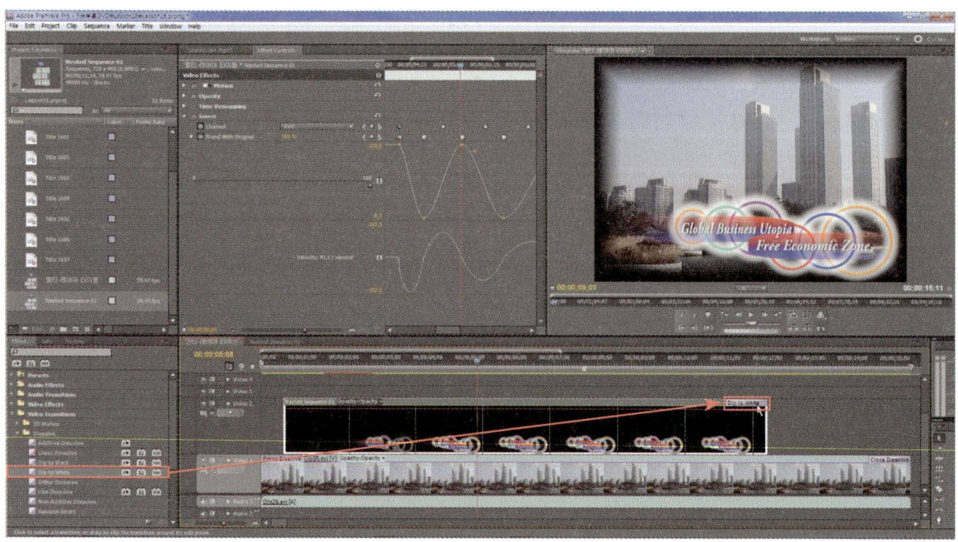

⑦ 모든 과정이 마무리되고 네스팅 시퀀스와 다중 타이틀이 혼합된 마스터 시퀀스가 완성되었습니다. 렌더 미리보기로 확인합니다.

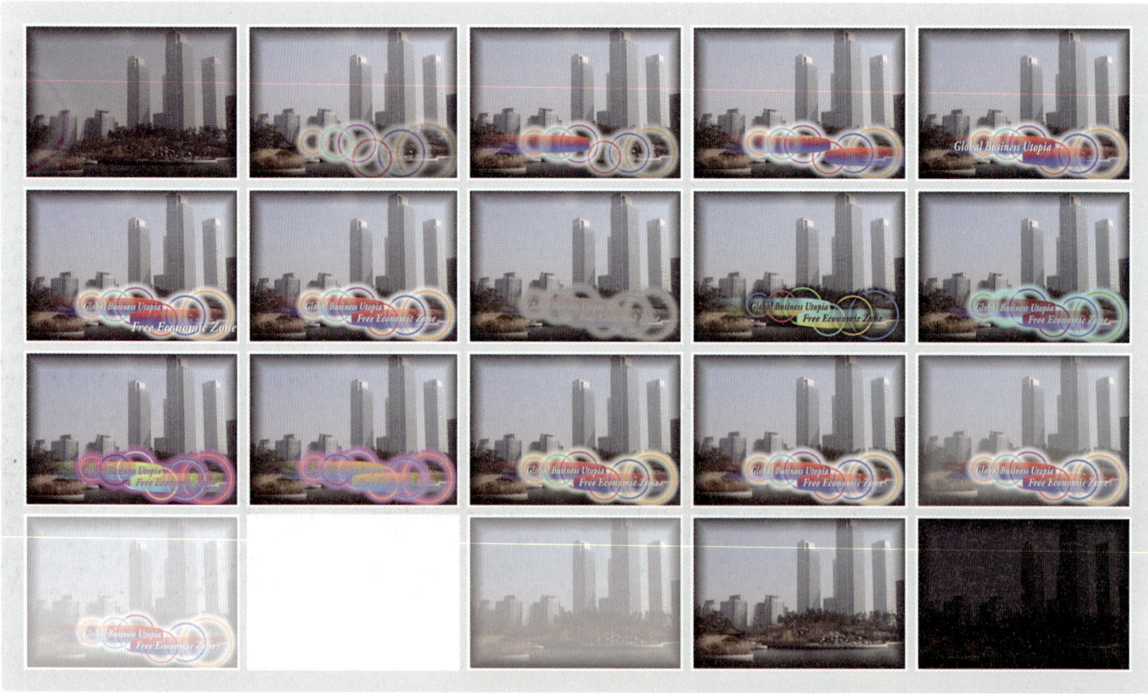

> **TIP** 네스팅 기능을 이용한 혼합 타이틀의 활용은 실전에서 파트 타이틀로 반복 처리되는 영역에 자주 사용하는 타이틀 애니메이션 기법입니다. 최초의 작업 시퀀스를 혼합 타이틀용으로 제작한 다음, 네스팅 시퀀스로 전환하면 트랙의 개수를 최소화시키면서 보다 효율적인 타이틀을 완성할 수 있습니다. 또, 혼합 타이틀과 메인 타이틀을 병행 사용하면 반복적인 파트 타이틀을 보다 손쉽게 창출할 수 있는 장점을 가지고 있습니다.

 Photoshop File Import 기능

다양한 패턴을 동원하여 사전 작업으로 Photoshop에서 Layer를 추가한 다음 PSD 파일을 준비합니다.

프로젝트 패널에서 (Import) 대화 상자를 통해 PSD 파일을 선택하면 (Import Layered File) 대화 상자가 나타납니다. (Import Layered File) 대화 상자에서 Photoshop 레이어 파일을 임포트하는 방식을 설정합니다.

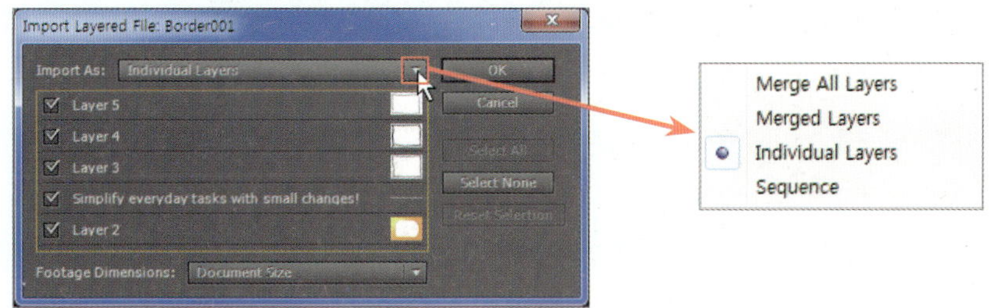

- **Merged All Layers** : 모든 레이어가 병합된 하나의 PSD 클립으로 프로젝트 패널에 임포트합니다.
- **Merged Layers** : 레이어 목록에서 선택한 레이어만 병합하여 PSD 클립으로 임포트합니다.
- **Individual Layers** : PSD 파일 이름이 새로운 빈으로 생성되면서 각 레이어를 각각의 클립으로 빈 안에 포함하여 임포트합니다.
- **Sequence** : PSD 파일을 시퀀스로 만들어 임포트합니다. 모든 레이어가 각 트랙에 수직 구조로 할당되어 시퀀스를 구성한 상태로 임포트한다는 점이 다릅니다.
- **Footage Dimensions—Document Size** : Premiere Pro CS5.5의 시퀀스 세팅과 비례한 값으로 임포트합니다.
- **Footage Dimensions—Layer Size** : 레이어 자체의 크기로 임포트합니다.
- **클립 이름** : 임포트하는 클립의 이름은 Layer 이름 뒤에 PSD 이름이 붙는 형식으로 통일됩니다.

(Import Layered File) 대화상자에서 import As 옵션을 Sequence로 선택한 다음 〈OK〉 버튼을 누르면 PSD 파일 이름의 시퀀스가 구성된 상태로 프로젝트 패널에 임포트되고 PSD 파일 이름의 시퀀스를 더블 클릭하면 시퀀스의 각 트랙에 Photoshop File의 Layer 순서를 유지하면서 수직 구조로 배열되는 것을 확인할 수 있는데, 이것은 Premiere Pro CS5.5의 시퀀스에서 트랙이 곧 Layer 개념으로 사용된다는 뜻입니다.

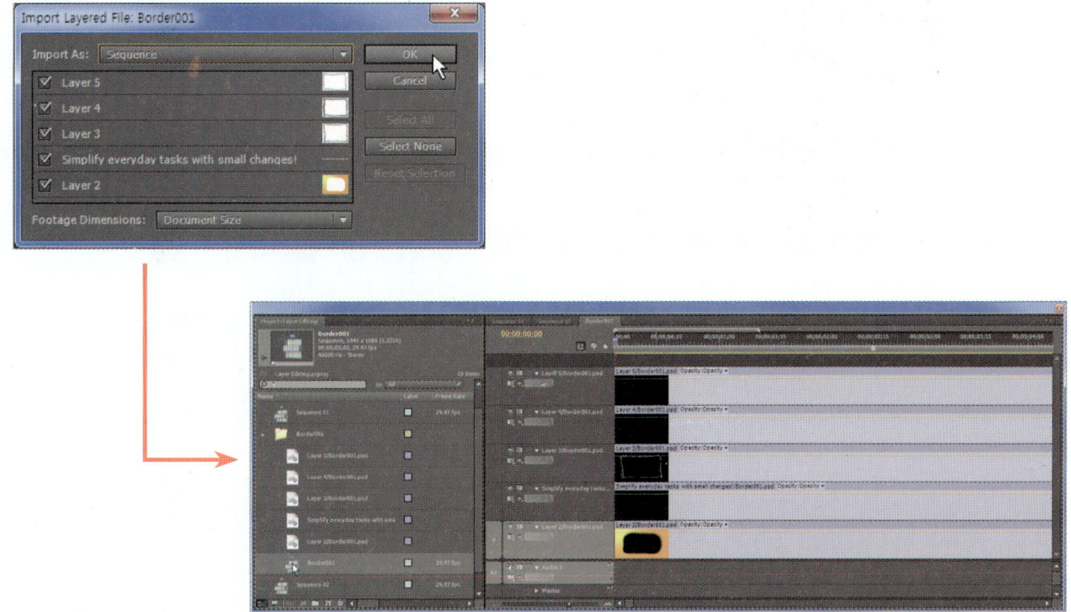

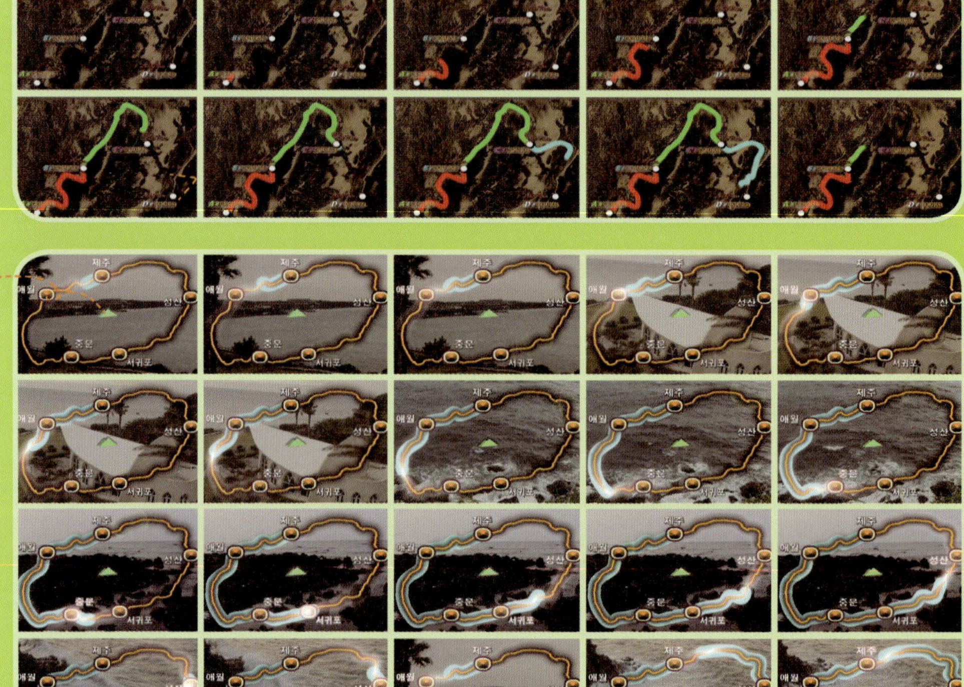

Write—on Effect
와 Transparent
Video 클립만을
가지고 Premiere
Pro CS5.5에서
효율적으로 활용
할 수 있는 맵 타
이틀링 기법을 학
습합니다.

예제 파일 Lesson17.prproj
완성 파일 Lesson17-Q.prproj

CHAPTER 02

Write—on Effect와
맵 타이틀링 기법

Premiere Pro CS5.5의 이펙트 패널에서 Generate 카테고리의 이펙트 유형은 대부분 소스에 변형을 가하지
않고 새로운 객체를 창조하는 아이템으로 구비되어 있습니다.

맵 안내용 지시 표제 Object Animation 준비 과정에 대해 학습합니다.

1. 지시 표제 Object Animation

다큐멘터리를 제작할 때 시퀀스 안에 맵 안내 화면을 삽입해야 할 부분이 발생합니다. 내레이션으로 처리하기에는 전달 면에서 부족한 일면이 있을 때 맵 안내를 위한 지시 및 표제 Object Animation은 가시 효과 면에서 시각적인 우위를 점할 수 있는 부분이기 때문에 최근에는 거의 일상적인 활용 기법으로 제작되고 있습니다.

Premiere Pro CS5.5의 Transparent Video Clip 및 Title Designer를 활용하면 몇 가지 이펙트만으로도 실무 수준의 맵 안내용 Object Animation을 창출할 수 있습니다.

❶ 부록 DVD의 Lesson17 폴더에서 'Lesson17.prproj'를 불러옵니다.

타임라인 패널의 기본 시퀀스에 배치된 Map017.jpg 클립을 선택하고 〔컨텍스트 메뉴〕 → Scale to Frame Size 옵션을 확인하여 체크되어 있다면 해제시킵니다.

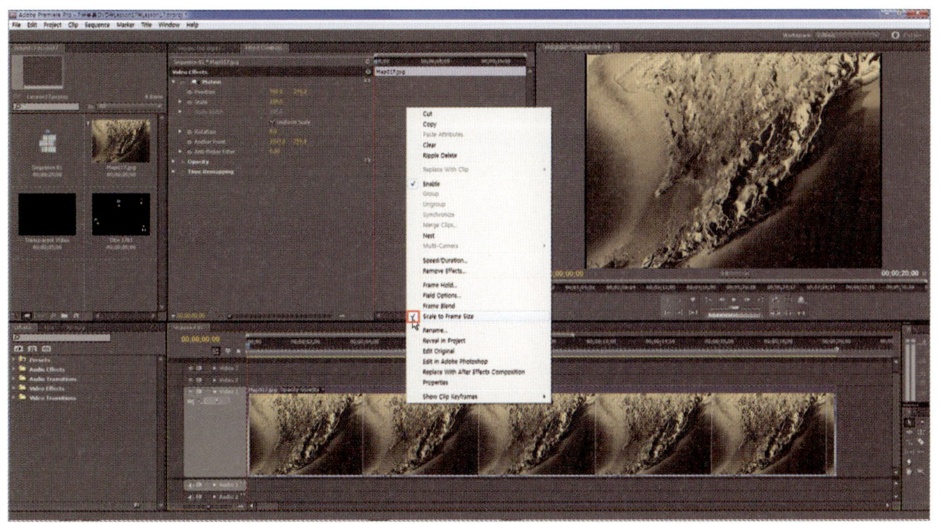

TIP　Scale to Frame Size의 체크가 해제된 상태에서는 프로그램 모니터에 원본 크기로 확대되어 나타납니다.
자동 크기 조절 옵션은 환경 설정 메뉴의 일괄 조정 방법인 Default scale to frame size 옵션과 클립 단위의 Scale to Frame Size 체크 옵션으로 구분되어 있습니다.

TIP　Map 소스로 사용할 이미지 클립은 Sequence의 Frame Size보다 3~4배 큰 이미지를 준비하는 것이 좋고 이미지 클립은 Project의 Frame Size에 관계없이 소스의 원본 크기를 사용하는 것이 바람직합니다.

❷ 프로그램 모니터에 커서를 두고 드래그하면 원본 크기로 확대된 프레임이 이동하고 이펙트 조절 패널의 Motion 속성이 반전된 상태에서 Position 속성의 X, Y 좌표가 움직이는데, 이것은 지시 화면을 구성할 지도의 적정 위치를 찾는 방법입니다. Position 속성의 X : 690, Y : 100으로 좌표 값을 변경합니다.

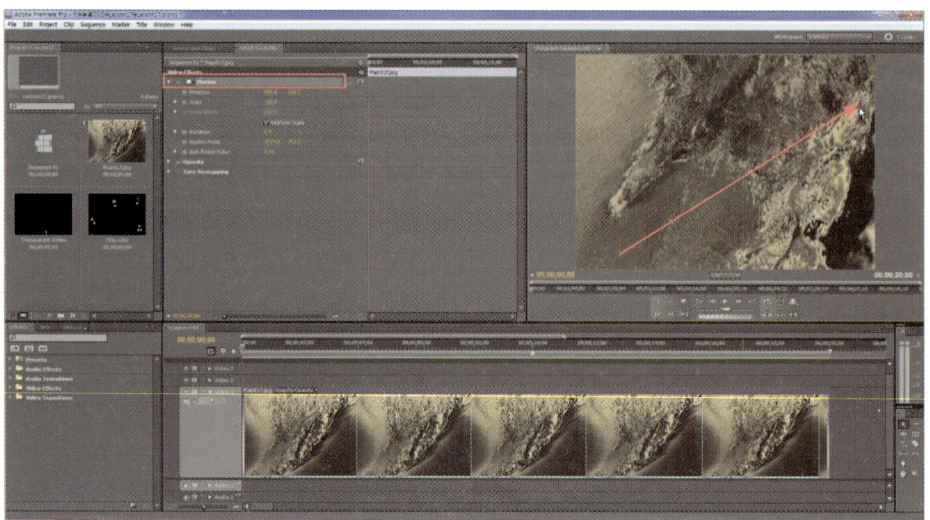

❸ 프로젝트 패널의 Title 1701 클립을 더블클릭하면 Title Designer가 열립니다. Title 1701 클립은 배경 소스의 맵 안내 지점을 구체적으로 객체화한 타이틀입니다.

❹ 메인 패널의 〈Show Background Video〉 버튼을 클릭하여 해제하고 각 객체의 속성과 배치 상태를 확인합니다.

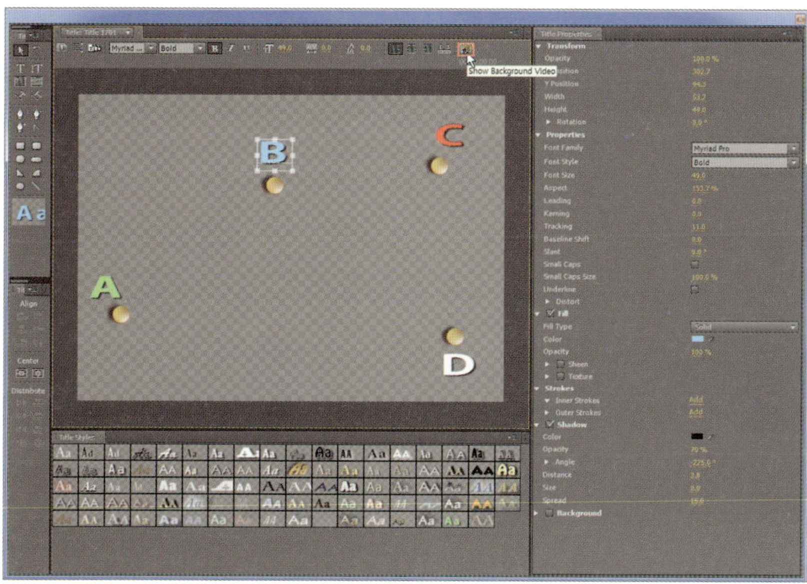

❺ Title Designer를 닫고 맵 타이틀을 시퀀스 시작부로부터 1초 갭을 두고 Video 3 트랙에 배치한 다음 지속시간을 Video 1 트랙의 클립과 동일하게 연장합니다. 이펙트 패널에서 Video Transitions\3D Motion\Flip Over Item을 Video 3 트랙의 타이틀 도입부에 드래그하여 적용하고 이펙트 조절 패널의 트랜지션 옵션에서 Reverse 옵션을 체크한 뒤 〈Custom〉 버튼을 누릅니다.
〔Flip Over Settings〕 대화상자가 나타나면 Bands 속성을 8로 변경하고 〈OK〉 버튼을 클릭합니다.

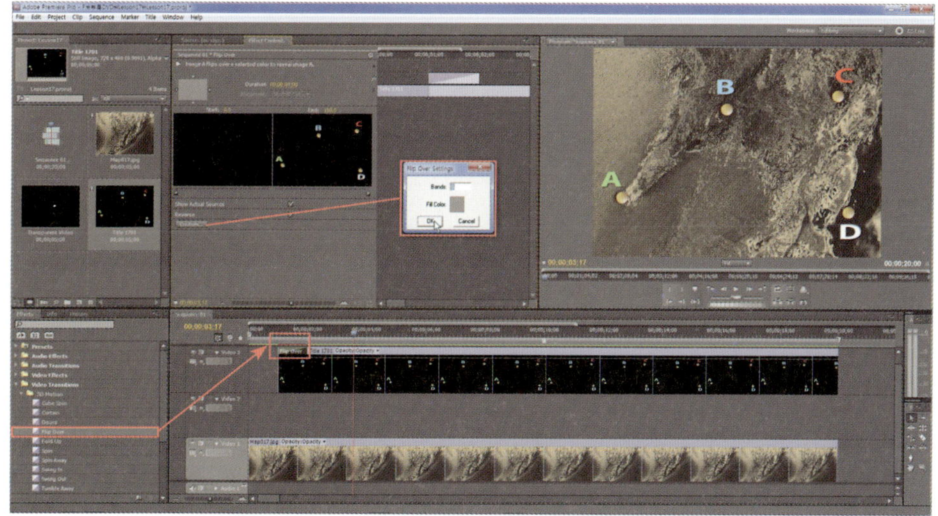

❻ 프로젝트 패널에서 Transparent Video Clip을 선택하고 Video 3 트랙의 트랜지션이 종료되는 지점에 맞추어 갭을 두고 Video 2 트랙에 배치한 다음 지속시간을 하위 트랙과 동일하게 연장합니다.

❼ 미리보기로 확인하면 Video 2 트랙의 Transparent Video Clip에 관계없이 맵 타이틀만 전이 구간으로 출력되는 것을 확인할 수 있습니다.

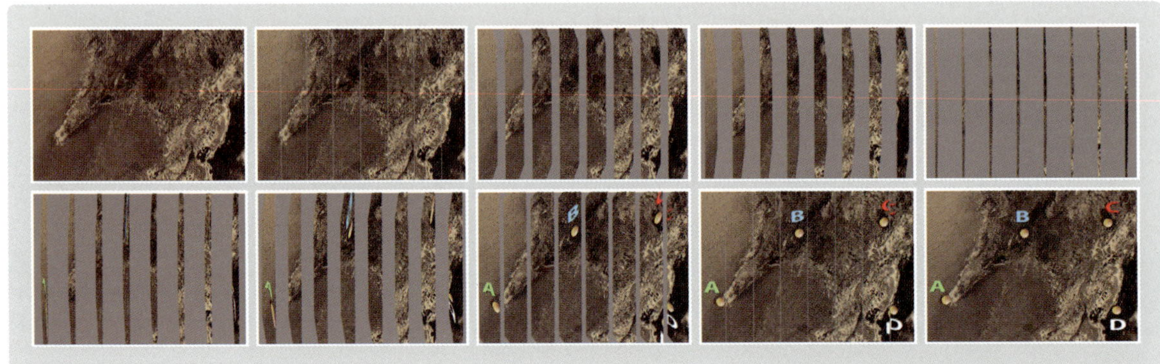

Write-on Effect를 사용하여 맵 타이틀을 지시 표제 애니메이션으로 구현하는 방법을 익히는 순서입니다.

1. Write-on Effect

Hand-Writing 기법을 표현하는 대표적인 이펙트 아이템입니다. 손 글씨 효과와 맵 타이틀링을 만들 때 많이 사용합니다. Brush Position과 Brush Size 속성만으로 맵 타이틀링을 손쉽게 표현할 수 있습니다. Motion을 도입할 때 키프레임의 편차와 동적 속도 조절 기법을 추가하면 완성도를 높일 수 있습니다.

그러나 연산 과정에 시간이 많이 소요되는 이펙트이므로 시스템 사양에 따라 작업 속도가 다르게 나타날 수 있습니다.

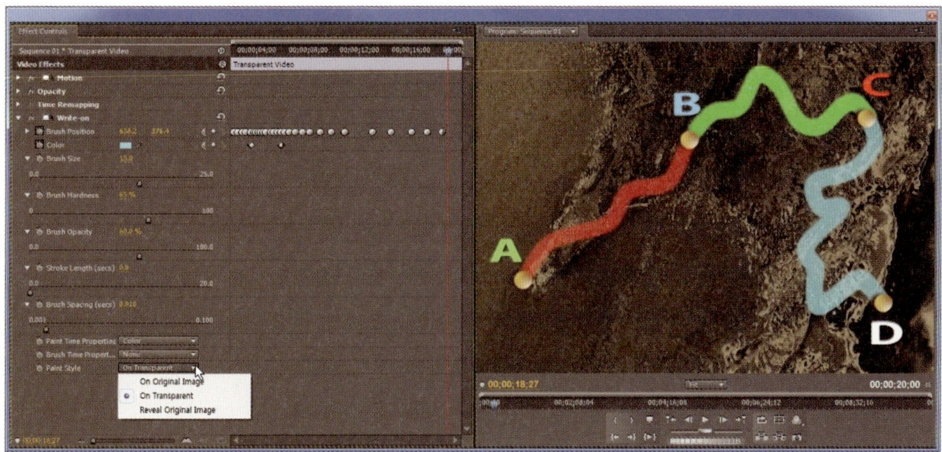

- **Brush Position, Color, Size** : 브러시의 위치 좌표와 브러시 색상 및 크기를 설정합니다.
- **Stroke Length(secs)** : 브러시의 지속시간을 설정합니다.
- **Brush Spacing(secs)** : 브러시의 간격을 설정합니다.
- **Paint Time Properties, Brush Time Properties** : 페인트 시간과 브러시 시간을 설정합니다.
- **Paint Style** : 브러시의 투영 방식을 설정합니다.
  - On Original Image : 원본 이미지에 기록합니다.
  - On Transparent : 투명 배경이나 Transparent Video 클립에 기록합니다.
  - Reveal Original Image : 브러시 자체에 원본 이미지를 기록합니다.

2. Write-on Effect와 맵 타이틀링 기법

Write-on Effect의 Brush Position을 이용하여 맵 타이틀링 기법을 완성하는 과정을 학습합니다.
Transparent Video Clip의 활용은 지금부터입니다.

❶ 프로젝트는 부록 DVD의 Lesson17 폴더에서 'Lesson17.prproj'를 그대로 사용합니다.
이펙트 패널에서 Video Effects\Generate\Write-on Item을 선택하고 Video 2 트랙의 Transparent Video
Clip에 드래그하여 적용합니다.

❷ 이펙트 조절 패널에서 Write-on 이펙트 이름을 클릭하여 반전 상태로 변경하면 프로그램 모니터에 서클
이 나타납니다. Color 속성은 [Color Picker] 대화상자를 열어 Red Tone으로 설정하고 Brush Size 속성은
슬라이더를 오른쪽으로 드래그하여 맵 타이틀의 포인트 굵기와 유사한 값인 15.0으로 조절합니다.
Paint Style 속성은 On Transparent로 변경합니다.

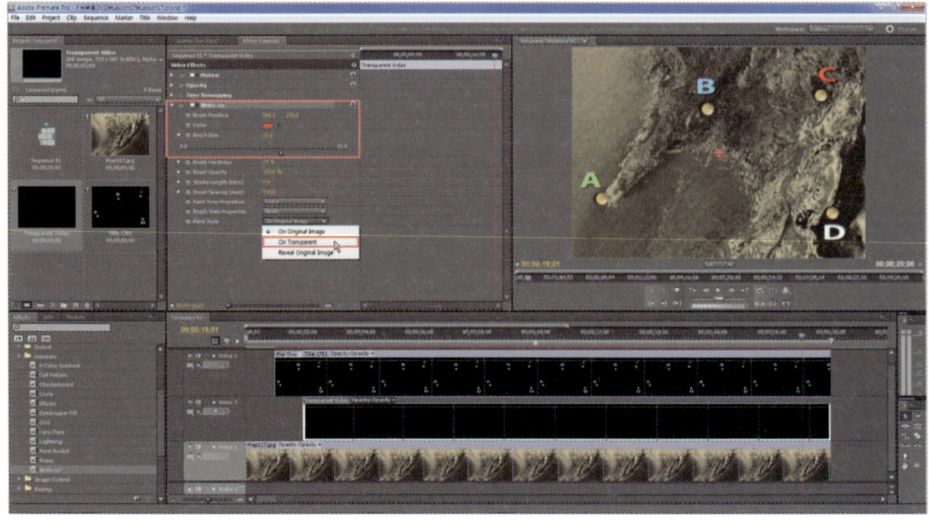

❸ 이펙트 조절 패널에서 편집 기준선을 클립의 인 점에 위치시키고 Brush Position 속성의 〈Toggle animation〉 버튼을 클릭하여 1번 키프레임을 생성합니다.

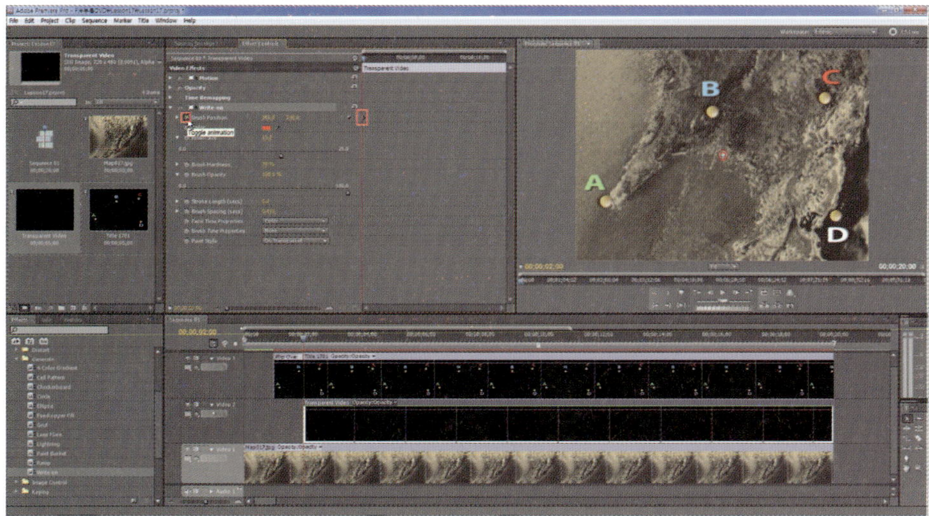

❹ 프로그램 모니터의 서클을 왼쪽으로 드래그하여 A 객체에 일치시킵니다. Brush Position 속성의 1번 키 프레임 좌표 값이 변경된 값으로 나타납니다.

❺ 편집 기준선을 약 5~10 프레임 간격을 두고 오른쪽으로 이동한 다음, 프로그램 모니터의 서클을 드래그하면 Brush Position과 함께 Red Tone의 지시선이 이동 경로로 표현되면서 2번 키프레임이 추가되는 것을 확인할 수 있는데, 이때 소스 이미지의 지형을 정확하게 찍어나가는 것이 요령입니다.

❻ 편집 기준선을 이동하면서 3번 키프레임을 만들고 지도 소스의 지형을 따라 Brush Position 속성의 키프레임을 지속적으로 추가해 나가면 프로그램 모니터에 이동 경로가 그려집니다.

❼ 동일한 요령으로 서클을 드래그하여 객체 A와 B 구간을 키프레임 구간으로 만들어 나갑니다. 이때 키프레임의 간격은 지형별 이동 경로의 움직임에 반비례하여 적용되므로 기울기와 속도 편차를 감안해 주어야하는데 프로그램 모니터에서 지속적인 미리보기와 함께 작업하는 것이 숙련도를 높일 수 있습니다.

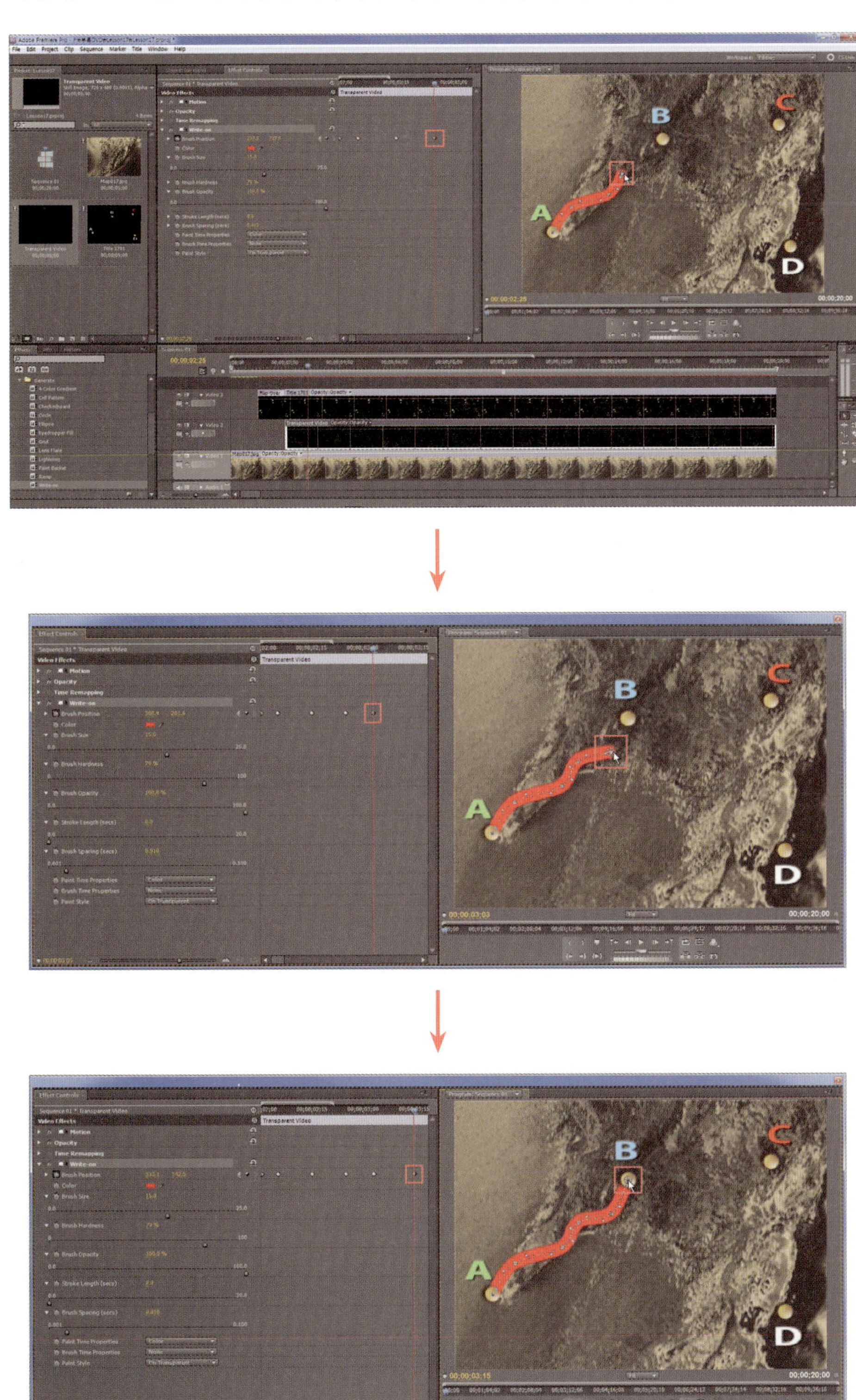

❽ 이번에는 객체 B와 C 구간을 차별화하기 위해 Brush Color를 구별해 주는 작업이 필요한데, Color 속성의 〈Toggle animation〉 버튼을 클릭하여 현재 위치에서 1번 키프레임을 생성합니다.

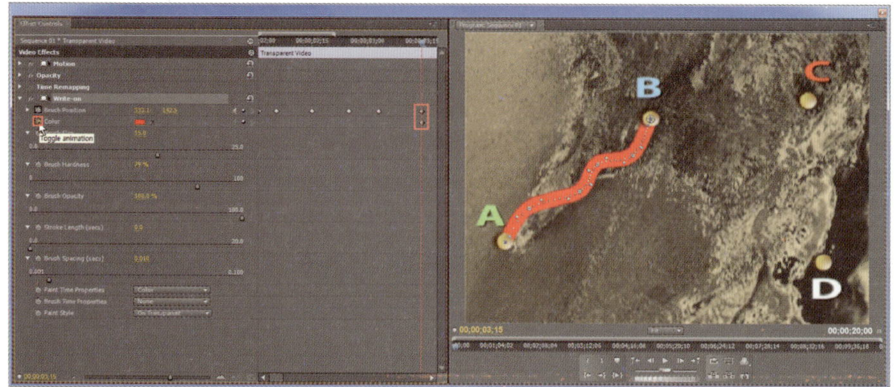

❾ 약 3프레임 우측으로 편집 기준선을 이동한 다음 Color 속성의 색상 설정 버튼을 누르면 나타나는 〔Color Picker〕 대화상자에서 Brush 색상을 Green Tone으로 변경하고 〈OK〉 버튼을 클릭합니다.

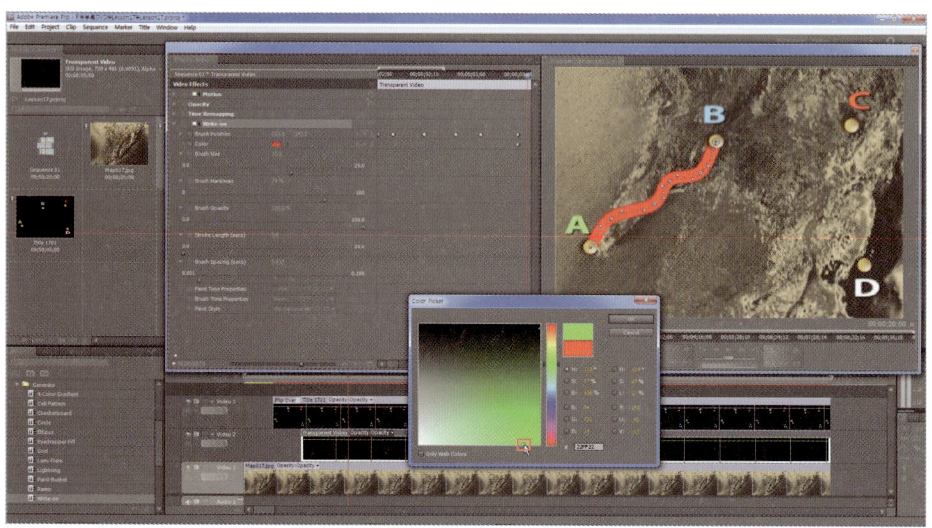

❿ Write-on 이펙트의 Color 속성이 Green Tone으로 변경되고 Color 속성의 2번 키프레임이 생성되었습니다.

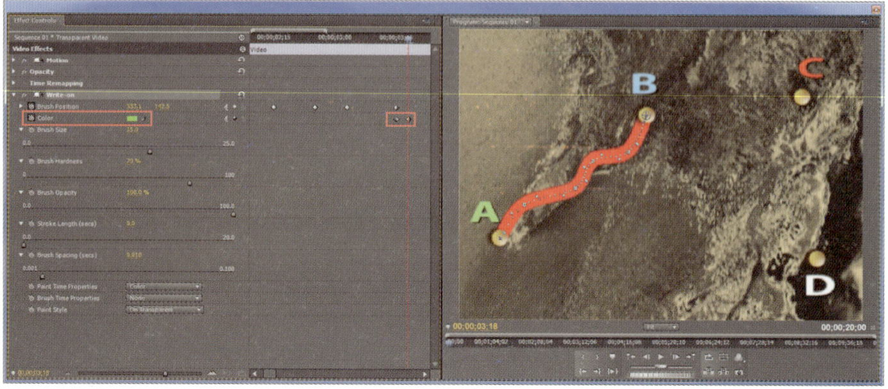

⑪ 동일한 요령으로 지형도에 맞게끔 배경 소스의 굴곡에 맞추어 키프레임을 계속 만들어 주면서 서클을 드래그하여 이동 경로를 그려 나갑니다. 두 번째 구간은 Brush Color가 Green Tone으로 이동 경로가 그려지는 것을 확인할 수 있습니다.

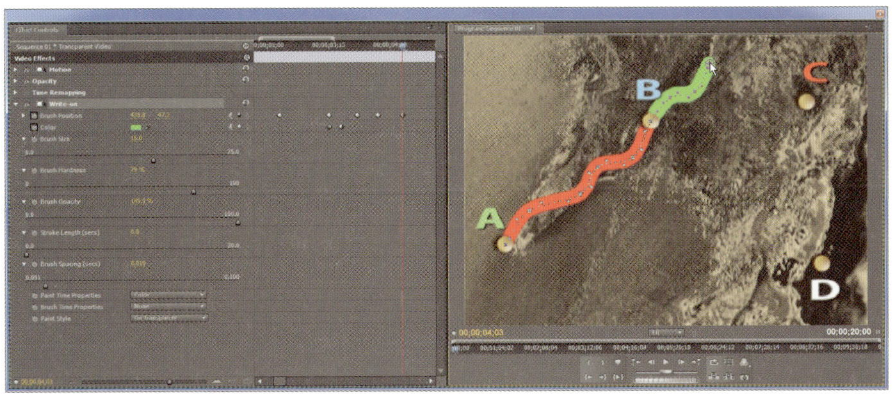

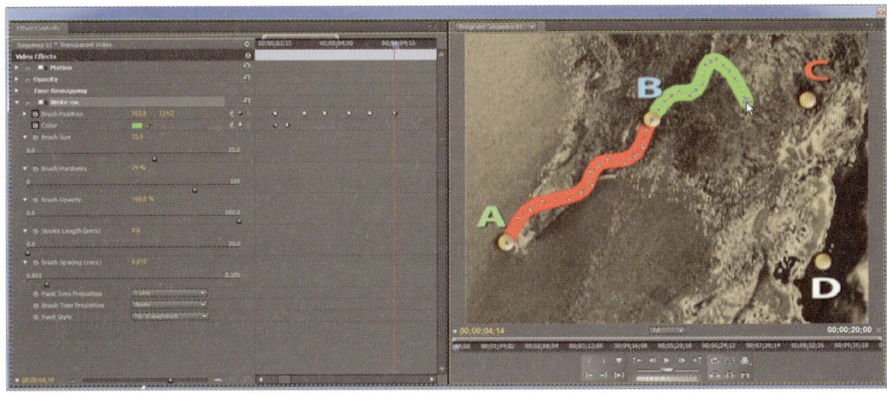

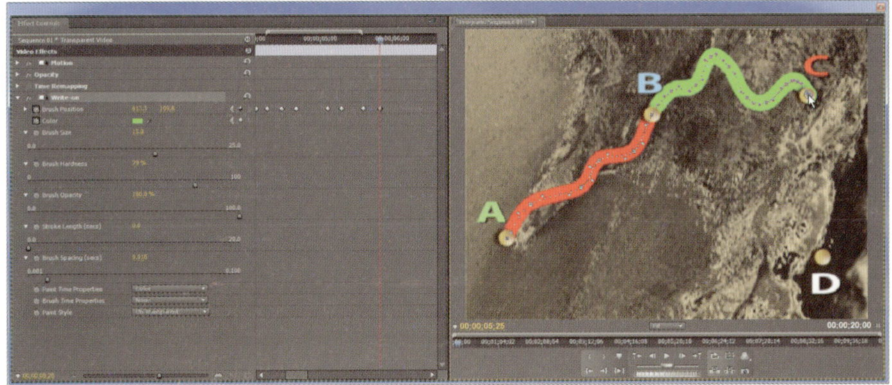

⑫ 객체 C 구간의 경계에 다다르면 다시 Color 속성의 〈Add/Remove Keyframe〉 버튼을 클릭하여 키프레임의 분기점을 끊고 키프레임을 추가한 다음 〔Color Picker〕 대화상자에서 색상을 Cyan Tone으로 변경합니다.

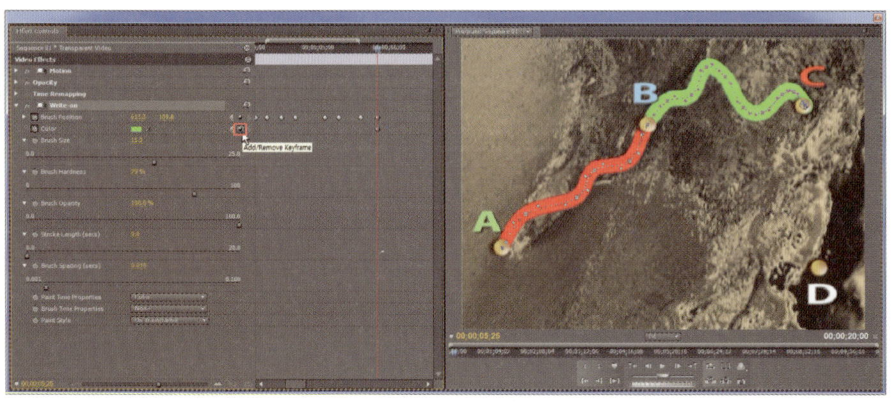

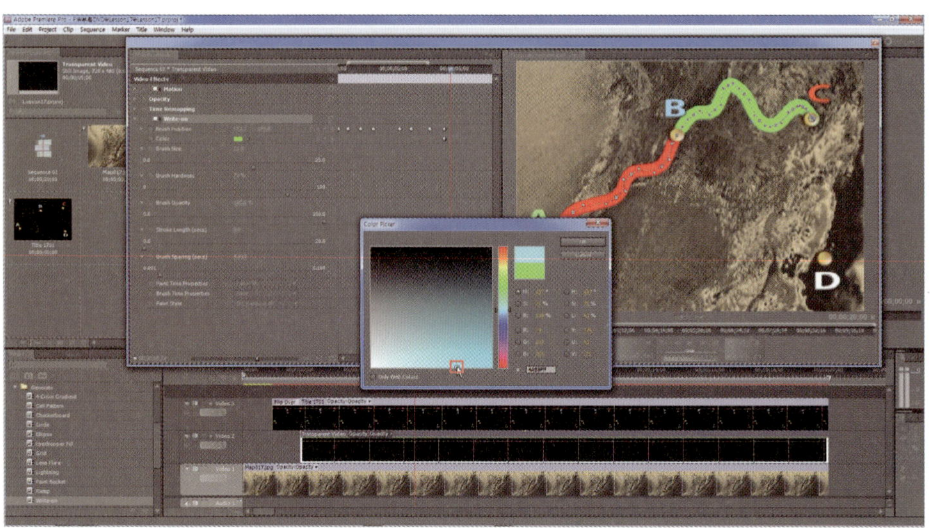

❸ 객체 C와 D 구간을 동일한 요령에 따라 서클을 드래그하여 지속적으로 이동 경로를 Brush로 그려나갑니다.

마찬가지로 지형의 기울기와 굴곡에 따라 키프레임을 끊고 키프레임 간격에 편차를 두는 방식으로 서클을 드래그하면 숙련도를 높일 수 있습니다.

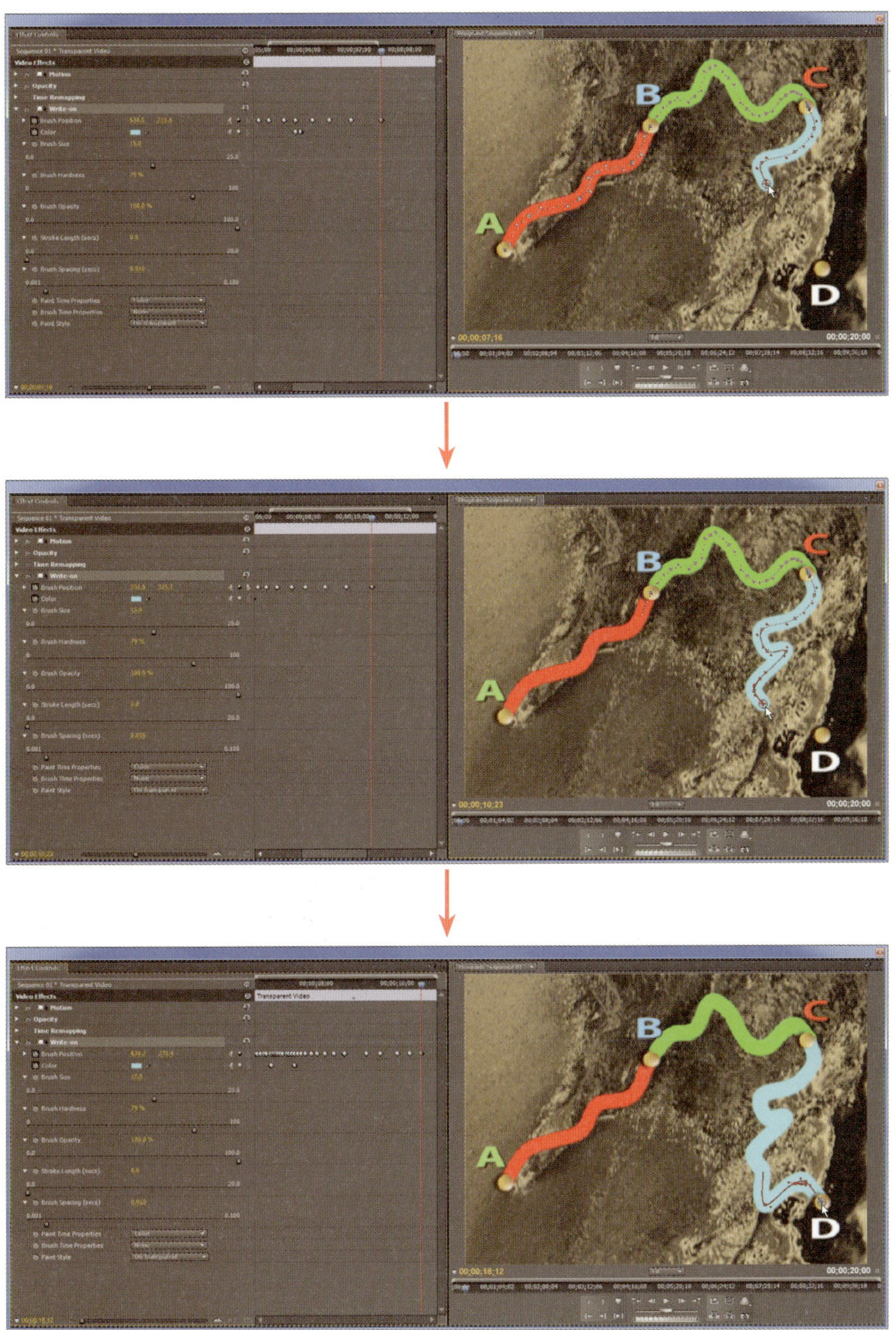

⑭ 스크러빙으로 전체적인 이동 경로의 윤곽을 확인한 다음, Brush Hardness 속성 값을 65%로, Brush Opacity 속성 값을 60%로 변경합니다.

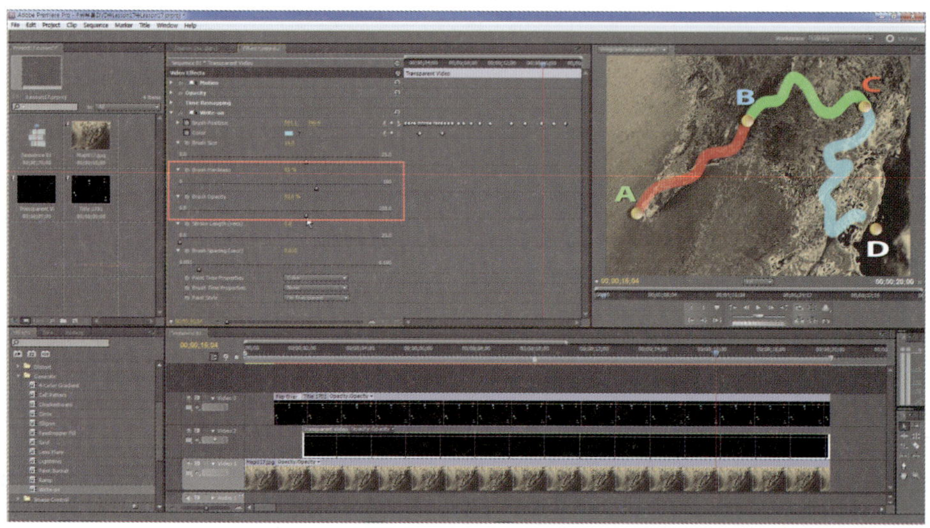

⑮ 이번에는 Video 1 트랙의 배경 이미지 클립을 선택하고 Opacity 조절선을 아래로 드래그하여 Opacity
속성 값을 직접 시퀀스 상에서 75%로 변경합니다.

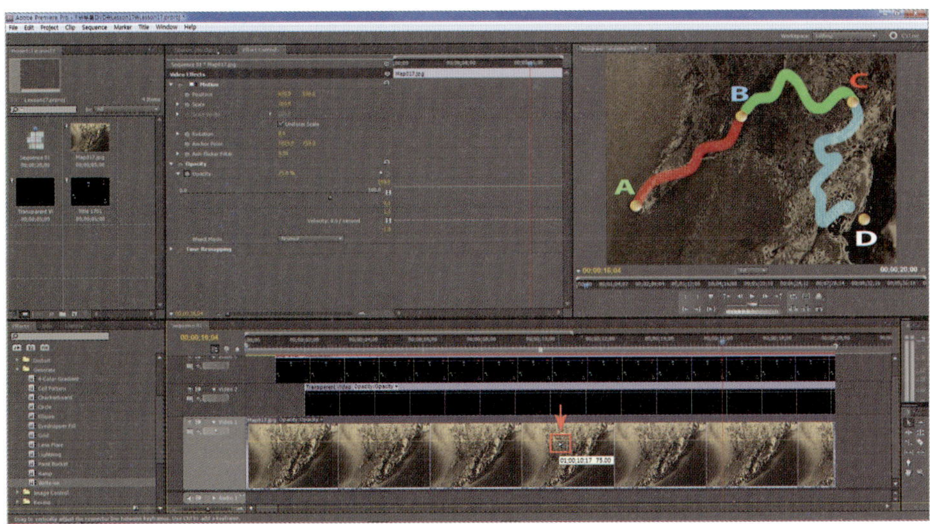

⑯ Video 2 트랙의 Transparent Video 클립을 선택하고 이펙트 조절 패널에서 Write-on 이펙트의 Brush
Position 속성의 모든 키프레임을 선택 상태로 전환한 다음, 〔컨텍스트 메뉴〕 → Temporal Interpolation
→ Auto Bezier를 선택합니다.

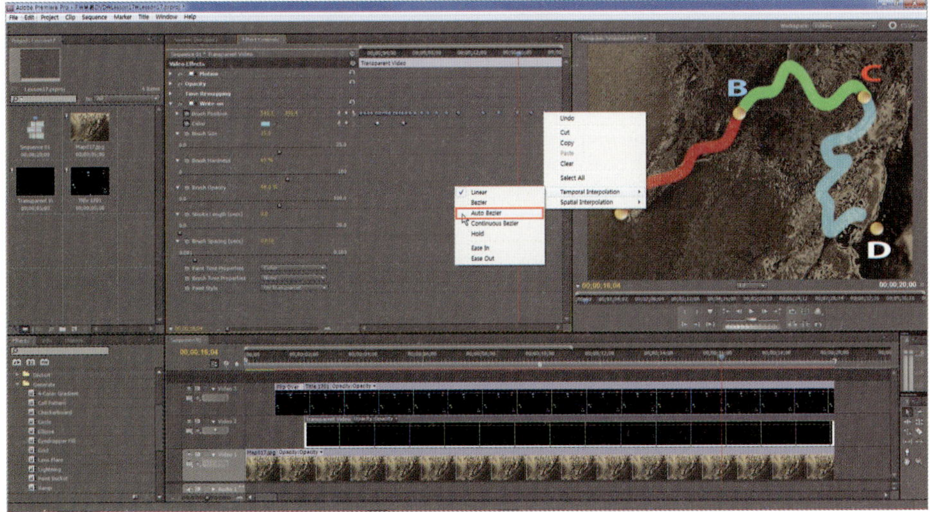

⓱ Brush Position 속성의 시간적 보간법이 Auto Bezier 옵션으로 설정되고 키프레임 아이콘이 모두 변경
되어 나타납니다. 그 상태에서 다시 〔컨텍스트 메뉴〕 → Spatial Interpolation → Auto Bezier를 선택합니다.

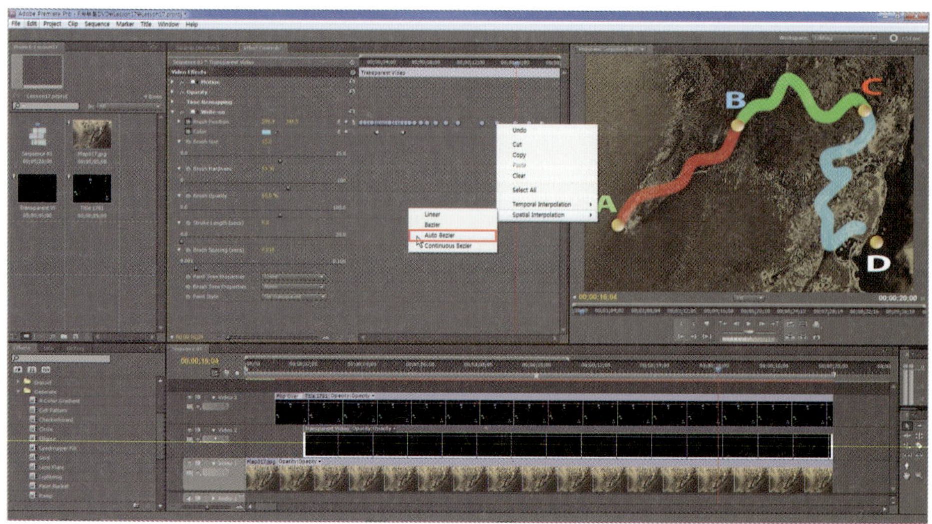

⓲ Brush Position 속성의 공간적 보간법도 Auto Bezier 옵션으로 설정되었습니다.
지금까지의 과정을 렌더 미리보기로 확인합니다.

⑲ 결과 화면입니다.

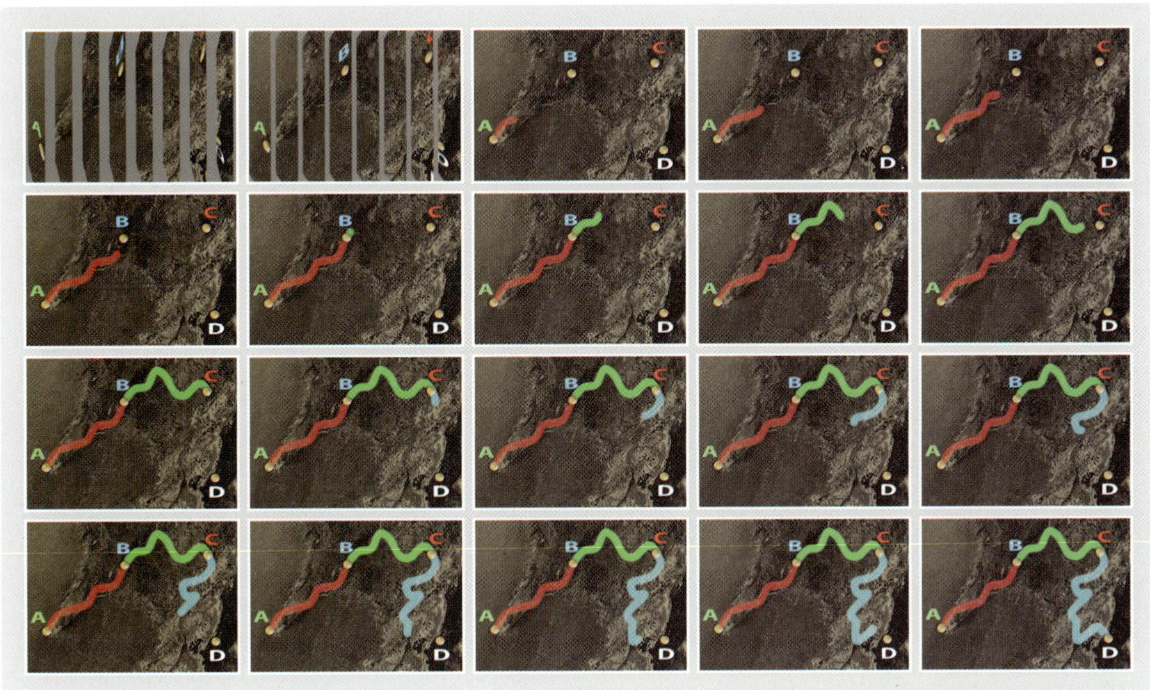

맵 안내 화면을 소스의 영역과 관계없이 만들기 위해 Transparent Video Clip으로 제3의 Write-on Effect를 활용하여 키프레임만으로 맵 타이틀링을 구성하는 방법을 알아보았습니다. Write-on Effect 아이템은 맵 타이틀링 이외에도 Hand-Writing 기법으로도 많이 응용되고 있습니다.

새색인
INDEX
Premiere Pro CS5.5

찾아보기
INDEX
Premiere Pro CS5.5

찾아보기
INDEX
Premiere Pro CS5.5